武汉大学百年名典

社会科学类编审委员会

作者简介

冯天瑜（1942—2023），湖北红安人。曾任武汉大学人文社会科学资深教授，武汉大学中国传统文化研究中心主任，教育部社会科学委员会历史学部委员，武汉大学学术委员会副主任、湖北省史学会会长、湖北省地方志副总纂、《荆楚文库》总编辑（之一）等。

冯天瑜教授是中国文化史领域最具代表性的学者之一。先后出版了《中华元典精神》《“封建”考论》《中国文化生成史》等多部经典性著作，在《中国社会科学》《历史研究》等中外重要学术刊物发表数百篇学术文章。多种论著被译为英文、日文、西班牙文、韩文、法文等。曾获得中国图书奖、中华优秀出版物奖、湖北出版政府奖，并多次获得教育部高校人文社科优秀成果奖、湖北省社科优秀成果奖，获得汤用彤学术奖、全国首届教材建设奖等。1986年被授予国家级有突出贡献的中青年专家称号，1988年被评为湖北省劳动模范，1992年被评为全国优秀教师，2006年被评为武汉大学人文社会科学资深教授，2010年被湖北省授予首届“荆楚社科名家”荣誉称号，2021年被授予“湖北省杰出人才”荣誉称号。

武汉大学

百年名典

『封建』考论

冯天瑜 著

武汉大学出版社
WUHAN UNIVERSITY PRESS

图书在版编目(CIP)数据

“封建”考论/冯天瑜著.—武汉：武汉大学出版社,2023.11(2025.2 重印)

武汉大学百年名典

ISBN 978-7-307-24069-8

Ⅰ.封…　Ⅱ.冯…　Ⅲ.封建制度—研究—中国　Ⅳ.D691

中国国家版本馆 CIP 数据核字(2023)第 194564 号

责任编辑:蒋培卓　　　责任校对:李孟潇　　　版式设计:马　佳

出版发行: **武汉大学出版社**　(430072　武昌　珞珈山)

(电子邮箱: cbs22@ whu.edu.cn　网址: www.wdp. com.cn)

印刷:湖北恒泰印务有限公司

开本:720×1000　1/16　印张:33.5　字数:482 千字　插页:4

版次:2023 年 11 月第 1 版　2025 年 2 月第 3 次印刷

ISBN 978-7-307-24069-8　定价:188.00 元

《武汉大学百年名典》出版前言

百年武汉大学，走过的是学术传承、学术发展和学术创新的辉煌路程；世纪珞珈山水，承沐的是学者大师们学术风范、学术精神和学术风格的润泽。在武汉大学发展的不同年代，一批批著名学者和学术大师在这里辛勤耕耘，教书育人，著书立说。他们在学术上精品、上品纷呈，有的在继承传统中开创新论，有的集众家之说而独成一派，也有的学贯中西而独领风骚，还有的因顺应时代发展潮流而开学术学科先河。所有这些，构成了武汉大学百年学府最深厚、最深刻的学术底蕴。

武汉大学历年累积的学术精品、上品，不仅凸现了武汉大学“自强、弘毅、求是、拓新”的学术风格和学术风范，而且也丰富了武汉大学“自强、弘毅、求是、拓新”的学术气派和学术精神；不仅深刻反映了武汉大学有过的人文社会科学和自然科学的辉煌的学术成就，而且也从多方面映现了20世纪中国人文社会科学和自然科学发展的最具代表性的学术成就。高等学府，自当以学者为敬，以学术为尊，以学风为重；自当在尊重不同学术成就中增进学术繁荣，在包容不同学术观点中提升学术品质。为此，我们纵览武汉大学百年学术源流，取其上品，掬其精华，结集出版，是为《武汉大学百年名典》。

“根深叶茂，实大声洪。山高水长，流风甚美。”这是董必武同志1963年11月为武汉大学校庆题写的诗句，长期以来为武汉大学师生传颂。我们以此诗句为《武汉大学百年名典》的封面题词，实是希望武汉大学留存的那些泽被当时、惠及后人的学术精品、上品，能在现时代得到更为广泛的发扬和传承；实是希望《武汉大学百年名典》这一恢宏的出版工程，能为中华优秀文化的积累和当代中国学术的繁荣有所建树。

《武汉大学百年名典》编审委员会

史论立言，理当雅正。

——刘知幾(661—721)：《史通·称谓》

封建非圣人意也，势也。

——柳宗元(773—819)：《封建论》

滥用名词，把不明不白的观念加到名词上，乃是犯错误的另一个原因……名词的滥用，以及对于名词的真正意义的无知，可以说是一座迷宫，连那些最大的天才有时候也在这里面迷失了方向。

——[法]爱尔维修(Claude Adrien Helvetius，1715—1771)：《论精神》

(封建)这个词语在世界上一直歧义纷呈，经历了许多曲解。

——[法]布洛赫(Marc Bloch，1886—1944)：《封建社会》

目　　录

题　　记

只有当一个民族用自己的语言掌握了一门科学的时候，我们才能说这门科学属于这个民族了。

——[德]黑格尔：《哲学史讲演录》第四卷

2002 年，笔者访学德国，曾泛舟莱茵河中游。得见山川如画，苍翠峰峦间，每距数十公里即有灰色城堡耸立，它们或已成断壁残垣，或巍峨壮丽依旧。此乃诸侯林立的西欧中世纪封建社会的物质遗存。身临其境，近二十年来一直思考着的“封建”概念辨析问题，骤然齐聚心头。

“封建”本为表述中国古代政制的汉字旧名，意谓封土建国、等级封授，近代以前在汉字文化圈诸国(中国、越南、朝鲜、日本等)未生异议。19 世纪中叶西学东渐以降，“封建制”在中日两国用以对译西洋史学术语 feudalism(封土封臣、采邑领主制)，衍为一个表述普世性历史阶段和社会形态的新名词。“封建”一词经历了概念的古今转换和中西涵化①，日本因素也参与其内，马克思主义在中国传播，深化了此一术语的含义，其内涵与外延均大为丰富并复杂化。“封建”作为近现代概念史上的重要案例和历史分期的关键词，释义纷纭，展现了思想文化领域错综的演绎状况，涉及“概念”与“所指”历史实在的关系问题，也即“名”与“实”的关系问题，其成败得失与

---

① 涵化(acculturation)，指两种语文互相借采、彼此受容，你中有我，我中有你。

历史学乃至整个人文社会科学的发展相关联，也深度影响大众语用，故对其考索探究、阐微决疑，既非细事，也非易事。

近代以降，汉字文化圈在对译西洋术语时，多取音译、意译两法。音译所用汉字词扬弃词义，仅存字音，起着拼音符号作用，以模拟原语的读音，如以“逻辑”译 logic，以“布尔乔亚”译 bourgeoisie。音译不会引起词义错位，但也未能给译词提供意义支撑，其含义只能在词形以外另加诠释。汉字是表意文字，一个汉字不仅有语音，还有语义，包蕴着文化内涵，掌握汉字的人更倾向用意译方式推介外来词。所谓意译，指按外来语的构词词素，将字面意转换成相应的汉语，并加以表述，如上举两例英语词 logic（逻辑）和 bourgeoisie（布尔乔亚），又意译为“论理学”和“资产阶级”，可由词形窥探内涵，从而为译词提供意义支撑，意译的优长即在于此。掌握汉字文化的人可以观文索义，易于理解。当然，望文生义也可能诱发歧解，这是由汉语的一词多义性和汉字的多种构词法造成的。

意译又分两种：一是创建新词以对译西洋术语，如“哲学”（philosophy）、“美学”（aesthetic）、“体育”（physical education）、“义务”（obligation）等便是新创意译词；二是借用汉语旧名对译西洋术语，中国人更习惯于此法。以旧名对译外来术语从而衍为新名的成功之作不少，如“伦理学”（ethics）、“政治学”（politics）、“范畴”（category）、“机器”（organon）、“权利”（right）、“物理”（physics）等即是。言其成功，是由于它们较好地实现了古义今义的因革及中义外义的对接。如“物理”，作为汉语旧名，本义“万物之理”，自明清之际至近代，中日两国借以翻译 physics，意指一门研究物质和能量最基本、最一般的运动规律和组成结构的科学（包括力学、声学、光学、电学等）①，内涵收缩，特指性明确，然新名“物理”与旧名本义指示的方向相合，又拓展了新的内涵，东西义实现涵化。

概念、范畴的演变，是人类思想更革的表征，反映了知识总量的

① 见冯天瑾《“物理学”之辨析》，载《语义的文化变迁》，武汉大学出版社 2007 年版，第 457 页。

扩大和认识过程的深化。然而，由于概念古今转换、中外对接牵涉文化的时代性迁衍与民族性交织，情形错综复杂，概念与指称之间的误植也时有发生。有学者指出，20世纪以来中国对西方哲学的译介虽有成就，但在理解中也出现一系列文化错位，即用本民族传统理念去扭曲和附会西哲的理念和概念，诸如“理性”概念的误读、“科学”的实用化、“辩证法”的降级诠释、“实践”概念的变形、“自由”概念的附会，等等。① 其他学科也有类似情况发生。

意译间旧名衍为新名导致某种程度的文化错位，还可列举一些典型例证：一如“经济”，旧名本义“经世济民”“经邦济国”（意近“政治”），而在对译economy时形成的新名“经济”，含义转为国民生产、消费、分配、交换之总和，兼指节约、俭省，与本义脱钩，新义又无法从“经济”词形推衍出来。② 再如新名“形而上学”，是借《周易》“形而上者谓之道”一语对译metaphysics时形成的，此新名之一义“超验哲理”，与旧名本义方向相切合；但后来衍生的反辩证法的“静止论”“机械论”“外因论”诸义，则全然背离旧名本义指示的方向，也超出了旧名“形而上”词形提供的意义空间。③ 另如“自由”“自由主义”“个人”“个人主义”等新名，在古今转换、中西对接的过程中，也在不同层面上发生古今语义错植、中西概念彼此遮蔽的情形。

至于大家早已“日用而不辨”的史学术语“封建”，在新旧名更替之际，其概念误植尤显突出，造成的后果也较为严重。笔者在莱茵河两岸目睹的昔日容克（Junker）贵族们俯瞰田园农户的古堡群，无声却有力地诠释着与“封建制”相对译的西语feudalism的内涵（封土封臣、采邑领主），也呼应着汉语名词“封建”的本义（封国土、建诸侯），比

---

① 参见邓晓芒《中国百年西方哲学研究中的十大文化错位》，《世界哲学》2002年增刊。

② 参见拙文《中日西语文互动与“经济”概念的变迁》，载［日］国际日本文化研究中心编《日本研究》2005年第31期。

③ 参见拙文《汉字术语近代转换过程中误植现象辨析——以“经济”、“封建”、“形而上学”为例》，载《中日学者中国学论文集》，复旦大学出版社2006年版。

照之下，流行大半个世纪的与古义、西义均相脱钩的泛化新名词“封建”，其偏失自现。有学者将新名“封建”的误译严厉批评为“语乱天下”①或“削足适履”②，并非言过其实。

术语厘定，是学科形成与发展的必要前提。对于任何学科而言，必须拥有一批义项单一、内涵精准、外延明确的术语(尤其是核心术语，或曰关键词)。如果“生产”“生产力”“生产关系”“商品”“价值”“市场”等术语的含义紊乱，经济学只能是一派昏话。有了“细胞”“根”“茎”“叶”“花”“果实”等术语的确立，植物学方可成为一门学科。历史学术语的界定同样至关紧要。仅以大半个世纪以来中国历史分期问题的讨论而言，之所以长期聚讼未决，重要原因之一，便是“封建”等核心术语(关键词)的概念没有厘清，义项未能取得一致。林甘泉等合著《中国古代史分期讨论五十年》一书将其概括为“三论五说”(“西周封建论”“战国封建论”“魏晋封建论”以及“春秋封建说”“秦统一封建说”“西汉封建说”“东汉封建说”“东晋封建说”)。这多种论说要者如次：

主张“西周封建论”的范文澜所称之“封建”，虽纳入“五种社会形态”之中，却仍与旧名本义(封土建国)保持联系，范氏一再论证周初封建爵禄贡赋是有定制的，肯定“分封诸侯时，已规定封建制度的剥削方式”③。徐中舒在《论西周是封建社会——兼论殷代社会性质》等文中，也坚持“封建”古义与西义的通约。

主张“战国封建论”的郭沫若、翦伯赞所称之“封建”，则抛弃旧名本义，加以泛解。郭氏将土地“归为私有”“地主阶层出现”“专制帝制确立”等与“封建”本义相悖的要素作为“封建制”的内涵，认为“废封建，立郡县”的战国时期“开始了封建社会”，称实行君主集权的秦

① 侯外庐：《论中国封建的形式及其法典化》，侯氏说详见本书第五章第三节第一目。

② 钱穆：《国史大纲》，钱氏说详见本书第四章第二节第五目。

③ 参见范文澜《关于上古历史阶段的商榷》，《中国文化》1940年第1卷第3期；《关于中国历史上的一些问题》，《中国科学院历史研究所第三所集刊》1954年第1辑。

始皇为开创“封建制度的元勋”。翦氏曾主“西周封建说”，后又改为“战国封建说”，称秦孝公“废井田，开阡陌”确立了封建社会。① 这些论说中的“封建”既脱离“封土建国”古义，也与西方史学关于中世纪制度 feudalism 的含义(采邑、领主制)相去甚远。

主张“两汉封建说”的侯外庐，力辨“封国”并非封建制，认为“周代封国之所以不能认为是封建，主要由于它没有‘农村为出发点’的经济基础”，把“农业经济”“自然经济”这一宽泛的前近代社会的特征视作划分“封建”的主要标准。②

持“魏晋封建论”的尚钺、唐长孺、王仲荦、何兹全等不赞成将“封建”泛化，从魏晋间的封土采邑、门阀制度、佃客的人身依附诸形态认定其封建性，以“封建”本义为基点，再作引申，兼容古义与西义。③

以上诸家各持其端，莫衷一是。这种核心术语内涵歧异、义项多设的讨论，必然出现同一议题之内“概念不一”“论旨转移”的逻辑前提问题，此乃诸家难以在历史分期上获得共识的原因之一。当然，由非学术因素起作用，也可以达成某种“共识”(如统一为“战国封建说”，将周末至明清称之“封建时代”)，然其“共识”只能是一时“众服”之假象。

在同一词形下，内容的变换衍发，不乏因革恰当的良例，如“科学”“革命”“共和”等，新名所含概念既与旧名保持联系，又有合理的

---

① 参见郭沫若《关于周代社会的商讨》，《新建设》1951 年第 4 期；翦伯赞《中国古代的封建社会》，《历史研究》1959 年第 6 期。

② 参见《中国古代“城市国家”的起源及其发展》，《侯外庐史学论文选集》上，人民出版社 1987 年版；侯外庐《论中国封建制的形成及其法典化》，《历史研究》1956 年第 8 期。

③ 参见尚钺《如何理解历史人物、事件和现象》，《教学与研究》1956 年第 4 期；何兹全《关于中国古代社会的几个问题》，《文史哲》1956 年第 8 期；唐长孺《魏晋南北朝隋唐史三论》，武汉大学出版社 1992 年版。

引申，并与对译的西洋术语所蕴概念相涵化。① 然而，大半个世纪以来，“封建”由本义向新内涵的转换，在一些史家那里发生了概念错位（笔者在20世纪80年代中期以前也曾信从无疑）：

（1）泛化封建（土地可以买卖的地主经济、中央集权的专制君主政治）不仅与“封建”本义（土地由封赐而来、不得转让买卖，政权分散、诸侯林立）脱钩，而且同“封建”本义指示的方向恰相悖反；

（2）泛化封建所指秦至清的社会情状又与相对译的英语词feudalism的所指（封土封臣、采邑领主、人身依附、超经济剥夺、农奴制）大异其趣；

（3）“封建”的上述泛义超出词形提供的意义空间，全然是外在注入的，不符合汉字词“形义吻合”的构词特性。

由于“封建”被泛化，以其作词干形成的一系列词组——“封建制度”“封建社会”“封建主义”“封建时代”等，也随之偏离正轨。于是，因为关键术语失准，一部中国历史的叙事，失却构制网络的坚实纽结。由此出发，我们长期探讨的“中国历史分期”“中国封建社会内部分期”“封建土地所有制形式”“中国资本主义萌芽”“中国封建社会为何长期延续”诸问题，都缺乏议论得以健康展开所必需的严密的概念坐标系，有学者把其中某些论题（如中国封建社会为何长期延续）称之为“假问题”②。

可见，“封建”概念的准确性问题，关涉中国历史叙事的框架构筑，兹事体大，不得不考究新名“封建”“形义脱节”“名实错植”的症结所在。这也是笔者对自己曾经有过的模糊认识的一种清理、驳正。

在追踪问题的来龙去脉之际，有一种情形可以预先排除：令“封建”概念泛化者不通古汉语及中国古史，或不谙西语及西洋史，造成概念误植。事实上，将“封建”泛化的近现代学者，大多饱读诗书，当然明白“封建”的古义是封土建国、封爵建藩；他们又多半熟识西

① 参见拙著《新语探源——中西日文化互动与近代汉字术语生成》（中华书局2004年版）关于“革命”“共和”“科学”等新名生成的论述。

② 参见何兆武《历史研究中的一个假问题》，《百科知识》1989年第5期。

文、西史，对 feudalism 的含义为封土封臣、采邑领主制，并不生疏。故“封建”滥用，绝非由于论者不通古义、西义，而另有缘由——误信单线直进史观，因而将中国历史附会西欧历史的“原始社会—奴隶社会—封建社会—资本主义社会”程式。总之，“封建”概念被泛化，不单是一个语义学问题，更是历史学、文化学问题，可以总括为“历史文化语义学”问题。

了然于此以后，笔者决计另辟蹊径：首先确认“封建”本义及西义，在此基础上，梳理“封建”概念演绎的轨迹，对其作历时性的动态研究，考察这个原本创制于中国，又在近代中国及日本借以对译西文 feudalism 的新名，在中国逐步演化的具体过程，尤其用力于探讨几个导致概念变更的关键时段(如清民之际、“五四”时期、大革命失败后几年间、“五种社会形态说”流传中国时期)的社会—文化生态，以及在此种社会—文化生态下的语义迁衍。这一在古今沿革及中、西、日三语境间的溯源讨流，将构成本书主体。笔者愿偕同读者诸君，从概念的历时性演绎及中外对接的过程中窥探“封建”被泛化的社会—文化因缘。最后，提供一种取代泛化“封建”的改良设想，以供学界取舍。

“词义属于语言学范畴，概念则属于逻辑学范畴。”①本书题名《“封建”考论》，意在从“封建”词义的历史考察入手，进而在概念史的论析上展开，故联称“考论”，亦即由词义史之“考”，导入思想文化史之“论”，所做的是一番“知识考古”工作。因新名“封建”的泛解已经约定俗成，一时难以更改，本书试图从学理层面，通过对“封建”从旧名向新名转变过程的辨识，为中国古史叙事提供一个厘清概念(正名)的思路。

以上尝试是一次围绕“封建”名目的“历史文化语义学”遨游。此游不尽如春游踏青，可以纵情领略“千里莺啼绿映红”，有时还需攀缘山岩，潜入溪涧，可能遭遇险阻，但此番辛苦跋涉若能使诸君获得某种野趣，产生探求“深山更深处”的向往，则不胜欣幸。

① 曹炜：《现代汉语词义学》，学林出版社 2001 年版，第 13 页。

第一章 古义演绎

第一节 "封建"本义

昔周公吊二叔之不咸，故封建亲戚，以蕃屏周。

——《左传·僖公二十四年》

汉语"封建"一词的原意本指殷周分封制度，又延及后世各种封爵建藩举措，所谓"列爵曰封，分土曰建"①，还指涉与分封制相关的朝政、官制、人身关系、土地制度、外交关系、民族关系等。此为古时不刊之论。

为昭显"封建"本义，须略作文字考释及制度史追溯。

一、释"封"·释"建"·释"封建"

"封建"由"封"与"建"组合而成，为联合结构词。

(一)"封"之本义与引申义

"封建"一词的基干组字是"封"，始见于甲骨文，又经金文、篆文、隶书、楷书的演化，定格为今用之"封"。

"封"字甲骨文作②，似树木植根于土中之形。多作动词用。

① 《皇朝文献通考》卷二四六《封建考》。

② 《殷虚文字甲编》2902。

殷代甲骨文中的“封”，形似一株植物“”①，与两只合围拢土的手“()”组成；手部右移，衍为②，似人手给植株培土、聚土植树之形③，引申为作境界林以划分田界、疆界，《周礼》在述及大司徒的职守“掌建邦之土地之图，与其人民之数”时，讲到一项划界程式：

制其畿疆而沟封之，设其社稷之壝而树之田主。④

东汉经学家郑玄注《周礼》此语时云：“封，起土界也。”故“封”是从培土植树本义，推出作境界林以划分田界义的，甲骨文“封”字的一种形态凿⑤，形象地表述出这层意思。《小尔雅·广诂》释曰：“封，界也。”唐代考据家颜师古注《急就篇》文字“顷町界亩畦埒封”时说：“封，谓聚土以为田之分界也。”

“封”从培土植树、划分田界义，进而引申为帝王将土地分赐给亲戚或功臣作领地、食邑。《墨子·鲁问》载越王语：“请裂故吴之地，方五百里，以封子墨子。”《孟子·告子下》载孟子语：“周公之封于鲁，为方百里也。”两例之“封”皆指赐土。

“封”还指给予爵位名号，如《左传·昭公二十九年》载晋国大史蔡墨论龙的答语：“实列受氏姓，封为上公，祀为贵神。”西晋史家杜预给“封为上公”作注：“爵上公。”这里的“封”与“爵”都是动词，作“颁赐”解。《史记·魏公子列传》：“昭王薨，安釐王即位，封公子为信陵君。”《史记·高祖本纪》：“乃论功，与诸列侯剖符行封。”数例之“封”皆指颁赐爵号。

① 《殷契佚存》四二六。

② 《召伯虎敦》。

③ 参见《汉语大字典》(一)，湖北辞书出版社、四川辞书出版社 1986 年版，第 504 页。

④ 《周礼·地官·大司徒》。

⑤ 《甲骨文合集》846。

“封”的引申义的文字学表述，见于东汉许慎《说文解字》：

> 封，爵诸侯之土也。从之，从土，从寸，守其制度也。公侯百里，伯七十里，子、男五十里。①

周秦以降，动词“封”的赐土颁爵义广为通用。

“封”又作名词用，指疆界。《左传·僖公三十年》载郑人烛之武谓：“(晋)既东封郑，又欲肆其西封，若不阙秦，将焉取之?”讲的是晋侵伐郑之后，以郑东界为界，此后西扩，蚕食秦土。前一“封”字为动词，后一“封”字为名词，杜预将后一“封”字解为：“封，疆也。”意谓疆界。

作为名词的“封”，还指所封领地。《左传·襄公二十一年》：“我有四封……何故不可。”《荀子·强国》：“土地之大，封内千里。”二“封”例，皆指分封的疆土、领地。

近人王国维据殷墟卜辞，证明“古邦、封一字”。此说古人已有论述，汉末训诂家刘熙《释名·释州国》曰：“邦，封也，封有功于是也。”清人段玉裁注：“邦之言封也，古邦、封通用。”②如《墨子·非攻下》：“唐叔与吕尚邦齐、晋。”此“邦”同“封”。《尚书·洪范》：“武王既胜殷，邦诸侯，班宗彝，作《分器》。”《史记·周本纪》则说：“封诸侯，班赐宗彝，作《分殷之器物》。”可见“古字邦、封同”。不过“邦”多作名词用，“封”多作动词用。王国维发现，“邦”在殷墟甲骨卜辞中甚少见，周金文中则常见，说明周代盛行封建，众“邦”林立。

(二)“封”之组词

“封”与其他汉字组成多种与分封制有关的二字词、多字词。《左传》《周礼》《孟子》等书中有“封疆”“封国”“封域”“封其四疆”等用例，其“封”皆指周天子将土地赐予诸侯以建国。“封”还组合为“封

---

① 《说文·土部》。

② 《说文·邑部》“邦”注。

人”等职官名和“封君”等贵族称号。

封国 《周礼·夏官·大司马》：“制畿封国，以正邦国。”郑玄注：“封，谓立封于疆为界。”《周礼·秋官·罪隶》：“凡封国若家。”孙诒让正义：“建诸侯为封国。”

封疆 《淮南子·主术训》：“四海之云至，而修封疆。”《史记·商君列传》：“为田开阡陌封疆。”张守节正义：“封，聚土也；疆，界也；谓界上封记也。”引申为疆域，而管理一定疆域的人，称为封疆大吏，如《明史·兵志二》：“都指挥使与布、按并称三司，为封疆大吏。”指总揽一地军政大权的官员，因略似古代分封疆土的诸侯，故名。

封人 西周设“封人”职官，为地官司徒的属下。《周礼·地官·封人》：“封人掌设王之社壝，为畿封而树之。”西周的“封人”，是管理分封具体事务的职官。至春秋，仍有“封人”职官。《论语·八佾》：“仪封人请见。”朱熹集注：“封人，掌封疆之官。”封人又指边疆地区长官，如《左传·隐公元年》论及郑国贤人颍考叔：“颍考叔为颍谷封人。”杜预注：“封人”为“典封疆者”，即边地官员。另外，《左传·宣公十二年》有“使封人虑事”的记载，此“封人”指楚国筑城的主持者。

封君 战国时受封者称“君”，如楚国的阳陵君、昌平君、春申君、应君、鄂君之类。战国封君多为有功将相，其封土很少世袭，在封土内无治民权和调发兵役权，已不同于春秋以前受封采邑的世袭卿大夫。班固修《汉书》时，在汉代受封诸“君”之前加一“封”字，称“封君”，这是对汉代被封为王、侯及有汤沐邑的公主的比代之称，约指领受封域的贵族。如《汉书·食货志下》：“封君皆氐(低)首仰给焉。”颜师古注：“封君，受封邑者，谓公主及列侯之属也。”

封授 与动词“封”相并联的动词是“授”，“封授”意谓封爵授土。《左传·定公四年》讲到封卫康叔时，说“聃季授土，陶叔授民”。“授”的对应动词是“受”：天子封授，诸侯受封，要举行仪式，由司空授以五色土，司徒授以民。诸侯受封，即所谓“受民受疆土”①。封授与受封双方共同组成封建制。

封禅 由“封”作基干组合的二字词，因“封”的本义是垒土，而古代祭告天地鬼神须垒土作坛，故动词“封”又演为筑坛祭祀之义，与“禅”(意为除过草的野地，引申为整理洁净的祭神之处)联合为“封禅”，指祭祀天地。② “封禅”专指帝王祭泰山，是战国以降的用法。《大戴礼·保傅》：“封泰山而禅梁父。”秦皇、汉武更盛行封泰山。《史记》的《秦始皇本纪》《孝武本纪》《封禅书》多有记述(《孝武本纪》关于封禅的记述已佚，今传本裁自《封禅书》)。《史记·封禅书》：“自古受命帝王，曷尝不封禅?”张守节正义：“此泰山上筑土为坛以祭天，报天之功，故曰封；此泰山下小山上除地，报地之功，故曰禅。”

(三)“建”即立，“建”即封

组成“封建”的“建”字，与“封”义近，为树立、竖立、设置之意。“建”字，甲骨文作，如一人用两手将木柱类的东西竖立于“”内，小点大约表示土粒。③ 金文作(萩建鼎)，手持木柱的象形保存，省去小点(土粒)。

“建”是动词，本义为“立”，有“设立”“设置”之意。东汉至清的古典笺注家均以“立”释“建”。东汉许慎《说文解字》：“建，立朝律也。从聿，从廴。”释“建”为“立”。清人段玉裁对此说有所质疑，表示不知许氏之说的依据何在。《说文》段注：“今谓凡竖立为建。”其实，许慎释“建”为“立朝律”，是在特定语境中生发出的意义，并非说“建”仅有“立朝律”之意，如“建”在特定语境中又有“立社稷”的含义。清人王筠《说文解字句读》则认为：“建，只是立，而云律者，犹

① 《大盂鼎铭》，载郭沫若《两周金文辞大系图录考释》，科学出版社 1957 年版，第 33 页。

② 参见黄金贵《古代文化词义集类辨考》，上海教育出版社 1995 年版。

③ 参见何金松《汉字文化解读》，湖北人民出版社 2004 年版，第 324 页；又见裘锡圭《释建》，《古文字论集》，中华书局 1992 年版，第 353 页。

及从彳引之，建亦从律引之也。”

《老子》第四十一章：“故建言有之。”王弼注：“建，犹立也。”《礼记·王制》：“州建百里之国三十。”唐人孔颖达疏：“建是树立之义。故建为立也。”南朝顾野王《玉篇·廴部》：“建，竖立也。”《尚书·洪范》：“皇建其有极。”南宋蔡沈《书集传》：“建，立也。”《周礼·天官·叙官》：“惟王建国。”清人孙诒让正义：“凡立皆为建。”《周礼·地官·大司徒》言及大司徒的职守时，提到“建王国”“建邦国”。《周礼·地官·小司徒》又说：“小司徒之职，掌建邦之教法，以稽国中。”“凡建邦国，立其社稷，正其畿疆之封。”这几例“建”皆为“立”之意。

在相当多的情形下，“建”与“封”同义，指封赐、封立。《易·比·象传》：“先王以建万国，亲诸侯。”王弼注：“建万国，谓割土而封建之。”《周易》屯卦、比卦、豫卦的经文中，多次出现“利建侯”“宜建侯”之类句式，其“建”义均同于“封”。《诗·鲁颂·閟宫》：“建尔元子，俾侯于鲁。”此“建”，义为“封立”。

《左传》载，周景王之子王子朝先后赶走悼王、敬王，自立为王，后晋国出兵帮助敬王复位，王子朝奔楚，行前告于诸侯：

> 昔武王克殷，成王靖四方，康王息民，并建母弟，以蕃屏周。①

这里陈述周武王、成王、康王的业绩，论及的“并建母弟”，即分封同母弟，参见《尚书·牧誓》：“昏弃厥遗王父母弟不迪。”孔颖达传曰：“母弟，同母弟。”此处“建”同于“封”。

（四）“建”之组词

以“建”为基轴，组成多个二字词。

建德 作为动词的“建”与名词组合为多种二字词，如与“德”连为“建德”。《左传·隐公八年》：“天子建德，因生以赐姓，胙之土而

---

① 《左传·昭公二十六年》。

命之氏。”《左传·定公四年》：“选建明德，以蕃屏周。”《国语·周语中》：“夫王公诸侯之有饫也，将以讲事成章，建大德，昭大物也。”诸例“建德”，皆指立德、立有德之人。

建业　《史记·淮阴侯列传》：“欲建万世之业。”此例可简约成双音词“建业”，意谓创立业绩。

建国　“建”又与“国”组成“建国”。《左传·桓公二年》有“天子建国”一语，杜预将“建国”释作：“立诸侯也。”《礼记·祭法》有“天下有王，分地建国，置都立邑”之句。郑玄注：“建国，封诸侯也。”两例“建国”均指天子封立诸侯国。“建”的“封立”义，《诗·鲁颂·閟宫》的“建尔元子”(封立长子)句早有显现。在“建立国家”意义上使用“建国”之例有《礼记·学记》，“建国君民，教学为先”(建立国家，统治人民，首先要设校施教)。

此外，还有“建侯”用例，如《易·豫》：“利建侯，行师。”其“建侯”指封立诸侯。上例之“建”与“封”大体同义，均指“封立”。

(五)组合词“封建”

分释“封”与“建”之后，再综论二字组合词“封建”。

“封建”连用始见于春秋末成书的《诗经》，后《左传》等战国及之后成书的典籍则常见。

1. 从“大立其福”到“封邦建国”

西周虽实行封建制，但“封”“建”尚各自单独使用，合为“封建”一词，初见于东周，如《诗经》颂商的诗篇曰：

> 天命降监，下民有严，不僭不滥，不敢怠遑。命于下国，封建厥福。①

毛传曰：“封，大也。”故此处“封建”意谓“大立”。反映商初政治的《殷武》，载商汤秉承天命，监督下民，使之不得僭越等级、滥用刑赏，不得荒怠职守，施行教令于诸邦国，大享福分。此一诗句虽

① 《诗·商颂·殷武》。

然议及商王室与封国的控制与被控制关系，却未明言商代分封诸侯国的情形。这里首次出现的二字词“封建”，尚不宜作“封土建国”解。东汉经学家郑玄笺释“封建厥福”为“大立其福”，较为确切。

《诗经》反映西周政治的诗句，虽未出现“封建”一词，却已陈述周初分封的具体情形：

> 王曰叔父，建尔元子，俾侯于鲁，大启尔宇，为周室辅。乃命鲁公，俾侯于东，锡之山川，土田附庸。①

此一诗句讲到，周成王对叔父周公说：立您的长子伯禽为鲁公吧，开辟那里的国土，以辅弼周王室。成王乃命鲁公(伯禽)做诸侯于山东，把那里的山川封赐给伯禽，并把土田及附属其上的墉垣(城市)给他作附庸。

在“封邦建国”义上用“封建”一词，较早见之于《左传》：“故封建亲戚，以蕃屏周。”②孔颖达疏：“故封立亲戚为诸侯之君，以为藩篱，屏蔽周室。”

后之儒者诠释《诗》《书》，将“封建”明解为封爵封土以建国，《说文》云：“封，爵诸侯之土也……建，立朝律也。”指帝王以爵土颁赐诸侯，分茅裂土，使之在所领有区域建立邦国，此即所谓“封国土，建诸侯”。近人杨伯峻、徐提编《春秋左传词典》说：“封建，以土地封人使之建国。”是为简明诠释。

2. 按等级列侯

周末及秦汉人阐发“封建”，特别强调按等级分封的含义。《左传·昭公七年》陈列封建等级曰：“王臣公，公臣大夫，大夫臣皂，皂臣舆，舆臣隶，隶臣仆，仆臣台。”《吕氏春秋·慎势》归纳道：“王者之封建也，弥近弥大，弥远弥小，海上有十里之诸侯。以大使小，

---

① 《诗·鲁颂·閟宫》。此外，《诗·周颂·噫嘻》《诗·大雅·崧高》《诗·大雅·江汉》都记载着周天子封赐贵族以田土、山林的故事。

② 《左传·僖公二十四年》。

以重使轻，以众使寡，此王者之听以家以完也。”《淮南子·时则训》更有“封建侯”的提法，力主按等级制分封诸侯。故《说文解字》称，公与侯、伯、子、男分别执九寸圭、七寸圭、五寸圭，所谓“以封等级诸侯，守其制度也”。可见，封建社会实行贵族政治，而贵族政治的要领除世袭性外，便是等级性。

3. “三代封建”

史籍常将“封建”上溯到古远时代。《史记·五帝本纪》称，黄帝集合诸侯，诸侯尊黄帝为“天子”，黄帝“置左右大监，监于万国”。这里的“诸侯”“国”，是以后世之名称借指上古，实为氏族、部落，并非已进入文明阶段后的“国家”。黄帝应是传说中多个氏族、部落联合体的公举领袖，并非“国君”，也谈不上“分封”诸侯。较有依据的是“‘三代封建’说”。

夏分封　夏代开始跨入文明门槛(使用金属器具、建城立国)，早期分封出现。司马迁说：“禹为姒姓，其后分封，用国为姓，故有夏后氏、有扈氏、有男氏、斟寻氏、彤城氏、褒氏、费氏、杞氏、缯氏、辛氏、冥氏、斟戈氏。”①“姓”因“生”(血缘)而来，“氏”因“土”(地缘)而来，所谓“因生以赐姓，胙之土而命之氏”②。《史记·夏本纪》讲到夏王分封的部落方国，均为以姓、氏命名的小国，然它们都是血缘与地缘的结合体。惜夏至今尚未发现有传世文字，夏代封建带有传说性。

商分封　关于商代封建，司马迁说：“契为子姓，其后分封，以国为姓，有殷氏、来氏、宋氏、空桐氏、稚氏、北殷氏、目夷氏。”③其封国仍以姓、氏为单位。殷商分封现有发掘出的甲骨文为证。殷墟时期的甲骨文显示，殷商已有分封子弟之制，如商王武丁时有许多封国，封为“侯爵”的称“侯×”(如封在雀地的称“侯雀”)，封为“子爵”的称“子×”(如封在宋地的称“子宋”)。商代封爵有侯、伯、子、

① 《史记·夏本纪》。

② 《左传·隐公八年》。

③ 《史记·殷本纪》。

男、任、田、亚、妇等数种。顾颉刚据此认为殷时已有系统的封建制。① 胡厚宣据甲骨文材料曾作《殷代封建制度考》，论证封建制度至少始于殷高宗武丁之世。② 晁福林也经考索称：“卜辞中有称子某的贵族九十余位，其中有一些可能是商王的儿子，但大部分应当是子姓贵族。”③周初发布的诰命中，有“伊”“旧”“何”“父”“皃”“耿”“肃”“执”诸姓，《逸周书·商誓》称其为“殷之旧官人”，此八部族当为商朝分封的异姓诸侯，周初继续受封。

夏与商进行的是氏族分封，形成的是一种氏族联盟式的邦国群体，或者说，夏、商分封是对氏族邦国群体的承认。夏、商分封可划入“氏族封建”之列，其情形并未脱传说性。

周分封　封建成为完备制度，当在西周初年。王国维论及“周人制度之大异于商者”，第一项便是：

> 立子立嫡之制，由是而生宗法及丧服之制，并由是而有封建子弟之制，君天子臣诸侯之制。④

此处周代始有“立子立嫡制”之说似应修正，据考，殷代自庚丁后已五世传子⑤，故殷时已行封建子弟之制。然而，王氏将封建制的完备化确定在西周，乃不刊之论。西周结束了夏、商的氏族邦国联盟状态，逐步进入一姓（异姓辅佐）掌控天下的政治格局，这对后世中国影响深远。

---

① 参见《顾颉刚古史论文集》第二册，中华书局1988年版，第329～330页。

② 胡厚宣：《殷代封建制度考》，成都：齐鲁大学《国学研究专刊》，1944年。

③ 晁福林：《夏商西周的社会变迁》，北京师范大学出版社1996年版，第250页。

④ 王国维：《殷周制度论》，《观堂集林》卷一〇。

⑤ 参见《史记·殷本纪》。

（六）“封建”内涵

封土作邦的“周初大封建”，与周人对“东土”的征服和殖民相关。周金文关于分封多有记载，如西周早期盂鼎铭文称“武王嗣文王作邦”。“作邦”即“封国”，可见周初把“封邦建藩”视作镇慑“东土”的头等大事。召伯虎敦铭文称“仆墉土田”，讲到受封者在封土上行使政治管理权。再参之前引《诗·鲁颂·閟宫》关于周王封鲁的记述，周初的封土作邦如历历在目。至于战国以降的史典《左传》《史记》等，关于“封土建国”的描述更加详细具体。顾颉刚据之给“封建”下定义：

> 国王把自己的土地和人民分给他的子弟和姻戚叫做“封建”，封是分划土地，建是建立国家。①

一种值得注意的现象是，战国以来的儒者不断“修饰”古代封建，将之整齐划一，加以理想化。《孟子·万章下》等战国时期典籍有公、侯、伯、子、男五等爵的记载。成书西汉的《礼记》，其《王制》篇称：“王者之制禄爵，公、侯、伯、子、男，凡五等。”此种以周王为顶点的严格的班爵禄秩列，并非殷周时的实态，已发现的殷墟甲骨文、西周金文均未见有五等爵序列的记载。侯外庐说：“‘三代封建’的秘密的形态，是从战国至秦、汉时代的学者所裁制的一件神秘的外衣。”②侯氏所言若指殷周不存在封建形态，恐言之过甚；若指整齐的“五等爵”序列系后世裁制，则自有道理。

成书战国的一些文献涉及西周及春秋封建制的不胜枚举，而最具概括力的是《孟子·尽心下》的一段话：“诸侯之宝三：土地、人民、政事。”如果说，在“礼乐征伐自天子出”的西周，诸侯尚未充分掌控此“三宝”，那么，春秋战国的诸侯确乎拥有由“土地、人民、政事”

---

① 顾颉刚：《周室的封建及其属邦》，《顾颉刚古史论文集》第二册，中华书局1988年版，第329页。

② 侯外庐：《中国古代“城市国家”的起源及其发展》，《侯外庐史学论文选集》上，人民出版社1987年版，第116页。

组成的完整主权，这既有别于西周封建，又与秦以后的中央集权政制大不相同。

在先秦的语境中，“封建”主要是一个政制概念，与经济的、社会的制度也有联系。一位经济史家说：

> 封建制度是一种农奴制剥削，是以劳动的自然形态来剥削农奴的无偿劳役，为了实现这种无偿劳役就不能不有一个适应这种剥削的土地制度……正是由于土地是由封建领主根据一定的土地分配办法分配给(即授予)农奴的，建立起上下隶属的人身依附关系，所以封建制度完全是建立在两个基本关系之上，(1)“溥天之下，莫非王土”，(2)“率土之滨，莫非王臣”，而后者又是实现前者的条件。①

综上所论，“封建”的本义，可简要表述为：按宗法—等级原则封土建国、封爵建藩。

二、西周封建

“封建”是一个历史概念，殷商封建不同于西周封建，西周封建不同于东周封建，秦汉以降封建更是大异于两周封建。封建制的确立完成于西周(公元前11世纪至公元前8世纪)。

西周封建制生成于较为后进的周人征服较为先进的殷人及东方诸部族的过程中，在“小邦周”取代“大邦殷”之际，封建制从周人的氏族制过渡而来。此种进程与欧洲封建制的形成有类似之处：欧洲封建制并非罗马的奴隶制国家制度的自然衍生物，而是由处于氏族社会的日耳曼人的军事征服与罗马某些因素相结合的产物，西欧封建制承袭日耳曼氏族制的若干特性。中国的封建制度是刚从氏族共同体走来的周人与殷商典制相互作用的结果，故傅筑夫说：

---

① 傅筑夫：《中国经济史资料·先秦编》，中国社会科学出版社1990年版，第1页。

这样一个巨大的历史变革，在中国是发生在西周初年，从中国的全部历史发展过程来看，这个巨大的历史变革只能发生在西周初年……①

(一)文王、武王、周公三次“封建”

西周“封建”，一般说法有两次(武王“封建”与周公“封建”)，然此前的文王时期，已在王畿内用分封制使周人扩展领有的土地，这可称之为第一次封建。② 第二次封建在武王时。武王克商以后，并未消灭殷之贵胄，仍封纣子禄父(武庚)于殷(原来殷商的王畿内)，命弟管叔、霍叔、蔡叔为“三监”，监督武庚。武王故去时，成王尚年幼，武庚偕奄及淮夷，联合“三监”叛乱，周公东征平叛，再度灭殷，诛武庚、管叔，平定奄及淮夷，在更广大的征服领域分封姬姓宗亲及与姬姓联姻的姻戚和功臣。康王时继续分封，成康之际为第三次封建(俗称“周公封建”)。这前后三次封建，以周公封建最为完备，故梁启超说，“真封建自周公始”③。

在殷商，王与诸侯尚未确定君臣名分，到周武王克殷后大分封，仍称诸侯为“友邦君”④。直到周公东征平叛，再行分封时，才明确封建诸侯为周之臣子，王国维指出：“由是天子之尊，非复诸侯之长，而为诸侯之君。”⑤故周初三次分封，可归为前、后两个不同形态：一为文王、武王分封，大体沿袭商代的方国部落联盟形态，天子“长”诸侯而未“君”诸侯。二为周公分封，天子正式成为诸侯的君主，王权得以提升。

自周成王起，还形成“乡遂制度”，亦即“国”与“野”对应的制

---

① 傅筑夫：《中国经济史资料·先秦编》，中国社会科学出版社 1990 年版，第 2 页。

② 参见杨宽《西周史》，上海人民出版社 1999 年版，第 373~374 页。

③ 见梁启超《先秦政治思想史》，商务印书馆 1923 年版。

④ 参见《尚书·周书》的《牧誓》《大诰》。

⑤ 王国维：《殷周制度论》，《观堂集林》卷一〇。

度。“国”指都城及其近郊，近郊分为“乡”。都城住着上层贵族、保卫都城的“士”以及专事手工业之人，乡住着下层贵族“士”，都、乡居民合称“国人”。“野”(或称“鄙”“遂”)指郊外及广大农村，住着从事农业的“庶人”(或称“野人”)。周王朝六乡六遂，诸侯国也实行“乡遂制度”，如鲁国有“三郊三遂”①，又称“三乡三遂”。军队由国人组成，野人(庶人)不当兵，耕作于贵族领有的“公田”，贡献实物和服役；也耕作于“私田”，以养家糊口。“国—野”对立、“国人—野人”分治，是西周封建制的基本格局。

(二)封建制与宗法制、等级制互为表里

周代封建制与宗法制、等级制相与共生。《左传》有两段关于封建制的名论，其一：

> 故天子建国，诸侯立家，卿置侧室，大夫有贰宗，士有隶子弟，庶人工商，各有分亲，皆有等衰。是以民服事其上，而下无觊觎。②

鲁惠公二十四年(前745年)，晋国内乱，封成师为曲沃伯，师服对此发表议论：国家立国的要旨，是本大而末小，方能稳固，周代自上而下层层封建：天子立诸侯，诸侯立卿大夫，等等。上下等级分明，以免觊觎乃至争夺。

其二：

> 昔周公吊二叔之不咸，故封建亲戚，以蕃屏周。③

周襄王准备联合狄人伐郑，大夫富辰劝谏道：周公因管叔、蔡叔联合殷后裔武庚叛周，故广封亲戚功臣，以作周室屏障，为周室辅。

---

① 《尚书·周书》的《费誓》：“鲁人三郊三遂。”

② 《左传·桓公二年》。

③ 《左传·僖公二十四年》。

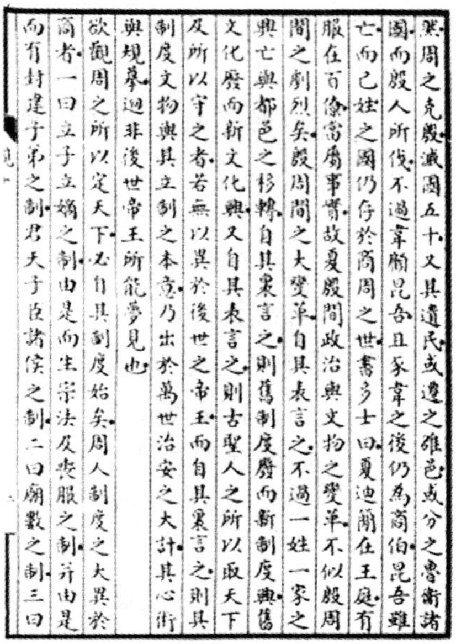

然周之克殷，滅國五十，又其遺民或遷之雒邑，或分之魯衛諸國，而殷人所伐不過韋、顧、昆吾，且豕韋之後仍為商伯，昆吾雖亡而己姓之國仍存於商周之世。書多士曰：夏迪簡在王庭，有服在百僚，當屬事實。故夏殷間政治與文物之變革，不似殷周間之劇烈矣。殷周間之大變革，自其表言之，不過一姓一家之興亡與都邑之移轉；自其裏言之，則舊制度廢而新制度興，舊文化廢而新文化興。又自其表言之，則古聖人之所以取天下及所以守之者，若無以異於後世之帝王；而自其裏言之，則其制度文物與其立制之本意，乃出於萬世治安之大計，其心術與規摹，迥非後世帝王所能夢見也。

欲觀周之所以定天下，必自其制度始矣。周人制度之大異於商者，一曰立子立嫡之制，由是而生宗法及喪服之制，并由是而有封建子弟之制，君天子臣諸侯之制；二曰廟數之制；三曰

王国维《殷周制度论》书影

周与郑是封赐之国与受封之国的关系，不应相互攻伐。这“封建亲戚”(包括封同姓兄弟子侄以及异姓姻亲)，其原则便是前一段话提及的“各有分亲，皆有等衰”的宗法制和等级制。

这两段话是春秋时人对西周封建制精义的阐发，都把“封建”的要旨归结为实行宗法制。概言之，西周宗法制包括嫡长子继承君统和余子分封两项内容，故分封制以宗法制为基旨，宗统与政统合而为一；又与等级制彼此渗透，由分封确认等级，因等级巩固分封。封建制的要旨在“分”，通过分封子弟、功臣，以分治领土，屏卫王室；宗法制的要旨在“合”，通过血缘纽带达到合族目标。封建之“分”与宗法之“合”，相为表里、彼此为用，是西周政治、社会稳固的基石。因此，如果把夏、商称为“氏族封建制”，那么西周则可称为“宗法封建制”。

(三)西周封建的两大级次

西周封建有多个级次，如《左传·桓公二年》所称：“天子建国，

诸侯立家，卿置侧室，大夫有贰宗，士有隶子弟。”其最为重要的是“天子建国”(周天子分封诸侯以立国)与“诸侯立家”(诸侯立卿大夫以称家)。

1.“天子建国”是封建的首位级次

包括以下内容：

第一，封授诸侯是周天子的特权。《穀梁传·僖公二年》：“故非天子不得专封诸侯，诸侯不得专封诸侯。”

第二，周天子通过册命将封授法典化。如周公代表周王在祖庙举行“册命”典礼(“册”为分封仪式上太史手持的简册，“命”为写在册上的周天子旨令)，颁布“授土授民”文告，如封伯禽于鲁，文告为《伯禽之命》；封康叔于卫，文告为《康诰》等。① 以这种特有的律法形式建立隶属周王室的诸侯国，此即班固所谓“封诸侯于庙者，示不自专也。明法度，皆祖之制也，举事必告焉”②。

第三，“建国”过程由周天子直接操纵，王室派员协助运送诸侯族人及一应器物，《诗》曰“王命傅御，迁其私人”③，即指此；周王派员协助营建封国的都城，《诗》曰“王命召伯，定申伯之宅”④，也指此。

第四，周王保有对封国(主要是大国与次国)重要职官的任命权，所谓“大国三卿，皆命于天子……次国三卿，二卿命于天子，一卿命于其君……小国二卿，皆命于其君……”⑤这就从组织结构上保证了天子对诸侯国的控制权。

2.“诸侯立家”

“侯”原义斥候、守卫，引申为据地镇守的受封贵族。侯的数量较多，故有“诸侯”之称。“诸侯立家”有两层意思。第一层：诸侯在

① 《左传·定公四年》。

② 《白虎通义·爵篇》。

③ 《诗·大雅·崧高》。

④ 《诗·大雅·崧高》。

⑤ 《礼记·王制》。

自己的封国内向卿大夫封赐采邑。卿大夫只在采邑收取租税，如《公羊传·襄公十五年》何休注所说："所谓采者，不得有其土地人民，采取其租税尔。"第二层：卿大夫供职于诸侯，任官治事，居于国中而不居采邑，不治采邑之政，故卿大夫的采邑并非一级政权单位。西周国家是"王国"与"诸侯国"两级结构。卿大夫掌控采邑行政权，甚至掌控诸侯国行政权，即所谓"陪臣执国命"，是春秋的事情。

西周封建中的"天子建国"内含三要素："胙土"(分配居地)、"赐姓"(赐服属的人民)、"命氏"(给予氏号、国号)。① 天子"授土授民"，诸侯对天子自称"守"或"守臣"，所谓"诸侯之于天子，曰某土之守臣某"②。在"天子建国"以下，还有"诸侯立家""卿置侧室""大夫有贰宗""士有隶子弟"等级次，从而构成王、诸侯、卿大夫等多级分封制——王领"天下"，诸侯领"国"，卿大夫领"家"("家国天下"之说自此而生)。当然，西周政制主要是天子覆盖下的两级结构(王国与诸侯国)，这便决定了西周封建制的特色：

> 西周时代的中国，理论上已是一个统一国家，不过只是一种"封建式的统一"，而非后代郡县式的统一而已。中国此时之所谓"封建"，亦和欧洲中世纪的封建不同。③

被封之诸侯在其封国内拥有世袭统治权，世袭方式则依宗法制规定。周天子是各封国诸侯的"大宗"，作为"小宗"的被封诸侯对周天子须服从号令、定期朝贡、提供军赋力役。诸侯在封国内则为"大宗"，领有主权，并分封余子为卿大夫。这便是所谓的"溥天之下，莫非王土；率土之滨，莫非王臣"④。成于东周的此一著名诗句是对

---

① 参见杨希枚《先秦赐姓制度理论的商榷》，载台北《历史语言研究所集刊》26。

② 《礼记·玉藻》。

③ 钱穆：《中国文化史导论》，商务印书馆 1994 年版，第 8~9 页。

④ 《诗·小雅·北山》。

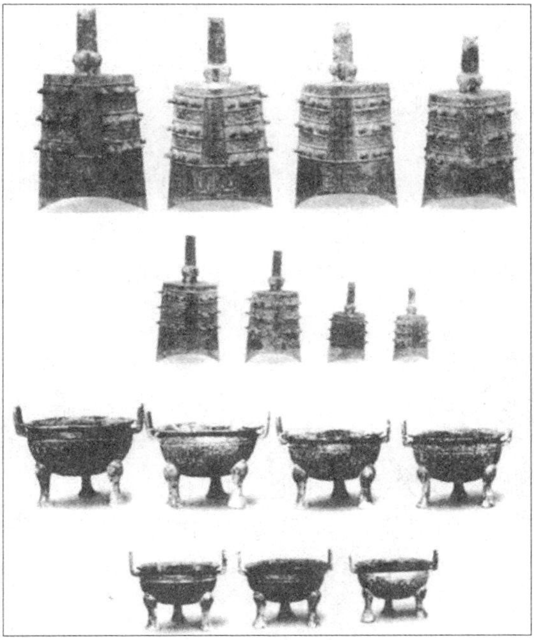

钟鼎等礼器是封建等级制的物化表征
图为虢季甬编钟和列鼎

西周封建制的理想化表述，当时周天子对天下田土的掌控其实多是虚化的，孟子曾指出，这一文句“是诗也，非是之谓也”①。

(四)“封土”与“授民”

西周封建制的社会实态，是伴随军事征服、向东土殖民过程中的封土与授民。

西周早期大盂鼎铭文称“受民受疆土”，讲到受封者不仅得到土地，还连同得到土地上的民众。西周中期的大克鼎及康彝、丑彝、令鼎、麦尊、邢侯彝等西周礼器上的铭文多有赐田、赐臣妾的记载。②

传世文献关于周代逐次封土的记述甚多。《礼记》曰：

① 见《孟子·万章上》。

② 参见吴闿生《吉金文录》卷一、卷二。

> 故天子有田以处其子孙，诸侯有国以处其子孙，大夫有采以处其子孙，是谓制度。①

《周礼》对于从“王畿”到“侯服”“甸服”“男服”“采服”“夷服”“镇服”“藩服”的封地有具体规定。②

西汉韩婴的《韩诗外传》对“班赐采邑”有所追述：

> 古者天子为诸侯受封，谓之采地。……其后子孙虽有罪而绌，使子孙贤者守其地，世世以祠其始受封之君。③

“赐田”“封土”多以“邑”“采地”为单位，子仲姜镈铭文便有封赐“二百又九十九邑”的记载。邑(采地)上置庄园，设“田畯”监管在王田上从事生产的农人，《诗经》中的农事诗(如《小雅》中的《甫田》《大田》等)对田畯监管农人劳作多有记述。

“赐田”“封土”以外，还有同等重要的“授民”，如曶鼎铭文载，颁授“七田，人五夫”，田土与人民一并封赐。《左传·定公四年》载子鱼回顾周初封建，“选建明德，以藩屏周”，除赐田土、礼器外，还以战俘及被征服的部族封予受封者，如分鲁公伯禽以“殷民六族：条氏、徐氏、萧氏、索氏、长勺氏、尾勺氏”；分康叔以“殷民七族：陶氏、施氏、繁氏、锜氏、樊氏、饥氏、终葵氏”；分唐叔以“怀姓九宗”(怀姓为唐尧之后)。此外还将封地上的土著民赐给受封者作附庸，如《诗·大雅·崧高》所说周王命申伯“式是南邦，因是谢人，以作尔庸”，意为统治在南国，依靠谢地的人，建好你国的都城。

“封土”“授民”事关大体，故主持者十分显要，如周初掌理分封事宜的是武王弟、司空聃季和司徒陶叔(可能是殷民七族第一族陶氏

① 《礼记·礼运》。

② 见《周礼·夏官》。

③ 《韩诗外传》卷八。

的族长)，所谓“聃季授土，陶叔授民”①。周天子通过负责分封事务的高级职官，给鲁公、康叔、唐叔等赐以田土及部族民众(殷民六族、殷民七族、怀姓九宗等)。许倬云认为，周初分封，“封人”重于“封土”，“授民”较“授土”更为紧要。②

(五)周初封国数·同姓封与异姓封

周初封国数量其说不一，约在数十到数百之间，《荀子》称周封国七十一，《吕氏春秋·观世》称“周之所封四百余，服国八百余”。司马迁说：“武王、成、康所封数百，而同姓五十五，地上不过百里，下三十里，以辅卫王室。”③

在众多封国中，与周王室有血亲关系的居多，《左传》说：

> 武王克商，光有天下，其兄弟之国者十有五人，姬姓之国者四十人，皆举亲也。④

与同姓(姬)封国相关的，有“封建母弟”，即分封同母弟，姜、姒、妫、任等周室姻亲多有受封。

司马迁综合古代记载称：

> 封商纣子禄父殷之余民……封诸侯，班赐宗彝，作《分殷之器物》。武王追思先圣王，乃褒封神农之后于焦，黄帝之后于祝，帝尧之后于蓟，帝舜之后于陈，大禹之后于杞。于是封功臣谋士，而师尚父为首封。封尚父于营丘，曰齐。封弟周公旦于曲阜，曰鲁。封召公奭于燕。封弟叔鲜于管，弟叔度于蔡。⑤

---

① 《左传·定公四年》。
② 参见许倬云《西周史》，台北联经出版事业公司 1984 年版。
③ 《史记》卷一七《汉兴以来诸侯王年表》。
④ 《左传·昭公二十八年》。
⑤ 《史记·周本纪》。

这里概述了周初封建的三种类型：

第一种，封先代之后，即所谓"三恪"之封("恪"为"敬"意，"三恪"指神农、黄帝、尧舜之后)，这种对古帝王后代的分封只有象征意义。另外，周公诛叛乱的武庚，命微子代殷之后，"奉其先祀，作《微子之后》以申之，国于宋"①。封宋之举，为的是安抚殷余民。

第二种，封同姓(姬姓受封)，如伯禽(周公子)封鲁(《左传·定公四年》详载)，康叔(武王弟)封卫(《尚书·康诰》详载)，叔虞(武王第三子)封唐(后改晋)，召公(周之支族)封燕，所谓"亲亲建国"，以昭示"亲亲之义"。此类分封数量最大，依《荀子》之说，周公摄政，"兼制天下，立七十一国，姬姓独居五十三人，而天下不称偏焉"②。

第三种，封有功异姓，所谓"贤贤表德"，如助武王灭纣的姜尚封齐，以"尊勤劳"(《汉书·地理志》据《左传》详记)；楚的始封君熊绎，周成王时受封，因先祖鬻熊效力文王，司马迁记曰："当周成王之时，举文、武勤劳之后嗣，而封熊绎于楚蛮，封以子男之田，姓芈氏，居丹阳。"③故异姓受封亦可称之扬褒"勤劳文武"。

(六)西周封建是历史的必然

西周确立封建制，有充分的社会根据，并发挥了重要的历史功能。

其一，西周去古未远，氏族社会遗迹甚深，血缘宗亲纽带对维系国家统治至关紧要，所谓"捍御侮者，莫如亲亲"④，故血亲分封是确保宗周社会稳固的不二法门。西周的封邦建国实现了以姬姓为主的贵族阶层、被征服的臣仆、封地土著三种人的结合，突破了纯粹的血缘组织框架，故又是对殷商氏族联合国家的一大提升，封土之制较之以往仅以氏族立邦是一大进步，体现了定居农耕文明(土地为其基石)主导地位的正式确立。

---

① 《史记·宋微子世家》。

② 《荀子·儒效》。

③ 《史记·楚世家》。

④ 《左传·僖公二十四年》。

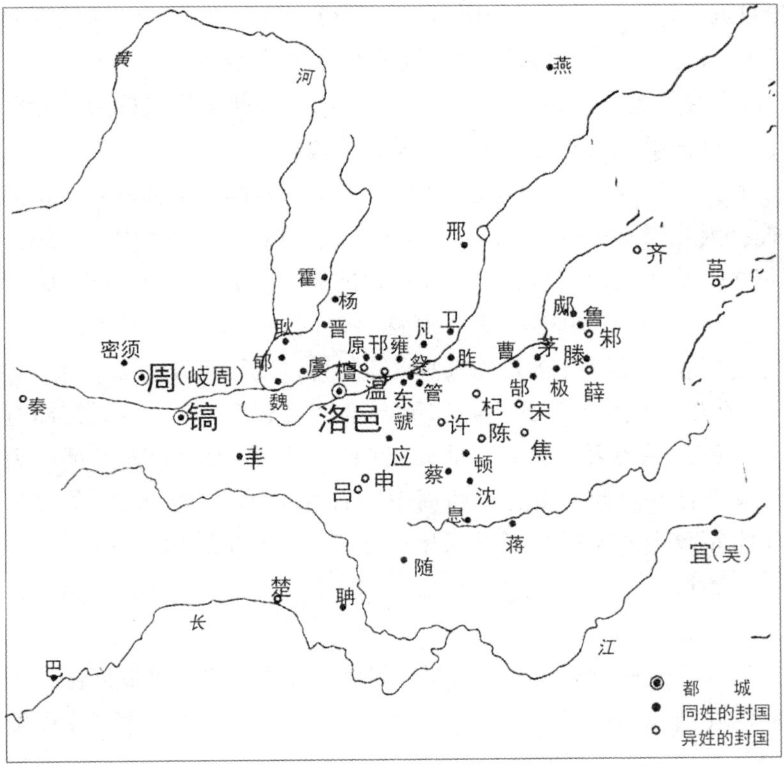

西周封国图

（选自《中华文明传真》2，上海辞书出版社、香港商务印书馆 2001 年版，第 92 页）

其二，周人大力推行封建制，与其灭殷后难以实际控制东方的广土众民有关，诚如初唐长孙无忌等人为劝阻太宗皇帝大封功臣，上表曰：三代“封建”乃特殊历史条件的产物，“缅惟三代习俗靡常，爰制五等，随时作教，盖由力不能制，因而利之”①。周人起于关中，而崤关以东的今华北大平原及山东半岛，在商代已是文明发达区域，所

① 《旧唐书》卷六五《长孙无忌列传》。

谓“自五帝以来，政治文物所自出之都邑，皆在东方，惟周独崛起西土”①。较落后的周人为控制先进的东方的土地人民，只得通过“封建”以保存各地的氏族统治，与这些氏族势力分享政治权力、经济利益，通过怀柔政策实现血缘与地缘的整合。

其三，周天子力量强大。西周时，宗周六师、成周八师皆由周王掌控，因此周王室拥有重兵。《诗·大雅·棫朴》云：“周王于迈，六师及之。”周王的政治号召力又通过赐爵典礼，并记于简册的“册命”、诸侯朝觐天子的“朝聘”、天子巡视诸侯国的“巡守”、诸侯向天子进献方物以表示政治隶属关系的朝贡等制得以展布四方，维系着封建体制下“礼乐征伐自天子出”②的局面。以“征伐”而论，西周初即有武王伐东夷，周公灭东夷奄、蒲姑诸国，成王伐录，康王平定东夷大反，又北征并且西伐鬼方；西周中期有宣王伐徐（淮北夷）等。这种周王室军政实力在握与诸侯国相对独立（诸侯在封国内有世袭政权、财权、军权）形成的二元结构，顺应了当时的社会实际，有利于社会经济发展和国家安全。

其四，西周封建制与宗法制、等级制相为表里，彼此匹配，形成完整的礼制。“礼，经国家，定社稷，序民人，利后嗣也。”③周礼可以说是古代中国典章制度的“原点”，“道德仁义，非礼不成；教训正俗，非礼不备；分争辩讼，非礼不决；君臣上下，父子兄弟，非礼不定；宦学事师，非礼不亲；班朝治军，莅官行法，非礼威严不行；祷祠祭祀，供给鬼神，非礼不诚不庄”④。道德、法律、政治、军事、宗教，均以“礼”为准绳。经战国的礼、法分列，至汉代以降的礼、法合流，初创于西周封建时代的礼制成为治国纲目、精神支柱，故历代向往，均号称“从周”“法周”。

其五，西周实行封建制，其根基是井田制度，此制以劳动的自然

① 王国维：《殷周制度论》，《观堂集林》卷一〇。

② 《论语·季氏》。

③ 《左传·隐公十一年》。

④ 《礼记·曲礼上》。

形态(劳役地租形态)剥削农奴的剩余劳动，其剥削方式是农奴服公田劳役，剥削量不重，这符合当时的社会经济发展水平。“这时既没有加强剥削的必要，也没有加强剥削的可能。在使用价值占支配地位的时代，还不可能产生对剩余劳动的无限贪欲，过多的剥削是不必要的；领主经济是依靠农奴的生产工具和劳动力来经营的，如因加强剥削而打断了农奴经济的再生产，接着就破坏了领主自己的再生产，这使过度剥削成为不可能。”①后世往往把西周的井田封建描述为田园牧歌式的公正平和之境，原因便在于封建、井田古制剥削不太深重，而后儒又将其理想化。

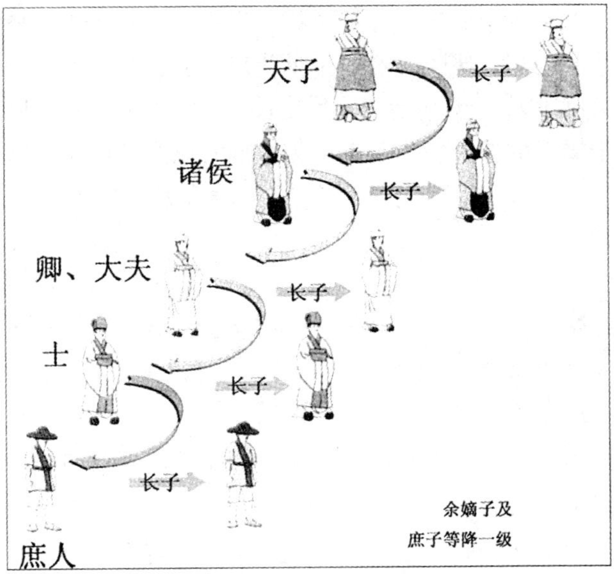

封建与宗法示意图

(选自《中华文明传真》2，上海辞书出版社、香港商务印书馆2001年版，第94页)

① 傅筑夫：《中国经济史资料·先秦编》，中国社会科学出版社1990年版，第73页。

封建、井田古制的渐次打破，发生在东周(春秋、战国)。

三、东周：封建解纽

西周自穆王以下，统治秩序渐趋松弛，史称懿王时“王室遂衰”①，夷王对“荒服不朝”②，厉王以后更是江河日下，连天子之位也动辄废黜，《国语·周语上》载厉王虐，国人逐王的故事，即为显例。至东周(春秋、战国)，政治体制更发生变化，东周既是封建国领主制的重要发展阶段，又是封建制向郡县制过渡的时期。

(一)“封建”之权从周天子下移诸侯

犬戎入侵，周幽王被杀于骊山，周平王东迁，周天子威权日趋跌落，列国公卿不再向周王室缴纳贡赋、提供力役和军事支持，即使原来是周室亲戚的同姓诸侯，经若干世代以后，也与王室形同路人，周天子的实力已不及一个小诸侯，“天下共主”地位丧失殆尽，西周时名义上属于周室的普天王土和王臣，东周时已全然归于公卿大夫等各级领主。《左传》中楚尹无宇的一段话可以看做表述了春秋时期分封制新的要领：

> 天子经略，诸侯正封，古之制也。封略之内，何非君土？食土之毛，谁非君臣？③

《左传》的这段文字表明，“封建”虽为古制，然衍至东周(前8世纪至前3世纪)，诸侯所辖封域，已非天子的领土；封域内的人民，也非为天子的臣民。此番说辞所表述的春秋(前8世纪至前5世纪)的“封建”，再也不是周天子向诸侯颁赐土地与人民了，而是列国诸侯向卿大夫颁赐土地与人民，受封者以之作为食邑。故史家称东周为“封建解纽时代”。

---

① 《史记·周本纪》。

② 见《竹书纪年》。

③ 《左传·昭公七年》。

前已述及，西周的“封建”是周王封诸侯，而至春秋，周王尸位素餐，“天子建国”全然落空，实际运行的“封建”，是诸侯在各自国内分封卿大夫，可称之“诸侯建国”。如果说，西周封建形成的诸侯国是半独立的（周天子对各诸侯国有一定的掌控权），那么，春秋在兼并战争中形成的诸侯国则是独立的，并自行向下分封。如春秋初晋昭侯封其叔父成师为“曲沃伯”，号“曲沃桓叔”，此即所谓“今晋，甸侯也，而建国”①。又如楚武王封公子瑕于屈；吴王弟夫概自立为王，被吴王阖闾击败，夫概逃奔楚国，楚封夫概于堂谿，号堂谿氏。② 据清人顾栋高《春秋大事表》，春秋早期晋、楚、宋、卫、齐等国，都是诸侯在分封“世族”（卿大夫）。

春秋时权力下移成为趋势，如鲁国分封世族展氏、臧孙氏、施氏、孟孙氏、叔孙氏、季孙氏等。本为陪臣（大夫）的孟孙氏、叔孙氏、季孙氏合称鲁“三桓”，鲁国国政长期为季孙氏所把持。又如晋国的郤昭子，“其富半公室，其家半三军”③。春秋间，常有大夫“出君”“弑君”，这种驱逐甚至诛杀诸侯的现象便是所谓“公室衰微、大夫专政”的表现。这样，“礼乐征伐自天子出”就变为“礼乐征伐自诸侯出”，乃至“陪臣执国命”。这种权力下移的过程可简括为“政出天子—政出诸侯—政出大夫”。春秋时已是各种级次的“国”并存：天子之国、诸侯之国、附庸之国。

公元前 5 至公元前 3 世纪的战国，“七雄”竞相成为实行郡县制的独立的专制君主国，天子封国只剩名义，诸侯专封诸侯（即所谓“诸侯建国”）也不再进行，新起的诸侯皆以实力立国，如“三家分晋”，原为晋国正卿的魏、赵、韩皆自立为诸侯，而贵为天子的周慑于其实力，不得不命之为诸侯。宋人司马光撰《资治通鉴》，开篇即述周威烈王二十三年（前 403 年）“初命晋大夫魏斯、赵籍、韩虔为诸

---

① 《左传·桓公二年》。

② 见冯永轩《史记楚世家会注考证校补》，湖北教育出版社 1993 年版，第 67 页。

③ 《国语·晋语八》。

侯”，在按语中他说：“故三晋之列于诸侯，非三晋之坏礼，乃天子自坏之也。”①这是对战国初“封建”固有格局名存实亡的评述。司马光意识到这是历史的一个新起点。此外，战国时各诸侯国内卿大夫封家臣也已终止，所行封建只有列国君王封卿大夫为“封君”，赐爵食邑。而战国仅收租税的食邑，又大不同于西周、春秋的领主拥有世袭禄位的采邑。这是后世“虚封”的开端。

（二）赐爵食邑制

东周“封建”之权下移，还表现为春秋末年以后食邑制的出现，分封除了考虑宗法血缘关系，已愈来愈普遍地实行论功行赏，淡化宗法分封。

战国时期，各国相继实行赐爵食邑制，如燕昭王“封乐毅于昌国，号昌国君”；楚国以黄歇为令尹，封春申君，赐以淮北地十二县（食十二县民户之租税）；齐国孟尝君“封万户于薛”；秦国“封鞅为列侯，号商君”②。这些封君，或姻亲，所谓“贵戚父兄，皆可以受封侯”③；或因功，燕之乐毅、秦之商鞅、楚之黄歇的受封皆属此例。当时的计封单位，或以“户”“邑”，或以“城”“都”，或以“郡”“县”。封侯数量，据杨宽《战国史》附录二统计，终战国之世，共封列侯九十五个，其中魏十七个、赵二十五个、韩七个、齐五个、楚十四个、燕五个、秦二十二个。而根据战国考古新发现，战国时期各国封侯数量，实不止于此。

有学者指出，战国中后期各国实行赐爵食邑制，“这种食邑和周代（应为西周——引者）的采邑性质完全不同”④。战国赐爵食邑制的特点有三：第一，封君在封地仅有“食邑”权而无“治民”权。第二，封君并非封邑土地的所有者，他只是收取“衣食租税”，民户已是国家的“编户齐民”，而并非食邑主的臣属。第三，承袭西周以来封地

① 《资治通鉴》卷一。
② 《史记·秦本纪》。
③ 《战国策·赵策二》。
④ 赵光贤：《周代社会辨析》，人民出版社1980年版，第121页。

世袭传统，然世袭性下降，战国中后期封君传三代者已少见，如史载，“楚国之俗，功臣二世而爵禄收”①，吴起任楚尹时，认为楚国“封君太众”，建议“使封君之子三世而收爵禄，绝减百吏之禄秩，捐不急之官，以奉选练之士”②。

秦汉以降在郡县制大格局下的封爵建藩，保存了战国赐爵食邑制的这些非封建性特点。

西周由天子分封并掌控诸侯的格局，到东周已经大变。如唐代柳宗元《封建论》所称，春秋初“判为十二”，即周室权力被鲁、齐、晋、秦、楚、宋、卫、陈、蔡、曹、郑、燕十二个诸侯国所瓜分，周天子尸位素餐。春秋中后期，周室甚至成为“五霸”手中的傀儡，齐桓公、晋文公等霸主一再上演“挟天子以令诸侯”的戏剧。曾被视作边鄙的楚国，楚武王时即扬言：“我有敝甲，欲以观中国之政。”至楚庄王时，更观兵于周郊，“问鼎小大轻重”，争霸中原。③

春秋时，“公室衰”“私门兴”，违礼僭越愈演愈烈。鲁国执政大夫季氏(季平子)僭用天子的八佾乐舞，向往西周礼制的孔子愤然曰：“八佾舞于庭，是可忍，孰不可忍也！”④

春秋时兼并战争剧烈，“周初盖八百国”，而春秋末仅存四十。以长江中游为例，周初所封诸国皆为楚灭，《左传·僖公二十八年》载：“汉阳诸姬，楚实尽之。”⑤

总之，至春秋、战国，周武王、周公当年设置的封爵建土格局已不复旧观。钱穆在描述东周的制度演化时说：

> 封建社会是各有封疆的，各各关闭在各自的格子里面……诸

---

① 《淮南子·人间训》。

② 《韩非子·和氏》。

③ 见《史记·楚世家》。

④ 《论语·八佾》。“佾”为行列义，一佾八人。周礼规定，天子乐舞用八佾，诸侯用六佾，大夫用四佾，士用二佾。季氏是大夫，却越级用八佾。

⑤ 详见冯永轩《史记楚世家会注考证校补》，湖北教育出版社1993年版，第65~66页。

侯们各自涨破了他们的格子，如蜜蜂分房般各自分封，此种形势虽可说是封建形势之继续发展，其实也即是封建形势之开始崩溃……郡县的新国家，便逐渐形成，其姿态与性质，与旧的封建国家绝然不同。到战国时，七国乃至九个大强国，几乎全是郡县的新国家了。①

“郡县”取代“封建”，从政治言之，国家垂直掌控地方政权，官僚政治代替贵族政治；从经济言之，国家直接把握田租、赋税和徭役，大一统的专制社会逐渐确立。

（三）“郡县制”发端于春秋时的楚、晋，战国时普及列国

“郡县制”从初现到正式确立，经历了数百年。刘熙的《释名》已分释“郡”“县”：“郡，群也，人所群聚也。”“县，悬也，悬系于郡也。”“郡”为人群聚集处；“县”即“悬”，指远离国都，悬于公室采邑之外的地方。“悬系于郡”，是对较晚社会情形的表述。其实，就两词产生次序言之，县似先于郡。

“县”在西周已有，约指郊外的边远地区，而非指行政机构。史学界通常说法为：春秋时秦、吴、楚、晋、齐等国先在边地设县，后渐及内地。《史记·秦本纪》载，秦武公“十年，伐邦冀戎，初县之。十一年，初县杜郑”，似乎表明春秋中期（秦武公十年为公元前688年）秦国已置县。《国语·晋语》载晋公子夷吾对秦公子挚讲“君实有郡县”，也似乎表明秦国在鲁僖公九年（前651年）已设置郡县。此外，《晏子春秋》载有“齐县”字样，《史记·吴世家》及《史记·仲尼弟子列传》载“吴县”字样，等等，都给人以春秋列国普设县制的印象。然而，这些战国时期形成的文本所称的“县”，应是战国时人把自己的习惯用语移用于此前春秋述事，其实春秋时秦、吴、齐等国并未正式设立县制。童书业对此有所辨正：

春秋时有较正式之县制者，似唯晋楚，其他各国中有“县”、

① 钱穆：《中国文化导论》（修订本），商务印书馆1994年版，第61页。

> “郡”等记载，似皆尚有问题……《晋语》载惠公对秦使曰：“君实有郡县”……《晋语》之言似为战国时人口头术语，记其事者趁笔书之，未必可信。①

> 《秦本纪》所载武公所立县，或即“县鄙”之意，以春秋时秦国尚落后，未必能有县制。《秦本纪》及《商君传》载商鞅变法，始“并诸小乡聚，集为大县”，在此之前，似未有真正之县制也。②

综考先秦史，县制初兴于春秋前期的楚国。《今本竹书纪年》载，周平王三十三年(前738年)，“楚人侵申”，在楚为熊通三年；后又灭掉权国，设权县，命斗缗为权尹。熊通后自立为楚武王。宋公文《楚史新探》据《左传》载记指出，楚文王时，楚已“县申息”，即在申、息设县。《左传》将这一史实补记于哀公十七年。楚文王在位，当鲁庄公时期。宋氏考证，楚文王灭申、息两国以设县，时在鲁庄公七至十二年。③ 其后，楚每灭一国，便将该国贵族迁楚内地，加以监管，而在该国故地建立县制，由楚君直接统辖。如楚惠王复位后，于惠王十一年“灭陈而县之”④。楚所置之县是直属楚王的地方行政机构，而非卿大夫的封地。楚县的军力、财力均由中央调遣，县的长官初称“县尹”，后称“县公”。当然，楚县仍保留若干封邑性质，与君主专制时代的郡县尚有区别。

晋国设县略晚于楚。晋也是在扩张领土上设县，县长官称“大夫”。如公元前635年，晋文公围原，原降，以“赵衰为原大夫”⑤；公元前627年，晋败狄于箕，郤缺获白狄子，晋襄公赐荐郤缺的胥臣

---

① 童书业：《春秋左传研究》，上海人民出版社1983年版，第184页。

② 童书业：《春秋左传研究》，上海人民出版社1983年版，第185页。

③ 见宋公文《楚史新探》，河南大学出版社1988年版。

④ 见冯永轩《史记楚世家会注考证校补》，湖北教育出版社1993年版，第74~75页。

⑤ 《左传·僖公二十五年》。

以“先茅之县”①，这是史籍载晋国设县之始。然而这种“县”还未与封邑明确分野。至春秋中叶以下，晋国国内贵族兼并剧烈，灭邑成县。晋县虽非世袭，但多数晋县隶属卿族，不由晋君掌握。此外，晋还设郡。《左传》载，晋国袭击郑兵前，“简子誓曰：……克敌者，上大夫受县，下大夫受郡，士田十万，庶人工商遂，人臣隶圉免”②，表明晋定公时晋的执政者赵简子(即赵衰之子赵鞅)以分赐郡县田土激励将士(时为鲁哀公二年，公元前493年)。此段文字还显示，直至春秋末年，县的行政级别高于郡，故上大夫“受县”，下大夫“受郡”。由于晋国行郡县已久，魏、赵、韩三家分晋之后，各自迅速成为郡县国家，一些重要政治人物是郡县官吏(称“守”或“令”)，著名者如魏文侯时的西河守吴起、邺令西门豹等。

“郡”之名可考的首出为前引《左传·哀公二年》，“克敌者，上大夫受县，下大夫受郡”。春秋末，列国开始在边地置郡，后渐及内地。其时郡低于县，而郡的地位高于县，是战国中期以后的事情。唐人杜佑《通典·职官一五》指出，春秋时“县大而郡小”，“至于战国，则郡大而县小矣”。清人赵翼《陔余丛考·郡县》文中所言，亦是春秋时郡小县大，战国以后才是郡大县小。

总之，春秋时“内废公族，外务兼并，为封建制破坏、郡县制推行之两因”③。至战国时，列国竞行郡县制，秦国尤盛，秦厉共公“二十一年，初县频阳”④。秦孝公十二年商鞅变法，“并诸小乡聚，集为大县，县一令，四十一县”⑤。

凡此种种，说明郡县制发端于春秋，成型于战国，并非始于秦代。

清初王夫之说：“郡县之法，已在秦先。”⑥顾炎武更有详说：

---

① 《左传·僖公二十五年》。

② 《左传·哀公二年》。

③ 钱穆：《国史大纲》(修订本)，商务印书馆1994年版，第82页。

④ 《史记·秦本纪》。

⑤ 《史记·秦本纪》。

⑥ 《读通鉴论》卷一。

> 《汉书·地理志》言：“秦并兼四海，以为周制微弱，终为诸侯所丧，故不立尺土之封，分天下为郡县，荡灭前圣之苗裔，靡有孑遗。”后之文人祖述其说，以为废封建，立郡县，皆始皇之所为也。以余观之，殆不然。①

顾氏还列《左传》《晏子春秋》《史记》《战国策》《说苑》所记述的事例，证明春秋、战国列国已逐渐普设郡县，郡县制成为不可逆转趋势，并得出结论曰：

> 秦虽欲复古之制，一一而封之，亦有所不能。而谓罢侯置守之始于秦，则儒生不通古今之见也。②

清人赵翼、姚鼐，近人顾颉刚，也把郡县制发端期认定在春秋。

关于春秋时郡县的性质，论者意见不一，尚需考究。日本研究中国历史的学者增渊龙夫在《春秋时代的县》③《先秦时代的封建与郡县》④两文中指出，春秋时的县内部，氏族结合强固，统辖县的大夫世袭领有其地，与封建采邑差异不大，与后来秦汉由朝廷命官治理的郡县有别。增渊龙夫强调春秋郡县制因袭封建采邑制的一面，其实，二者的差异是不容忽视的：西周及春秋前期的采邑主是卿大夫，均可世袭掌理采邑(除非因政治斗争导致亡宗灭族)，而楚县是灭国的产物，军、政、财权均为楚王统辖，县尹由中央任命；晋县是贵胄兼并的产物，兼并中县不断易主，世袭性大为削减。总之，春秋之县，既有异于封建采邑，也不等同于秦汉之县，而是二者之间的过渡，是由

---

① 《郡县》，顾炎武：《日知录》卷二二。所引《汉书·地理志》与原文有异。

② 《郡县》，顾炎武：《日知录》卷二二。

③ [日]《一桥论丛》三八卷四号，1957年。

④ [日]《一桥大学研究年报·经济学研究》，1958年。

宗法封建采邑制向后世中央集权的郡县制转化的中间形态。

至战国时，春秋末的数十诸侯国兼并为七(另存数小国)，各诸侯国相继建立君主集权制度。虽然“战国七雄”也以食邑分封功臣贵胄，但受封者对食邑仅有征收田赋和工商业“税”的权力，而失去或大部分失去行政统治权。与此同时，七国纷纷推行郡县制。如《史记·匈奴列传》载：“魏有河西、上郡”，“秦有陇西、北地、上郡”，赵“置云中、雁门、代郡”，燕“置上谷、渔阳、右北平、辽西、辽东郡”。《史记·秦本纪》述秦国疆土扩张：“魏纳上郡十五县”，“攻楚汉中，取地六百里，置汉中郡”。秦国商鞅变法，设县三十一个。《史记·商君列传》载，秦孝公十二年推行县制，“集小乡邑聚为县，置令丞，凡三十一县”(《史记·秦本纪》记为四十一个)，由国君派官吏管理。

总之，周代封建制至战国间已经解体。王夫之《读通鉴论·叙论四》称“战国者，古今一大变革之会也”，所言之“变革”，很大程度上便是指从“封建制”到“郡县制”的转化。王夫之指出，春秋之前，“其富者必为贵者”，即只有受封贵族方能拥有巨大财富，而郡县制确立后，富有者就不一定是世袭贵族了。① 顾炎武指出，从人身从属关系而言，战国以前严格遵守西周礼制，战国则“邦无定交，士无定主”②。

概言之，战国时已经建立区域性的君主集权国家，秦的统一，只是将区域性君主集权国家归并为更大范围内统一的君主集权国家。章回小说《东周列国志》末回(第一百零八回)题目“兼六国混一舆图号始皇建立郡县”，是画龙点睛之笔。

四、秦汉以下：“郡县”与“封建”镶嵌并存，制度主流“非封建”

秦以后，中国政制及经济形态均有大更革，就主体而言，正式进入“非封建”时代。

---

① 见王夫之《读通鉴论》卷五。

② 见顾炎武《日知录》卷一三。

(一)秦的革古创今

夏曾佑在所撰《中国古代史》中概括“秦人革古创今十大端”：其一，并天下；其二，号皇帝；其三，自称曰朕；其四，命为制，令为诏；其五，尊父为太上皇；其六，天下皆为郡县，子弟无尺土之封；其七，夷三族之刑；其八，相国、丞相、太尉、御史大夫……郡守、郡尉、县令皆秦官；其九，朝仪；其十，律。① 此“十端”皆为消弭“封建”、增强中央集权的举措。贾谊《过秦论》称，秦王“续六世之余烈，振长策而御宇内，吞二周而亡诸侯，履至尊而制六合”，也是废“封建”、成一统之谓。秦始皇政治的鲜明标志是以“郡县”代“封建”，而“郡县”的实质是强化专制国家对地方的全面掌控。正所谓“令海内之势，如身之使臂，臂之使指，莫不从制”，“摄制四海，运于掌握之内”。② 先秦史书所说西周时“礼乐征伐自天子出”，这是一种“封建式的统一”；而秦汉以后则转变为“郡县式的统一”，其统一的性质与功能，更完密而强固。③ 如前所述，郡县制发端于春秋，展开于战国，并非创发于秦，秦统一后所设三十六郡，实以战国七雄已置之郡为基础，再行划分，在全国范围以郡县制取代世袭贵族分封制。所以班固称：

> 秦遂并兼四海，以为周制微弱，终为诸侯所丧，故不立尺土之封，分天下为郡县，荡灭前圣之苗裔，靡有孑遗者矣。④

秦代的行政制度层级已经完备：分天下为数十郡，郡下分若干县，县下设乡，乡下设亭，亭下设里，成一由朝廷统辖的垂直有序的地方行政体系。

因秦始皇有“废封建”之名，所以史家往往较少谈他的“封建”

① 见夏曾佑《中国古代史》，生活·读书·新知三联书店 1955 年版。
② 柳宗元：《封建论》。
③ 参见钱穆《中国文化史导论》，商务印书馆 1994 年版，第 8~9 页。
④ 《汉书·地理志》。

行径。其实，秦一统天下后，继续实行“二十级赐爵制”和“列侯食邑制”。大将王翦因“有功终不得封侯”而在秦始皇面前发牢骚，“始皇大笑”①，后来王翦终于因功封武城侯，如愿以偿。从出土的秦代文物上发现的一些文字可以得知，秦代有“列侯”“伦侯”的分封。《琅琊台石刻》列秦始皇随行人员——“列侯武城侯王离[翦]，列侯通武侯王贲，伦侯建，成侯赵亥，伦侯昌，武侯成”等。另有“通侯”之封。《史记·李斯列传》：“斯，上蔡闾巷布衣也，上封为通侯。”但除少数“彻侯”（秦的二十级军功爵的最高一级，汉代因避武帝名刘彻讳，《史记》改称“通侯”）外，各种封侯仅赐名号，并无封土，是一种“虚封”，故《汉书·地理志》称秦代“不立尺土之封”。清人俞正燮更明示：“列侯在秦为二十级之赐爵，乃虚封，不得为实封立国。”②秦皇虽贵为天子，其子弟却没有贵胄身份，如章太炎所说：

> 秦始皇用李斯，大涤旧污，身为天子，而子弟为匹夫。③

秦的废“封建”较为坚决、彻底，然“虚封”之举并未停止。

（二）汉以降“封建制”“郡县制”此消彼长，二者镶嵌并存④

秦后两千余年，“郡县制”在中国历史上一以贯之，而“封建制”居于次席，并且时有起伏，在某些阶段还极一时之盛，所谓“自秦以后，封建制度之大反动凡四”⑤。这四次封建制度之反动，一为秦楚之际项羽大分封；二为西汉初先封异姓王，后封同姓王；三为西晋众

① 见《史记·王翦列传》。王翦讨封的本意，是表示自己没有争夺皇权的野心，这一点秦始皇心领神会。

② 《癸巳类稿》卷一一。

③ 《检论·通法篇》。

④ 秦汉以下“郡县”“封建”镶嵌并存之说，为叶文宪君所提，甚生动、贴切，特采用。

⑤ 参见吕思勉《中国制度史》，上海教育出版社1985年版，第434页。

建亲戚，诸王雄强；四为明太祖封子侄三十九人，授塞王以重兵。①两汉大体承袭秦制，并延及以后列朝，所谓“汉兴以来，承用秦法，以至今日者多矣”②。所承用之秦法，郡县制便为一大部类。

汉代也有异于秦制之处，如汉初总结秦代二世而亡的教训，认为废除“封建”、使朝廷丧失屏障是重要原因。于是汉高祖广封同姓及异姓，高祖末年分封同姓为王者九国，此后诸汉帝又续有王侯之封。《史记·高祖本纪》载，汉初封异姓诸侯王多名，后异姓王反叛，朝廷逐一剿灭。《汉书》的《王子侯表》《功臣表》《外戚恩泽侯表》载，西汉共封王子侯四百零八人，列侯二百八十三人，恩泽侯一百一十二人，并给予其“掌治其国”的权力。

汉初虽广封王侯，其封域称“国”，“而郡县之制，无改于秦”③，故汉代“郡”“国”连称，“郡国并行”。西汉在秦代设四十余郡的基础上，其政区分为司隶部(首都及附近区域)、十三刺史部，下分一百零三个郡、国，辖一千五百多个县、邑、道、侯国。“郡”直隶朝廷，长官由朝廷任命，秦及汉初称“郡守”，汉景帝后改称“太守”。“国”由分封诸王统治，但基层设县，在一定程度上保证了朝廷政令的通行。当然，由于汉代封王毕竟“有土有爵”，兼拥“自置吏”和铸钱币、“得赋敛”的权力，所谓“藩国大者夸(跨)州兼郡，连城数十，宫室百官同制京师”④。这些王国羽翼丰满后，非但没有充当朝廷屏藩，反而成为与朝廷相抗衡的割据势力，朝廷在尝到异姓王和同姓王离心以致反叛的“苦果”之后，收回王国的官吏任免权，上中级官员由朝廷指派。到汉武帝时，“诸侯惟得衣食税租，不与政事”⑤，这便是只能效忠于皇帝的“食封贵族”。汉武帝还采纳主父偃的建策，行“推恩令”，“令诸侯以私恩自裂地，分其子弟……汉有厚恩，而诸侯地稍

① 参见吕思勉《中国制度史》，上海教育出版社1985年版，第436～442页。塞王即沿长城一线的明代封王，如燕王、晋王、秦王等。

② 顾炎武：《日知录》卷一三。

③ 《隋书·地理志》。

④ 《汉书·诸侯年表序》。

⑤ 《汉书·诸侯年表序》。

自分析弱小云"①，如此，诸侯"实分其国，必稍自销弱矣"②，无力与天子分庭抗礼，诸侯名存实亡。清康熙时人汪越对汉文帝、武帝的举措如此评析：

> 文帝采贾谊之言，武帝用主父之策，其事一也，而实不同。文帝之心在分地以保全之，不失亲亲之本，故淮南厉王废死，随立其嗣；武帝之心在分地以削弱之，假以推恩之名，故封不数年，以酎金小过除国者，凡五十六人。③

可见，从汉文帝到汉武帝，废"封建"的坚决程度大增。汉武帝的"封禅"铭文曰："四守之内，莫不为郡县；四夷八蛮，咸来贡职。"④显示了至汉武帝时以郡县制为基础的大一统专制帝国的规制。东汉编纂的《白虎通义》卷四详论"封建"，从形式上看，所说"封建"言必称西周。其实，《白虎通义》所说"封建"包蕴了西汉景帝、武帝以来的君主集权思想，特别是反映了东汉的中央集权君主制的特点，如论及诸侯，明指其"有分土，无分民"⑤，即只允许诸侯分土收税，不允许诸侯分治民众。就大体言之，汉以后的诸侯王已不同于周代的封侯，陶希圣在《中国社会与中国革命》中指出："诸侯王与封建领主也不可混淆不辨。封建领主是吃农户的地租与劳役而对于农户有经济剥削权同时有政治支配权的阶级，汉代以降的封君封家却是吃地主农夫的赋税的阶级。"⑥

隋代王通总结汉制的变化时说：

---

① 《汉书·中山靖王传》。

② 《汉书·主父偃传》。

③ 《二十五史补编》一，中华书局1955年版，第20页。

④ 应劭撰，吴树平校释：《风俗通义校释》，天津人民出版社1980年版，第55页。

⑤ 《白虎通义·五行》。

⑥ 陶希圣：《中国社会与中国革命》，新生命书局1929年版。

至景帝，令诸侯王不得治民补吏，而汉置内史以治其地，则封建之地，悉为郡县矣。①

如果说，自三代以至于秦，王者皆贵胄出身，其位得自宗法封建，而汉代以后，起于底层者跻身帝位的时有出现，这正反映了宗法封建的衰减。西汉开国皇帝刘邦游民出身，起事前最高做到亭长(基层小吏)，东汉开国皇帝刘秀起于田间，三国蜀汉皇帝刘备起于织席，这都是贵族政治弱化的表现。汉以降，封建制与郡县制此消彼长，多有起伏。曹魏虽分封诸王，却并未放松对诸王的严厉控制。两晋、南北朝的君主广封王侯，贵族政治、门阀制度、领主经济抬头，“郡县掾吏，并出豪家；负戈宿卫，皆由势族”②。经隋至初唐，在制度层面贵族政治仍然强势，然科举制勃兴，为庶族士子登仕开辟了道路。

(三)中唐以降的转折

秦汉至明清两千年间，唐中叶是一个转折点。陈寅恪在《论韩愈》一文中说：

唐代之史可分作前后两期，前期结束南北朝相承之旧局面，后期开启赵宋以降之新局面，关于政治社会经济者如此，关于文化学术者亦莫不如此。③

中唐不仅是唐代的历史分界，而且也是秦至清两千余年中国历史的中线。以中唐这一关节点为界，此前虽进入“非封建”时代，然领主经济、贵族政治等“封建”遗存尚多，而此后中国社会的“非封建性”进一步增强。

第一，中唐以后，领主经济式微，“均田制”废弛，土地私有化

① 王通：《中说》。

② 《宋书·恩倖传论》。

③ 陈寅恪：《金明馆丛稿初编》，上海古籍出版社1980年版，第296页。

和自由流动趋于顺畅，地主—自耕农经济优势地位定型；以“两税法”代替“租庸调制”为端绪，从公元 10 世纪中叶至 17 世纪中叶的宋、明几代的赋税改革，愈益把朝廷对以农民为主体的平民的直接经济关系确定下来，而宋代以降科举制的非身份性特征愈益强势，东汉、魏晋南北朝、隋唐累世为官的世族退隐政治舞台，门阀贵族淡出朝政，官员直接自平民中考选。

第二，就政制层面而言，宋以下实封罕见(明初例外)，以郡县制为基础的中央集权进一步强化。列朝虽出于“广树藩屏，崇固维城”的目的，仍对皇亲国戚和功臣夙将封侯赐土，却明令王侯们“食土而不治”，即只在封地征收财赋，而没有政治治理权，行政管理由朝廷派遣的“流官”执行。《续文献通考·封建考》称这种现象为：

> 列爵而不临民，分土而不任事。

这便是秦汉以后，特别是宋以后，多数情况下“封而不建”的王侯贵族的实际状态。

中唐以降的转折，使秦汉以来变化起伏的中央集权政治和地主经济定型，决定了此后千年中国“非封建”的社会格局。严复说：“中国之所以成为今日现象者，为宋人所造就什八九。”陈寅恪也说：“华夏民族之文化，历数千载之演进，造极于赵宋之世。”①诚哉斯言！现代西方学者也发现，“最近几个世纪西方所接触到的那个近代中国的大部分特征，就是在这时候(指宋代)出现的”②。

秦汉以后的大势是郡县取代封建，皇亲及功臣封爵而不治土，但封建制的惯性仍在起作用。西汉末年的“王莽改制”，“令天下公田口井”，“更名天下田曰王田，奴婢曰私属，皆不得卖买”③，是一次在

① 陈寅恪：《金明馆丛稿二编》，上海古籍出版社 1980 年版，第 245 页。

② ［美］狄百瑞：《东亚文明——五个阶段的对话》，江苏人民出版社 1996 年版，第 44 页。

③ 《汉书·王莽传》。

恢复周礼名义下的“封建”复辟。“光武中兴”则是对此的反拨，刘秀“退功臣而进文吏”，又推行“限田”，意在抑制豪强，巩固中央集权。然而，以后朝代实封、王侯擅权仍时有发生，某些朝代还出现藩王反叛事件。西晋是又一次“封建”复辟，封国掌控军事、政治、财经大权，终于导致延续十余年之久、对社会破坏深重的“八王之乱”。唐代授节度使以大权，而引发“安史之乱”。连君主专制的中央集权政治达于极端的明朝，也因藩王握有重兵，在建文年间发生由朱元璋的儿子燕王朱棣策动的“靖难之役”，朱棣夺了侄儿建文帝的皇位；成祖二子、汉王朱高煦于宣德元年(1426年)叛乱败囚，被废为庶人；正德年间又有宁王朱宸濠的叛乱。鉴于藩王作乱的教训，每个朝代既要“封藩”，以恩荫皇族和功臣，期以拱卫皇室，又每每有“削藩”之举，并且因为削藩而大动干戈。以藩王身份反对建文帝削藩的朱棣，坐上龙椅后，所做的第一件事也是削藩。而以他的强势，列藩也只能纷纷俯首认削。

汉唐以来的中原王朝(包括少数民族入主中原后建立的王朝)，视少数民族聚居的周边地区为朝廷的“屏藩”，为实现较久远的掌控，对少数民族上层分子实行“封建”，如清廷设有管理少数民族地区(如蒙古、藏、回)事务的中央机构——理藩院，对少数民族领袖封爵建藩，少数民族地区对朝廷定期朝贡，朝廷则对其给予丰厚的赐赉，并与会盟(会盟地多在今承德避暑山庄)。这些内容与形式，都与古“封建”有相似之处，被视作广义“封建”的一种。正如康有为所说：“三代之封建诸侯，即唐、宋之土司也。”①这种封建性的外藩制、土司制是秦汉以降郡县制为主体的君主集权制度的一种补充。

汉、唐、宋、元、明、清等朝都把推行郡县制、流官制视作强化中央集权的重要手段，封建色彩浓厚的土司制终究不能见容于朝廷。明代永乐年间、清代雍正年间，朝廷推行“改土归流”，在南方少数民族聚居区废除世袭土司，设置府、厅、州、县，任命流官治理，丈量土地、编查户口、收缴赋税、兴办学校、实行科举，进一步将郡县

① 康有为：《大同书》，华夏出版社2002年版，第75页。

制推及西南边远地区。

从“封土建国”“封爵建藩”意义论之，“封建制度”在秦汉以降已经退居次席，而代之以“郡县制度”，这是中国历史的重要转折。清代史家赵翼说：

> 盖秦、汉间为天地一大变局。①

这“天地一大变局”，指的便是“封建”向“郡县”转化，贵族政治改为官僚政治，此即赵翼所谓“自古皆封建，诸侯各君其国，卿大夫亦世其官，成例相沿，视为固然”，而秦汉以后“三代世侯、世卿之遗法，始荡然净尽，而成后世征辟、选举、科目、杂流之天下矣”②。

清末张之洞在《劝学篇(下)·变法》中，论及中国历史上的变制，第一项便列举“封建变郡县”。今人冯友兰指出，从上古封建制度到中古专制制度的大变革，包含政治的、经济的、观念形态的转换，“此种种大改变，发动于春秋，而完成于汉之中叶。此数百年为中国社会进化之一大过渡时期。此时期中人所遇环境之新，所受解放之大，除吾人现在所受者外，在中国已往历史中，殆无可以比之者”③。可见，视“封建变郡县”“贵族政治之破坏”为中国历史由上古到中古演化的枢机所在，是富于史识者的共识。

(四)郡县制的功能

郡县制是秦汉至明清两千余年间中国君主专制政治结构的重要组成部分，也可以说是君主集权政治的基础。郡县制强化君主专制的中央集权，通过以下三点得以实现。

第一，地方官吏均由皇帝(通过朝廷)任免。这种任免制不同于贵族世袭制，任贤不任亲，使地方官吏基本脱离了血缘亲族羁绊，官

---

① 赵翼：《廿二史札记》卷二，《汉初布衣将相之局》。

② 赵翼：《廿二史札记》卷二。

③ 参见冯友兰《中国古代哲学之政治社会的背景》，《三松堂学术文集》，北京大学出版社 1984 年版。

吏既非世袭也非终身，升降去留全凭朝廷政令，加之以食禄制取代采邑制，官吏衣食不再靠禄田，而享用朝廷官俸，政治、经济命脉全然系于朝廷，这与封建诸侯掌控一方、尾大不掉的情形颇不相同。

第二，郡县实行兵民分治、军政分职制，与“封建时代”贵族兼领政长、军长大不一样。军事长官多无调兵权，如秦朝发五十兵卒以上，都要皇帝批准，以后列朝有类似制度，并实行“兵符契合制”（调兵符契分为两半，朝廷与掌兵军官各执其一，必须两合才得调兵），凡此种种，防范了武人叛乱。这也与诸侯自控兵权的“封建制”不同。

第三，朝廷在郡内设监察官，如秦代由御史大夫向各郡派“监御史”，此职官只服从皇帝、朝廷，负责监察郡县官吏的行迹，随时向上报告。列朝均有此类办法，如明代以宦官为“监军”，犹如耳目，地方政府、执军将帅全然在朝廷的观照、掌控之下，这与封建诸侯可在封国中独立运作大不一样。

钱穆概括郡县制说：

> 郡县政令受制于中央，郡县守令不世袭，视实际服务成绩为任免进退，此为郡县制与宗法封建性质绝不同之点。自此贵族特权阶级分割性之封建，渐变而为官僚统治之政府。①

侯外庐还指出郡县制在社会层面的深远作用：“郡县制的经济意义，即首先使血缘的氏族，落地成为地缘的家族。”小农户成为基本生产单位，农民安土作业，束缚于小农业与家庭手工业相结合的自然经济。② 这构成秦汉以降宗法专制制度的基石。

（五）官僚制取代世卿制

与郡县制相匹配的，是从贵族世卿制向游仕制的转化，进而形成官僚制度。如果说，周代是“天子—诸侯—卿大夫”分等级次第的世

---

① 钱穆：《国史大纲》，商务印书馆1994年版，第82页。

② 参见《侯外庐史学论文选集》上，人民出版社1987年版，第227～228页。

袭封建贵族当政，那么，秦汉以下则是由朝廷任命的非世袭的官僚用权。当然，官僚体制内，在朝廷任命的“流官”之下，还有比较稳定的“吏”“吏胥”，他们往往终身在一地从事行政管理的基础工作。故宋人叶适说：“官无封建而吏有封建。”①

“官”，周金文作“”（扬簋），本义馆舍，引申为掌握权力的处所，即官署、任所；又引申为掌握权力的人，即官吏。《说文》：“官，吏事君也。”②孔颖达疏：“官者，管也。”郭沫若《管子集校》按：“官，犹管也。”点化出“官”之要义。“官”为“管”字的假借，含管理、掌管之义，其掌管对象是民。马端临说：“役民者，官也；役于官者，民也。郡有守，县有令，乡有长，里有正，其位不同而皆役民者也。”③

官起源甚早，相传夏代已设官颇多，所谓“夏后氏官百”④。殷商西周的官由贵胄“世及”，世族凭借其世袭身份，世世为官，执掌国政。偶有世卿制之外破格选用无爵贤士任官，如商汤重用有莘氏女的陪嫁之臣伊尹，武丁举从事版筑（以土筑城）的傅说为相，周武王用出自底层的姜尚作讨殷大军统帅，但这还算不上真正意义的官僚政治，只是世卿世禄体制外的特例式补充。

春秋时世卿制与选士制并行，一方面，世族继续掌理国政，如鲁国的季孙氏、叔孙氏、孟孙氏，齐国的国、高、鲍、陈，晋国的范、知、中行；另一方面，有能力、立功勋的无爵士人入官渐渐普及，士阶层崛起，进入贵族政治向官僚政治的转化期。春秋末期的孔子说：“先进于礼乐，野人也；后进于礼乐，君子也。如用之，则吾从先进。”⑤表达了对先学礼乐后做官的制度的推崇，对不学礼乐、凭世袭身份做官的世卿制进行了温和批评。战国初年，已出现士人从政、为

① 《叶适集》第三册，中华书局1961年版，第808页。

② 《礼记·王制》。

③ 马端临：《文献通考·自序》。

④ 《礼记·明堂位》。

⑤ 《论语·先进》。

教的情状，“七十子之徒，散游诸侯，大者为师傅卿相，小者友教士大夫”①。战国时赵、楚、魏、秦诸国实行军功爵制度；公室、私门养士之风也盛行一时，公室如魏文侯、齐威王、燕昭王均好士；私门如号称战国“四公子”的孟尝君、信陵君、平原君、春申君门下，各聚士数千，所养之士，或有文韬武略，或善鸡鸣狗盗，各有用场。秦国则行“客卿制”，广揽山东杰士。李斯《谏逐客书》以秦缪公、孝公、惠王、昭王广用异邦人才、拔擢底层下士，国力大增的事实，阐发“王者不却庶众”政策之优胜。这都是对贵胄“世及”制度的突破。

秦始皇时建立起完备的君主集权的官僚体制，朝廷设“三公”“九卿”，地方设朝廷掌控的郡县；汉武帝时设内朝以削减丞相权力；汉光武帝罢“三公”，设尚书台以替相府；隋、唐确立三省六部，实现中央权力“三分”，将相权削弱；宋代政治、军事、财政皆集权于朝廷；至明太祖，罢丞相并去中书省，六部直接对皇帝负责，皇帝兼领国家元首、政府首脑，君主集权达于极致，此制延至清末。

就官员择选办法而言，秦以后，经汉代的荐举、征辟制，魏晋的九品中正制，至隋唐的科举制，终于形成由法定考试方式选拔朝廷命官的制度，庶族士子可通过科考进入统治上层。宋人欧阳修即是起自底层的士人，他形象地描述了“朝为田舍郎，暮登天子堂”的情景：

> 盖士方穷时，困厄闾里，庸人孺子，皆得易而侮之。若季子不礼于其嫂，买臣见弃于其妻。一旦高车驷马，旗旄导前，而骑卒拥后，夹道之人，相与骈肩累迹，瞻望咨嗟，而所谓庸夫愚妇者，奔走骇汗，羞愧俯伏，以自悔罪于车尘马足之间。②

这里列举的“季子不礼于其嫂”，指战国苏秦穷时，嫂子不肯给他饭吃；“买臣见弃于其妻”，指汉代砍樵的朱买臣被妻唾骂出门。而苏、朱后来当上大官，亲朋巴结不迭，所谓“前倨而后恭”。这种

① 《史记·儒林列传》。

② 《相州昼锦堂记》。

由朝政养成的崇尚功名利禄的社会风气，促使底层士人孳孳于学业，以竞选入官。余英时说：

> 自汉武帝以来，尤其是隋、唐科举制度建立之后，政治上用人遵守一定的知识标准。明、清的八股文取士最受现代人攻击。然而，撇开考试的内容不谈，根据学者统计，明初百余年间进士来自平民家庭者高达60%，这样一种长期吸收知识分子的政治传统在世界文化史上是独一无二的。①

官员考选制削弱了世袭性、割据性的封建贵族政治，扩大了专制一统国家的统治基础。

（六）官僚政治大别于封建贵族政治

在世界历史视野中，革除了殷周世卿世禄制的秦汉至明清的中国官僚政治，大不同于诸侯割据、封臣林立的中世纪欧洲，也不同于庄园领主、大名武士雄峙国中的中世及近世日本，亦有别于种姓分明、土王如云的印度。封建制的中世纪西欧和日本，各级官员皆取用世袭贵族，而自春秋战国以下，中国的王者虽然继续沿用"恩荫"一类办法任用贵胄，却更注意从平民中选拔俊才充任官吏。燕昭王筑黄金台招贤纳士，"乐毅自魏往，邹衍自齐往，剧辛自赵往，士争凑燕"②；汉武帝下诏求茂才异等，文臣武将极一时之盛，以通西域名垂青史的汉中人张骞，即为应诏士人，终因立功厥伟封"博望侯"；唐太宗重视科举取士，见宫门参加殿试者缀行而出，高兴地叹曰："天下英雄入吾彀中矣。"③当然，士子也深知帝王揽才的用意。唐代诗人赵嘏讽曰："太宗皇帝真长策，赚得英雄尽白头。"④

---

① 余英时：《反智论与中国政治传统》，刘小枫编：《中国文化特质》，生活·读书·新知三联书店1990年版，第264~265页。

② 《战国策·燕策一》。

③ 王定保：《唐摭言》卷一《述进士》上篇。

④ 《唐摭言》卷一《散序进士》。

官僚政治与封建贵族政治有着明显差异，社会学家费孝通于1948年说，贵族政治“各层有各层的政权”。费氏进而指出：

> 官僚是皇帝的工具，工具只能行使政权而没有政权。贵族是统治者的家门，官僚是统治者的臣仆。①

与此说相类似，美国政治学者塞缪尔·P. 亨廷顿称中国的政治形态为“家产官僚主义”，即政府是皇室的扩大，官员是君主的仆役。

> 官僚政治国家的特点是具有相当大的社会和政治流动性——那些来自最低阶层的人可以达到最高的官位；而封建国家则等级森严，能改变社会地位者极为罕见……
>
> 官僚政治国家一般总是趋于职能分离、权力集中；而封建国家则往往职能混合、权力分立。②

官僚政治是专制王权的派生物和基础所在，官僚是君主统治庶众的有效工具。唐人韩愈的名篇《原道》在批判佛家的“无君无父”时，这样规范君、臣、民三者的关系：“故君者，出令者也；臣者，行君之令而致之民者也；民者，出粟米麻丝，作器皿，通货财，以事其上者也。”③宋人文彦博说：“(帝王)为与士大夫治天下，非与百姓治天下也。”④元人马端临说：“役民者，官也；役于官者，民也。郡有守，县有令，乡有长，里有正，其位不同而皆役民者也。”⑤此皆为点睛之笔。

---

① 费孝通：《乡土中国》，上海人民出版社2006年版，第81页。

② [美]塞缪尔·P. 亨廷顿：《变化社会中的政治秩序》，生活·读书·新知三联书店1989年版，第135页。

③ 《韩昌黎全集》卷一一。

④ 《续资治通鉴》卷二二一。

⑤ 《文献通考·自序》。

秦汉以下，形成规模庞大的以“役民”为务的官吏队伍，据《通典》《续通典》《文献通考》及《续通考》提供的材料统计，列朝官吏数约为：西汉十三万二千八百零五人，东汉十五万二千九百八十六人，晋十一万八千六百七十二人，隋十九万五千九百三十七人，唐三十六万八千六百六十八人(以上包括官员及属吏)；宋二万四千人；元一万六千四百二十五人；明二万四千六百八十三人；清一万余人(以上仅指有品级的官员)。大体言之，每一个王朝的官僚阵容，都经历了一个从王朝初相对精简(官、吏数万人)，到王朝末机构庞大(官员数万、吏胥十余万)的演变，与之伴随的是从吏治较清明到吏治腐败的转化，成为王朝由盛而衰的表征。

封建制与郡县制造成的文化类型也各不相同。如果说，权力分散的封建时代培植出多元的私学文化，那么，与中央集权的官僚政治相匹配的，是大一统的官学文化。秦代的“以法为教”“以吏为师”①，汉代的“罢黜百家，独尊儒术”②，虽一者尚法，一者尊儒，却都是倡导文化一统专制，使得战国时代的学术多元走向君主集权时代的思想整合，汉以下进而从“子学”走向“经学”，所谓“一轨九州，同风天下”。政治及文化的大一统，成为秦汉后两千余年中国的主潮。当然，政治及文化的多元内涵并未消弭，仍在“大一统”格局内或显或隐地滋生发展。

南宋叶适概述宋以前历史，陈述从封建制到郡县制、从王道到伯政(霸道)的推演情况：

> 夫以封建为天下者，唐、虞、三代也；以郡县为天下者，秦、汉、魏、晋、隋、唐也。唐、虞、三代，必能不害其为封建而后王道行；秦、汉、魏、晋、隋、唐，必能不害其为郡县而后

① 语出《韩非子·五蠹》：“故明主之国，无书简之文，以法为教；无先王之语，以吏为师；无私剑之悍，以斩首为勇。”

② 旨出《汉书·董仲舒传》所引董氏《天人三策》：“诸不在六艺之科，孔子之术者，皆绝其道，勿使并进。”

伯政举。①

此一从“封建”到“郡县”转化的历史进程可略见下表。

中国封建制演变简表

朝代	公元	君王	制度	封建制阶段
商	约前16世纪—前11世纪	汤、盘庚、武丁等	已有许多以姓氏为单位的封国	封建制萌芽
	约前1108—前1058	姬昌(周文王)	在王畿内用分封制使周人扩展领有的土地	
西周	约前1046—前1043	武王	克殷后大封建(同姓封、异姓封),天子称诸侯为“友邦君”,君臣名分尚未明确	天子建国,诸侯立家,封建制确立并进入鼎盛
	约前1043—前770	成王及以下诸王	周公东征后在更广大的征服领域分封亲戚、功臣,周天子确立为诸侯之君;乡遂制形成、国—野对应;田里不鬻	
东周 春秋 战国	前770—前476 前475—前221	平王至赧王五霸等诸侯战国七雄	封建之权从天子下移诸侯,礼乐征伐自诸侯出、陪臣执国命,私田、公田并存,田土可以买卖,七雄成独立的郡县制君主国,实行赐爵食邑制	封建—郡县并行封建解纽

① 叶适:《法度总论一》,《叶适集》第三册,中华书局1961年版,第787页。

续表

朝代	公元	君王	制度	封建制阶段
秦	前221—前206	秦始皇	实封废弛，虚封沿袭；郡县制完备，官僚制定型	封建制废除，专制帝制确立

第二节　皇权时代（秦至清）的“封建论”

> 封建之得失不可复议，而王绾、李斯、陆士衡、柳宗元所论之是非，亦不可得而偏废矣。
>
> ——（元）马端临：《文献通考·自序》

封建与井田、学校并称“三代遗制”，被视作古来制度典范，或者被人追怀景仰，或者遭到清算指斥，在两千多年间不断引为政论主题。

封建制行于殷周，但其时很少有人品评此制，所谓“百姓日用而不知”。春秋战国始设郡县，以后封建制与郡县制长期交叉并行，为对偶之制，常被并列评议，以较衡二制的优劣、长短，此为秦汉及以下诸朝政论的一大题目，其论辩焦点，一是两制何者更有助于长治久安？二是两者何者“公”、何者“私”？“封建”与“郡县”也就成为中国政制史上的二元对偶关键词。诚如近人章士钊所言：

> 盖封建与郡县者，逻辑之偶名也，凡偶名，所涵举一半，而余一半可喻。①

① 《柳文指要》，文汇出版社2000年版，第82页。

此系逻辑学家的卓见。①

一、秦廷议“封建”

延绵两千余载的“封建论”，在成书于战国的《管子》中已有显示。管仲学派主张，国君“毋予人以壤，毋授人以财”，反对“分国”，认为向亲戚“分国”的结果，必致“伏尸满衍，兵决而无止”②。这是“反封建”之论。成书于战国末的《吕氏春秋》，在肯定中央集权的同时，提出“众封建”的建议，主张天子居天下之中，“方千里以为国”，又按近大远小原则分封诸侯，“以大使小，以重使轻，以众使寡”，达成天下安定。③ 这是以“封建”作为中央集权补充物的思路。而周末以降，主“封建”与主“郡县”两派论战的正式展开，首先发生在秦代朝廷之上。

(一)秦廷议“封建”，郡县制定格

自公元前221年之前的十年间，秦国发动兼并战争，先后在前230年灭韩，前228年灭亡赵，前225年灭亡魏，前223年灭亡楚，前222年灭亡燕，前228年灭亡齐，建立“上古以来未尝有，五帝所不及”④的一统帝国。建国伊始，秦王朝面临一个尖锐问题：何以处置传袭久远的封建制度？秦始皇主持廷议，讨论治国方略，守旧、革新两派意见对立，围绕“封建—郡县”两制的优劣、取舍，展开激烈辩论。丞相王绾等向始皇帝建议分封诸子，以屏卫帝位，其言曰：“诸侯初破，燕、齐、荆地远，不为置王，毋以填(镇)之。请立诸子，唯上幸许。”始皇帝下其议于群臣，“群臣皆以为然”。然廷尉李斯起而抗辩：

---

① 章士钊有《逻辑要指》出版，早年又是译词“逻辑”的积极倡用者，见章氏1912年4月发表于《民立报》的《论逻辑》。

② 《管子·山至数第七十六》。

③ 见《吕氏春秋·慎势》。

④ 参见《史记·秦始皇本纪》。

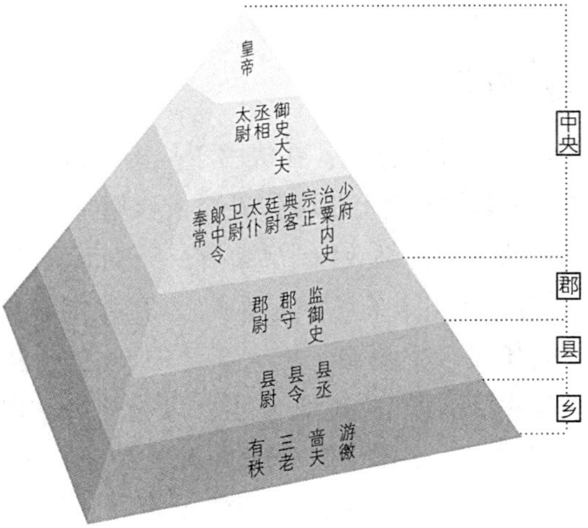

秦朝政府的组织示意图

（选自《中华文明传真》4，上海辞书出版社、香港商务印书馆2001年版，第27页）

周文、武所封子弟同姓甚众，然后属疏远，相攻击如仇雠，诸侯更相诛伐，周天子弗能禁止。今海内赖陛下神灵一统，皆为郡县，诸子功臣以公赋税重赏赐之，甚足易制。天下无异意，则安宁之术也。置诸侯不便。①

始皇帝拒绝王绾之说，并直接表态同意李斯的意见：

天下共苦战斗不休，以有侯王。赖宗庙，天下初定，又复立国，是树兵也。而求其宁息，岂不难哉！廷尉议是。②

始皇帝认为"周制微弱，终为诸侯所丧"③，遂采纳李斯建策，

① 《史记·秦始皇本纪》。
② 《史记·秦始皇本纪》。
③ 《汉书·地理志》。

分天下为河东、太原、上党、南阳、右北平、九江、长沙、汉中等三十六郡，郡置守(行政长官)、尉(军事长官)、监(监察官)。① 每郡下属若干县，据考，秦时全国设县一千左右。②

(二)秦廷再议"封建"，焚书坑儒

公元前213年，始皇置酒咸阳宫，博士七十人为之祝寿。博士、齐人淳于越进言："殷、周之王千余岁，封子弟、功臣，自为枝辅。今陛下有海内，而子弟为匹夫"，若有反叛，"何以相救哉"？又说："事不师古而能长久者，非所闻也"，主张恢复古封建制。③ 始皇将淳于越奏议提交廷议，丞相李斯回奏，力辟"封建"，指其不足为法，并引申出厉行文化专制的论说：

> 异时诸侯并争，厚招游学。今天下已定，法令出一，百姓当家则力农工，士则学习法令、辟禁。今诸生不师今而学古，以非当世，惑乱黔首。丞相臣斯昧死言：古者天下散乱，莫之能一，是以诸侯并作，语皆道古以害今，饰虚言以乱实，人善其所私学，以非上之所建立。④

李斯接着提出焚毁《诗》、《书》、百家语，消灭私学的建策，并主张"有敢偶语《诗》、《书》弃市，以古非今者族"，秦始皇欣然采

---

① 《汉书·地理志》载："秦京师为内史，分天下作三十六郡。""内史"为原秦国所辖的咸阳及关中大部分地区，秦朝唯此处不称郡而名"内史"，有直辖区之意，相当于元代京师所在区域称"中书省"，明代京师(都城)所在区域称"京师"，清代京师所在区域称"直隶"。秦朝后来又在三十六郡的基础上，增置桂林、南海、闽中、象郡，共为四十郡。刘师培《秦四十郡考》称，"秦人所置之郡，实为四十郡也"。王国维《秦郡考》称"秦郡当为四十有八"；谭其骧主编《中国历史地图集》第二册的《秦时期图组编例》称，秦代"除京师附近为内史辖区外，全境分为四十六郡"。

② 参见严耕望《中国地方行政制度史(上编一)·序言》，台湾商务印书馆1961年版。

③ 见《史记·秦始皇本纪》。

④ 《史记·秦始皇本纪》。

纳，下令烧毁《秦纪》以外的史书，又坑死犯禁儒生、方士四百六十人。① 司马迁总结李斯业绩时，称其“使秦无尺土之封，不立子弟为王，功臣为诸侯者，使后无攻战之患”②。

发生在秦廷的“封建—郡县”辩论，终止了“兴灭国，继绝世”的封建传统，以郡县制的大力推行作结，并引发了“焚书坑儒”。“封建制”向“郡县制”转化，有其历史的合理性与进步性，然这种转化从开端处，便伴随着污秽与鲜血。

二、汉、晋“封建论”

由秦廷之辩为端绪，自两汉至魏晋，“封建—郡县”比较论此起彼伏，赞扬或贬斥“封建”的评议，不绝于史。③

（一）裁抑封建：张良的谋略与贾谊、晁错的政论

不行封建的秦朝二世而亡，引发了一种追怀封建的思古幽情。楚汉战争间，郦食其建议封六国子孙，刘邦鉴于秦孤立而亡，赞同郦生之议，欲立六国后。富于历史智慧的张良则列八条理由，举大量史例，证此举为不可，其中“不可八”说：“今复六国，立韩、魏、燕、赵、齐、楚之后，天下游士各归事其主，从其亲戚，反其故旧坟墓，陛下与谁取天下乎？”刘邦闻言大悟，辍食吐哺骂郦生：“竖儒，几败而公事！”④刘邦从张良之议，未封六国后。然而，在历史惯性的驱动下，刘邦仍不能忘怀“封建”。在与项羽争战间，刘邦为笼络大将而分封“异姓七国”（韩、赵、楚、淮南、燕、长沙、梁）。除长沙王外，这些异姓诸侯，如淮南王英布、楚王韩信、梁王彭越等，均悍将出身，俱为开国元勋，他们或因野心膨胀，或因功高震主，为刘邦疑忌，终于相继被诛、国废，所谓“兔死狗烹”。鉴于异姓王的叛乱，

---

① 《史记·秦始皇本纪》。

② 《史记·李斯列传》。

③ 参见章士钊《柳文指要》卷三《封建论》，文汇出版社 2000 年版，第 61～93 页。

④ 参见《史记·留侯世家》。

刘邦刑白马，与大臣誓约：“非刘氏而王者，天下共击之。”①(近代孙中山的名言“敢有帝制自为者，天下共击之”即从此语脱出)，随后汉室封“同姓九国”(楚、荆、代、齐、赵、梁、淮阳、淮南、燕)，《汉书·诸侯王表序》载：“诸侯大者，夸(跨)州兼郡，连城数十，宫室百官同制京师。”诸王出入“拟于天子”，甚至“不听天子诏”，形成尾大不掉的割据势力。

汉文帝时，“诸侯王僭儗，地过古制”，贾谊向文帝上《治安策》，认为实封诸侯导致分裂、反叛，“甚非所以安上而全下也”。为了防范众诸侯联手反叛，“天下圜视而起”，在《治安策》中，贾谊并没有提出取消诸侯国的主张，而是建议不断分裂藩国，使其势力削减。这便是《治安策》中的名论：

> 欲天下之治安，莫若众建诸侯而少其力。力少则易使以义，国小则亡邪心。令海内之执，如身之使臂，臂之使指，莫不制从。诸侯之君，不敢有异心，辐辏并进，而归命天子。②

文帝采纳其议，析分齐、赵二国。然而，就大体言之，文帝虽赏识贾谊文才，却并不十分重视其政见，“贾生数上疏，言诸侯或连数郡，非古之制，可稍削之。文帝不听”③。唐人李商隐作《贾生》诗叹曰：“宣室求贤访逐臣，贾生才调更无伦。可怜夜半虚前席，不问苍生问鬼神。”言说文帝半夜梦醒，急询贾谊鬼神起源，却对贾谊切关天下苍生的裁抑封建之议，并未在意。④

后来，因吴王刘濞反叛之相毕露，太子家令晁错数次上疏文帝，力促削藩，“文帝宽，不忍罚”⑤。因此，文帝丧失了削藩的时机。

---

① 《史记·吕后本纪》。

② 《汉书·贾谊传》。

③ 《史记·屈原贾生列传》。

④ 事见《史记·屈原贾生列传》：“上因感鬼神事而问鬼神之本，贾生因具道所以然之状，至夜半。”

⑤ 《史记·吴王濞列传》。

景帝即位后，以晁错为内史，又迁任御史大夫。鉴于山东诸国强大（齐领七十二城、楚领四十城、吴领五十城），“分天下之半是也”，晁错力促景帝“削藩”以“尊王安民”，其办法是“请诸侯之罪过，削其地，收其枝郡”①。晁错上疏景帝言削藩谋略：“今削之亦反，不削之亦反。削之，其反亟，祸小；不削，反迟，祸大。”②景帝遂着手削藩。久谋起事的吴王刘濞打出“请诛晁错，以清君侧”名号，发动吴楚七国叛乱。晁错的政敌袁盎、窦婴等乘机进谗，景帝将晁错“衣朝衣斩东市”③，晁错成为“反封建”的牺牲者。晁错死后，邓公依然向景帝力陈其削藩策的正确：“夫晁错患诸侯强大不可制，故请削地以尊京师，万世之利也。”景帝遂深以诛晁为悔。④ 晁错的削藩策终被景帝及武帝所相继采行。贾谊、晁错等裁抑封建的横议富于实践性，被后世视为政论典范。

（二）《淮南子》的多元论与董仲舒《对策》的一统论

经过景帝时平定吴楚七国之乱，汉王朝的君主集权政治得以巩固，然“封建制”的余绪犹存。淮南王刘安主持撰写的《淮南子》既肯认中央集权，所谓“四海之内，一心同归”，又对异见纷呈的诸子之学分别给予正面评价，尤其推崇道家。⑤ 刘安在建元二年献《淮南子》，时值武帝即位第二年，儒术独尊尚未成为定制。武帝时年仅十七岁，朝政由其祖母窦太后掌理。窦太后尚黄老术，容许封建贵族政治存在。在此种条件下，《淮南子》一方面表示拥护朝廷集权，另一方面又主张保存封建诸侯国的相对独立性，希望朝廷与诸侯国并行不悖，彼此相安。书中设计其理想情景：

邻国相望，鸡狗之音相闻，而足迹不接诸侯之境，车轨不结

① 《史记·袁盎晁错列传》。

② 《史记·吴王濞列传》。

③ 参见《史记·袁盎晁错列传》。

④ 《史记·袁盎晁错列传》。

⑤ 见《淮南子·要略》。

千里之外者，皆各得其所安。①

与求“多”的刘安同时期的另一位思想家，求“一”的董仲舒的观点大异。董仲舒推崇君主集权下的大一统，反复论证政权与文化的一元性：“唯圣人能属万物之一而系之元也”②；“一者，万物之所从始也；元者，辞之所谓大也”③。董氏在回答汉武帝的策问时，力主“诸不在六艺之科，孔子之术者，皆绝其道，勿使并进。邪辟之说灭息，然后统纪可一而法度可明，民知所从矣”④。董氏还在《春秋繁露·基义》中申发“王道之三纲”，为君主集权制作理论论证。与董仲舒相对应，刘安则怀念“封建”，向往宽松开明的君主制，保留封建贵族政治的余韵流风。刘安说：“天下神器，不可为也，为者败之，执者失之。”⑤他所追慕的治国者是周公那样的“行无专制，事无由己”⑥的无为而治者，与秦汉强横的专制帝王风格迥异。《淮南子》有一段妙文，拟周公与姜太公的对话，表达对宗法封建与举贤尚功这两种政治取向的评价：

昔太公望、周公旦受封而相见，太公问周公曰：“何以治鲁?”周公曰：“尊尊亲亲。”太公曰：“鲁从此弱矣!”周公问太公曰：“何以治齐?”太公曰：“举贤而上功。”周公曰：“后世必有劫杀之君!”其后，齐日以大，至于霸，二十四世而田氏代之；鲁日以削，至三十二世而亡。⑦

这里对宗法封建(即“尊尊亲亲”)扬抑兼至：既指出其导致国家

① 《淮南子·齐俗训》。
② 《春秋繁露·重教》。
③ 《董仲舒对策一》。
④ 《董仲舒对策三》。
⑤ 《淮南子·原道训》。
⑥ 《淮南子·汜论训》。
⑦ 《淮南子·齐俗训》。

贫弱，又揭示其国祚绵长；而与之对应的“举贤尚功”的非封建国策，可使国家强盛，又会导致争权者崛起，国祚缩短。这显示了《淮南子》对宗法封建制的中庸态度。

在汉帝国中央集权得以巩固之际，刘安与董仲舒分别代表了“多”与“一”这两种文化取向。当然，刘安的封建多元取向是隐藏在归服专制一统的外观之下的。

刘安的《淮南子》是从宗法封建制向专制君主制过渡的历史条件下的一种思想结集。由于刘安的思想与武帝进一步削藩、强化君主集权的大政取向相违背，《淮南子》终于被武帝所贬斥，刘安本人则因朝廷构置的陷阱，于献书十余年后，因谋划叛乱而畏罪自杀。

近人康有为、冯友兰曾将中国思想学术史分作“子学时代”和“经学时代”两大阶段，而《淮南子》便是“子学时代”的终结之作，其后便是“经学”大张声势的时代。如果说，“子学”是封建时代的产物，那么，“经学”则是君主专制时代的产物，而《淮南子》关于在专制一统之下保留封建制的主张，是“子学时代”的尾声；董仲舒强调“圣人”“南面而君天下”，则呼唤着“经学时代”的来临。

(三)曹元首、陆士衡颂扬古封建

至魏晋南北朝，随着贵族政治的重新抬头，为封建制辩护的言论复起。

曹魏大体取秦制，虚封而不实封。《三国志》称：“魏氏王公，既徒有国土之名，而无社稷之实。”①魏文帝曹丕时，其弟曹植屡更封地，生活清苦，所谓“号则六易，居实三千，连遇瘠土，衣食不继”②。对这种“虚封”深怀怨尤的宗室曹元首撰《六代论》，称颂周代封建，“臣闻古之王者，必建同姓，以明亲亲；必树异姓，以明贤贤”，指责秦代“子弟无尺寸之封，功臣无立锥之地”，以致二世而亡，进而批评魏朝忽略封建，宗室“权均匹夫，势齐凡庶”，还受到

---

① 《三国志·魏书·武文世王公传》。

② 曹植：《迁都赋》。

朝廷严密监视，“求为匹夫而不可得”。文章追述周以下六代的经验教训，称周祚长，因有封建；秦速亡，由于废封建；西汉“凿秦之失，封植子弟”，故诸吕不能成事；而魏朝“尊尊之法”明，而“亲亲之法”未备，“一旦疆场称警，关门反拒，股肱不扶，胸心不卫”，大不利于朝廷安固。文章力主早树封建，以为帝室辅。但曹元首之议并未被魏文帝所采纳。①

直至东晋，还有人批评曹魏的一味虚封：“异哉，魏氏之封建也。不度先王之典，不思藩屏之术，违敦穆之风，背维城之义。”②

西晋司马氏以曹魏无“封建屏障”，孤立速亡为教训，广封王侯，授予诸王在封国内选官、置军的权力，贵族政治、庄园经济抬头。与之相应，出现褒扬封建制的舆论。文学家陆机(字士衡)喜谈兴亡、治乱、制度等切关宏旨的论题，撰《五等论》，援引商周古事，论“五等”(公、侯、伯、子、男)之制的长处：“昔成汤亲照夏后之鉴，公旦目涉商人之戒，文质相济，损益有物。然五等之礼，不革于时；封畛之制，有隆尔者。”称封建制永葆生命(“不革于时”)。他又以封建制对比郡县制，认为郡县官员“挟一时之志”，只求升迁，不惜侵害百姓；五等侯则因封国是自己的土地，人民是自己的属民(所谓“众皆我民”)，故能惜土爱民，所谓——

> 五等之君为己思治，郡县之长为利图物。

陆机据此力陈“封建”五等爵制的优越性，指斥郡县制的弊端。③

曹元首的《六代论》、陆机的《五等论》作为力主恢复“古封建”的名文，流传广远，后之推崇“封建”的议论，多沿袭其说。

---

① 曹冏：《六代论》，《全上古三代秦汉三国六朝文》，中华书局 1991 年版，第 1160~1162 页。

② 见裴松注《三国志・魏书・陈思王植传》。

③ 见《全上古三代秦汉三国六朝文》，中华书局 1991 年版，第 2025~2026 页。

三、唐代“封建论”

公元7—10世纪，承接魏晋南北朝数百载分裂乱世的唐代，在中央集权与地方分权上徘徊不定，故唐朝成为讨论封建制优劣的极盛时期。

(一)太宗复古封建意念为群臣劝阻，李百药、魏徵、颜师古、马周议封建

有着强烈做“圣主”意愿的唐太宗，曾十分迷恋古“封建”，企图通过复归三代井田、封建，博取不朽之名。为此，贞观二年(628年)太宗就“复封建”廷议群臣。礼部侍郎李百药以为不可；谏议大夫魏徵也说事善而不合时宜，有“五不可”说，委婉地加以劝阻；中书侍郎颜师古则主张封建与郡县并行、王侯与守令错处，实则也是劝止“封建”。贞观五年(631年)，监察御史马周上疏，“昔汉光武不任功臣以吏事，所以终全其代者，良得其术”，力谏太宗吸取西汉“七国之乱”、西晋“八王之乱”教训，不可对诸王“溺于私爱”，应预加节制，并以隋亡为鉴，少兴徭役，勿行世封制。① 唐太宗虽欲复封建古制，终因“大臣议论不同而止”②，此亦成为太宗“兼听则明”之一例。

初唐评议封建的代表作为上述李百药的《封建论》、颜师古的《论封建表》，二文持论平允，大体倾向于抑制封建，主张“虚封”，不赞成“实封”。史家李百药《封建论》倡言“爵非世及，用贤之路斯广；民无定主，附下之情不固”，认为非世袭、无定主的郡县制才能够确保朝廷安泰。③ 其时太宗颇属意于“裂土与子弟功臣”，而李百药《封建论》上太宗，“理据详切，帝纳其言而止”④。训诂家颜师古《论封建表》指出，封建古制移至当代，“于理不合”，对受封王侯，应置官监

---

① 见《旧唐书·长孙无忌传》、《文献通考》卷二七五、杨慎《丹铅总录》。

② 《文献通考》卷二七六。

③ 见《全唐文》第二册，中华书局1987年版，第1444~1446页。

④ 《新唐书》卷一〇二《李百药传》。

视，使之“不得擅作威刑”。①

(二)朱敬则上武则天疏

武则天执政时期，封建、郡县优劣之辩复起，晋人陆机(士衡)《五等论》关于秦代短命原因在废封建、立郡县之说常被引用。正谏大夫朱敬则上疏女皇，指出秦代速亡是因为“淫虐滋甚”，失在暴政，并非实行郡县制之过。朱氏指出，周代封建立足于礼乐教化，而春秋以降，礼崩乐坏，道术尽丧，人们尚诈术、贵攻战，只有实行中央集权的郡县制方可控制天下。② 这是较早从历史趋势评论封建、郡县的生成机制和优劣短长的议论，开以后柳宗元《封建论》之先河。

(三)肃宗、李泌君臣对

中唐李泌也有搁置封建的谏议。安史之乱平定后，唐肃宗问邺侯李泌，重臣郭子仪、李光弼已为宰相，其克两京、平四海的勋业“无官以赏，奈何?”意欲封赏。李泌告以汉、魏、周、隋、初唐的历史经验，认为对功臣只宜“虚封”，不可“实封”，肃宗“曰善”。③ 后德宗继位，仿周初尊姜子牙为“尚父”，亦尊郭子仪为“尚父”，同时罢其兵权，此亦对功臣不实封、只虚封的谋略。

(四)千古名篇：柳宗元的《封建论》

唐代比较“封建—郡县”优劣短长的最著声名的文字，当然是中唐思想家柳宗元的《封建论》，其对周初“封建”、秦置“郡县”的前后得失有精辟点评：

> 周有天下，裂土田而瓜分之，设五等，邦群后，布履星罗，四周于天下，轮运而辐集；合为朝觐会同，离为守臣捍城……余以为周之丧久矣，徒建空名于公侯之上耳。得非诸侯之盛强，尾大不掉之咎欤？……则周之败端，其在乎此矣。
>
> 秦有天下，裂都会而为之郡邑，废侯卫而为之守宰，据天下

① 见《全唐文》第二册，中华书局1987年版，第1491页。

② 见《旧唐书·朱敬则传》。

③ 见《文献通考》卷二七六。

之雄图，都六合之上游，摄制四海，运于掌握之内，此其所以为得也。①

鉴于唐中叶藩镇割据，一时间“封国土，建诸侯”之议甚嚣尘上，柳宗元力辟之，并质问道：唐王朝“大业弥固，何系于诸侯哉？”以为强化郡县制方为巩固唐室的正途。

唐兴，制州邑，立守宰，此其所以为宜也，然犹桀滑时起，虐害方域者，失不在于州而在于兵，时则有叛将而无叛州。州县之设，固不可革也。②

该文从秦、汉、唐实行郡县制的历史总括出如下结论：“有叛人而无叛吏”（秦）、“有叛国而无叛郡”（汉）、“有叛将而无叛州”（唐），从而肯定郡县制对于维护国家统一、社会安定的重要作用。

该文的核心论题为：封建究竟是“圣人意”还是“时势”所导致？柳氏开篇即指出：封建并非初古即有，而是“时势”的产物，提出“封建，非圣人意也”的命题；继而从“假物者必争，争而不已，必就其能断曲直者而听命焉”，揭示“封建”产生的动因，非在帝王的个人意志，而是由历史大势所使然，再次引出结论：

封建非圣人意也，势也。③

文章在纵横比较“封建制”与“郡县制”的长短得失，论列周、秦、汉、唐两制的具体功过后，第三次称“封建”“非圣人之意也，势也”，以此作全文之结，形成响亮有力的“豹尾”。

柳氏一而再、再而三地言及“封建”并非“三圣”（指文、武、周

① 《封建论》，《柳先生集》（三）。
② 《封建论》，《柳先生集》（三）。
③ 《封建论》，《柳先生集》（三）。

公)意志的产物，而是社会趋势所使然。这种论说的奥妙在于，消解“崇圣、信古”心理深厚的国人对“封建”的迷信。而只有去除“封建”“圣人意”的光环，复归其“时势”生成的真实面目，“封建制”因时变更，以致被郡县制所取代，方具有正当性。

柳宗元还从“公—私”之辨角度，将“封建论”引向深入。秦汉以来论“封建”，每以“封建制”使得权力众享，称之为“公”(公天下)；郡县制集权于一人，称之为“私”(私天下)。而柳宗元指出，秦始皇革除封建制，动机是集权于一人，当然是为私的，“私其一己之威也，私其尽臣畜于我也”，但这一举措有利于国家统一，顺乎历史大势，因而在客观上达到了大公：

> 秦之所以革之者，其为制，公之大者也……
> 公天下之端自秦始。①

此议颇富辩证思维意味。在评断历史人物及其重大行为时，不为人的主观动机所遮蔽，而用力于洞察其人其事是否顺应客观的社会趋向。

人称“唐宋八大家”之一的柳宗元，文章以峭拔矫健、谨严雄辩著称，《封建论》尤显此种风格，这更令其不胫而走，传诵千古。

四、宋以后“封建论”的多元走向

宋代以后的封建论纷纭多歧。

(一)苏轼、范祖禹、杨慎、汪越、魏源、章太炎、毛泽东对柳论的申发

柳宗元对于“封建”和“郡县”两种制度的生成机制及其优劣，作了鞭辟入里的历史主义论述，使“封建”一词的含义更为明确，世代沿用不辍。宋人苏轼在《论封建》中称：

---

① 《封建论》，《柳先生集》(三)。

> 昔之论封建者，曹元首、陆机、刘颂及唐太宗时魏徵、李百药、颜师古，其后则刘秩、杜佑、柳宗元。宗元之论出，而诸子之论废矣，虽圣人复起，不能易也。故吾取其说而附益之曰：凡有血气必争，争必以利，利莫大于封建，封建者，争之端而乱之始也……近世无复封建，则此祸几绝，仁人君子忍复开之欤？故吾以李斯、始皇之言，柳宗元之论，当为万世法也。①

参与司马光修纂《资治通鉴》的宋人范祖禹，将柳宗元的“封建非圣人意也，势也”之论加以申发，指出：“三代封国，后世郡县，时也；因时制宜，以便其民，顺也。古之法不可用于今，犹今之法不可用于古也。”②从历史大势上评断“封建”“郡县”之制。

明人杨慎在《丹铅总录》中说，柳宗元、苏轼之论与圣人同调。该文引孔子《易》系辞以及孟子“天下恶乎定？定于一”之说，并推论曰：“使孟子生于秦汉之后，必取柳、苏识时之说，而两胡腐儒(指宋人胡瑗、胡寅——引者)，将麾之门墙之外矣。”③杨慎请出主张天下“定于一”的“亚圣”(孟子)来为废“封建”、行“郡县”作论证，也是精彩笔墨。

清初汪越著《读史记十表》，多有关于“封建”的评议，其《读建元以来王子侯者年表补》称：“论者辄谓封建不行，则三代之治不复。非也。自古有治人无治法，谓封建为圣王公天下之心则可，谓天下之治安系于此，则不然。……如谓秦以孤立速亡，夫以秦之暴，即封建得无亡乎！柳子厚谓秦之失在政，不在制，非过论也。”④可见直至晚近的清代，反对柳论的说法还有市场，汪越遂再度重申柳宗元的论断。

---

① 《苏东坡全集》下册，中华书局1986年版，第258~259页。

② 《唐鉴》卷四。

③ 转引自章士钊《柳文指要》卷三，文汇出版社2000年版，第69页。

④ 《二十五史补编》(一)，中华书局1955年版，第20页。

晚清经世派学者多赞同柳宗元说。包世臣有“治平之枢在郡县”①的议论。魏源在《治篇九》中以“封建之世”(殷周)与“郡县一统之世”(秦汉以下)为对论，说“封建之世喜分而恶合”，“郡县之世喜合而恶分”，并进而具体论析“封建”与“郡县”的利弊：“其在封建之世，一于用亲者，国可久而势恒弱，一于用贤者，国势强而或先亡。”“至郡县一统之世，其势虽合，而秦以不用亲速亡，晋以用亲速亡，隋以亲贤皆不用速亡。”②指出在不同的时势下，封建制的效果不同，这较之前人简单评判“封建”与“郡县”优劣的言论，更具有历史眼光。魏氏还由“柳子非封建”之议，引申出“而其用人之制，则三代私而后代公”的论断。

> 后世之事，胜于三代者三大端：文帝废肉刑，三代酷而后世仁也；柳子非封建，三代私而后代公也；世族变为贡举，与封建之变为郡县何异？三代用人，世族之弊，贵以袭贵，贱以袭贱，与封建并起于上古，皆不公之大者……而封建不变，则世族亦不能变。③

这种对“封建”的批评和对“郡县”的称赞，是理性的历史评断，而在崇仰“三代”、以古为尚的时代，说古代私而后代公，是相当大胆的言论。

魏源在作“封建—郡县”比较时，还指出两种制度各有长短。“春秋以前，有流民而无流寇；春秋以后，流寇皆起于流民，往往宗社，痛四海……此封建长于郡县者一也。”他认为封建制统治者与民众的矛盾相对缓和，不像郡县制那样官民对立，导致民众暴动频仍。“古者名山大泽不以封，列国无守险之事”，故戎狄“乘虚得错处其间”，而“后世关塞险要，尽属王朝，而长城以限华、夷，戎、狄攘诸塞

① 包世臣：《郡县农政·农一上》。
② 魏源：《古微堂内集·治篇九》。
③ 魏源：《古微堂内集·治篇九》。

外，此郡县之优乎封建者一也”。他认为郡县制有较坚固完备的体制抵御异族入侵，优越于封建制的散漫，无力抵御外敌。魏氏由此总论：“五伯者，三王之罪人，中夏之功臣；由后一说观之，七雄、嬴秦者，罪在一时，功在万世。”①可见，魏氏不仅洞察郡县制的弊端，而且从长远的历史观照出发，给予郡县制的实施以高度评价。

近人章太炎是柳论的赞许者。他写于1910年的《秦政记》，充分肯定秦始皇废封建、立郡县的举措，认为贾谊的“过秦”，“则可谓短识矣”。章氏认为秦皇的过失，绝非在实行郡县制，“秦皇微点，独在起阿房，及以童男女三千人资徐福，诸巫食言，乃坑术士以说百姓。其他无过”②。

自20世纪20年代中期以降，毛泽东在政论文中逐渐采用泛化封建观，然其评议古典诗文时，又常常取“封建”本义。毛泽东盛赞柳宗元的《封建论》，在《七律·读〈封建论〉呈郭老》③收尾句有：“熟读唐人《封建论》，莫从子厚返文王。”反对从秦始皇力行、柳宗元大倡的郡县制退回到周文王实行的封建制，也是从肯认中央集权、强化国家统一角度，议论“封建”的成败得失。这是毛泽东直至晚年仍在本义上使用“封建”的显例。

(二)理学诸流派的封建论

唐以后关于“封建”的历史价值，别的声音也是有的，如宋代理学家多称颂“三代”的“封建”“井田”“宗法”诸制。北宋张载说：“天子建国，诸侯建宗，亦天理也。”④南宋胡寅《读史管见》认为，封建、井田皆三代盛时之制，欲行封建，先自井田始。胡宏说：“井田封建，仁民之要法也。”⑤这都是从道德理想主义出发的“封建论”，往往被认为陈义虽高却迂阔无用，属于“书生之论”。至于朱熹，则并

① 魏源：《古微堂内集·治篇三》。
② 《章太炎政论选集》上册，中华书局1977年版，第501页。
③ 郭老指郭沫若。
④ 《张载集》，中华书局1978年版，第259页。
⑤ 《胡宏集》，中华书局1987年版，第366页。

述“封建”的短长：其长是上下情亲，久安无患；其短是若封建主不良，而世代传袭，无法更换。朱熹大体赞同柳宗元之论，批评胡宏的复古封建之说。① 朱熹还批评经古文家五服九等、以天子王畿为中心，一圈一圈向外推及的模式化“封建”论说，认为古时封建如同近时边鄙处“五六十家，或百十家，各立个长，自为一处，都来朝王”②，这是一种还原历史本真的“封建说”。清初刘献廷在《广阳杂记》中发挥朱熹之说，认为“古之诸侯即今之土司”。

南宋叶适对封建制、郡县制取平允态度，并论其短长：

> 故制礼作乐，文书正朔，律度量衡，正名分，别嫌疑，尊贤举能，厚民美俗，唐、虞、三代之所谓法度也。至于国各自行其政，家各专其业，累世而不易，终身而不变，考察缓而不必，黜陟简而信，此所以不害其封建而行王道也。③

这是对封建制功效的概括。叶适又说：

> 秉威明权，簿书期会，课计功效，核虚实，验勤惰，令行禁止，役省刑清，秦、汉、魏、晋、隋、唐之所谓法度也。至于以一郡行其一郡，以一县行其一县，赏罚自用，予夺自专，刺史之问有条，司隶之察不烦，此所以不害其郡县而行伯政也。④

这是对郡县制功效的概括。

朱熹、叶适超越褒贬两极的评价方式，从文化史的视角，分别分析封建、郡县两制的时代性贡献，颇具历史识见。

---

① 见《朱子语类》第七册，中华书局 1988 年版，第 2679~2687 页。

② 《朱子语类》卷五五，《滕文公问为国章》。

③ 叶适：《法度总论一》，《叶适集》第三册，中华书局 1961 年版，第 787 页。

④ 叶适：《法度总论一》，《叶适集》第三册，中华书局 1961 年版，第 787 页。

(三)“明亡之思”与王夫之以“势、理、天”论封建

明清鼎革之际，一批思想家从总结明亡教训出发，探讨封建、郡县两制的优劣，所发议论蕴含经世卓见。

王夫之的《读通鉴论》赞同柳宗元的《封建论》，又用力于发挥郡县制的合“理”、顺“势”之义。王氏指出，郡县制取代封建制的趋势，任何人也改变不了，即使执掌权柄的专制帝王也不能与“势”争锋，故“夫封建之不可复也，势也”①。“封建不可复行于后世，民力之所不堪，而势在必革也。”②王氏主张废封建，其意不限于加强中央集权以确保国家一统，还着眼于“民力”的承受度，其论较富人民性。

王夫之在主张废除世卿世禄制时，还着眼于倡导选举制，所谓“封建毁而选举行”③，布衣士子因此得以登上政治舞台，显示了王夫之作为庶族士人反对封建贵胄特权的倾向。

王夫之多渊渊哲思，较之柳宗元以“势”论“封建”更有深一层的开拓：于“势”后探“理”。王氏论及秦始皇的历史功绩时说：

> 郡县之制，垂二千年而弗能改矣，合古今上下皆安之，势之所趋，岂非理而能然哉！④

王氏又说：

> “理”者，“势”之顺而已矣。⑤

王夫之在这里指出“势”的必然即为“理”，从而在更高层次上揭

---

① 王夫之:《读通鉴论》卷二。
② 王夫之:《读通鉴论》卷二。
③ 王夫之:《读通鉴论》卷一。
④ 王夫之:《读通鉴论》卷一。
⑤ 王夫之:《宋论》卷七。

示“封建—郡县”之辨背后的历史规律性问题。在论及汉代抑制诸侯势力的举措时，王夫之说：

> 武帝之众建王侯而小之，唐、宋之先声也。一主父偃安能为哉！天假之，人习之，浸衰浸微以尽泯。①

汉臣主父偃单车赴齐，齐国归服，并非主父偃个人力量所致，乃“天”藉其实现客观规律罢了，由此“知封建之必革而不可复也”②。

王夫之从“公—私”之辨讨论封建问题，并有深入的剖析：“郡县者，非天子之利也，国祚所以不长也；而为天下计，则害不如封建之滋也多矣。”③意为“郡县制”不一定会延长某一王朝的寿命，但对天下苍生而言，其害小于“封建制”。由此，王夫之指出：

> 秦以私天下之心而罢侯置守，而天假其私以行其大公，存乎神者之不测，有如是夫！④

这就将秦废封建、置郡县的功用从历史哲学高度加以评析。“天假其私以行其大公”，其说颇类似德国近代哲学家黑格尔“最大的‘罪孽’反而最有益于人类”的警句。而在这种主观动机与客观效果颇相矛盾的现象背后，有着不以人的意志为转移的支配力量在起作用，黑格尔归之于“绝对精神”，王夫之则归之为“理”，终之于“天”。王夫之把秦汉唐宋以来的“封建论”推上了历史哲学的高峰。

(四)黄宗羲、顾炎武从“封建”古义引发“分治”论

明清之际另一哲人黄宗羲也用心于“封建论”，但不同于王夫之探究“废封建”的历史必然性，黄氏努力从政治层面阐发“封建”可资

---

① 王夫之：《读通鉴论》卷三。
② 王夫之：《读通鉴论》卷三。
③ 王夫之：《读通鉴论》卷一。
④ 王夫之：《读通鉴论》卷一。

今用的积极意蕴。在《明夷待访录》的未刊篇《封建》中，黄氏说：

自三代以后，乱天下者无如夷狄矣，遂以为五德诊眚之运。然以余观之，则是废封建之罪也。①

黄宗羲还设问：秦以前未发生夷狄灭国，是否因为“夷狄怯于昔而勇于今哉”？答案是否定的。黄氏进而解释“三代”能抗御夷狄而后世每为夷狄所割、所据的缘由：

则封建与不封建之故也……若封建之时，兵民不分，君之视民犹子弟，民之视君犹父母，无事则耕，有事则战……②

应当指出，三代的夷狄之患相当深重，商代夷狄(如鬼方、舌方、人方、夷方)对中土的威胁不小，而殷纣之亡，是因忙于征讨夷方，重兵东移，周武王才乘虚而入。代殷而立国的周，夷狄之乱也十分严峻，宣王“料民于太原”，幽王亡于犬戎便是显例。春秋时更出现“南夷与北狄交，中国不绝若线”③的危急局面。故黄氏“三代”夷狄之祸不及后世的判断，是一种主观立论。当然，将殷周兵民不分视作抵御夷狄入侵的制度原因，在黄氏看来不无道理，而且黄氏也知道，“封建”古制的寓兵于农，现世已难以效法，于是退而求其次，主张在边境设置有“封建”意味的方镇，以增强抵御夷狄的边防力量。

今封建之事远矣，因时乘势，则方镇可复也。④

黄氏进而总结“封建”与“郡县”的利弊，论述“方镇”的效用：

---

① 《黄宗羲全集》第一册，浙江古籍出版社1985年版，第418页。
② 《黄宗羲全集》第一册，浙江古籍出版社1985年版，第419页。
③ 《春秋公羊传·僖公四年》。
④ 黄宗羲：《明夷待访录·方镇》。

> 封建之弊，强弱吞并，天子之政教有所不加。
>
> 郡县之弊，疆场之害苦无已时。欲去两者之弊，使其并行不悖，则沿边之方镇乎？①

这里所列“封建”“郡县”各自的短处，是公允平实之议。

顾炎武也有黄宗羲类似的看法。顾氏认为“封建”与“郡县”各有得失，应当以古“封建”精义弥补现实的“郡县”之缺陷。

顾氏既不同于某些理学家迷恋古“封建”，也不像有的论者一味肯定“郡县”，而是对两制作理性的历史考察。为了探讨极端君主集权的弊端，顾氏作《郡县论》九篇。其首篇云：

> 盖自汉以下之人，莫不谓秦以孤立而亡。不知秦之亡，不封建亡，封建亦亡。而封建之废，固自周衰之日，而不自于秦也。封建之废，非一日之故也，虽圣人起，亦将变而为郡县矣。②

这是确认“郡县”代“封建”的历史必然性。紧接着，顾氏揭示运作两千年的郡县制孳生弊端的现实情状：

> 方今郡县之弊已极，而无圣人出焉，尚一一仍其故事，此民生之所以日贫，中国之所以日弱而益趋于乱也。③

顾氏指出，君主集权的弊端在于，“尽天下一切之权，而收之在上”④。为求解救之方，他追溯周代“封建制”，认为周天子与公、侯、伯、子、男差别不大，“非绝世之贵”，所以天子“不敢肆于民上

① 黄宗羲：《明夷待访录·方镇》。
② 顾炎武：《郡县论一》，《亭林文集》卷一。
③ 顾炎武：《郡县论一》，《亭林文集》卷一。
④ 顾炎武：《日知录·守令》。

以自尊……不敢厚取于民以自奉”①。在比较“封建”与“郡县”两制之后，顾氏说：

> 封建之失，其专在下；郡县之失，其专在上。②

明清时的主要问题是“其专在上”，鉴于此，顾氏提出改良策略：一是改变由朝廷“多设之监司”“重立之牧伯”的做法，转而完善乡亭之职，使乡里基础组织发挥社会组织和伦理维系作用，如此“天下之治若网之在纲，有条而不紊”③。二是将宋明以来君主独掌的“辟宫、莅政、理财、治军”四权，分割给地方郡县守令。顾氏倡言：

> 尊令长之秩，而予之以生财治人之权，罢监司之任，设世官之奖，行辟属之法，所谓寓封建之意于郡县之中，而二千年以来之敝，可以复振。④

顾氏对自己的“寓封建之意于郡县之中”的构想十分看好，他说：

> 后之君苟欲厚民生，强国势，则必用吾言矣。⑤

可见，顾炎武的“封建论”，要旨是以古“封建”的“分权”之义救正君主专制集权政治的偏弊，达到“厚民生，强国势”的目的。

承袭黄、顾地方分权观点，清人李塨力主延长地方官员的任期，并向其让权，其意在“去郡县之害兼封建之利”⑥。

清代中期“文字狱”迭兴，“吕留良、曾静案”为著名一例。吕留

---

① 顾炎武：《日知录·周室班爵禄》。
② 顾炎武：《郡县论一》，《亭林文集》卷一。
③ 顾炎武：《日知录·乡亭之职》。
④ 顾炎武：《郡县论一》，《亭林文集》卷一。
⑤ 顾炎武：《郡县论一》，《亭林文集》卷一。
⑥ 《平书订》卷二。

良、曾静师徒谴责君主专制，借用的武器便是“封建”。而雍正皇帝斥责曰：“大凡反逆之人，如吕留良、曾静、陆生楠之流，皆以宜复封建为言。”①可见，在中国传统政论中，“封建”不仅与“郡县”相对应，更与“郡县”背后的“君主专制”相抗衡。

(五)清末民初的新“封建论”：地方自治论、联省自治论

至晚清，以郡县制为基石的君主专制的弊端愈益显现，而在平定太平天国的战争中崛起的湘系、淮系地方势力渐趋强劲，使顾炎武“寓封建之意于郡县之中”的议论，在晚清颇有呼应者。倡言“变法”的冯桂芬从“分治”—“合治”比较角度评议“封建”“郡县”时说：

> 治天下者，宜合治，亦宜分治。不合治则不能齐亿万以统于一，而天下争；不分治则不能推一以及乎亿万，而天下乱。柳宗元《封建论》云：有里胥而后有县大夫，有县大夫而后有诸侯，有诸侯而后有方伯连帅，有方伯连帅而后有天子。此合之说也。封建之合，不如郡县之合尤固，故封建不可久而郡县可久。反而言之，天子之不能独治天下，任之大吏；大吏不能独治一省，任之郡守；郡守不能独治一郡，任之县令；县令不能独治一县，任之令以下各官。此分之说也。②

冯氏从“分治”之利进而提出“复设古乡亭”之议，即在基层设乡官、亭长，“真能亲民，真能治民，大小相维，远近相联”，使“风俗日新”“教化日上”。③

赞助“维新变法”的文廷式主张对“封建”的利弊得失作具体分析，不一概而论。在引述宋人尹源《唐说》“夫弱唐者诸侯也，唐既弱矣，而久不亡者，诸侯维之也”之后，文廷式进而指出：“自古封建郡县，得失互见，论者棼如。然封建之世，外患必不亟，流寇必不起，此论

---

① 《东华录》卷三〇。
② 冯桂芬：《校邠庐抗议·复乡职议》。
③ 冯桂芬：《校邠庐抗议·复乡职议》。

治者不可不知也。”①言下之意，在内忧外患频仍的清末讨论“封建”“郡县”的长短，必须从现实存在的社会形势出发。这是一种富于历史感的“封建论”。

朴学殿军俞樾撰《封建郡县说》，与顾炎武相唱和，主张“封建”“郡县”，“二者并用，然后无弊”。

上述政论中的“封建”，要旨在于“分权”。黄宗羲、顾炎武、冯桂芬、俞樾鉴于明清专制君主集权的病端，试图以“封建”的“分权”精义，以及某些具体陈法(如“寓兵于农”“乡亭教化”等)作为救治时弊的古时丹方。

清同治以后，曾国藩、左宗棠、李鸿章等汉族封疆大吏掌握相当大的军、政、财、文权力，本为满族人所建的清王朝的中央集权“剖分之象盖已滥觞”，随着“地方行政之权日重”②，清末兴起新一轮的“封建论”。光绪中期，福建侯官人张亨嘉作《拟柳子厚封建论》，主张在东南海疆及西北边境“分建大国”，以御外侮，文辞间亦可透见黄宗羲、顾炎武“复封建以救亡”的意向。

辛亥革命前后，更有“联省自治说”出现，论者亦参酌黄氏、顾氏之议，摘取“封建”的正面价值。1908 年《东方杂志》等刊发表多篇讨论地方自治的文章，如署名蛤笑的《论地方自治之亟》，从严复所译甄克思《社会通诠》的“合群自治说”论及中国的地方自治问题，认为“吾国素为宗法之社会，而非市制之社会，故族制自治极发达，而市邑自治甚微弱”，倡导市民自治。③ 同年《江西》刊发茗荪的《地方自治博议》，则从中国现行宪政出发，追溯古之“封建”，纵议曰：“中国之宪政始于今日，去封建时代已数千年，尚武之风衰，输税之情惰，户口难于稽查，议员难于普选，民隐难于周知……地方自治制度，缘附而至。”④该文比较了古代封建、近世督抚制、今之地方自治

① 《纯常子枝语》卷五。

② 汪精卫：《满洲立宪与国民革命》，《民报》第八册，第 70 页。

③ 《东方杂志》第五年第三期。

④ 《江西》第二、三期合刊。

三者的差异：“古者，各君其国，各子其民，地方数千里，诸侯得此以削弱王权。今之督抚，自官制改革，财赋兵戎，悉受节制于内部。而地方自治，则令得自为设置。是以众建屏藩之制，行之中央集权之国，其究极则使民不相安，征调无度。”①该文称：“有自治之国民，斯有独立之国家，有独立之国家，何患无自由之宪政”，“地方自治，代议制之先声”。这实为一篇近代宪政观指导下的新“封建论”。

孙中山于民国初年也多次提出地方自治问题。1916 年 7 月 17 日孙中山在上海演说，题目即为《地方自治者 国之础石》②，展现了具有现代意义的分权、自治观念。

处于北洋军阀混战时期的李剑农，在《太平洋》③杂志发表多篇文章，论及民国统一问题，倡言“联邦制”④，认为“中华民国统一的进行程序，以制定联邦宪法为起点，以废督裁兵为止境”，指出“联省自治”四字已成空言。⑤ 这类议论，都可以看做古来“封建论”的继续，但却已经注入近代政治内容。

五、“封建”有益思想学术创发论

前述古今思想者品评“封建”的长短得失，多从政治架构着眼，尤其从“分治—统合”这两种政制给国家治理带来的利弊加以判断，这可以称之为政治视角的“封建论”，柳宗元的名篇《封建论》为其代表。也有哲人议论“封建”，眼光投向思想文化领域，清人袁枚即在这方面另辟门径。袁氏指出，“封建制”政治多元，使各类人才获得生存空间，诸种学术亦获得拓展天地。他以孔子为例，认为圣人不可

---

① 《江西》第二、三期合刊。

② 《孙中山文集》上，团结出版社 1997 年版，第 516~522 页。

③ 《太平洋》杂志不易得见，武汉大学肖致治教授将早年抄录的该刊中李剑农文章，转示笔者，在此特向肖先生致谢。

④ 见李剑农《民国统一问题》篇一、篇二，《太平洋》杂志第一卷第八号、第九号，1917 年。

⑤ 见李剑农《民国统一问题》篇三，《太平洋》杂志第三卷第七号，1922 年。

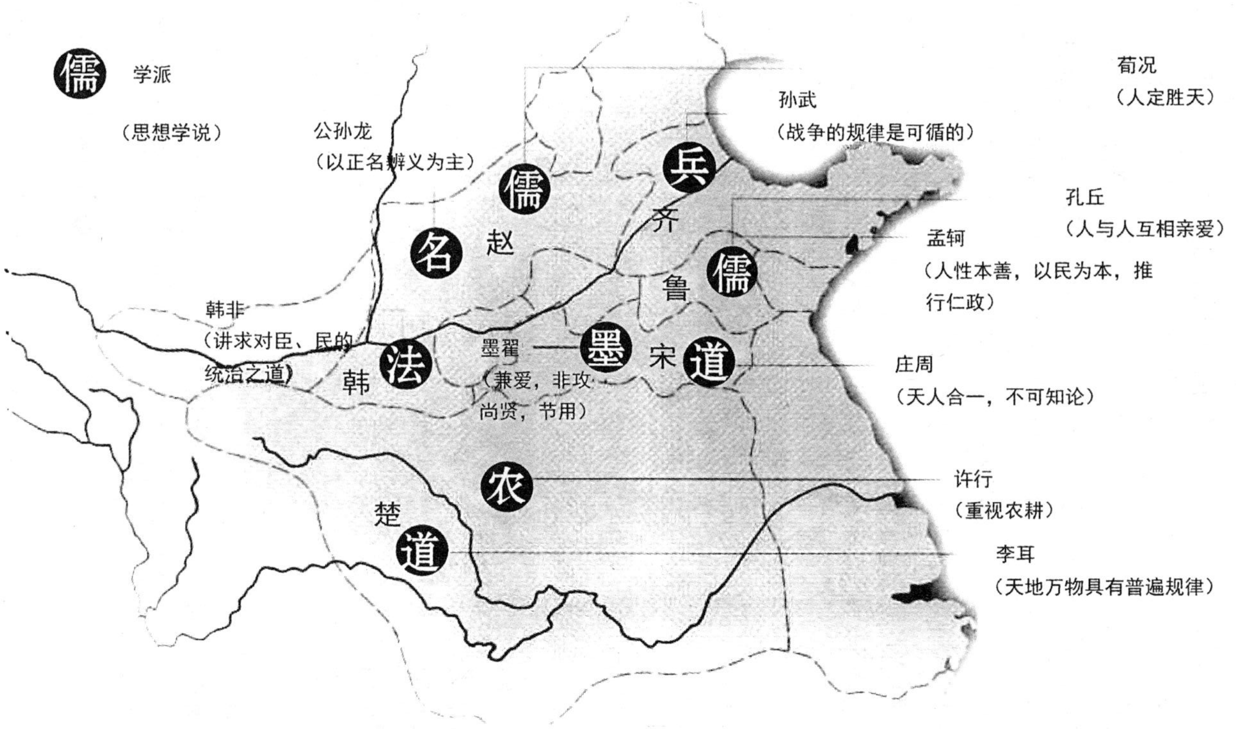

春秋战国学派图

（选自《中华文明传真》3，上海辞书出版社、香港商务印书馆2001年版，第99页）

能在思想一统的郡县制、科举制条件下生发、舒展，其学说的光大弘扬，得益于晚周列国并立的“封建”格局。

> 孔(子)赖有封建，然后栖栖皇皇，之卫、之齐、之陈蔡、之梁、之宋、之滕，几几乎有可行之势，而诸侯敬，子弟从，则声名愈大，千万年后，犹知遵奉为师。使圣人生于郡县之世，三试明经不第，则局促于一邦，姓氏湮沉，亦遁世无闷已耳，安见其有以自立于天下耶？①

此乃精彩的文化视角的“封建论”。

清末以下，不乏持袁枚这等识见者，如近人戴季陶说：

> 周之制度，封建制度也。……中国文明之发达，至于周已阅千有余年矣。然发达之最盛者，则为周。周以后则浸微矣。汉之学术，多为穿凿。唐之学术，多为铺张。宋之学术，多为空迂。……而周代文明所以发达如彼之甚者，则以中央无专横之政，地方之[有]自由之权。竞争盛而进步亦速。……故孔孟与乎诸子百家有，所以先后皆产生于是时者，非孔孟与诸子百家有天生之聪明……时代之产物也。②

应当指出的是，戴季陶并非封建制的推崇者，但他认识到“封建”虽不利于国家统一，却为思想学术的自由发展提供了较为宽松的环境。戴氏指出：“封建非良制度也”，然因其分权，“实有足助社会文化个人身心之发达者”。反之，中央集权制度“于社会文化个人身心之发达实多阻碍”③。因此戴氏得出结论：

---

① 袁枚：《再书封建论后》，《小仓山房文集》卷二一。

② 《戴季陶集》，华中师范大学出版社1990年版，第765~766页。

③ 《戴季陶集》，华中师范大学出版社1990年版，第766页。

> 是故中国文化之发达，由于地方分权；而文化之退步，由于中央集权。①

哲学史家冯友兰持有与袁枚、戴季陶略同之见。对于上古封建时代学术繁荣的原因，冯友兰引述古典加以解释——《汉书·艺文志》“时君世主，好恶殊方”；《庄子·天下篇》“天下之人各为其所欲焉以自为方”。冯氏进一步概括道：

> 上古时代哲学之发达，因于当时思想言论之自由，而其思想言论之所以能自由，则因为当时为一大解放时代，一大过渡时代也。②

冯氏指出，秦汉以下专制一统，“言论思想极端自由之空气于是亡矣”。③

袁枚、戴季陶、冯友兰之议，陈述了“封建制度”的分权形势有利于思想文化多元发展的情形，这在中国历史上不乏实例。如战国时的孟子，“后车数十乘，从者数百人，以传食于诸侯”④。先秦其他诸子，也都只能在封建制提供的多元、宽松的社会条件下滋生发展。墨子“平生足迹所及，则尝北之齐，西使卫，又屡游楚”⑤。战国涌现“九流”（儒、墨、道、名、法、阴阳、农、纵横、杂家）、“十家”（“九流”加小说家），而且各家内部又有分野，韩非子称“儒分为八，墨离为三”，诸派别各从不同的学术立场出发，提出异彩纷呈的治国

① 《戴季陶集》，华中师范大学出版社 1990 年版，第 766 页。

② 冯友兰：《中国古代哲学之政治社会的背景》，《三松堂学术文集》，北京大学出版社 1984 年版。

③ 冯友兰：《中国古代哲学之政治社会的背景》，《三松堂学术文集》，北京大学出版社 1984 年版。

④ 《孟子·滕文公下》。

⑤ 孙诒让：《墨子后语上·墨子传略》，《墨子间诂》，上海书店 1986 年版，第 40 页。

平天下方略，乃至各种宇宙观、人生论，呈现“处士横议”①的格局。而舆论一律的秦汉、多有“文字狱”发生的明清，断无绚烂多姿的百家之学的生成环境。以汉代为例，武帝削夺淮南王刘安、衡山王刘赐时，逮捕二王的宾客党羽，牵连致死数万人。与此同时，朝廷兴太学、举孝廉，“征天下举方正贤良文学材力之士，待以不次之位”②，文士只能歌功颂德，“润色鸿业”，“封建时代”那种“诸侯异政，百家异说”③的众议竞鸣格局不复存在。袁枚、戴季陶从文化史角度肯认“封建”之“分”导致的学术多元发展，自有一番道理。

“封建制”提供了思想学术较为宽松的运行空间，以《孟子》文本为例，内有“不仁哉梁惠王”之批评，有“民之憔悴于虐政”的呼喊，更有猛烈抨击暴君、发扬“民贵君轻”的言论，这些说论只能在政治多元的“封建时代”得以张扬，而在专制一统时代，则为集权君主所不喜甚至仇视。如明太祖朱元璋曾令人删节《孟子》文本中多个阐发民本思想的条目，彭孙贻在《明史纪事本末补》卷一中称：

> 洪武二十三年十月，(洪武帝)命修《孟子节文》，凡不以尊君为主，如谏不听则易位，君为轻之类，皆删去。

容肇祖《明太祖的〈孟子节文〉》详述“今北平图书馆藏”洪武二十七年刊《孟子节文》所删八十五条，将这些所删内容归纳为：“尊民抑君之禁止也”；“人民批评统治阶级之禁止也”；“人民批评政治之禁止也”；“人民反对苛敛之禁止也”；“反对内战之论禁止也”；“谴责官僚政治之禁止也”；“败坏善良风俗，当由君主负责之说之禁止也”；“抨击虚伪，亦在不能许可之列矣”。④

---

①　《孟子·滕文公下》。

②　《汉书·东方朔传》。

③　《荀子·解蔽》。

④　见容肇祖《明太祖的〈孟子节文〉》，《读书与出版》第二卷第四期，上海生活书店 1947 年刊。

黄宗羲、顾炎武、袁枚、冯桂芬、俞樾、戴季陶、冯友兰等学人发掘“封建”的正面价值，大不同于李斯、贾谊、柳宗元、苏东坡、范祖禹、王夫之、魏源、毛泽东等揭示“封建”流弊的议论。两种封建论，各有华彩，皆能启人心智，此为“转换视角则价值多元”的良例。

综观秦汉、魏晋、唐宋以至近现代，褒贬扬抑“封建”的论争从未止歇，表明“封建制”所代表的分权以至分裂倾向，与“郡县制”所代表的集权、统一倾向，是秦以下两千年间政制之争的焦点，而总的发展趋势是分权、分裂的“封建”逐渐退隐，集权、统一的“郡县”愈益强化。不过，诸先哲议论“封建”，虽然切入点不一、命意有别，却全都在“封土建国”“等级封授”意义(及其引申义——“分权”)上使用“封建”一名，并无曲解。因而古来的“封建”辩议，其论点、论据可以异见纷呈，甚至截然对立，却做到了名相的贯通一致，故种种“一偏之见”皆言之成理，各类“相反之论”均能垂之久远。①

第三节　《文献通考》及其续编的《封建考》

> 三代封国，后世郡县，时也；因时制宜，以便其民，顺也。古之法不可用于今，犹今之法不可用于古也。
>
> ——(宋)范祖禹：《唐鉴》卷四

秦汉至明清，朝野“封建”评议此起彼伏，成为政论的重要一支。与此相并行，史家也记载封建故实。如《周礼》述“封国之制”，论及其地官大司徒的职守“制其畿疆而沟封之”，并规定各等级贵族的封

① “一偏之见”“相反之论”命题，见黄宗羲《明儒学案·发凡》：“此编所列，有一偏之见，有相反之论，学者于其不同处，正宜着眼理会，所谓一本而万殊也。以水济水，岂是学问。”

地面积："诸公之地封疆方五百里""诸侯之地封疆方四百里""诸伯之地封疆方三百里""诸子之地封疆方二百里""诸男之地封疆方一百里"。成书于战国的《周礼》，描绘了一幅理想化、规范化的西周封建制的典章系统。

又如《礼记》，其《王制》篇论列"天子—诸侯—大夫"在政治、经济(土地占有等)、军事、祭祀诸领域中的封建等级规范，并议及封邦建国的领地规模，所谓"天子之田方千里，公侯田方百里，伯七十里，子男五十里。不能五十里，不合于天子，附于诸侯，曰附庸"，又论及"九州建国之法"。

三如东汉班固撰《白虎通义》，涉及古代社会生活、政治制度等方面，"封建"是其考订的重要内容。他认为天子的爵位"受之于天，不受之于人"①，以下的爵位由天子赐予。爵位分两个系统：一是公、侯、伯、子、男的诸侯系统；二是公、卿、大夫的官僚系统。《白虎通义》所列"天子为爵称""制爵五等三等之异""妇人无爵""诸侯袭爵""天子诸侯爵称之异""封诸侯""封诸侯制土之等""封诸侯亲贤之义""夏封诸侯""建国"等目，皆关涉封建制度。②

四如宋李昉等辑《太平御览》，设《封建部》五卷，博引此前类书及《周礼》《史记》《汉书》《东观汉记》诸古籍，列"叙封建""爵""异姓王封""公封""侯封""伯封""子封""男封""同姓封""外戚封""以公相封""功臣封""德行封""讨乱定策封""奉使封""尊贤继绝封""死王事子孙封""异域降封""杂恩泽封""杂名号封""宦者封""逊让""诛贬""妇人封"及"夫人""郡君""县君""乡君"等专目，陈述"封建"界说及历代各种"封建"状态。③

关于封建最为系统、翔实的记述评析，当见于典章制度的渊薮——《文献通考》及其几种续编的《封建考》。

① 《白虎通义·三正》。

② 参见《白虎通疏证》上，卷一~卷四，中华书局 1999 年版。

③ 见《太平御览》卷一九八~卷二〇二。

一、《文献通考·封建考》

宋元之际史家马端临(字贵舆)，在故乡江西饶州历二十余年撰成的《文献通考》三百四十八卷①，与唐人杜佑(字君卿)所编撰的《通典》、南宋郑樵(号夹漈)所编撰的《通志》合称"三通"。《通典》与《通考》为汇集、考释典章制度的巨作，而郑樵的《通志》，系上古至宋的通史，然其"二十略"为典志名篇，前人据此将《通志》与《通典》《通考》相并列，称之典章制度"三通"。

马端临《文献通考》直承杜佑的《通典》，《宋元学案》称其"自唐虞至南宋，补杜佑《通典》之阙"。杜氏《通典》所述，自上古以迄唐代天宝年间，并延及肃宗、代宗时期，分食货、选举、职官、礼、乐、兵刑、州郡、边防八门。马氏《文献通考》对天宝以前的记述详于《通典》，天宝以后讫于南宋宁宗的四百余年更有具体细致的述列。清人有评论曰："马端临仿杜氏成规，离析其门类，增广其阙略，撰《文献通考》。"②明清及民国又有《通考》续作，如明万历间的《续文献通考》(清乾隆间有修订本，又称《钦定续文献通考》)，清乾隆间的《皇朝文献通考》(又名《清文献通考》)，民国初年的《皇朝续文献通考》(又名《清续文献通考》)，将典章制度的记述延至明代及清代。这些《通考》共同汇聚为"三代"以讫清末各项典章制度之渊薮。

(一)集"封建"考释之大成

研讨封建制，需求诸于四部《通考》，尤其是马端临的《文献通考》。当然，以今人眼光观之，《文献通考》的《封建考》及诸续编的《封建考》虽然有系统、完整之长处，亦有考订欠精深之处，采用时还需再行辨析。

《文献通考》有三百四十八卷，分二十四类(田赋、钱币、户口、

---

① 见《景印文渊阁四库全书》第六〇一～六一五册，史部政书类，台湾商务印书馆发行。

② 《钦定续文献通考》凡例八则，《景印文渊阁四库全书》第六二六册，台湾商务印书馆发行，第6页。

皇朝續文獻通考序
古者六典八法掌於太史周衰道微史官失其世守著述
之權移於私家而皇宬儲藏不獲徧覩傳聞所及遂致踳
駮失實亦其勢然也獨杜君卿鄭夾漈馬貴與之倫以閎
世大儒席先業窮老譔述復得師友之助故所傳通典通
志通考諸書體大思精用備千古政事之史何其偉哉顧
通考自貫與創作後迨我朝　高宗純皇帝始命館臣采
元明政典踵事增輯又詔自開國迄乾隆乙巳依彙纂修
成　皇朝通考三百卷開館修書集羣力以蕆事制雖近
古然視貴與諸儒成於私家者難易固自有殊也更世嬗
變迄今又百數十年矣禮樂崩壞文獻無徵學者憫焉吳
興劉徵如學士嗜古能文章早歲通籍諳歷代掌故摭拾
鈔纂於是有續　皇朝文獻通考之輯既成書經進蒙
今上溫詔褒嘉而學士顧欿然以爲未備續以近年庋疏
所得從事增纂益釐定體例廣列部居務斷於至善余故
與君仍世友好頃年偶游青島每過君寓齋鉛槧填委鈔
胥三四輩埋首几案閒恆昕夕不休余以是服君用力之
顯爲不可及昔　聖祖仁皇帝嘗論爲學以決定不移勇
猛精進貞常永固三言垂爲庭訓學士遺世孤往與賢子
翰怡京卿斷斷以名節相勵畸行卓操上契　主知又能
究心國故窮年蒐討可謂有決定之志精進之心矣更以
貞固之道持之博考詳稽裁抉精審異日書成寫定必能
抗希前哲津逮後學可斷言也獨念辛亥以來吾儕躬遇
世變蒿目傷懷又安得寬閒歲月從事不朽盛業如君者
哉烏乎我朝開國　隆恩遐澤三百年間賢聖之君六七
作王制之善備於康乾咸同以降崇極而圮海禁棣通談
時務者疚心外侮以爲固守成法不足持世變朝埜奮勵
爭言新政宜若可以圖强然自變法令下士論紛紜庶政
愈益窳敗始恍然於　祖宗成憲未可驟更而禍患之來
遂不可遏已學士是書爲部三十爲目百三十有六始乾
隆丙午迄宣統辛亥爲卷四百網羅攷訂一朝典章制度
燦然大備而於新舊蛻嬗之際尤三致意增立憲政諸門
詳具源委蓋有深痛世之讀是書者推闡我朝立國之本
及　列聖創法之意與夫後之因革變遷必有憬然於治
亂興衰之故深曠太息而不能自已者撥亂世而反之正
抑將有取於茲焉乙卯春日元和陸潤庠

《皇朝续文献通考序》书影

清人陆润庠作序，品评杜佑《通典》、郑樵《通志》、马端临《通考》及《皇朝续文献通考》在典章制度之学方面的贡献。

职役、征榷、市籴、土贡、国用、选举、学校、职官、郊社、宗庙、王礼、乐、兵、刑、经籍、帝系、封建、象纬、物异、舆地、四裔)，类各有考，《封建考》为其中之一。汉人《白虎通义》论封建尚粗略；唐人杜佑《通典》将关于“封建”的内容分散在各门中叙述；宋人李昉等辑《太平御览》的《封建部》五卷，作关于“封建”的专题陈述，但尚未按历史时代系统论列，到了马端临《文献通考》列《封建考》十八卷，则逐代详述，成为考释“封建”的一大“信息库”。

对于“三代”以来实行的“封建制”，马端临持一种理性的、历史主义的态度。在《文献通考》自序中，马氏称井田、封建之制系“古之帝王未尝以天下自弘之故也”，而秦废“三代”之制，是“以宇内自私，一人独运于其上”，这种说法显然承袭了宋代理学家的道德价值观，从“公—私”之辨角度对“封建—郡县”作出评判，似乎景仰“三代”“封建”，批评秦的废“封建”，但马氏决非迂腐之儒，他从中国历史的具体演进中洞察到“复井田封建”绝无可能，从而与那种一味美化井田、封建的“书生之论”划清了界限。

> 三代以上田产非庶人所得私也，秦废井田而始捐田产以予百姓矣，秦于其当与者取之，所当取者与之，然沿袭既久，反古实难，欲复封建，是自割裂其土宇，以启纷争；欲复井田，是强夺民之田亩以召怨仇，书生之论所以不可行也。①

马氏在回顾列朝实行“封建制”的具体情形，并总结其经验教训之后，对历代论者或褒封建（如王绾、陆士衡）或贬封建（如李斯、柳宗元）的评议，取兼收并蓄，且不偏废的态度。

> 封建之得失不可复议，而王绾、李斯、陆士衡、柳宗元所论之是非，亦不可得而偏废矣。②

正是从这种平允的态度出发，马氏在《文献通考·封建考》中，客观而周详地记述了“封建制”的诸种历史形态，为后人认识此制提供了较为完备、系统的材料。

---

① 《文献通考》卷二六〇，《景印文渊阁四库全书》第六一〇册，第9页。

② 《文献通考》卷二六〇，《景印文渊阁四库全书》第六一〇册，第22页。

(二)“封建”起始考

《尚书》《史记》等将“封建制”之起始推原至黄帝及尧舜禹时期，而马氏对此持怀疑态度。在引用古典关于“禹涂山之会号称万国，汤受命时凡三千国”的记载后，马氏认为此时之“万国”“千国”，与周代诸侯视封内为己物的情况大不一样，故禹、汤的分国与后世的“封建”是不能相混同的。在《文献通考》的自序中，马氏将“封建”的起始视为无从考据的荒渺古事——

> 封建莫知其所从始也。①

《文献通考》卷二六〇《封建考一》略述传说中的黄帝、炎帝时的“诸侯相侵”及舜帝巡守事迹后，再次申述以上结论，并加以评述：

> 封建莫知其所从始也。三代以前事迹不可考，召会征讨之事见于《史记》，黄帝巡守朝觐之事见于虞书、舜典，故摭其所纪以为事始。②

马氏对“封建”起始于黄帝、舜帝，明显抱保留态度，将《尚书》《史记》的相关记载，称之为“不可考”。《封建考一》(《上古至周封建之制》)虽载录《尚书》《史记》的相关文字，却只是聊备一格，不作信史看待。此外，《左传》也有禹会诸侯于涂山之说，马氏引述后，举王安石的评语：“禹会诸侯执玉帛者万国，此左氏之妄也。”③马氏又举宋人杨时与朱熹之说，以及自己的父亲、曾任南宋丞相的马廷鸾之说：周以前的“万国”“多邦”，大不同于西周的分封诸侯。④ 总之，

① 《文献通考》卷二六〇，《景印文渊阁四库全书》第六一〇册，第21页。

② 《文献通考》卷二六〇，《文献通考》自序，《景印文渊阁四库全书》第六一五册，第178页。

③ 《文献通考》卷二六〇，《景印文渊阁四库全书》第六一五册，第178页。

④ 《文献通考》卷二六〇，《景印文渊阁四库全书》第六一五册，第179~181页。

马端临虽未否定黄帝及舜、禹“封建诸侯”之说，但一再指出其“不可考”。

在马氏看来，商代“封建”较为可信，但因缺乏史料(当时殷墟甲骨文尚未现世)，他并未具论商代封建的情形，而借引述前人之议，指认周代的“侯甸、男邦、采卫”之制是“周因商礼”。① 马端临的“封建”起始说，相当谨慎，并未明指，但从文气看，似约略定在商代。而今之考古学的成果证明，商制中已有封建内容，周初的大分封，是对商制的继承与发展，从而印证了八百年前的马氏之说。

(三)西周“封建”考

《封建考一》略述商汤存国三千之后，论及周武王灭纣，“定五等之封，凡千七百七十三国，又减汤时千三百国”②，续述周代封建承商制而来。马氏所说“五等之封”，指按公、侯、伯、子、男五等爵分封，这是后儒对周初封建的一种理想化表述，其实当时并无级次井然的五等爵序列。马氏虽沿用“五等之封”的说法，却并未具论周初所谓五等爵，而是依据《礼记·王制》《周礼》等古典的记载，陈述分封状况。

《封建考二》(《周封建之制》)论述“五等之侯”“九州之伯”皆“夹辅周室”，列举“诸侯命服之制”：侯伯的宫室、车旗、衣服、礼仪皆等级分明，不同级别的贵族所执圭的尺寸长短各异，马饰服色殊别，车乘数量不一；还列举“诸侯立军之制”，不同等级的诸侯国拥兵量相异：大国三军(三万七千五百人)、次国二军(二万五千人)、小国一军(一万二千五百人)。还列举“诸侯建官之制”“朝聘巡守赏罚之制”等。该文还记述了“天子适诸侯曰巡守，诸侯朝于天子曰述职”的具体做法。其中，“朝聘巡守赏罚之制”是周王室维护并强化等级名分的措施，西周能保持“礼乐征伐自天子出”的格局，得益于此制(其前提是周王室拥有强大的军队，如周官大司马主六军，而大国三军，不得过天子之半)，至东周则变为“礼乐征伐自诸侯出”乃至“陪臣执

① 《文献通考》卷二六〇，《景印文渊阁四库全书》第六一五册，第191页。
② 《文献通考》卷二六〇，《景印文渊阁四库全书》第六一五册，第178页。

国命”，则是此制废弛的结果(其背景是周王室军权、财权的丧失)。

《封建考二》列有自古以来直至周初的诸侯之名，包括“三皇以来至殷末周初诸侯之见于经传者”(从共工氏、蚩尤氏、有苗氏到契、稷)，“周成王以后春秋以前诸侯之见于经传者”(彤、密、邶、桧、韩等亡于春秋以前的诸侯，鲁、郑、祭、卫、西虢、随、晋、滕等姬姓诸侯，宋、邾、宿、莒、陈、杞、徐、秦等异姓诸侯，还有存姓不存爵、姓爵均不存的)。如果说前一类系传说，并非真正意义上的诸侯，那么后一类则可视为周初分封的大名单，可考、可信度较高。

(四)春秋战国“封建考”

晚周的“封建”状况复杂，文献记述又较详细。马端临以《封建考三》《封建考四》《封建考五》三卷的篇幅论列“春秋列国传授本末事迹”。首述吴，次述齐，三述鲁，四述燕，以下春秋十二国、战国七雄均有陈述。从建国之始讲到灭国，并列举各代诸侯。马氏还作按对内容有所交代：春秋十二列国、战国七雄，《史记》均有《世家》详载，邾、莒、许、滕、薛等国小，《史记》未列《世家》，《封建考》据《左传》等书所记，仿世家体例备述于后。①《封建考三》的后部、《封建考四》《封建考五》便是这些小国的微型“世家”系列。值得注意的是，《封建考五》首列“周”，这非指整个周朝，而是指周初“大封建”的“姬姓公爵国”。马氏记述：“在王畿内扶风雍县，唐改为天兴。成王封周公于鲁，周公元子伯禽就封于鲁，次子留相王室，代为周公。”此一历代周公的封国，当与其他诸侯国并列。

此外，《封建考》将戎、狄等北方游牧族纳入“封建”行列，并以较大篇幅述及戎、狄与齐、晋、卫、郑、秦等北方诸侯国的交互关系。事实上，两周时期王室及诸侯国与戎、狄间尚未形成“封建”授受关系。朝廷对周边少数民族乃至境外属国实行“封建”，是汉唐之后各朝的做法，《文献通考》是借“近古”之制的名称表述“上古”的华夷关系。

---

① 《文献通考》卷二六〇，《景印文渊阁四库全书》第六一五册，第212页。

（五）秦楚之际及西汉"封建"考

《文献通考·封建考六》首述秦的"封建制"：封爵二十等以赏有战功者，一为食县或食乡的彻侯；一为虽有封号却无国，留居京畿的关内侯。至于皇家子弟，始皇帝采纳廷尉李斯建策，不封王国。

秦末兵起，自立者六国，《文献通考·封建考六》一一陈列：楚（陈胜起兵，自立为王，号"张楚"；项梁、项羽立楚后为楚怀王，后项羽自立为王。以上皆在"楚"名之下）、赵、燕、齐、魏、韩（此皆旧六国贵族所立）。项羽自号"西楚霸王"，又封诸将为王，凡十四国：楚、雍、塞、翟、河南、殷、常山、九江、衡山、临江、燕、齐、济北、韩（《史记》所载为十八国）。

西汉初，刘邦先封异姓王，继封同姓王。《封建考六》一一列举："高帝所立异姓诸侯王凡八国"：韩、赵、梁、淮南、齐、燕、长沙、闽粤，又有南越王自立。除闽粤王、南越王因地处偏远，传八九十年外，余皆灭国。淮南王英布、齐王韩信（韩信后又改封为楚王，被废前的封号淮阴侯）、梁王彭越等均在高祖时期被诛杀或废黜。"吕后立异姓吕氏王及所名孝惠子王凡八国"，吕姓王史称"诸吕"，吕后崩，诸吕被诛废。"高帝昆弟子孙为王者凡二十国"，其中楚、代（代王因被匈奴攻而弃国，废为侯，其子濞因战功立为吴王）、齐、济南、甾川、胶东、胶西因景帝时发动或参加反叛朝廷"吴楚七国之乱"，被诛、除国。

近人吕思勉称，秦以下有过"封建"的"四次大反动"，前二为：第一次是秦楚之际项羽分封；第二次是汉高祖先封异姓七国，取消后又封同姓九国，终于酿成景帝时的吴楚七国之乱，至武帝行"推恩令"，封国名存实亡。① 其中汉初朝廷相继与异姓王、同姓王的争斗最为惊心动魄，《封建考六》记述也较为详尽。

汉武帝采纳主父偃之议实行"推恩令"，要求诸侯王在封国内再分封余子为侯，称"王子侯"，《文献通考·封建考七》载有"西汉王子

① 参见吕思勉《中国制度史》，上海教育出版社 1985 年版，第 435～437 页。

侯”名录。

西汉初还曾封异姓王，随即废止，以后“非刘氏不王”，有功者封侯，或称“列侯”。《文献通考·封建考八》载有“西汉功臣侯”名录。

《文献通考·封建考九》载有“后汉王侯”；《文献通考·封建考十》载有“东汉列侯”、“功臣侯”(所封多为中兴功臣夙将，外有班超因出使西域而封定远侯)名录；还有“外戚侯”“宦者侯”名录。马氏按曰，东汉“自世祖至献帝十三传，凡二百年间，以功勋位望封侯者才一百二十九人，外戚四十一人，宦者六十五人”，东汉外戚专权、宦官干政亦可由此看出。

分封是一种权力与利益的分配，而未被分封则意味着惩罚可能将至，故施恩、惩处间仅一纸之隔，未受封者存在着铤而走险、起而反叛的可能。《文献通考·封建考八》引《史记·留侯世家》中的一段故事：高帝五年(前202年)，封功臣曹参等为通侯，但未得行封者多人，日夜争功不决，从洛阳南宫望去，诸将坐在道边沙地，不肯散去，高祖刘邦问留侯张良怎么回事，于是有以下对话：

> 留侯曰：“陛下不知乎？此谋反耳。”上曰：“天下属安定，何故反乎？”留侯曰：“陛下起布衣，以此属取天下，今陛下为天子，而所封皆肖、曹故人所亲爱，而所诛者皆生平所仇怨。今军吏计功，以天下不足遍封，此属畏陛下不能尽封，恐又见疑平生过失及诛，故即相聚谋反耳。”①

刘邦很吃惊，请张良出主意，张良提议封平日最厌恶却又有战功者，刘邦便置酒封“尝数辱我”而又“功多”的雍齿为“什邡侯”。“群臣罢酒，皆喜曰‘雍齿尚为侯，我属无患矣！’”②一场可能发生的谋

① 《史记·留侯世家》。又见《文献通考·封建考八》，《景印文渊阁四库全书》第六一五册，第332页，文字稍有差异。

② 《景印文渊阁四库全书》第六一五册，第332页。

反遂平息下来。

(六)汉至隋分封王侯考

《文献通考·封建考十一》以下四卷，载东汉至隋各朝“封建”情状。

《封建考十一·魏封建诸侯王》引述史籍，评魏之“封建”“尊尊之法虽明，亲亲之道未备”。《封建考十二·晋诸侯王列侯》，议及长沙王、成都王、河间王等“八王之乱”，刘宏所谓“骨肉之祸，未有如今者”。

《封建考十三·宋齐梁陈诸侯王列侯》，马氏按曰：“自汉景武始裁抑诸侯王，虽受封连城，而不得以擅其土地甲兵，至东汉诸侯王唯得衣食其邑入而已，曹魏则并邑入，亦鲜薄猜防尤甚，卒以速亡。晋宋齐梁之制，诸王皆出为都督刺史，星罗棋布，各据强藩”，因此“后儒所以疑封建之不可行，有由矣！”①

《封建考十四·后魏诸侯王列侯》，马氏按曰：“当时五等之爵多为虚封。”显然后魏汲取了两晋实封招乱的教训。《封建考十五·齐周隋诸侯王列侯》，述及齐、周仿晋之实封，王侯迭相残杀，至隋，此种态势稍敛。

(七)唐宋“封建”考

《封建考十六》以下四卷，载唐宋“封建”情形，一些关键问题有精要点评。

《封建考十六·唐诸王》开篇言：“唐高祖受禅，以天下未定，广封宗室以威天下，皇从弟及侄，年始孩童者数十人，皆封为郡王。”这便是唐初“大封建”。唐太宗李世民尚为秦王时，因诛除长兄太子建成，得登帝位，登基后举行廷议，讨论“封建”问题：

> (太宗)问侍臣曰：“封宗子于天下便乎?”尚书右仆射封德彝对曰：“不便。历观往古封王者，今日最多。两汉以降唯封帝子及亲兄弟，若宗室疏远者，非有大功，如周之郇滕，如汉之贾

① 《景印文渊阁四库全书》第六一五册，第411页。

> 泽，并不得滥叨名器，所以别亲疏也……”太宗曰：“然，朕理天下，本为百姓，非欲劳百姓以养己之亲也。”于是率以属疏降爵，唯有功者数人得王，余并封为县公。①

唐太宗似乎接受了封德彝有关宗室不实封之议，然而，贞观二年，太宗出于“欲使子孙长久，社稷永固”的念想，在宋国公萧瑀的鼓动下，“始议永封列土之制”。礼部侍郎李百药、中书侍郎颜师古、监察御史马周纷纷呈文，委婉劝止，而唐太宗还是在贞观十一年颁诏“设官司以制海内，建藩屏以辅王室”，并以荆王任荆州都督、汉王任凉州都督……郑王任郑州刺史、霍王任绛州刺史等，且“其所署刺史，咸令子孙世世承袭”②。同年又以功臣为刺史，并封国公，如封长孙无忌为赵国公、房玄龄为梁国公、杜如晦为莱国公、李靖为卫国公。③然长孙无忌、房玄龄等上表推辞。④

唐太宗何以如此迷恋“封建”？马端临引述《文中子·后序》，对此有所解答——太宗尝读《周官》，叹曰：“不井田、不封建，不足以法三代之治。”⑤太宗认为群臣往昔劝阻实行“封建”是不理解他这个“英主之美意”，使生民不得复见三代之治，故马氏称唐太宗为“好名之主”。⑥不过，以太宗之英明，毕竟能“审时量己”，“故刺史世袭之诏，不久而遂停”。

有鉴于唐初围绕“封建”的曲折，马氏说：

> 夫封建者，古帝王所以建万世之长策。今其公心良法一不复存，而顾强希其美名以行之，上则不利于君，中则不利于臣，下则不利于民，而方追咎其不能力行，此书生之论，所以不能通古今之变也。⑦

①②③⑤⑥⑦ 《景印文渊阁四库全书》第六一五册，第462、465、466～467、469页。

④ 参见《旧唐书·长孙无忌传》。

《封建考十七·唐诸王》有一值得注意之处，是将“唐天宝以后藩镇”及“唐末藩镇”列入“封建”，这在体例上是一种创新，而从内容而言，又是恰如其分的。对此马氏按曰：“唐自中叶以来，皇子弟之封王者，不出阁；诸臣之封公侯者，不世袭。封建之制已尽废矣。至肃代而后，则强藩私其土地甲兵，而世守之，同于列国，故取《唐书·藩镇传》，述诸镇传授之次第，以继诸王之后。”①这些身任节度使的藩镇，“以良将劲兵为衔策，高位美爵，充饱其肠，安而不挠，外而不拘，犹豢虎狼”，他们都统领数州，传数姓或一姓数代。如魏博据七州，传五姓；卢龙据九州，传八姓；淄青据十二州，一姓四传。至唐末，“宇内皆为节镇。而所谓节镇者，非士卒杀主帅，则盗贼逐牧守，朝廷不能讨，因而命之，大概皆欲互相吞噬，广自封殖，以为子孙传袭之”②。《封建考十八》简列“五代诸王”，述及“宋诸王”：

> 至宋则皇子之为王者，封爵仅止其身，而子孙无问嫡庶，不过承荫入仕为环卫官，廉车节钺，以序而迁，如庶姓贵官荫子入仕之例，必须历任年深，齿德稍尊，方特封以王爵；而其祖父所受之爵，则不袭也。③

宋代“封爵仅止其身”，从而与世袭封建制的贵族政治相揖别。

（八）对历代“封建论”的评析

马端临不仅系统陈述“三代”以下直至两宋的“封建”实态，而且对历代的“封建论”加以评析。《文献通考·封建考》从秦廷王绾—李斯之辩说起，认为自此“诸儒之论封建郡县者，历千百年，而未有定说，其论之最精当者，如陆士衡、曹元首，则主王绾者也；李百药、柳宗元，则主李斯者也。二说互相排诋，而其所发明者，不过公与私而已”。马氏将历代“封建”之辩归结为“公私之

① 《景印文渊阁四库全书》第六一五册，第485页。
② 《景印文渊阁四库全书》第六一五册，第495页。
③ 《景印文渊阁四库全书》第六一五册，第508页。

辩”，自有一番道理。

> 曹与陆之说曰，唐虞三代，公天下以封建诸侯，故享祚长，秦私天下，以为郡县，故传代促。柳则反之曰，秦公天下者也。眉山苏氏又从而助之曰，封建者，争之端，乱之始，篡杀之祸，莫不由之，李斯之论，当为万世法。

除了对古来两种“封建论”持议平正外，马氏更用力于阐发柳宗元、苏轼“封建论”的现实价值，并对贬抑柳、苏之论作出回应：

> 世之醇儒，力诋之，以为二氏以反理之评，诡道之辨，而妄议圣人。然则后之立论者，宜何从，以封建为非邪，是帝王之法，所以祸天下后世也；以封建为是邪，则柳苏二子之论，其剖析利害，指陈得失，莫不切当，不可废也。

柳宗元、苏轼的“封建论”，揭示了晚周以降实行“封建制”的弊害、推进“郡县制”的益处，就秦汉以下各朝各代治国平天下的大计而言，这些都是切当而不可废之论。但马氏并没有一味肯认柳、苏之论，而是从另外的一个视角，对历代“封建论”作出评断：

> 愚尝因诸家公私之论，而折衷之曰：封建郡县皆所以分土治人，未容遽曰此公而彼私也，然必有公天下之心，然后能行封建，否则莫如郡县。无公天下之心，而欲行封建，是授之以作乱之具也。呜呼，封建之难行久矣。

马氏先从道德评判入手，对王绾、陆士衡、曹元首与李斯、柳宗元、苏轼所分别代表的两种“封建论”给予公允的评断，继而从历史功能视角，肯定李斯、柳宗元、苏轼推崇郡县制的现实价值，显示了以历史主义眼光评断重大悬疑问题的特有魅力。

二、诸续编的《封建考》

马端临《文献通考》之后，代有续纂，而各种续编《通考》皆列《封建考》，其所载记延及清末。

(一)《通考》之续编

马端临《文献通考》的记述讫于南宋宁宗。明人王圻有后继之编，这便是万历十三年(1585年)撰成的《续文献通考》二百五十四卷，所载与《文献通考》相衔接，上起南宋宁宗嘉定年间，下讫明万历初年。《续文献通考》沿袭《文献通考》二十四门，又增节义、谥法、六书、道统、氏族、方外，共三十门，其中《封建考》四卷。

清中叶，嵇璜、曹仁虎奉敕将王圻的《续文献通考》重修(纪晓岚等校订)，乾隆十二年(1747年)仍以《续文献通考》书名重新刊印，计二百五十卷，体例同马端临的《文献通考》，唯“郊社”增“群社”、“宗庙”增“群庙”，共二十六门。所载自南宋宁宗嘉定间至明末，其中《封建考》四卷，截至明崇祯帝封皇后父亲周奎为嘉定伯。为与明本相区别，清乾隆刊刻本《续文献通考》又称《钦定续文献通考》。

清乾隆十二年，刘墉、嵇璜等奉敕主持编修《皇朝文献通考》(又名《清文献通考》)，集清初至乾隆各种文献，为清代前中期典章制度之集成，共三百卷，其《封建考》下分“同姓封爵”“异姓封爵”“外藩封爵”。

清末民初刘锦藻承续《皇朝文献通考》，撰《皇朝续文献通考》(又名《清续文献通考》)，述乾隆五十一年(1786年)至光绪三十年(1904年)典制，计四百卷。民国后，将下限延至宣统三年(1911年)，于1921年编成。此书《封建考》亦分“同姓封爵”“异姓封爵”“外藩封爵”，记述清代中后期“封建”故实。

(二)明清“封建”：封而不建、分土不治

《续文献通考》《钦定续文献通考》《皇朝文献通考》《皇朝续文献通考》详载南宋以下的封建情形，主要是展现明清实行“封建”的特点：封而不建，受封者列爵而不临民，分土而不任事。

这样的“封建”，可以说是“郡县制”的附属品和补充物。

《续文献通考》对南宋、元、明各代的封建情状有详明记述，首先概括汉以下列朝封建的主旨：

> 历代帝王子弟多膺封爵，非惟重天潢之支派，亦尚有屏翰王室之义。①

该书记载明太祖朱元璋践祚后的做法：

> 太祖既正大位，诏封众子为王，置相傅、设官属、定礼仪，列爵而不临民，分土而不任事。②

此为点睛之笔，它揭示了专制帝王既要恩荫子弟，以获屏藩朝廷之效，同时又要防范大权旁落，故采用“封爵而不建国”的办法。其实，这不仅是明太祖的妙算，也可以说是秦代以后大多数专制君主共通的“封建策略”。

明初面临特殊的国防形势：蒙元被逐出北平后，仍保留国号“元”(史称“北元”)，对明朝北方边境造成威胁，明太祖不放心派将帅率重兵把守北边，于是在长城沿线封“塞王”(辽王、燕王、晋王、秦王)，并授予重兵，此举势必引发朝廷与诸藩间的矛盾。清乾隆刻本《续文献通考》引述明王圻本的论述文字：

> 洪武二十五年，太祖御奉天门，手敕以赐诸王云：常岁训将练兵，临视周回险易，造军器务精坚堪用。因顾长孙(即惠帝——引者)曰：当使边尘不惊，贻汝以安也。自是诸王得专制国中，提兵防御，地大权重，易生骄僭。时叶居升应诏陈言，极

---

① 嵇璜、曹仁虎据王圻本重修《钦定续文献通考》卷二〇六，《景印文渊阁四库全书》第六三〇册，台湾商务印书馆发行，第822页。

② 《钦定续文献通考》卷二〇八《封建考·同姓封建》，《景印文渊阁四库全书》第六三〇册，台湾商务印书馆发行，第892页。

> 论分封太侈。下狱瘐死。后遂无敢言者。《双溪杂记》云：国初诸王皆置护卫，握兵权，成祖靖难后，遂皆革罢，其亦有感于居升之言耶。①

明太祖给诸王以重兵，意在让诸王戍边，护卫朝廷安宁，但后来却导致握有重兵的诸王尾大不掉，燕王更在“靖难”名义下夺了侄儿建文帝(明惠帝)的权(关于燕王夺权，修《续文献通考》的明人王圻等有忌讳，未敢直笔)。而燕王登极为帝(即明成祖)后，复采叶居升建策，大力削藩。永乐三年(1405年)又“颁祖训于诸王”，对封王作种种限制，包括诸王不得互相联络，未应诏，不得自行进京，等等，违者“轻则子孙免革，重则一体降为庶人”②。这类史事阐明了一条法则：君主集权制容不得其他军政中心存在，故皇亲国戚、功臣夙将封爵可也，却不得实封建国，只能“封而不建”，即顾炎武所说：“唐宋以下，封国但取空名，而不有其地。”③而且贵族在封国内要谨守朝廷大法，否则将受到严处。诸王实为养尊处优的被囚禁者。

《皇朝文献通考》的《封建考》对清代的种种“虚封”详加论列，并将秦汉以下“封而不建”的精义说得明白：

> 列爵曰封，分土曰建。建国之制，不可行于三代以后；而三代之初，亦既不胜其弊。马端临撰《封建考》，所以论建国之不可行者，其语极详。④

这是清人对“封建”的总结性论断，对此周谷城赞叹道：“这一段话里，真有上下千古之识。”⑤

---

① 《景印文渊阁四库全书》第六三〇册，第893页。

② 刘墉、嵇璜等编修：《钦定续文献通考》，《景印文渊阁四库全书》第六三〇册，第893页。

③ 顾炎武：《日知录·礼制·封国》。

④ 《皇朝文献通考·封建考》。

⑤ 周谷城：《中国社会之结构》，新生命书局1930年版，第90页。

三、中国传统语境中的狭义“封建”与广义“封建”

如前所述，“封建制”创于殷周，周秦之际渐为“郡县制”取代，然而，秦汉以降列朝各种类型的“封爵建藩”举措并未止歇，一直沿至清末。故在中国传统语境中，“封建”是一个含义驳杂的名目，不可笼统视之，而需加以辨析。

(一)区分“封建”的广、狭二义

本书前两节论及，西周实施封邦建国之制，自晚周以降，“封建”与“郡县”两制并行，不过秦以后“郡县制”占主导，封建仍在继续，然其内容与形态已不复旧观，故同为“封建”之名，含义有广、狭之分。

狭义“封建”特指殷周政制，尤其是指西周盛行的“封国土，建诸侯”之制，其时尚无“郡县制”与之参照。西周封建，除“天子建国”(周王分封诸侯，使其建立诸侯国)外，还有“诸侯立家”(诸侯在封国内以封赐采邑方式分封卿大夫)，后者在秦汉以下的“封建”中已被取消。

广义“封建”是狭义封建的延伸，指殷周以至明清列朝列代的种种分封形态，包括秦汉以降在“郡县制”主导下推行的“封爵制”，内有“实封”与“虚封”之别，“实封”如汉初、两晋、明初的实封诸王；“虚封”指各种“封而不建”的情形，如秦的封爵而不授土，或明永乐以后的封爵、授土而不临民。《文献通考》还把唐末藩镇纳入“封建”，称肃宗、代宗以下，“强藩私其土地，甲兵而世守之，同于列国”，遂将唐天宝以后的藩镇列入“封建”①。另外，汉、唐以下诸朝还把颁赐周边属国纳入“封建”，此亦为广义封建的一项内容，以清朝为例，“属国”有周边的朝鲜、琉球、越南、缅甸等，皆“列为藩封”②。后世还将军阀割据、贵族专权称之为“封建势力”，也是广义封建的用法，大体切合“封建”的“分权”含义。

---

① 《文献通考》卷二七六《封建考十七》。

② 参见《清史稿》卷五二六至卷五二九。

“封建”的狭义、广义两种用法，行之于古来多位论者和多种典籍，而上述各部《通考》中的《封建考》，对狭义及广义的“封建”各有陈述，可以从中完整地认识中国封建制度跌宕起伏、繁复多致的状貌。

（二）广义封建全景：封而且建、封而不建、建而不封

《通考》对殷周“封建”有所记述，而于秦汉以降的各种封建形态论列尤为完备，可以说提供了一幅广义封建的全景图。

西周“天子建国”“诸侯立家”，是“封而且建”，封土、赐爵，任由诸侯建立有相对独立主权的国家。秦以降列朝的政策主流是排除“封而且建”的实封方式。

如果说李斯、贾谊、柳宗元的“封建论”，是以政论形式指出“实封”对君主集权政治和国家统一的弊害，那么《文献通考》《续文献通考》《皇朝文献通考》《皇朝续文献通考》的《封建考》，则以列朝各类分封（同姓封建、异姓封建，有爵无地、封地无爵，等等）的翔实记载，表明封土建国不合“三代”以后的时宜，但封爵却是帝王恩荫亲贵以拱卫朝廷的必要手段，故秦以后的状况如所载：

> 封建之制不可行，而封爵之制不可废……自唐宋以后，大抵皆封爵之制，而马端临概因之为封建。①

明人杨慎（升庵）对此有点评：

> 三代以上，封建时也，封建顺也；秦而下，郡县时也，郡县顺也。总括之曰：封建非圣人意也，势也；郡县非秦意也，亦势也，穷而变，变而通也。②

这些历史陈述都强调了封建、郡县两制的出现及其此消彼长，皆

---

① 《皇朝文献通考·封建考》。

② 转引自章士钊《柳文指要》（上卷），文汇出版社2000年版，第69页。

非人为之功效，乃时势所造就。这些历史陈述还把狭义“封建”（“三代”封建）与广义“封建”（“三代”以下包括秦以后的各种封而不建）两者的联系与差异，交代得清楚明白。《皇朝文献通考》的清代编者站在清朝中央政权立场上，反对“实封”，主张“虚封”，其结论是：

> 封而不建，实万禩不易之常法。而迂儒之衿言复古者，固未足以语上下千古之识也。①

《皇朝续文献通考》再次申述此一内容：

> 前考（指《皇朝文献通考》——引者）谓封建不能行诸三代以后，自唐宋迄本朝，大都皆有封无建，为万禩不易之常法。②

> 唐宋以降大都有封无建，最为善制。盖不吝爵赏，所以酬元勋；不裂土地，所以遏乱萌。其道实万世行之而无妨于治。③

对于“三代”以下直至明清的“封建”，自然不应一概论之，而当作狭义、广义之区分，正如周谷城所说：

> 在周初的时候，封建这回事，可以说是封而且建；在唐朝藩镇制下，可以说是建而不封。若其他各朝纯粹位置宗族、亲戚、功臣的所谓封建，真只是封而不建。④

周初的“封而且建”，是“封建”本义，此为狭义“封建”；后世的

---

① 《皇朝文献通考·封建考》。

② 《皇朝文献通考·凡例》，《续修四库全书》，上海古籍出版社 2004 年版，第八一五册，第 424 页。

③ 《续修四库全书》，上海古籍出版社 2004 年版，第八一九册，第 434 页。

④ 周谷城：《中国社会之结构》，新生命书局 1930 年版，第 90、91 页。

“建而不封”“封而不建”，则属广义“封建”。吕思勉综合狭义、广义，对“封建”的核心内涵作精要概括：

> 封建者，一统之反也。①

而“叛民叛将之割据”，系“统一之梗”②，当然划入“封建”行列。民国年间常在“军阀”前冠以“封建”，范文澜、蔡美彪称五代为“封建割据”③，便是从广义“封建”立说的。

了然“封建”的各种历史形态(“封而且建”“建而不封”“封而不建”等)，有助于把握中国古代社会制度的复杂情状，不至于将“封建”名目下的种种政制混为一谈。同时也可以明白，汉语词汇“封建”在用法上固然有狭义、广义之别，但“封土建国”“列爵建藩”的基本含义却是自古一贯的。不过，自秦以后，“封”或“建”都在不同程度上发生了变异。秦至清的两千余年，政制的主位是服务于君主集权的“郡县制”，“封建制”不过是辅助性的偏师，两种不同的政治制度镶嵌并存，统归于专制主义君主集权政治的总流之下。

---

① 吕思勉：《中国制度史》，上海教育出版社 1985 年版，第 442 页。

② 吕思勉：《中国制度史》，上海教育出版社 1985 年版，第 442 页。

③ 《中国通史》第四编第一章第一节：“宋太祖赵匡胤推翻后周，建立宋朝，结束了五代十国时期的封建割据。”

第二章　中外通约

第一节　西欧中世纪社会及其术语 Feudalism 厘定

> (封建制度是指)一种以土地占有权和人身关系为基础的关于权利和义务的社会制度。在这种制度中，封臣以领地的形式从领主手中获得土地。封臣要为领主尽一定的义务，并且必须向领主效忠。在更广泛的意义上，封建主义一词指“封建社会”，这是特别盛行于闭锁的农业经济中的一种文明形式。在这样的社会里，那些完成官方任务的人，由于同他们的领主有私人的和自愿的联系，接受以领地形式给予的报酬，这些领地可以世袭。封建主义的另外一个方面是采邑制或庄园制，在这种制度中，地主对农奴享有广泛的警察、司法、财政和其他权利。
>
> ——《简明不列颠百科全书》

“封建”从汉语之古典义转变为近代新名词，是在近代中国与日本两国士人以“封建”对译英文术语 feudalism 的过程中完成的。因此，探究史学术语“封建”的内涵与外延，除应求诸汉文本义及引申义外，还需要考察 feudalism 的语义，需要了解 feudalism 所表述的西欧中世纪制度的发展历程。

一、西欧中世纪社会制度的来龙去脉

(一)欧洲中世纪社会制度的形成

欧洲中世纪的社会制度 feudalism 有一个复杂的生成与演化过程。它既不是古罗马制度的自然延伸，也非来历不明突然降临西欧大陆的外来物，它是由罗马的社会组织与日耳曼蛮族的军事组织糅合而成的一种社会制度。

罗马帝国处在欧亚大陆西部、北大西洋沿岸的欧洲大陆，境内原有许多贵族和大领主，他们世袭占有庄园，驱使奴隶耕种劳作，在罗马帝国后期形成隶农制、庇护制、庄园制和大地产。由于罗马帝国承续着中央集权力量，领主们未能正式割据，但此种“罗马因素”成为后来 feudalism 的源头之一。

至于日耳曼蛮族，南迁以前尚处于氏族制社会，各氏族、部落有军事组织“战友团”(comitatus)，首领与部属间以荣誉、忠义相维系，形成有着强烈人身依附关系的组织，这些由“附庸制”“保护制”“委身制”“效忠精神”组成的“日耳曼因素”成为西欧 feudalism 的又一源头。①

公元 5 世纪初，日耳曼蛮族越过多瑙河南迁，使罗马的集权寡头瓦解，奴隶制也随之崩溃，而原罗马帝国境内广泛存在的领主庄园却得以存留，蛮族带来的部落习俗与领主势力结合，在原属罗马的广袤土地上建国称王，又将土地及由奴隶和失去田产的自耕农转变成的农奴(serf)分封给各“战友团”首领，并赐公、侯、伯等爵位，谓之“封建”；公、侯、伯等诸侯又将分封所得的采邑连同居住其上的农奴分封给属下的武士，并赐予子、男、骑士等爵位，谓之“次分封”。在这种层层分封中，各级封建主因土地占有和人身依附关系而结成封建君臣等级，在上的称“封君”，在下的称“封臣”，彼此各尽义务：封

① 吴于廑的《从中世纪前期西欧的法律和君权说到日耳曼马克公社的残存》一文论述了日耳曼因素在西欧封建主义形成中的作用。参见《历史研究》1957 年第 6 期。

君授予封臣采邑及农奴，并提供保护；封臣对封君宣誓效忠，奉召为其服军役，并提供财赋。这种封君—封臣关系，在西欧各地于 9 世纪以后逐渐形成。在西欧的封建国家，皇帝或国王高居最上阶层；中间层为各种爵位等级不同的世袭贵族，统称“骑士阶层”，以征战为业；最下层的是人数众多的从事农业、手工业及各种劳役的农奴或农民，形成一种金字塔式的封建等级架构，而分封采邑（连同农奴）是此制度的基础。诚如马克垚所说：“封建主之间结成的君臣关系，是一种人身关系，这种关系应是以土地的封受为基础的，两者紧密结合在一起。”①

西欧的封建制有一长期演化过程：6—8 世纪是封建史前阶段，可称“准封建期”，领主与附庸尚无明确的法定关系；9—10 世纪以降是“封建成熟期”，领主与附庸间有成文的“封建契约”；14—16 世纪是“封建晚期”；16 世纪以后，西欧各国先后进入现代民族国家创建阶段，专制王权趋于强化，但封建制的余韵流风一直延续着。② 17—18 世纪是西欧封建制解体、向近代社会转化的时期。

（二）城堡作见证·封号仍名贵

封建领主为了镇慑领地上劳作的农奴，也为了防卫外力的入侵，在领地的险要处构筑城堡，作为领主的居住之所和军事堡垒，故人称城堡为“贵族的家园”。早期西欧的城堡，10 世纪时多为木造，木制的塔楼是城的中心建筑，四周以木栅围护。11 世纪，城堡的构筑材料开始由木材向石材转变，至 12 世纪，石材的城堡广为普及，木造的塔楼演变为石造的天主阁，它是城堡的主建筑，既是城堡的防御中心，也是城主的家族居所。坚固而高耸的天主阁，显示着封建领主威权的不可侵犯。12 世纪末叶以后，城堡建构又有进一步发展完善，分内城与外城，专司防卫用的“天主阁”与城主家族居处分离。城门

① 马克垚：《英国封建社会研究》，北京大学出版社 2005 年版，第 118 页。

② 西欧中世纪封建制度的概述，参考《云五社会科学大辞典》第十二册（台湾商务印书馆 1973 年版）“封建制度（Feudalism）”条。

为铁的坠格子。城壁由坚石垒筑，有水壕或空壕围绕，经悬桥方可进入外堡。攻陷这种坚壁深壕的城堡，需数月甚至数年——多数时候要待城内粮尽水绝，或发生瘟疫，或发生叛乱，进击者方能乘虚占领。只是到了火炮等热兵器出现，封建城堡才失去其大部分功能，统一的近代民族国家方有可能取代诸侯割据的封建邦国。

城堡演变史，与西欧封建制的形成、发展、解体的全过程可以说是同步的。本书《题记》言及的莱茵河中游山岭上的众多石造城堡，多为12世纪末叶以后所筑，它们正是德意志中世纪领主林立的封建制度的历史见证，也是中世纪政权分散的封土封臣制的标志。而这些受封于国王或大领主的领主，对属民操有生杀予夺之权。笔者旅欧时，在德国、比利时、卢森堡保留的中世纪城镇广场旁常能见到一竖立的铁柱，上悬铁环，供城主拷审犯人之用，此多为中世纪"城主裁判权""流血裁判权"的遗存物。

如果说城堡作为几个世纪以前的欧洲封建社会的物质遗存，散布于山林之间，供人凭吊，或被国家及个人改为博物馆、"古风"旅舍或私宅（笔者访问德国、比利时、卢森堡诸国时曾经造访），那么，封建制的贵族爵号（公爵、侯爵、伯爵、子爵、男爵、爵士等）作为一种非物质遗存，不仅在现行君主立宪制国家（英国、荷兰、比利时、卢森堡、丹麦、瑞典、挪威、西班牙等）继续沿用，即使在久已废除帝制的国度，贵族封号也仍受人尊崇。如当下的俄国，追逐贵族封号在小范围内成为时尚，有人花费重金获取贵族封号和证书，而昔日皇族，一位公爵夫人册封的公爵、伯爵被视作"正宗"，受到俄罗斯贵族会议和国外多数支持君主制团体的承认。①在共和政体的希腊、意大利、罗马尼亚等国，旧王室及其贵族封号也受一些人青睐。

总之，大体已是历史陈迹的"封建（feudal）"，今人还难以忘怀，不时有人对其发思古之幽情。

---

① 俄罗斯《新消息报》2005年10月21日，转见《参考消息》2005年10月26日第6版。

（三）Feudalism 定名过程

欧美研究中世纪史的学者一再指出，其实欧洲本身并无同一的“封建制度”或“封建社会”，法兰西、英吉利、德意志、意大利、西班牙、瑞典便各具特色。日耳曼法兰克族于公元 5 世纪在欧洲大陆西部（今法国及德国西部）建立欧洲最早的封建制国家——法兰克王国。随着法兰克人的军事征服，封建制传入意大利北部、德意志、西班牙，又传入东欧的斯拉夫人地区，每到一地，都与当地原有的制度结合，形成各具特点的封建制。英伦三岛在诺曼人征服以前，盎格鲁—萨克森社会已有封建制雏形，来自欧洲大陆的诺曼人 11 世纪入侵以后，内外结合，先在英格兰出现一套封邑组织，进而传到苏格兰和毗邻的岛屿爱尔兰，这套制度随着“十字军”东征，又传入地中海东岸的西亚巴勒斯坦地区。封建制在多次跨国、跨文化旅行之后，形态一再发生变异。

人类历史发展是一个进行式的过程，对这种过程中的诸段落命名，总是滞后晚成的。就欧洲而言，罗马帝国崩溃以后、工业文明诞生之前的时段，当时并无专门名称，直至近代初期，西欧诸国逐渐以由拉丁文 feodum（封地，或译采邑）演化而来的 feudalism 一词指称中世纪社会。

据布洛赫《封建社会》的“导论 本书研究的总体范围”①及其他西方一些史学著作的相关论述，西欧“封建制度”概念历经两百多年方才定型，其过程大略如下：

形容词“封建的”，其拉丁文形式 feudalis 中世纪已经存在，法文名词“封建主义”（feudalité）也可追溯到 17 世纪，该词含有“与采邑相关”的意思。12 世纪编订的《北意大利习惯法》载有关于封臣、封土的内容，16 世纪法国法学家在研究中世纪北意大利波河流域的封土律（Libri Feudorum）时，涉及这些内容，从而开始进入 feudalism 论题；1630 年，法国辞典编纂家里歇莱把 feudalism 一类词语称为“律

① ［法］布洛赫：《封建社会》（中文版），商务印书馆 2004 年版，第 27～30 页。

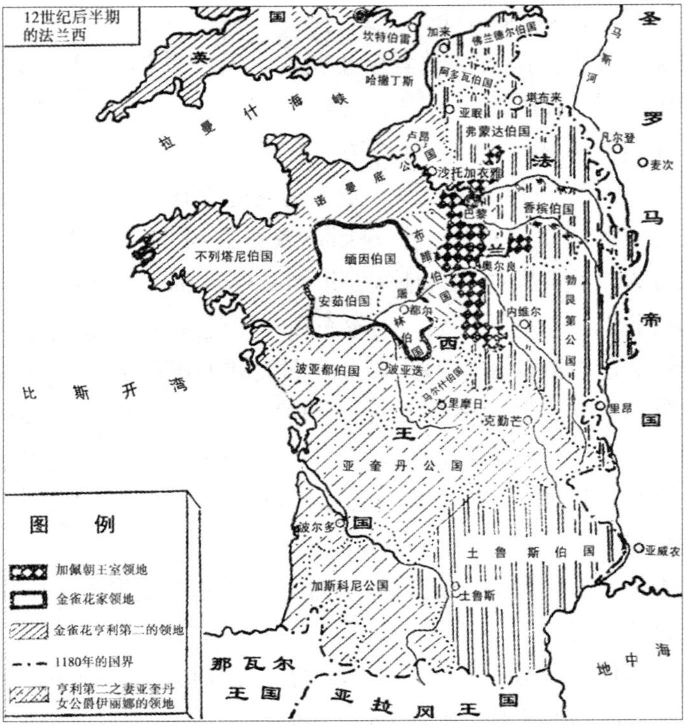

西欧封建主义的属性——政治权力分割

12 世纪后半期的法兰西地图，当时的法兰西分裂成多个公国、伯国（选自朱寰《世界中古史》，吉林文史出版社 1986 年版）

师的行话”，feudalism 作为法律制度看待。17 世纪英国法学家斯佩尔曼用 feudalism 指中世纪遗存的土地协约、法律习俗、政治机构。1680 年出版的辞典拟定 feudalité（封建制）及 gouvernement féodal（封建的统治）之类名目，但这时 feudalité 仍指一种与封土相关的法律制度。

1727 年，德·布兰维利耶在《议会历史文书》中将 feudalité 这一 18 世纪法庭用语写进历史著作，出现“封建政府”（gouvernement féodal）和“封建主义”（feudalité）等词，“封建”被赋予政治制度意义。承袭这种用法，18 世纪法国启蒙思想家孟德斯鸠（Montesquieu）在《论法的精神》中，拟 lois féodales（封建法）一目，论及封君封臣关系、采邑制、农奴制，概括出西欧 feudalism 的基本属性。

18 世纪中后期，英国经济学家亚当·斯密(Adam Smith)在经济学著作中论及封建等级制的成因，认为封建法律是领主统治权、裁判权，在推行过程中形成封建等级制。

法国大革命期间，1789 年 8 月召开“完全打倒封建体制的国民会议”，高扬“反封建”旗帜。这里“封建”一词相当于贵族统治、领主特权、农奴制、国家分裂诸义的集合，开始作为有“落后”“守旧”“反动”意味的概念使用；1802 年 5 月 19 日颁布的法国宪法，有“同……任何复辟封建统治的企图进行斗争”的句式。

法国政治家、史学家基佐(Guizot)在关于法国文明史的论著中，第一次用第三等级反对特权等级的斗争来说明法国中世纪末期的历史。基佐以历史主义眼光看待“中世纪”和“封建制度”，他摒弃 18 世纪启蒙学者将西欧中世纪斥为“黑暗时代”的看法，指出公元 10 世纪前后的西欧形成封建制度的合理性，认为封建制度是西欧社会复兴必不可少的保证。在基佐这里，“封建制度”“封建主义”为中性词，不再是被詈骂的恶谥。

至 19 世纪，经西欧多国史学家，尤其是德国历史学派的匡订，feudalism 正式成为表述西欧中世纪制度的专用词，并以 feudal(封建)为基干，形成一套相关术语，如 Feudal-system(封建制度)、Feudalismus(封建主义)、Feudalgesellschaft(封建社会)、Feudalstaat(封建国家)，等等，并对封建制的各个侧面，如封君封臣、封土制度、庄园制、农奴制、封建城市等进行专题研究。

19 世纪中后叶，马克思、恩格斯在其唯物史观的社会形态学说框架内，界定封建制度，提出封建生产方式、封建所有制等命题。马克思的“封建”概念超出封君—封臣这样的狭义封建主义，不单研究贵族和农民的关系，还研究整个封建社会的经济结构和经济、社会变化的原因。①

---

① 参见[法]布洛赫《封建社会》“中文版序言”，商务印书馆 2004 年版，第 6 页。

20世纪以来，欧美史学界对封建社会的认识又有新的发展。

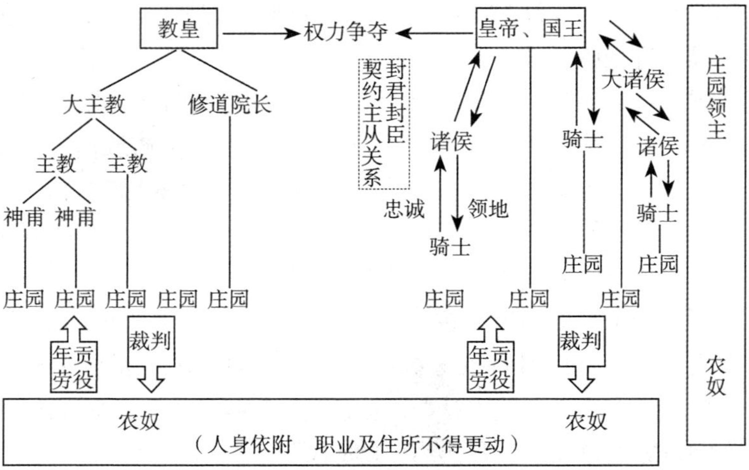

西欧封建社会示意图

二、Feudalism 释义

(一)西方的"Feudalism 史学史"

西方史学表述中世纪社会制度的 feudalism 一词，自通俗拉丁文 feodum(采邑，又译封地，意谓采取其地赋税)演化而来，与中国古来的"封建"一词的"封土建国"含义有相通之处。

如前所述，西欧学术界有一个发现、确认作为社会制度的 feudalism 的漫长过程，也即有一个"关于封建主义的史学史"(The Historiography of Feudalism)，它大约完成于16世纪末至19世纪初。这同资本主义概念的演变相类似。据布罗代尔考析，"资本(源自后期拉丁语 caput 一词，作'头部'讲)于12至13世纪出现，有'资金'、'存货'、'款项'或'生息本金'等含义"①。后来在17世纪中叶派生

① ［法］布罗代尔：《15至18世纪的物质文明、经济和资本主义》(中文版第2卷)，生活·读书·新知三联书店1993年版，第236页。

出“资本家(capitaliste)”一词，1753 年《百科全书》设“资本主义”一词，此后其含义不断推衍，至 20 世纪初，“该词才作为社会主义的天然反义词，在政治论争中猛然冒了出来”①。

欧洲中世纪的历史本身与其他地区的历史同样有着复杂的演化过程，现代意义国家形成过程中各国并未呈现整齐划一的制度。“年鉴学派”第一代学者费弗尔、布洛赫，第二代学者布罗代尔(F. Braudel)都对用 feudalism 统称 11 至 15 世纪整个欧洲的社会制度持保留态度。布罗代尔说：

> 对于封建主义这个经常使用的词，我与马克·布洛赫和吕西安·费弗尔一样感到本能的厌恶。他们和我都认为，由通俗拉丁语“feodum”(采邑)演化而来的这个新词仅适用于采邑制及其附属物，而与其他东西无关。把 11 到 15 世纪之间的整个欧洲社会置于“封建主义”之下，正如把 16 到 20 世纪之间的整个欧洲社会置于“资本主义”之下一样不合逻辑。②

然而，在歧异的各国中世纪社会形态中，毕竟可以寻觅到某些共通的、普遍性的要素，故布罗代尔又说：

> 我们不妨承认，所谓封建社会(另一个常用的说法)能够确指欧洲社会史的一个长阶段；我们把封建主义当作一个简便的标签使用，自然也未尝不可……③

以 feudalism 指称西欧中世纪制度，20 世纪以来大体成为通用的

① ［法］布罗代尔：《15 至 18 世纪的物质文明、经济和资本主义》(中文版第 2 卷)，生活·读书·新知三联书店 1993 年版，第 242 页。

② ［法］布罗代尔：《15 至 18 世纪的物质文明、经济和资本主义》(中文版第 2 卷)，生活·读书·新知三联书店 1993 年版，第 506 页。

③ ［法］布罗代尔：《15 至 18 世纪的物质文明、经济和资本主义》(中文版第 2 卷)，生活·读书·新知三联书店 1993 年版，第 506 页。

说法。

（二）Feudalism 诸定义

1. 西方史学界经过长期研讨，人们对于西欧中世纪政治制度 feudalism 的含义已大体取得共识。

法国史学家基佐的《欧洲开化史》从西欧中世纪历史概括出封建制度社会结构的三个特征：

> 第一，土地占有是承担军役或其他国家义务者的特权，而土地占有者又必须履行义务，并按附庸与封主达成的协议行事。
>
> 第二，政治权力与土地占有权相结合，在赐予附庸（封臣）土地时，封主同时让出自己的部分权力。
>
> 第三，遵循强者服从更强者的多级服从制度，构成等级阶层，骑士服从男爵，男爵服从伯爵或公爵。①

比利时史学家弗朗索瓦·冈绍夫 1944 年在题为《封建社会》的论文中给"封建主义"下的定义是：

> 一套制度，它们创造并规定了一种自由人（附庸）对另一种自由人（领主）的服从和役务——主要是军役——的义务，以及领主对附庸提供保护和生计的义务。②

英国学者佩里·安德森（Perry Anderson）综述马克思关于前资本主义社会形态的界定，强调资本主义之前的阶级社会中的生产方式都是"用超经济强制来压榨直接生产者的剩余……前资本主义生产方式

① 转见［俄］巴甫洛夫-西利万斯基《俄国封建主义》（中文版），商务印书馆 1998 年版，第 86~89 页。

② 转引自［英］布朗为布洛赫《封建社会》所作的"英译本 1989 年版前言"，《封建社会》（中文版），商务印书馆 2004 年版，第 8 页。

不可能脱离其政治、法律和意识形态上层建筑来加以界定”①。安德森概括马克思的论述，归纳出封建主义的特质：

> 封建主义主要是指，由一个贵族组成的社会阶级对农民依法实行的农奴制和军事保护；这个贵族阶级享有个人权威和财产，垄断着法律和私人司法权；其政治架构是政权分裂和纳贡制度；有一种赞美田园生活的贵族意识形态。②

布斯特在《新国际》中，把分散的采邑制视作封建社会的经济基础，其政治上的特色在于一种极端的无中心的状况，政治权力被看成一种私人权利，被一群领主分别拥有。

以西欧中世纪社会为对象，《简明不列颠百科全书》第三卷的“封建主义”(feudalism)词条，将封建主义的基本特性概括为：

> 一种以土地占有权和人身关系为基础的关于权利和义务的社会制度。在这种制度中，封臣以领地的形式从领主手中获得土地。封臣要为领主尽一定的义务，并且必须向领主效忠。在更广泛的意义上，封建主义一词指“封建社会”，这是特别盛行于闭锁的农业经济中的一种文明形式。在这样的社会里，那些完成官方任务的人，由于同他们的领主有私人的和自愿的联系，接受以领地形式给予的报酬，这些领地可以世袭。封建主义的另外一个方面是采邑制或庄园制，在这种制度中，地主对农奴享有广泛的警察、司法、财政和其他权利。③

---

① [英]安德森：《绝对主义国家的系谱》(中文版)，刘北城、龚晓庄译，上海人民出版社 2001 年版，第 433 页。

② [英]安德森：《绝对主义国家的系谱》(中文版)，刘北城、龚晓庄译，上海人民出版社 2001 年版，第 437 页。

③ 《简明不列颠百科全书》(中文版第 3 卷)，中国大百科全书出版社 1985 年版，第 132 页。

美国《韦伯斯特第三版国际大辞典》“feudalism”词条的释义是：

(1)a：封建主义从9世纪到大约15世纪，在欧洲繁荣过的一种政治制度。它建立在领主与封臣的关系之上，所有的土地都是以采邑的形式持有(如国王的采邑)，作为主要的附属情况，有效忠、佃农在军事和法庭方面的服役、监护权和没收权。b：封建制度赖以建立的原则、关系和习惯——比较 commendation，feud，liege，lord，precarium，vassal。

(2)大地主或世袭的封建领主从土地征收岁收，同时在他们的领地内行使政府职能的任何一种社会制度。(3)指固定的数人，尤其是为了自身的利益实行的控制：社会的、政治的或经济的寡头统治。

2. 中国学者关于欧洲封建社会的基本属性，也有类似论述，如马克思主义理论家李达1935年所著的《经济学大纲》，将封建经济的一般特征概括为九点，其要者有四：

第一，一切土地，几全为封建领主所占领，形成大土地所有。

第二，直接生产者的农民，在人格上隶属于封建领主。

第三，农业经济，主要的是自然经济。

……

第九，封建领主，对于农民厉行超经济的强制。①

再如曾任南京大学教授的蒋孟引在《英国封建化过程的特征》中说：

封地、纳租、服军役、服劳役、贵族地主、依附农民、自然

① 李达：《经济学大纲》，武汉大学出版社1985年版，第100~101页。

经济，都是封建制度的重要因素。①

马克垚综合“西方的大多数史学家”的认识，将西欧封建制的特点概括为：

> 第一，封建主之间形成了特有的封君封臣关系；第二，形成了与封君封臣关系相适应的封土制度；第三，国家权力衰落，各封君在其领地内取得了独立的行政、司法权力。②

3. 中国人编纂的辞书关于“封建”的诠释，有两种类型：一是重在阐明“封建”的汉语本义；二是重在阐明“封建”的西义。前者如《辞源》：

> ［封建］古代帝王把爵位、土地赐给诸侯，在封定的区域内建立邦国。旧史相传黄帝建万国，为封建之始；至周制度始备，爵有公侯伯子男五等，地有百里（公、侯）、七十里（伯）、五十里（子、男）之别。及秦并六国，统一境内，遂废封建而置郡县。汉自景帝平七国之乱以后，虽有封王侯建国之事，但政权归于中央，已非古代封建诸侯国之制……现代所言“封建”，指封建主义社会形态。③

后者如《云五社会科学大辞典》所列“封建制度（Feudalism of Feudal System）”条目，其释文曰：

> 封建制度一词通常用以指起源于中欧及西欧的一种社会政治

---

① 《南京大学百年学术精品·历史学卷》，南京大学出版社 2002 年版，第 641 页。

② 马克垚主编：《中西封建社会比较研究》，学林出版社 1997 年版，第 4 页。

③ 《辞源》卷二。

> 体制，开始于9世纪左右，至11及12世纪达到巅峰，迄15世纪乃逐渐衰落；但也用于指古代及近代有类似特征的其他社会和政体。
>
> 英文feudalism一字来自德语fehu-od(英文及法文fief一字又由此而来)，原指牲口财产，后来指地产，强调土地享有权及其所附属的权利义务。
>
> 依白安斯(E. M. Burns)的解释，所谓封建制度是分散的社会结果，政治权利是属于占有封地的诸侯所有，凡在经济上依赖他的，都在他的支配之下。要是把封建制度当作一种体制看，它包括下面几个基本观念。(1)凡有领土的人都有权统治别人。(2)一切政府都是以契约为依据，统治者必须同意依照人为的与神圣的法律，公正地来统治……(3)以有限主权之理想为根据，反对绝对权威……封建政治注重法治，而不注重人治……①

释文还论及欧洲中世纪封建制度的体制特征，又援引中国史学家张荫麟对古代中国封建制度的解说。

还有对古义与西义加以综合融通的定义。如我国台湾地区出版的《中文大辞典》，其“封建制度”(Feudalism)条释文曰：

> 封建时代，土地为国王所有，国王以之分封诸侯，诸侯又分封于卿大夫，卿大夫之下有家臣，家臣之下为农民或农奴。如此层层相因，各阶级隶属之社会关系，谓之封建制度。②

综上所述，可以将“封建制度”的一般意义概括为如下四点：第一，土地领有是一种政治特权。经由自上而下的层层分封，建立起“封主—封臣”支配关系，形成人身依附，封臣对封主尽忠，执行军

① 《云五社会科学大辞典》,《社会学》(第一册)，台湾商务印书馆1972年版，第120~121页。

② 《中文大辞典》(第十册)，中国文化研究所印行，第213页。

政勤务，封主对封臣则有保护义务；在经济上，二者通过恩贷地制实行物权分配。第二，自然经济占统治地位，形成自产自销、自给自足的封闭式“庄园经济”。第三，国家权力分散，大小诸侯在领地内世袭拥有军事、政治、司法、财经权，国王与各级诸侯、武士形成宝塔式的等级制。第四，超经济剥夺。封臣以领主身份将领地交由农民（农奴）耕种，领主对农民（农奴）有法定的超经济强制。大体符合上述特性的社会，便可以称之“封建社会”。与这些基本属性相背反的社会，则不应纳入“封建社会”，而须另设名目。

三、布洛赫的《封建社会》

欧美史学界对封建制度、封建社会有长期而深入的研究，19 世纪以来，微观的、个案的专论，宏观的、整体的通论，均有多种作品问世，而广受推崇的，是布洛赫所著的《封建社会》。

法国史学家、年鉴学派创始人马克·布洛赫（Marc Bloch）1939 年至 1940 年出版二卷本 *La Société Féodale*（法文版），1961 年英译本问世，至 1989 年，英译版已重印九次。该书日文译本，新村猛、森冈敬一郎、大高顺雄、神泽荣三翻译，1973 年出版；中文译本，张绪山翻译，郭守田、徐家玲校，商务印书馆 2004 年 10 月出版。

布洛赫于第一次世界大战期间从军，1919 年至 1936 年在大学任中世纪史教授，1937 年在大学任经济史教授。1939 年第二次世界大战爆发，年逾五旬、身为著名教授、有犹太血统的布洛赫再度从军，1940 年 6 月法国投降德国，布洛赫参加反法西斯抵抗运动，1944 年遭“盖世太保”逮捕，受酷刑折磨后，这一年的 6 月 16 日被枪杀。

布洛赫的《封建社会》是研究西欧封建主义的综合性论著，按英国经济史家迈克尔·波斯坦 1961 年在英译本第一版序言中所言，该书为“论述封建主义的国际水准的著作”，是一部“坚持词语严格意义上的实证性和理性特点”①的著作，特别是在这部著作中布洛赫创造

① ［法］布洛赫：《封建社会》（中文版上卷），商务印书馆 2004 年版，第 19、21 页。

了“广义封建主义概念”。

西方史学界根据中欧及西欧中世纪社会的特点，对封建主义作出界定，但多限于狭义，或以庄园制定义“封建”，或以政权分散定义“封建”，或以封君封臣定义“封建”。布洛赫认为这些界说分别接触到封建主义的某种侧面，却未能展示总貌。布洛赫不满足于这些狭义的封建概念，指出问题所在：

> 最初的命名者们在他们称作“封建主义”的社会制度中，所意识到的主要是这种制度中与中央集权国家观念相冲突的那些方面。从这里它迈出了将每个政治权力的分割行为称为封建行为的一小步，以致一种价值判断通常与简单的事实陈述结合起来。①

“最初的命名者”仅仅只是将封建主义归结为政权分散的简单的事实陈述，并未能揭示其经济的、社会的根源。

布洛赫又说：

> 封建主义即庄园制度，这种认识可追溯到很久以前。它首先是在使用“附庸”一词时产生的。附庸一词最终从封建主义的第二个发展阶段获得了贵族的标记，但即使在中世纪，这个标记也并没有变得十分强大，以致它不能间或应用于农奴(起初农奴因其个人人身依附性质非常近似于确切意义上的所谓附庸)，甚至普通的佃户身上。所以，当人们对真正的附庸制越来越不熟悉时，一种语言上的误用……却变成了越来越广泛的习惯用法。②

① ［法］布洛赫：《封建社会》(中文版)，商务印书馆2004年版，第698页。

② ［法］布洛赫：《封建社会》(中文版)，商务印书馆2004年版，第699页。

笼统地以庄园制及其附庸去界定封建主义，易使封建主义概念“泛化”，因为“附庸”现象也可以发生在“封建社会”以外的社会制度之中。

布洛赫认为，将封建主义仅仅归结为分权，或仅仅归结为庄园制，是很不够的，他把“依存关系”、“封土”(fief)、“封臣(vassal)”视作封建制的基本特征，认为“依附农民”是“欧洲封建制度的基本特征之一”①：

> (有)依附农民；附有役务的佃领地(即采邑)而不是薪俸的广泛使用——薪俸是不可能实行的；专职武士等级的优越地位；将人与人联系起来的服从—保护关系(这种关系在武士等级内部采用被称作附庸关系的特定形式)；必然导致混乱状态的权力分割；在所有这些关系中其他的组织形式即家族和政府的存留(在封建社会第二阶段，国家将获得复兴的力量)——这些似乎就是欧洲封建主义的基本特征。②

布洛赫为《封建社会》上卷所定副标题为“依附关系的成长”，下卷副标题为“社会等级和政治体制”，可见布洛赫认为“封建社会”的要旨在于“依附关系”和“等级制度”。

布洛赫超越原本局限于“领主—附庸”关系的狭义封建概念，将视野投向经济、政治、社会、文化诸领域，从而形成“广义封建主义”概念，并以此观照欧洲中世纪社会。

四、中国、西欧封建制比较：“宗法封建”与“契约封建”

Feudalism(封建制度)究竟是一种西欧的特殊现象，还是一种普世性现象？欧洲人对此有两种相反的看法：18 世纪启蒙思想家孟

---

① [法]布洛赫：《封建社会》(中文版)，商务印书馆 2004 年版，第 9 页。

② [法]布洛赫：《封建社会》(中文版)，商务印书馆 2004 年版，第 704~705 页。

德斯鸠将其认定为惟独发生在中世纪西欧的制度；另一位启蒙大师伏尔泰则持反论，认为封建主义以多种形态存在于“我们这个半球四分之三的地区”①。笔者较认同后说，但须强调：封建主义是以多种形式存在于世的，而且各地封建制在不同阶段的表现也不尽相同。

(一)广义 Feudalism(封建制)

如前所述，feudalism 在西方语境中有一个从狭义到广义的发展过程。狭义封建本指西欧中世纪某些地区、某些时段出现的采邑制及其派生物，主要是指等级不同的领主间的封君—封臣契约关系，尚不包含领主与农奴间的关系。后来，feudalism 的外延逐渐扩大，指整个西欧社会所实行的政治—经济制度，进而更拓展为一种普世性的制度与社会形态，从而形成广义封建概念。广义封建的覆盖范围已溢出西欧一隅，而广被世界多数地区，于是有“波斯的封建制”“印度的封建制”“中国的封建制”“日本的封建制”等提法。就总体言之，欧美史学界多从 feudalism 的含义(封土封臣、领主庄园、农奴制、政权分散等)出发，考察世界各地的封建制，包括中国的封建制。

西方(欧美与日本)史学界的主流认识是，在“封土建国”“主权分散”含义上，中国殷周的封建制度，以及一定意义上的两晋南北朝的门阀贵族制，与西欧中世纪的 feudalism 在形貌上有类似之处：土地、人民和权力被层层分封；领有家邑、采地的世袭贵族，对上面的王者承担军事及财赋义务，是依附于封君的封臣，同时又具备政权独立性；对下面的采邑内的附庸及庶众，世袭贵族则是政治上、经济上的主宰者。这些特征是东西方封建制度所共有的，虽然二者的内里结构和宗旨又存在明显差别。

(二)中西封建制之同与异

中西封建制时段差距甚大，然亦颇有类同之处。胡秋原说：

---

① 见[英]安德森《绝对主义国家的系谱》(中文版)，上海人民出版社2001年版，第441页。

> 凡中外封建制度有四特点：一以军事为背景，然必有信义为精神。二以政治非中央集权，经济之地方自给为基础。三以基于阶层制度(Hier-archy)之权利义务关系为特色。四则封建盛期，世袭之制固定。①

比照中、西、日封建制，胡氏此一概括大体成立。

关于西欧中世纪的 feudalism，日本史学家牧健二概述为三个特点：第一，领主、从者、农奴以土地为缘，形成封建团体；第二，从者有服军役、做骑士的义务，以效忠领主为特征的骑士制发达；第三，在领主权基础上形成采邑。牧健二以此三点衡量中国周代的封建制，认为第一点与西欧相一致；第二点，在以军役奉公上相一致，但周制实行文教主义，与欧洲的骑士制相异；第三点，周代未见庄园，领主采邑不明显。② 此外，西欧封建社会同时并存庄园与城市两个经济中心，是二元性的；而中国封建社会经济结构是城乡一元性的，商周封建是建立在村社基础上的村社封建社会，不存在独立于村社的自由城市。

西学东渐以后，有中国学者对不同的封建制进行了比较。梁启超在清华大学国学研究院的讲稿《中国文化史》之《社会组织篇》"第五章阶级"论及中国与西欧封建时代均行贵族政治，但中国贵族政治不同于西欧的有三：第一，无贵族合议机关，如罗马元老院；第二，贵族平民之身份，乃相对的而非绝对的；第三，贵族平民享有政治权之分限，亦是相对的而非绝对的。③

梁漱溟则进而探讨中西封建制差异的形成原因：

---

① 胡秋原：《古代中国文化与中国知识分子》，台湾学术出版社 1988 年版，第 76 页。

② 参见[日]牧健二《日本封建制度成立史》，清水弘文堂书房昭和四十四年第 4 版，第 4~5 页。

③ 冯永轩藏《清华学校讲义》，梁启超之《中国文化史·社会组织篇》第 19 页。

> 何以中国封建阶级其自身这样松散，其对人这样缓和？此无他，理性早启而宗教不足；宗教不足，则集团不足也。封建所依靠者，厥为武力和宗教；而理性恰与此二者不相容，理性启，则封建自身软化融解，而无待外力之相加。①

梁漱溟把经验理性的较早确立视作中国先秦时封建制度的等级性较松弛的原因，这不失为一种文化学诠解。

从制度层面论之，中西封建制的差异可作如下分析：周代封建制是周人征服东方，为管辖广土众民而利用宗法系统建立起来的政治—经济制度。周代的主从关系（君臣关系）较具血缘纽带性和伦理色彩（德治），而西欧中世纪的 feudalism 则是在罗马帝国的中央集权崩解后出现的，其时战乱频仍，匪盗横行，民众需要地方上握有强权的贵族出面保护，强权者则通过提供保护以赢得对民众和土地的控制，于是彼此建立一种互惠性契约关系（reciprocity contract）：封邑领主对附庸提供治安，而附庸则把土地及种种权利（包括新婚初夜权）交付给封邑领主，以赢得庇荫，故西欧中世纪的 feudalism 较具契约性。这种契约形式逐渐法定化，而在国王—贵族—骑士间确立封建关系时显得尤其正规：在教会主持下，封臣向封主作效忠宣誓，以确定主君对封臣的支配权，以及主君与封臣相互间的义务。如果没有履行这种法律程序，便不存在主君—封臣间的契约关系。有欧洲谚语曰："我的封臣的封臣，不是我的封臣。"（也可译为："我的附庸的附庸，不是我的附庸。"）原因是封臣（或陪臣、附庸）只对他宣誓过的主君效忠，无须对主君所要效忠的主君称臣。

西欧的 feudalism，本为一个契约形态的法律术语，含义包括强权者对弱者的"保护"和弱者为强权者"服役"这两个侧面，所以，西欧

① 梁漱溟：《中国文化要义》，正中书局 1949 年版，第 180 页。

的 feudalism 可称之“契约封建制”。① 与之相比照，中国西周的封建制，是作为军事征服者的周天子将土地与人民封赐给子弟及功臣，臣属继续往下作“次分封”，领主与附庸间没有契约可言，而是由宗法关系相维系，通过血缘纽带及血亲伦理实现领主对附庸的控制(当然又以武力征服、军事镇慑为实行控制的基础)，故可称之“宗法封建制”。

如果抽去东西方封建制的差异性，以“封建”的一般意义(封土封臣、政权分割、人身依附)作为衡量标准，中国历史上的“封建时代”应当定位何处呢？美国史学家德克·布迪(Derk Bodde)在 1956 年一篇题为《中国的封建制度》的论文中指出，中国只有两个时代是“封建的”和“准封建的”，前者为周代，后者为魏晋南北朝时期，秦以后的主要时段则是“非封建的”。德克·布迪提出封建社会的“静态标准”(主从关系、私人地方政府、世袭、以分封换取服役的土地制度、主人对农奴的法定权利、私家武装)，以及“动态标准”(前一个帝国瓦解、蛮族入侵、政治统一超过经济统一、中央权威衰落、军事技术被特别集团[骑士或武士]垄断、一个普遍宗教的存在导致宗教信仰时代)，认为周代符合封建制的“静态标准”，魏晋南北朝则符合封建制的“动态标准”。②

兼通中西历史的中国学者齐思和认为，中国西周时代的“封建制度”，“与西洋中古社会具有根本相同之点。其不同者，仅枝叶问题”③。

若以封建社会的“静态标准”和“动态标准”来衡量，秦汉以后的

---

① 西方学者大多强调西欧的封君封臣关系是一种契约关系。也有学者指出，这种关系并非志愿，它是一种人身依附关系。亨利·梅因讲，近代化进程是“从身份到契约”，即指出封建时代的身份性特征。以上参见马克垚《英国封建社会研究》，北京大学出版社 2005 年版，第 119~120 页。

② 参见[美]R. 柯尔本《历史上的封建主义》，普林斯顿大学出版社 1956 年版，第 90 页。

③ 参见齐思和《中国史探研》，河北教育出版社 2000 年版，第 132 页。

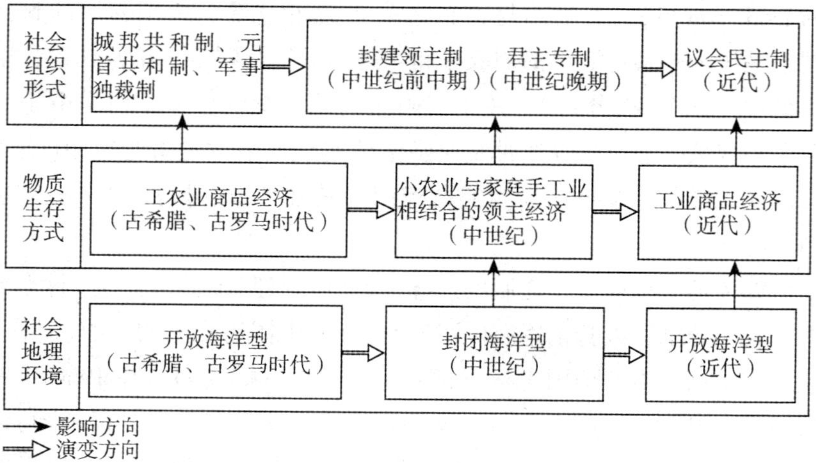

西欧社会形态演变表

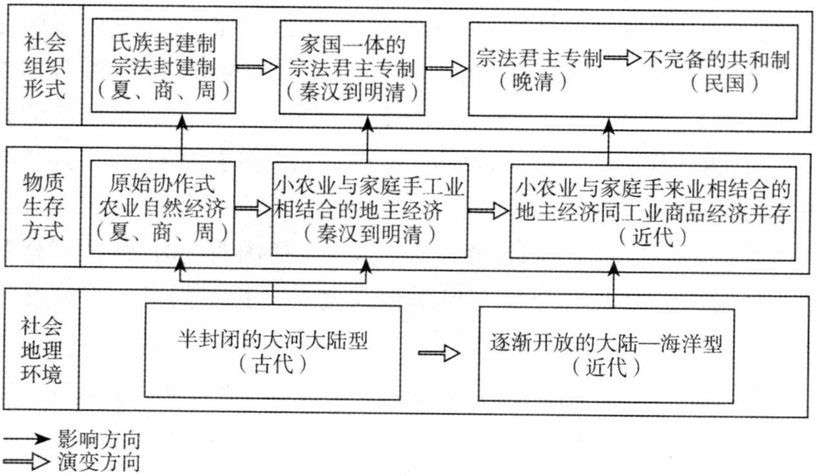

中国社会形态演变表

大多数朝代都与之相去甚远，不宜称之封建社会。

如果说，对于西欧中世纪而言，“封建制度”(feudalism)是一种必然实行的制度，那么，对于中国的中古及近古时代(秦汉至明清)

而言，非封建的君主集权制也是一种必然的历史选择，是此间中国整合社会资源以应对内外挑战的首选制度。这正是中西前近代历史的基本差异。

第二节　日本的“封建论”

> 封建之制，分之极也；郡县之制，合之极也。蜈蚣之能走者，要在众足所向皆同也。若各足各行异意，则寸步难行。两头之蛇，一头欲东，一头欲西，其不能行者必矣。故欲自立于天下，与万国抗峙者，必非郡县制者不能。
>
> ——[日]长三洲：《新封建论》

中国古代的各种“封建论”，坚守“封建”含义的贯通性，日本古来以及近代的“封建论”，也做到了这一点。汉字文化圈诸国曾经有着概念一以贯之的“封建论”。

一、日本近代以前的封建观

(一)历史上的日本曾受封于中国中原王朝：认识“封建”的一条渠道

日本自古即采用“封建”一词，并沿用不辍。

两千余年来，日本一直是汉字文化圈的一员，从中国的历史著作如《左传》、《史记》、柳宗元的《封建论》等汉籍、汉文中接受“封土建藩”含义的“封建”一词，又在中原王朝对日本“封藩”、日本受封的过程中，加深了对“封建”的认识。

中原王朝分封境外属国或名义属国，是汉唐以来历朝定制，这种封藩于外的举措也是“封建制”的组成部分。朝鲜、越南、日本、琉球等国对于“封建”名目，首先是从这种“册封体制”上加以理解的。

以下专论日本。

汉光武帝中元二年(57年)，“倭奴国奉贡朝贺，使人自称大夫，倭国之极南界也。光武赐以印绶”①，此为中原王朝封授倭国的最早记述。三国魏景初三年(239年)，邪马台国卑弥呼女王遣使带方郡，魏明帝授“亲魏倭王”印②，通过封授，明确了邪马台国对魏的臣属关系，以切断其与吴国的交往。南北朝时，倭王武的遣宋国书，起首句为“封国偏远，作藩于外”，自称日本为中原王朝的“封国”“藩属”③。此国书经明治时代史官久米邦武考析，认为传世文本已被《宋书》主纂沈约修饰，但该国书大体反映了那一时段中国与日本封受关系的实态则无可置疑。

日本圣德太子执政时期，于隋大业三年(607年)遣使入隋，所上国书称“日出处天子致书日没处天子”④，不再自认封藩。

日本在奈良时代、平安时代常自称为中国的“封藩”，并在此一含义上沿用“封建”一名，而中国史籍《宋书》《南齐书》《梁书》对于给倭国、高句丽、百济的爵封均有记述，倭王先后被封为“安东将军、倭国王”“安东大将军、倭国王”⑤“镇东将军”⑥“征东将军”⑦，等等。平安时代后期及镰仓幕府时代日本才脱离了与中国的藩属关系。

至室町幕府时代，日本为在与明的朝贡贸易中获取暴利(贡献少量方物，获取巨量赐赉)，再度以中国的封藩自命，三代将军足利义满在1410年派筑紫商人肥富为正使、僧祖阿为副使，前往中国明廷修复国交，所呈国书自称“日本国王臣源”，表示仍“遵往古之规法”重建两国关系，这里的“往古之规法”，即指中土朝廷“封赐”日本。在明朝永乐皇帝即位时，足利义满又遣使朝贺，仍自称“日本国王臣

① 《后汉书·东夷传》。
② 《三国志·魏书·倭人传》。
③ 《宋书·夷蛮传》。
④ 《隋书·倭国传》。
⑤ 《宋书·夷蛮传》。
⑥ 《南齐书·倭国传》
⑦ 《梁书·倭传》。

源”，奉明朝正朔，受明朝颁发的日本国王印，以“封藩”自居。不过，足利氏在日本国内并不宣示是明朝的藩属。

丰臣秀吉时期，日本不再承认其是中国的封国。明朝万历年间赴日本的中国明廷使臣递交国书中有“封尔为日本王”之语，丰臣秀吉勃然大怒，当场将明朝国书撕掉。德川后期史家赖山阳有《裂封册》一诗，描述了当时的情景：“史官读到日本王，相公怒裂明册书。欲王则王吾自了，朱家小儿敢爵豫。”①(诗中“相公”指丰臣秀吉，“朱家小儿”指明朝万历皇帝)。清末中国驻日使馆参赞黄遵宪在《日本杂事诗》中言及日本历史上受封于中国的故实与丰臣的这件事：

女王制册封亲魏，天使威仪拜大唐。
一自舟覆平户后，有人裂诏毁冠裳。②

黄遵宪诗前句，写邪马台国卑弥呼女王被魏朝封为“亲魏倭王”，此后日本“并受中国爵命，江左历晋、宋、齐、梁，朝聘不绝”③。至奈良时代、平安时代，日本“瞻仰中华，如在天上。遣唐之使，相望于道”④。诗的后句写元世祖时派水军攻日本列岛，元军舰队因飓风覆灭；至明朝，倭寇入犯中国山东、江浙沿海，丰臣秀吉又侵攻中国藩邦朝鲜，明万历帝听信沈惟敬之言，议和授封，使者入日，向丰臣秀吉宣诏“封尔为日本王”，对明朝怀有野心的丰臣秀吉哪里会受封于明，勃然怒起，脱衣冠掷于地，撕裂诏书，骂曰：“我欲王则王，何受髯虏之封？且吾而为王，若王室何？”⑤

① ［日］赖山阳：《日本汉诗集》。

② 黄遵宪著，钟叔河辑注校点：《日本杂事诗广注》，湖南人民出版社1981年版，第43页。

③ 《北史·倭传》。

④ 黄遵宪著，钟叔河辑注校点：《日本杂事诗广注》，湖南人民出版社1981年版，第43页。

⑤ 黄遵宪著，钟叔河辑注校点：《日本杂事诗广注》，湖南人民出版社1981年版，第43~44页。

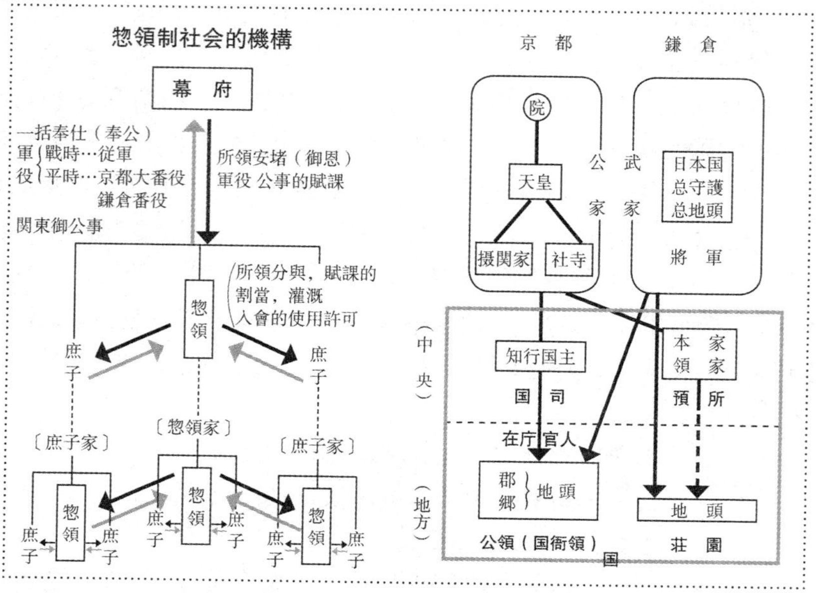

日本镰仓幕府时期的公武二元结构图

赖山阳、黄遵宪诗作正表现出随着国力的增长，日本逐渐由争取作中国“封藩”，变为拒绝受封。而日本正是在受封与拒封的漫长过程中，从“封爵建藩”意义上接受“封建”一词的。

（二）“幕藩制”：分封与集权的统合

德川幕府承袭丰臣秀吉政略，不再以中国的明清两朝封国自认，但其内政却兼采中国的“封建制”与“郡县制”。同中国历朝一再探讨“封建”与“郡县”二者的利弊得失一样，日本也重视此一论题。德川家康在江户初创幕府（有两个名称：以将军姓氏命名的“德川幕府”，以幕府驻地命名的“江户幕府”）之际，就以中国远古西周“封建”为理想政体，并广为使用“诸侯”“藩国”“封禄”“采邑”“士”“庶人”“工商”等来自中国封建制度诸概念。① 如“藩国”本系中国古名，指分封

① ［日］牧健二：《日本封建制度成立史》第一章“绪论”，清水弘文堂书房昭和四十四年版，第 2~3 页。

及臣服的各国，日本亦以之称诸侯国，意指诸侯有屏藩(拱卫)王室的作用。

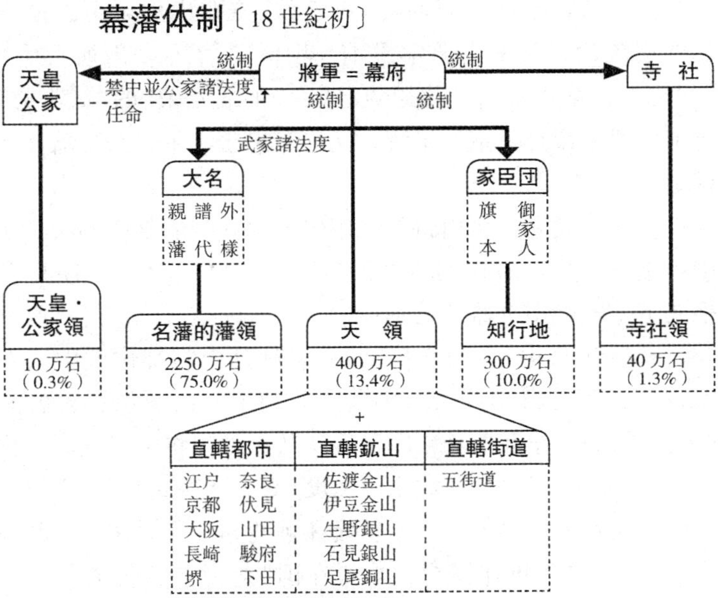

日本德川幕府时期的幕藩体制示意图

继织田—丰臣时期的统一努力，德川幕府正式平定战国时代“下克上”的乱局，以严格的上下主从关系和家长制统制关系为核心，建立起封建的阶级组织，并推广到全社会，组成等级森严的“士农工商”四民社会；又承继织丰时期之制，形成完备的“幕藩体制”。①

① “幕”即“幕府”，原指军幕、帐幕，语出《史记・李牧传》索隐引崔浩说：“古者出征为将帅，军还则罢，理无常处，以幕帘为府署，故曰幕府。”日本用指执掌军政实权的征夷大将军府署(又称“公仪”)，与名义上的君主——天皇(又称“禁里”)组成“公仪—禁里”二元复合结构；“藩”指二百数十个“大名”掌控的藩国(领地万石以上者称大名，其领地称藩)，它们受封于幕府，又有相当的独立地位。

幕藩制的基础，是以宗族结合、主从结合的双重关系组建的武士团。“武士”一名初出自797年编纂的《续日本纪》，原指六卫府武官，后演变为依附于领主的专习武事者的称谓。自镰仓幕府开始，武士阶层愈益壮大。活跃于江户初期的“古学派”先驱山鹿素行，批判中国朱子学的道统论，又从朱子学汲纳“忠节”“信义”“廉耻”等，力倡“得主尽忠，交友守信”，“报恩克己”，“征战光荣”的“武士道”。信奉武士道的武士崇拜王室、皇统，又绝对忠于领主，是幕藩体制的主要支撑力量。

为控制诸侯大名，德川将军采用中国郡县制的某些办法，实行适度的中央集权。德川时代的重要制度——“参觐交代”，便是在封建制大格局下，辅以中央监控的举措。

“参觐交代”又称“参觐交替”，从名称到内容都仿效中国先秦的“朝觐之制”，当然日本人又有创造。此制本为诸藩侯、大名向幕府效忠的自动行为，早在庆长年间已经实行，德川将军将其制度化，宽永十二年(1635年)公布的《武家诸法度》有关于“参觐交代”的法定条文，令诸藩侯及大名每隔一年，轮流在领地和江户居住，后改为每三年轮换一次，有“半年在江户，半年在国”之说，并将诸藩侯、大名的妻孥留在江户做人质(黄遵宪《樱花歌》称“三百诸侯各质孥”即指此，“孥”指妻、子，“质”为人质)，以对诸藩侯及大名实施有效控制。这是在中央集权制与藩国封建制之间求得一种综合。为掌控二百六十多个大名，幕府还将这些人分为三类：“亲藩”(德川氏一族)、“谱代”(德川氏的家臣)、“外样”(将军一族及谱代以外的大名及武士，曾与德川氏并列)，按关系的亲疏远近分而治之。

(三)德川时代的“封建论”

探讨“封建”的成败得失，是德川政权的“长久之御谋”，一些重要思想家都论及此一题目，基本倾向是肯认“封建”，又将“郡县”纳入幕藩体制之内。

山鹿素行著《中朝事实》，称日本为“中朝”(中央朝廷)，对周边国家(如琉球等)实行册封，建立以日本为中心的“小中华”体制，并将忠于天皇和德川将军作为上位理念。基于对诸侯领主和天皇的双重礼敬，山鹿素行在“封建”与“郡县”两制的评议上，取“折中说”“并用论”“并存论”，以为“封建”与“郡县”应当“共行”，以“长短相补”①，他的主张是“推行封建要用郡县之心，推行郡县要用封建之心”②，试图在集权与分权之间取中，这是为德川时代实行的幕藩制作周全的谋划布置。

德川中期的幕府儒官、朱子学者室鸠巢曾应八代将军德川吉宗的谘问，就幕府的制度、政策再三上书，其中着重品评“封建”与“郡县”的长短。与中国秦代李斯、汉代贾谊、唐代柳宗元力倡“郡县制”相反，室鸠巢批评“郡县制”，而与中国晋人陆机、宋人胡宏之论相似，把封建制理想化，认为周朝享“九百年长寿”，实得诸侯的藩屏守护，此论显然是顺应江户时代的幕藩体制而发。当然，室鸠巢也绝非食古不化的腐儒，他还检讨周代封建制的不足，给将军吉宗贡献强化“参觐交代”的办法。③

与室鸠巢同时的“古学派”思想家荻生徂徕亦常作“封建—郡县”比较论，他有尊“封建”斥“郡县”的倾向，认为“封建”与“礼乐”相表里，皆为圣人之道，三代行之，故天下太平，秦废之，故天下大乱。荻生在《萱园七笔》中说：“秦郡县天下，而后有盗贼乱天下之祸也。三代时无之。”④他以为，要克服幕府的危机，必须顺先王之道，复井田、封建。在《政谈》中，荻生赞扬江户设幕初期实现了“海内封建”，又严厉批评后来实施的都市聚居，并认为“参觐交代”制“何异于郡县”，故荻生徂徕是比室鸠巢更彻底的“封建主义者”。⑤ 但荻生徂徕又痛恶世袭制，认为居上位的世禄之人，自幼生于富贵，没有历练人情世态，出仕必多过失。这又显示了对封建性的门阀制度的批判精神。

---

① ［日］山鹿素行：《谪居童问》。

② ［日］山鹿素行：《山鹿语类·治礼》。

③ 参见［日］室鸠巢《献可录》，《日本经济大典》卷六，明治文献 1966 年。

④ 《荻生徂徕全集》第 1 卷，河出书房新社 1973 年版，第 549 页。

⑤ 参见《日本思想大系》卷三六，《徂徕学派》，岩波书店 1973 年版，第 300 页。

另一“古学派”思想家、荻生徂徕的门生太宰春台也认为封建是“圣人之制”，诸侯长守其国，治理着眼于永久，而郡县之吏，来去匆匆如同旅人。太宰春台撰《斥非》一文，赞同曹元首、陆士衡之说，将柳宗元推扬郡县制的《封建论》斥为“谬哉”。①

上述古学派诸人在探讨“封建—郡县”问题时，都反复引述、评论汉唐以来的“封建—郡县”辩议，表明日本的“封建—郡县”论是中国的。“封建—郡县”论的直接延伸，但日本的“封建—郡县”论又是立足于江户社会实际，为建立幕藩体制作论证的。与汉唐以下中国士人多赞扬“郡县制”不同的是，德川时代日本士人则多赞扬“封建制”。这当然与中日两国的国体之别、政制之异相关。

(四)质疑“封建”的舆论潜滋暗长

德川时代形成的水户学派持有别样的“封建”观。水户藩主德川光国于明历三年(1657年)开始设局修撰《大日本史》，尊明末清初儒学者朱舜水为宾师，其史法、史观皆得朱舜水指点。《大日本史》用汉文撰述，纪传体，以司马光《资治通鉴》和朱熹《通鉴纲目》中的名分思想为据，记述日本历史。后由藤田幽谷奠基、会泽正志斋完成的“水户学”，以尊王敬幕、华夷之辨为两主线，突出大义名分论。晚期水户学派阐扬“尊王斥霸之道”，隐然对日本的封建制度——幕藩体制的合法性提出疑问。以后，明治维新高举“尊王”旗帜，即取自水户学派《大日本史》的史观，其来龙去脉可简述为：《资治通鉴》和《通鉴纲目》中的君臣名分思想经朱舜水传授，然后为德川光国及其水户学派所接受，再通过《大日本史》的修纂，加以发扬，至幕末及明治初衍为“尊王反幕”大潮。

安藤昌益是江户中期的反封建思想家、农民民主主义的先驱，其著述多在晚年，即18世纪中叶宝历年间完成。他在《自然真营道》一书中抨击武士的“不耕贪食”说：“士者武士也。君下立武士，贪众人直耕之谷产，若有抗者，则以众多武士捕缚之。是盗窃自然之天

① 见《日本思想大系》卷三七，《徂徕学派》，岩波书店1973年版，第420页。

下。”对封建的武家制度提出抗议。安藤被日本马克思主义哲学史家永田广志称为“急进的封建制批判者”。永田指出，安藤这种反封建思想的历史因素尚不成熟，故“难免成为没有实现可能性的空想论”，然而，“反对封建制，如果仅就采取批判武家政治的形式而言，那么反幕府的尊王思想中也表现了反封建的倾向”①。这在德川时期的“国学”中，是以复古形态而曲折表现出来的。

此外，具有开放眼光的经世实学家，如本多利明、佐藤信渊等，均倾向于郡县制，且对封建制有所批评。至幕末的“草莽志士”，更发出质疑幕藩体制的呼声，如吉田松阴在《将及私言》中提出“天下为天皇一人之天下，而并非为幕府一家之天下”。日本开国之前，吉田松阴持“尊皇敬幕”的二重忠诚观；美国培理舰队 1853 年叩击日本闭锁的门户导致开国之后，吉田一变而为“尊王反幕”论者，力倡“一君亿兆臣民”，直接对封建割据的幕藩体制提出挑战，因此吉田松阴二十九岁就被幕府处决。行刑前，吉田从容吟诗：

四海皆王土，兆民仰太阳。
归朝君勿问，到处讲尊攘。

这是日本“废封建”“尊皇统”，建立近代统一民族国家的先声。

二、明治初废封建：“版籍奉还”“废藩置县”“四民平等”

(一)要求“幕府还政”的呼声

德川时代的封建制度，至幕末发生动摇。

19 世纪中叶，美国、英国、法国、俄国等西方列强竞相叩击日本闭锁的国门，幕藩体制内外交困，危机四伏，幕府被迫向久居虚位的天皇寻求支持。一些主张改革的下层武士，其政治诉求已突破封建的藩国樊篱，如长州藩士、尊攘派代表久坂玄瑞说：“诸侯不足恃，

① ［日］永田广志：《日本哲学思想史》(中文版)，商务印书馆 1992 年版，第 170~176 页。

公卿不足恃，除联合草莽志士起义之外，更无他策……大义所在，纵使贵藩、敝藩灭亡，在所不惜。”①其效忠对象已超越封建藩主，直指全日本，而日本的象征是天皇。另一“草莽志士”坂本龙马在 1867 年 7 月拟定“船中八策”，其第一策即为“幕府奉还政权，政令出自朝廷”，这预示着日本从分散的封建制向统一民族国家转化。1867 年 10 月天皇向萨摩、长州两藩下达“讨幕”密敕。为取消“倒幕派”出师之名，将军德川庆喜接受前高知藩主山内容堂建策，于 1867 年 11 月 9 日向天皇奏请“大政奉还”，天皇立即接受，从而在日本正式展开从“封建”向“中央集权”的过渡。

1868 年开始的明治维新，效法西洋，推进日本近代化改革，变藩国割据为中央集权是当务之急。1868 年 1 月 3 日，天皇睦仁出面，召开御前会议，发布“王政复古大号令”，形成京都的天皇政府与江户的德川幕府两个政权并立的局面。1 月 15 日，变革派公卿岩仓具视要求朝廷命令将军德川庆喜辞去内大臣职务，幕府因而提出将德川家四百万石领地的一半还归朝廷，此一“辞官纳地”之议因山内容堂等人的抵制，未能立即实施。明治元年(1868 年)闰四月天皇政府颁布《政体书》，宣布“天下权力总归太政官”，并指出“政令二途，祸患无穷”，显示了明治政府对中央集权的强烈追求。1868 年夏秋之际的“奥羽之战”，明治政府军击溃最后一支成建制的幕府军，中央政府掌控日本全国局势。10 月改元明治，12 月，明治政府开始藩政改革，颁布“藩治职制”，各藩设立执政、参政、公议人，废除门阀世袭的家老制，令藩政与家政分开，进而建立直辖中央政府的府、县，由中央政府任命“知府事”“知县事”，直辖地以外的藩继续由诸侯统治。“府县藩三治制”成为幕藩制向郡县制过渡的一种形态。

(二)“版籍奉还”

“版籍奉还”中的“版”指“版图”，即领地；“籍”指“户籍”，即藩主的领民。

---

① 1862 年致土佐藩士的信，[日]大久保利谦编：《近代史史料》，吉川弘文馆 1956 年版，第 28 页。原为日文，笔者试译为中文。

庆应四年闰四月，木户孝允见长州藩主毛利敬亲，以“国事”相告，劝毛利奉还版籍，毛利“御落泪”，慨然表示“弃一己之私利，提出版籍奉还之议”。

改元明治后的1868年11月，经大久保利通策动，姬路藩主酒井忠邦(在鸟羽、伏见之役中参加幕府一方，战败后归顺天皇)上疏天皇，“请将其政权领地悉数奉还朝廷”，意在希望天皇重新封赐，以取得领地合法权利。明治政府虽未接受酒井的“奉还”，却因此受到启发，开始酝酿“版籍奉还”大计。

1869年2月，萨摩、长州、土佐三藩实力人物大久保利通、板垣退助、大隈重信与萨摩藩主岛津忠义、长州藩主毛利敬亲、土佐藩主山内容堂、肥前藩主锅岛闲叟聚会，大久保等劝四藩主说：“今诸侯之领地，皆朝敌德川所授，并无天皇之印玺，这是滑稽的。”只有“奉还”领地、领民接受天皇的授权才是合法的。四藩主则期待着天皇加盖玉玺以取代幕府“朱印状”，他们于3月5日向天皇上版籍奉还表文，声言“自愿”“自发”地将“版”与“籍”奉还朝廷。他们在《奉还版籍奏文》中说：

> 朝廷一日不可失者大体也，一日不可假借者大权也……臣等所居乃天子之土，臣等所牧乃天子之民，安得私有乎。今谨收版籍而奉上，愿朝廷善为处理，其应予者予之，其应夺者夺之。凡列藩之封土，更宜下诏改定。①

奏文所倡“王土王民”论(取义中国《诗经》的“溥天之下，莫非王土；率土之滨，莫非王臣”)。四藩主在“奉还”版籍后，企望朝廷再以土地“予之”，并继续充当受封的“王臣”。此奏文抬举了天皇政府，为废封建、立郡县的“王政复古”造成声势。改元的第二年夏，已有二百二十九个藩响应“奉还版籍”。7月25日明治天皇下诏接受各藩奉

---

① ［日］维新史料编委会：《维新史》，明治书院1942年版，第701～702页。

还的版籍，但却没有再行授封，任命各藩主为“藩知事”，使其从世袭诸侯变为朝廷命官，并下令其他十四个藩也要立即奉还。与此同时，明治政府1871年初以萨摩、长州、土佐三个支持改革的西南强藩的精兵组建“天皇亲兵”，从此日本中央政府掌控兵权。

（三）废藩置县

“版籍奉还”以后，明治政府进一步改革藩政，限制藩的自主权。一些小藩因财政困窘，加之农民暴动频频，藩政难以为继，遂申请废藩。先有古井、狭山二藩请废（在明治三年），继有盛冈、长冈二藩在明治三年请废，又有多度津、丸龟、龙冈、大沟、津和野诸藩在明治四年请废，这为明治政府实行全面的废藩提供了条件。

明治四年明治政府发布《土地令》，将神社、寺院领地收公。同年7月14日，木户孝允以天皇名义召集在东京的七十六名藩知事，颁布《废藩置县诏》：

> 朕惟更始之际，内以亿兆保安，外以外国对峙，宜名实相副，政令归一……故今更废藩为县，务除冗就简，去有名无实之弊，无政令多歧之忧。①

此诏书从内容到文字，均从木户孝允的《版籍奉还建言》脱出。诏书宣布废二百六十一个藩国，免去世袭藩主的知事职，命其迁居东京，食国家俸禄。打破藩界，建三府三百零二县一使，四个月后，并为三府七十二县（1826年统合为三十五个县）一使，1888年调整为三府四十二县一使（笔者曾任教于日本爱知大学，所在的爱知县即由幕府时期的尾张国、三河国于明治初年改制后合并而成）。府、县、使全部官员由中央政府任命，日本封建性的大名国家解体，“疾风迅雷”地一变而为“政令归一”的近代郡县国家（现在日本分为一都、一道、二府、二十三县）。

① ［日］大久保利谦编：《近代史史料》，吉川弘文馆1956年版，第57~58页。

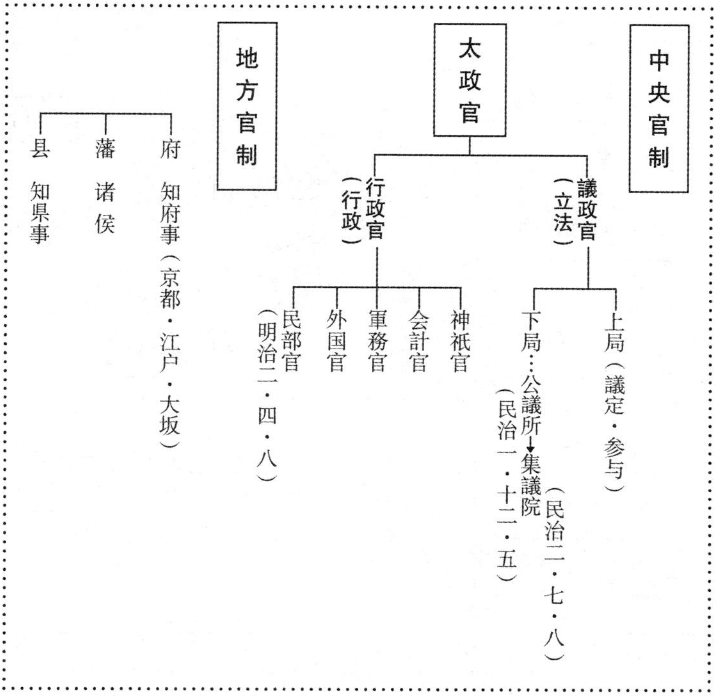

明治初期的日本官制图

在某种意义上可以说，日本明治维新间的“版籍奉还”“废藩置县”等反封建举措，与两千多年前中国秦始皇的“废封建，立郡县”十分近似。当然，日本明治初年的作为，是为创造统一的近代民族国家而作的一项努力，这与秦始皇的“变政”存在着时代差异，其后果也截然不同。

（四）废除封建的其他举措

与“版籍奉还”“废藩置县”相先后，明治初年日本还实行另外一些“废封建”措施：

明治元年六月，行政官下达政令，武士改称“士族”；又将原藩主和公卿（宫廷贵族）改称“华族”，宣布废除身份等级制，促成武士集团解体。

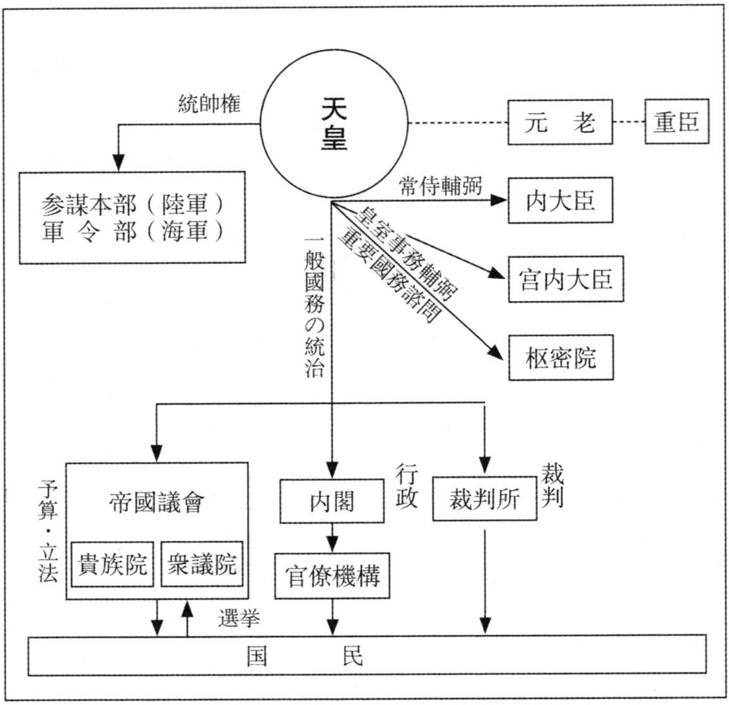

明治宪法下的日本国家机构示意图

明治元年十二月，颁布“秩禄处分”，并在明治四年、五年、八年、九年颁布政令，将武士俸禄改为按等级发给附有利息的公债。华族、士族用公债购买土地或投资工商业，由封建主变为新地主和资本家，下层士族则改从他业（如教师、医生、记者、工程师等）。

骑马原为武士特权，明治二年准许平民骑马；准许武士“废刀”“散发”，明治九年又正式颁发“废刀令”，除身着制服、礼服的军人、警察、官员外，一律不得佩刀，取消了武士的外观标志。

古来日本氏姓得自封赐，贵族、武士方有姓。江户末期富裕的平民开始获姓，明治三年，准许平民普遍使用“苗字”（“苗”指苗裔，即姓）。

明治五年正式废除身份制，宣布“四民平等”。准许华族、士族、平民间通婚。颁布“征兵”诏书，实行常备兵制，昔时“腰佩双刀”“杀人而官不敢问其罪”的武士，失去垄断军职的特权，封建兵制结束。

这样，明治政府用赎买政策，使总数一百多万（占当时日本三千多万总人口的百分之五）原来享有封建特权的华族、士族，渐次脱去封建性，成为近代日本社会上中层的重要来源。

“版籍奉还”“废藩置县”“四民平等”，以及废除各藩设立的关卡及工商业中的行会制度，解散“株仲间”（工商业垄断组织）等举措，日本史学家统称之为“封建制之打破”。曾任美国驻日本大使、有“日本通”之称的埃德温·赖肖尔（Edwin O. Reischauer，本人采用日音汉字名“赖世和”）论及明治维新的“废封建”举措时说：

> （日本）从一个主要靠世袭决定人们地位的社会改变成为一个主要靠个人的教育程度与成就决定其地位的社会。①

此一论说中肯。当然，近代日本还保留着相当深重的封建遗痕，身份、等级仍长期发挥作用。

日本史学家井上清说，消解了贵族政治的明治政权，“形成了基本上与世界史上被称为绝对主义的国家具有同样性质的国家”②。这里所谓“绝对主义”约与“专制主义”相当，其典型为西欧16至17世纪封建社会末期的社会形态。这种非封建的“绝对主义”推动了资本主义的成长。

三、近代日本的“封建论”

与时势变迁相对应，德川时代赞颂“封建”的主流舆论，至明治间转化为贬斥“封建”的论说占据上风。

---

①　[美]赖肖尔：《日本人》（中文版），上海译文出版社1980年版，第83页。

②　[日]井上清等：《日本近代史》（中文版上册），商务印书馆1972年版，第80页。

(一)伊藤博文、木户孝允的“废藩”建策

与明治初藩政改革的具体举措相为表里，“扬郡县、抑封建”的论调在此间颇流行，而伊藤博文在明治元年的《版籍奉还建白》及木户孝允明治二年的《版籍奉还建言》是开风气之先的议论。西乡隆盛、大久保利通、大隈重信等也有类似建策。

长州藩士伊藤博文于文久三年乘英国船前往西欧旅行，亲见欧洲近代社会，即认定日本当务之急应该废除藩国制、实行郡县制。明治元年春，伊藤与同为长州藩的木户孝允商议后，欲策动长州藩主毛利敬亲率先“将领地和人民奉还天皇”。这一年 11 月，时任兵库县知事的伊藤向朝廷“建白”，对姬路藩主酒井忠邦向天皇奉还版籍深感“欣跃”，以为是“皇国之幸”，强调诸藩“将其政治、兵马之权奉还天朝”，以统一政令兵权，可张大“皇国之威武”。①

与西乡隆盛、大久保利通并称为“维新三杰”的木户孝允，庆应四年初就力主“以至公至正之心，完全改变七百年来(日本)之积弊，使三百诸侯一举交还其土地、人民”。明治改元后，时任“参与”的木户孝允同岩仓具视商议后，向天皇提交了两个重要提案：一为“大名版籍奉还议”，二为“征韩议”。明治二年木户正式提出《版籍奉还建言》，论及去岁德川庆喜将大政奉还，缴纳出了土地人民，却仍携兵抗拒天皇政府，故“一新之政”的要领在于：

> 内使普世才能登庸，亿兆安抚，外与世界各国并立……一变七百年来之积弊，三百诸侯举而还纳其土地、人民，不然一新之名义不知在何。②

木户所说的必须“一变”的“七百年来之积弊”，即指从镰仓幕府、室町幕府到德川幕府的七百多年间(12 世纪初叶至 19 世纪中叶)日本所

① ［日］伊藤博文：《建白书》，《岩仓具视关系文书》17—7—28，北泉社。

② ［日］木户孝允：《版籍奉还建言书案》，《木户孝允文书》八，日本史籍协会，第 25~26 页。

实行的武门专权、藩国林立的封建制度。

明治二年三月，时任“军务官判事议事取调兼勤”的森有礼上疏四条，提出“方今我国(日本)体，封建郡县相半，如此将来之国究竟如何”的问题，他主张顺应“人情时势”作适当处理，以后在公议所形成的四种议案中，提供未来政府决策的基础。①

(二)新的“封建—郡县”比较论迭起

由“版籍奉还”导致新一轮的封建议论。明治二年三月，日本的《中外新闻》刊发启蒙思想家津田真一郎(即津田真道)的《郡县议》，称“宇内国体虽有数种，概不过君民二政”。“君”指的是君主政治，“民”指的是民主政治，而“皇国(日本)及汉土(中国)实行君政，其内惟封建、郡县二体。古来对二体议论甚多，其是非得失由时势而定”。津田以进化历史观评述两制：

> 封建生于国初草昧之世，郡县成于稍稍文明向化之秋。②

津田回顾了中国从“封建”变“郡县”的历史，肯定秦制(郡县制)是无可变更的，此为“势”之所趋。津田进而论“皇国”(日本)之制是“封建郡县混合”，“目今天皇御复政，郡县议论起”。“今海内(日本)二百七十诸侯，变为郡县，于势果行者否？……其处置适宜，则可行。”津田举“大化改新”之例：天智天皇收权于朝廷，未用寸兵而没有出事，以此肯定今之行郡县制，使“皇国成为唯一君之国家，阖国一和，增进富强开化”。他期望：

> 天下皆郡县，四海唯一君。陪臣及陪臣之陪臣，皆为朝臣。③

① 参见[日]大久保利谦《明治维新的政治过程》，吉川弘文馆昭和六十一年版，第127~140页。

② [日]津田真道：《郡县议》，《中外新闻》第六号，1869年3月。

③ [日]津田真道：《郡县议》，《中外新闻》第六号，1869年3月。

“陪臣及陪臣之陪臣，皆为朝臣”之议，是针对西欧中世纪“陪臣之陪臣非我陪臣”的谚语而说的。西欧中世纪实行契约封建制，某一级陪臣只对与他有誓约关系的领主效忠，对更上一级的领主（包括国王）则不必效忠，这就使权力更为分散，而津田的主张则旨在强化中央集权。

明治二年四月，《中外新闻》发表昌平学校寄宿生松尾龙藏、岛津带刀写的《郡县议》，论及中国古时的“封建—郡县”之辨，联系日本实际，批评日本实行的“封建”世官世禄制，“人安逸游手，所谓尸位素餐，位不期骄，禄不期侈，诸士微臣视奴仆如牛马”，为“天下（日本）之不幸”。两学生力主郡县制，使“私地私民尽归为王土王民”，“今般天下之诸侯版籍奉还……实报国尽忠之至诚”。两学生还提出九条具体建议。①

津田真道及两学生的文章，显示了当时日本知识分子对于废除封建制，建立统一民族国家的期盼。

明治三年九月，大隈重信出任参议，写了《大隈参议全国一致之论议》：

> 我（日本）中古皇纲幼解，政权皆归武门，郡县之制变而成封建之势……虽奉王命而督诸侯，大道名义却名有实无……藩屏之侯伯国，各有政刑，其臣民唯以其封内为自国，甚或成胡越之情状。全国气脉阻梗，殆至于四分五裂之势。②

大隈称“奉还版籍”是“全国渐归郡县之体”的重大举措，同时又提出，为了确立日本“自主之国权”，必须在各藩“协同合和”基础上，“合并

① ［日］《中外新闻》第十号，1869年4月。

② 早稻田大学社会科学研究所编：《大隈文书》第一卷，早稻田大学社会科学研究所1958年版，第1页。

非分离之国力，立一致之政体”。①

明治三年年末，岩仓具视亲赴鹿儿岛，请当时还叫西乡吉之助的西乡隆盛出山，襄助新政。西乡赞成“奉还版籍”，又强调“府藩县一视同仁”，即主张给藩国制留下余地，但也流露出对郡县制（也即中央集权）的疑虑，由此正可理解他后来为何举兵反抗明治政府。西乡说：“郡县、封建之制，犹当再加议论。观方今之形势，郡县之制恐难长行，其弊害亦不胜枚举。当于众贤熟议之，上改其制。”②

与木户孝允相过从的汉学者、书法家长三洲也在这年年底撰文《新封建论》，赞赏柳宗元《封建论》“封建非圣人意也，势也”之论旨，认为柳“识力卓越，几非二千年间儒生之所能及”。文章同时又指出《封建论》的历史局限：

> 惜者，唯论所以自治者，而未及所以防外也。③

长三洲的《新封建论》从治内防外两方面，深入检讨“封建制”的利弊得失。该文揭示“封建尾大之病”“政治多头之患”④，称赞萨、长、土、肥四藩“奉还版籍”符合“天下大势”，是“保全日本自立之权”的举动。⑤

明治四年七月，木户孝允支持的《新闻杂志》第六号附录刊载长三洲（署名“静妙子”）的《新封建论》，该文阐明封建、郡县两制度的利害得失，批评封建制“诸藩其官世袭，私其土，私其民，私其货财，私其兵力，私其政令，私其制度”，故废藩置县为“朝廷的至急”。

---

① ［日］《大隈文书》第一卷，第1、2页。引文原文为日文，由笔者译为中文，下同。

② ［日］《大隈文书》第一卷，第7页。

③ ［日］《大隈文书》第一卷，第9页。

④ ［日］《大隈文书》第一卷，第11页。

⑤ ［日］《大隈文书》第一卷，第15页。

> 余曾谓，郡县之制，譬如长蛇，一处受创，遍身皆痛；封建之制，譬如蜈蚣，一足虽折，众足能走，常自以为知言也。今思之，知其所见者偏矣。①

> 封建之制，分之极也；郡县之制，合之极也。蜈蚣之能走者，要在众足所向皆同也。若各足各行异意，则寸步难行。两头之蛇，一头欲东，一头欲西，其不能行者必矣。故欲自立于天下，与万国抗峙者，必非郡县制者不能。②

文章举欧洲之例，说明废除"封建制"(文曰"籍土之制")是使欧洲各国近代强盛起来的原因："五大洲中独立之国，未曾有一国行封建之制。欧罗巴诸国，古为籍土之制，其所以致今日之盛者，皆起于废其制也。"③

文章还援引中国历史事例，说明封建制的弊害，进而号召日本人：

> 知封建之害、郡县之利，一天下之力，一天下之财，去其身家之私，破其偏固之心，谋日本政府之能树立，以全自主自治之权。④

《新封建论》强调变封建制为郡县制，是日本在万国对峙形势下的急务。"郡县肯定论"在舆论界的正式登场是以这篇文章的发表为标志的。

明治四年九月二十七日(1871 年 10 月 14 日)，长三洲的文章在横滨发行的英文杂志发表，题为 The *Abolition of the Feudal System in*

---

① ［日］《大隈文书》第一卷，第 8 页。
② ［日］《大隈文书》第一卷，第 9~10 页。
③ ［日］《大隈文书》第一卷，第 10、16 页。
④ ［日］《大隈文书》第一卷，第 10、16 页。

Japan(意为“日本封建制度的废止”)。① 可以说这是最早以英文(the Feudal System)与汉字词组“封建制度”相对译。

明治十四年(1881年),时值“废藩置县”十年之际,福泽谕吉撰《废县论》,指出立县以后,司法、收税等事由县厅处理,直辖于朝廷,收到“至极便”的效果。② 福泽指出,德川时期京都是天皇居处,江户是德川将军驻地,全国有两个中心,而明治初迁都江户,改称东京,又取缔德川氏,废除诸藩国,作为皇都的东京成了“天下权力之总汇”,这标志着日本“封建”的终结,福泽认为这是自己的“第一大誓愿”——从封建制束缚下得以解放的实现。

四、近代日本“废封建”举措的民族文化根据

明治间的“新封建论”多采用汉文旧词(封建、郡县、藩国,等等),行文依旧保持原汉语词,然其内涵却已具有近代性,这是由明治政制变革的时代性质所决定的。

(一)以欧美为目标,以古制为依凭

明治时期,日本为建立中央集权的近代国家体制,分两步实现这一目标:

第一步“版籍奉还”,让诸藩把“版”(土地)和“籍”(人民)的所有权交还国家;第二步“废藩置县”,取消世袭制的藩国,建立直辖中央的郡县,使日本从公武二元、藩国林立的封建国家变为“政令归一”的近代民族国家。

二者的精义均在“废封建”,此为明治维新的重要内容。作为明治维新国策的“版籍奉还”“废藩置县”,以欧美列强建立的统一民族国家为样板,也参考了古代中国从封建制向郡县制转化的经验,并且在论证“版籍奉还”和“废藩置县”的合理性时,从用语到逻辑等大都沿袭汉字的原形态,一些人盛赞相传公元前7世纪的“神武创业”(即

① 参见[日]松尾正人《废藩置县研究》,吉川弘文馆2001年版,第252~254页。

② [日]《福泽谕吉全集》第8卷,岩波书店1933年版,第396页。

并行封建、郡县），从而论证：后来的幕府一味推行封建，并不符合古制。

"版籍奉还"在运作形式上也仿效千余年前的"大化改新"：大化年间，由中大兄皇子率先献土地人民，朝廷的土地人民收公之令方得以通行，明治初也是由诸藩奉土献民。这种"仿古"做法，把"版籍奉还""废藩置县"纳入"王政复古"的体系，为实行"政令归一"的郡县制找到了民族文化的传统依据，从而使这一涉及社会面颇广的变革，阻力大为减小。

"版籍奉还""废藩置县"，以及"断发脱刀令""四民平等"等取消武士特权的措施，引起一部分武士阶层的不满，如米泽藩士云井龙雅聚众图谋恢复封建制、华族外山光辅与旧藩士勾结谋反等。著名的反叛还有以江藤新平为首的"佐贺之乱"（明治七年）、"敬神党之乱"（明治九年）、"神风连之乱"、"萩之乱"（明治九年）等，但这些武士叛乱规模都不大（每次人数不过几百）。士族的抗拒之所以并不强劲，思想文化层面的原因，便在于"版籍奉还"和"废藩置县"等明治反封建改革具备日本本民族文化形态，以本国的精神资源为依凭，使士族反叛丧失理据与感召力，从而抑制了反抗主动。

明治十五年伊藤博文历访欧洲各国，作宪法调查，会见德国皇帝威廉一世。同时参加接见的日本驻德公使青木周藏后来回忆，威廉一世说："贵国帝权复古，废除诸侯，削减士族权力，此类事无论怎样重要，也不宜采取过于急剧的改革。"①德皇劝导日本"废封建"宜于缓进，以免激起动乱。而实际状况是，日本明治维新虽然相当快速地实行打破封建制的一系列变革，却并没有引起全社会大的动乱。这不是偶然的，美国驻日大使赖肖尔对此作了解释。

（二）赖肖尔如是说

埃德温·赖肖尔在列述日本明治维新取得成功的原因时，论及种种导因（如单一民族、明确意识到向西方学习的可能与必要、幕末的

① ［日］坂根义久校注：《青木周藏自传》，平凡社东洋文库 1970 年版，第 238 页。原为日文，笔者试译为中文。

紧张状态对变革有利、前近代政治—经济制度复杂而且成熟、官僚统治廉洁高效、民众识字率高)以后，强调指出：

> 另一个重要因素是，整个这次巨大的变革，在日本人思想当中是可以接受的。这并不是因为他们学了一些外国的概念……而是因为他们自己古老的天皇统治制度能够接受这一变革。由于利用了本国的思想，无疑减轻了这次剧烈变革可能造成的痛苦和创伤。①

明治维新自起始之际，即宣布改革是古制的复兴，《王政复古大号令》便明示“诸事原神武创业之始”，这使得以“西化”为目标的维新运动淡化了外铄色彩，从而缓和了内与外、古与今的冲突，实现了一种相对稳健的政治变更，降低了“改革代价”。日本学者统计，明治维新过程中因政治原因的死亡人数，在王政复古后的戊申之役中约八千二百人，十年后平定西乡隆盛叛乱的西南战争约一万一千五百人，加上其他，总计两万二千二百人，较之法国大革命死亡六十万人，这是很少的人数。若与俄国革命、中国革命相比，此数更微不足道。②需要说明的是，日本的明治维新利用的本国固有思想资源，包括两千年来从中国吸收的文化。如明治间日本展开的废藩置县等“反封建”举措，就直接仿效中国周秦之际的“废封建、立郡县”的做法，日本的维新志士以秦始皇业绩的发扬者自命，并援引柳宗元的《封建论》，利用朱子学的君臣名分论，并以之论证日本“一君万民”的“王政之古”。因此，近代日本改革后，仍保持着与整个汉字文化圈的历史联系。

作为日本近代化运动中心题旨的“反封建”，虽然深受西方近代

① [美]赖肖尔：《日本人》(中文本)，上海译文出版社1980年版。

② 参见[日]三谷博《明治维新的“公议”与“领导”——横井小楠和大久保利通》，《东亚近代化历程中的杰出人物》，社会科学文献出版社2002年版，第131~132页。

建立统一民族国家的示范性影响，却又植根于自国历史，承袭汉文化传统，从而在相当程度上具备了内发形态，使改革阻力大为减轻。日本人在这一过程中，通过对所谓“万世一系的天皇制”的崇拜，克服数百载“大名”林立的割据观念，从昔日人们只知“自家”“自藩”，走向对近代统一国家的认同，这是日本较顺利地实现“废封建”的近代化变革的重要原因。

经过明治维新，日本大体翻过了“封建”这历史的一页，但“封建”的作用并未顿然烟消云散。被伊藤博文称为“日本产的西洋人”的明治政府首任文部大臣森有礼说：

> 封建政体，晚近废弃，毫无再兴之兆。然其遗地方分界之迹，为地方政治定若干中央之地，一事实也。①
>
> 晚近废止之封建制度，于国中到处遗有若干可作地方政治中心之地，今此既于地方诸政有益，且已供实用，代议制度于各中心地必可得最多益之组成，当可论定。②

这是从近代国家学说角度，论述封建旧制的残存功能，而并非简单地将其一笔勾销。

森有礼还说：

> 封建政体，虽属既往，仍唯士族独得处理国务，但如今日之特别地位，当不可使其永占有之。不曾列于武门之人民中，亦有奋然公有政位、军事之智识者，一事实也。③

① ［日］森有礼：《日本政府代议政体论》，大久保利谦编《森有礼全集》第三卷，宣文堂书店昭和四十七年版，第82页。原为日文，笔者试译为中文，下同。

② 《森有礼全集》第三卷，宣文堂书店昭和四十七年版，第85~86页。

③ 《森有礼全集》第三卷，宣文堂书店昭和四十七年版，第82页。

他指出武士社会将被国民社会取代的趋势，同时也指出武士阶层仍然拥有承担国事的素质。这一表述，符合明治维新后作为封建制遗存的武士阶层的实际走向。

森有礼颇富西洋色彩的“封建论”，其所运用的“封建”概念，始终坚守汉语原义与西义相兼容的路线，并未任意改变旧名本义。这也是日本明治间诸种“封建论”的共同特色。

日本封建制演化简表

<table>
<tr><th>时代</th><th>公元</th><th>政治、经济、社会</th><th>以封建制为
中轴的分期</th></tr>
<tr><td>大和</td><td>约 300—645 年</td><td>邪马台等部落小国林立—大和国统一
东汉、魏、南朝宋封授倭王，渡来人传入大陆文化</td><td>前封建（氏姓制、部民制）</td></tr>
<tr><td>飞鸟、奈良</td><td>593—710 年</td><td>遣隋使、遣唐使，大化改新，天皇执政的律令国家国、郡、里制，班田制，征兵制</td><td rowspan="2">前封建（律令社会）
前封建（贵族社会）
封建制萌芽</td></tr>
<tr><td>平安</td><td>794—1184 年</td><td>帝权扩张—摄关政治—院政—武家政治
班田制、征兵制解体，遣唐使中止，武者之世到来</td></tr>
<tr><td>镰仓</td><td>1184—1333 年</td><td>武家社会成立，将军—守护—地头的庄园领主制
农民依附领主幕府—朝廷二元结构</td><td></td></tr>
</table>

续表

时代	公元	政治、经济、社会	以封建制为中轴的分期
室町幕府	1336—1573 年	武家社会确立，守护大名成长，商工都市兴起	初期封建制（领主封建制） 发达封建制一期（守护领国制） 发达封建制二期（大名领国制） 后期封建制（幕藩体制）
安土桃山 德川幕府前中期	1568—1600 年 1603—1853 年	幕藩体制形成太阁检地 武家诸法度制定，幕府统制诸大名及其藩国，幕府统制天皇公家，幕藩体制全盛，参觐交代，锁国令	
德川末期 明治	1853—1867 年 1868—1912 年	幕末开国，尊王攘夷，大政奉还，王政复古，版籍奉还，废藩置县，废除身份等级制，四民平等，常备兵制，地租改正	封建制瓦解 近代统一民族国家建立

第三节　欧日封建制“酷似”

> 日本人及其生活实态，与数世纪前欧洲相似，与欧洲过去的封建时代的特征相似……（日本的幕藩制是）东洋版的封建制度……
>
> ——［英］欧卢柯库（阿礼国）：《大君之都》

如果说，中国的中古及近古（秦至清）从主流言之，是一个非封建的时代，与西欧中世纪的封建制大相径庭，那么，与中国隔海相望的日本，其中世（镰仓时代、室町时代）及近世（德川时代）的国体、政制，乃至经济、社会，与远在亚欧大陆另一端的西欧封建制却颇有相似之处。应当指出，这完全是一种自在性类同，并非彼此影响的结果。而且，在长时期内，欧日双方皆不知有类似自己的对方存在。直至19世纪中叶以后，当地球日趋从分散走向整体，欧日社会的相近性才逐渐昭然。但此一奥秘的发现者并非日本人自己。德川幕府锁国二百年，日本人如私出国门即犯死罪，故只能坐井观天，当然不会知晓本国政制与西洋中世纪类同。最先发现这种相似之处的，是幕末进入日本的西洋人。

一、英国首任驻日公使欧卢柯库：日本是“东洋版 Feudalism”

以1853年美国培理舰队撞开日本门户为端绪，日本被动“开国”，外交使节的入驻是“开国”的题中之义。欧美一些国家的外交使节带着“西式”目光观察远东的日本，不乏比较史学之睿见。

(一)英国使节欧卢柯库对日本的观察

1858年7月，美国与日本签订《日美友好通商条约》，共十四条，其中一项内容为美国在日本设领事馆。这一年8月，英国与日本也签订类似条约，被允诺可在日本设外交机构。

安政六年(1859年)，英吉利外交官欧卢柯库(Alcock, Sir Rutherford，中文名“阿礼国”)来日本，任驻日本总领事兼外交代表，1860年升为首任驻日本公使。此前，阿礼国作为外交官，在1843年曾任英国驻中国厦门领事馆的一等秘书(在任四个月)等外交职务，1844年任福州领事(在任一年零六个月)。阿礼国夫妇与时任福建布政使、后因撰写《瀛寰志略》而闻名的徐继畬相过从①；1846年任驻上海领事，1856年任驻广东领事，后归国。1865年出任驻中国公使，至1871年引退。阿礼国是一位长期旅居中国和日本、对东亚社会有广泛了解的西方外交官。② 一个可资比较的现象是，从1843年起，阿礼国前后在中国滞留长达二十余年，对中国社会有详细了解，但他

① 参见拙著《新语探源》，中华书局2004年版，第229~230页。

② 阿礼国生平，参见[日]山口光朔撰《大君の都·译者の话》。

从未提及清代中国与中世纪欧洲相类同。此外，在阿礼国之前半个世纪，英国使臣乔治·马戛尔尼于乾隆时期访问中国，马戛尔尼及其随行人员的日记或游记中描述的“中国制度的实质”是：“在中央帝国各地，地方官吏代表皇帝，同时施行行政权、立法权和司法权。他们就是皇帝：‘百姓的父母’。他们贯彻皇帝的旨意，而且往往容易做过头，因为做过头是不受惩罚的，而违抗谕旨则会受到严惩。”①马戛尔尼使团看到的是一个与欧洲中世纪封建制不同的中央集权的官僚社会。与马戛尔尼在18世纪末叶、阿礼国自己在19世纪中叶的中国观察形成反照，阿礼国在任使节于日本的观察中，作出的结论是：日本与欧洲中世纪封建社会“酷似”。

1863年，阿礼国依据自己在日本三年的经历，撰写了名为 *The Capital of the Tycoon*：*A Narrative of a Three Years Residence in Japan*（2 Vols，New York）的书，1949年山泽种树将此书大部分译为日文，以《在日本滞留的三年间》为题出版。后来山口光朔翻译了全书，名为《大君之都》，1962年岩波书店以上、中、下三册出版。“大君”是德川将军的另一种对外称呼，近世日本与朝鲜间的外交文书，以日本大君与朝鲜国王相对称。在日本“大君”之上有“天皇”；朝鲜是中国的藩属，朝鲜“国王”之上有明朝（后来是清朝）“皇帝”。

欧美各国关注并记述日本的社会状况、历史，时间很长久了。如美国早在1784年出版的小学地理教科书里即介绍日本，其书1814年的第十七版写道，“日本的政治实行专制主义，天皇对臣下操生杀予夺之权”②，这显然是把处于虚位并无实权的天皇混同于掌握臣民生杀予夺之权的幕府将军；还有些记述把日本织丰时期的军事强人织田信长当作“皇帝”或“日本的天皇”。③ 可见，直至19世纪上半叶，西

---

① ［法］佩雷菲特：《停滞的帝国——两个世界的撞击》（中文版），生活·读书·新知三联书店1993年版，第55页。

② 转引自［日］木村毅《日米文学交流史研究》，讲谈社昭和三十五年版，第15～16页。

③ ［日］木村毅：《日米文学交流史研究》，讲谈社昭和三十五年版，第144～146页。

方对日本的认识尚属粗浅，记述往往似是而非。欧卢柯库(阿礼国)作为颇富学养又亲历日本数载的目击者，其关于日本的观察记载则别开生面。

欧卢柯库著作的日文译者山口光朔在述评《大君之都》一书的价值时，这样介绍原书作者对日本的观察：

> 在短短的年月里，欧卢柯库到日本各地旅行，观察幕末期日本人的生活状态、产业、经济、宗教、文化，并研究渡航前的日本的历史，阅读关于“锁国时代”日本社会状况的书籍，将以往的日本与现实的日本加以对比，形成一种批判的眼光。当时的日本和东洋其他国家的发展水准，在社会制度层面相当于12世纪英吉利的状态……欧卢柯库将(日本的)幕藩体制称之“东洋版的feudalism”。①

(二)日本是“东洋版的封建制度”

欧卢柯库的日本滞留记，是他对西欧、中国、日本社会加以比较的产物，重点论及他对德川时代日本的估量，其中卓有见地的是，这位外交官着意将“孤立的东洋国民生活”置于一种新的关系中，也即将日本社会与欧洲社会加以比较。欧卢柯库在序言中说：

> 日本人及其生活现状，与数世纪前欧洲相似，其社会形态与欧洲过去的封建时代的特征相似。日本史上的封建制度，其主要特征，与欧洲封建制度大体一致。②

故欧卢柯库称日本为“东洋版的封建制度”③。欧卢柯库对研究

① 《大君之都·译者的话》，岩波书店1962年版，第4~5页。原为日文，中文系笔者试译，下同。

② 《大君之都·序文》，岩波书店1962年版，第39~40页。

③ 《大君之都·序文》，岩波书店1962年版，第40页。

这种制度甚有兴味。①《大君之都》第五章再次称日本为“封建制度的东洋版”，说江户时代的日本类似英国的加普兰塔济内托王朝。书中一再称日本的统治者为“封建诸侯”“封建领主”，还认为“现在的日本”诸多本质，可比之于“数世纪前的西洋”，希望历史学家对此作“周到系统的研究”。② 在论及日本存在的社会弊端时，欧卢柯库指出日本仍在实行“封建的、武断的制度”，并认为：

> 日本现在的社会形态，与英吉利无法制的、凶暴的时期酷似点颇多。③

该书第十章详论日本政治现状，述及天皇是虚君，并引用公元8世纪中叶在位的元正天皇吟咏“物悲，孤独”的诗句，揭示天皇“虚饰”“无用”的地位。④ 欧卢柯库认为，“日本历史的主要特征”是：一方面有世袭的君主天皇，天皇虽无实权，却被日本人认做唯一的正当君主；另一方面天皇又以代理人作“总司令官”(即征夷大将军)。⑤ 这一述说已接近于今之史学界概括的日本的“公武二元政治”。

16世纪日本的实权人物织田信长、丰臣秀吉，被欧卢柯库称为“事实上的总司令官”。⑥ 德川幕府的最高统治者德川将军的职衔“征夷大将军”，意译为“总司令官”还是比较准确的。

欧卢柯库认为，日本的幕府政治与欧洲中世纪的政治相近：主权者以下是分立的封建诸侯(大名)，封土与名号受赐于主权者，大名在自己的领地享有若干独立于大君的权力，对家臣及从者操生杀予夺之权，家臣要绝对服从主君的命令。欧卢柯库在长崎期间曾经见到，肥前侯属下的武士极度忠于主上，肥前侯可自行处置武士，甚至可以

① 《大君之都》上，岩波书店1962年版，第40页。
② 《大君之都》上，岩波书店1962年版，第188页。
③ 《大君之都》下，岩波书店1962年版，第367页。
④ 《大君之都》下，岩波书店1962年版，第339页。
⑤ 《大君之都》下，岩波书店1962年版，第367页。
⑥ 《大君之都》下，岩波书店1962年版，第338页。

将其斩首，这与西欧10世纪时约克·卡陪王朝的法朗斯王时期的情形相近。① 同时，欧卢柯库也注意到幕府对诸大名的控制，“禁止大名之间相互串联”②。

《大君之都》还多次将“太阁样”(指丰臣秀吉)、“权规样”(指德川将军)比之于欧洲中世纪末期的封建统治者，如第二章以德川将军类比法国中世纪晚期的封建帝王或权臣，如法王路易十一、宰相黎赛留、法王路易十四。③

欧卢柯库著作中关于日本的种种评析，是19世纪中叶颇有史学素养和历史感觉的西欧外交官以亲身体会在日本得出的结论，甚具比较史学价值。

欧卢柯库可以说是以feudalism表述近世日本社会制度的第一人，而当时西欧史学界刚开始正式将欧洲中世纪称之为feudalism，故其论说相当新锐。

二、欧美学者的欧日封建社会异同研究

欧卢柯库(阿礼国)通过自身亲历发现欧洲、日本社会制度相似，与此同时及以后，近现代欧美与日本学者经由文献研究，以经济史、社会史眼光对比日本与西欧，也得出同样结论。

(一)日本的封建制度

公元7世纪日本大化改新(645年)，引入中国的帝国体制，奈良时代(710—784年)仿效唐制，实行班田制(国家把土地分授给年龄在六岁以上的臣民，男女分别授予口田，政府向受田者课征租、庸、调和杂徭)。8至12世纪的平安时代，班田制解体，帝国体制向武家体制转化，由贵族、神社、寺院领有的庄园逐步遍及国中。庄园是一种自给自足的经济单位，具有“不输权”(不向国家纳税)、“不入权”(不准政府官员进入)的特点，庄民与庄主有着人身依附关系。经过

① 《大君之都》下，岩波书店1962年版，第341~343页。

② 《大君之都》上，岩波书店1962年版，第41页。

③ 《大君之都》上，岩波书店1962年版，第115页。

镰仓幕府、室町幕府，至织、丰时代以至德川幕府时代，日本的武家政治趋于成熟。

日本的武家政治是一种典型的封建制，自 11 世纪平清盛时开始，源赖朝创建镰仓幕府正式确立。日本哲学史家永田广志将日本封建制的特点概括为：

> 它以庄园制度下发展起来的封建土地所有为基础；在庄园中，作为幕府御家人的武士—土豪、公家、寺社是主要的土地所有者，而幕府也就是作为土豪的首脑建立起来的……①
>
> 始于织田—丰臣时代，经德川氏完成的这个封建制的重新改组……是以所谓兵农分化为基础的。②

(二)马克思的判断：日本有纯粹封建性的土地占有组织

日本中世及近世所实行的社会—经济结构，与西欧中世纪制度(封君封臣、领主庄园、骑士专职武事，等等)具有可比性，而率先进行欧日中古社会比较，揭示其相似性的，是 19 世纪中叶的西欧学者。

关于德川日本的政治制度、社会—经济结构、民情风俗的种种情形，经过 16 世纪以来赴日欧洲耶稣会士及随后欧美商人的译介，逐渐传布于欧美，学者利用这些材料从社会学、经济学、历史学角度开展日本研究，在 19 世纪中叶的西欧已开启端绪。而以宏阔的世界眼光考察东西方历史的马克思，也将日本纳入观察与研究的领域，他是发现日本与西欧中世纪制度相似性的先驱之一。

马克思指出，封建领主的特点是，将领地“当作私人意志的专有

---

① [日]永田广志：《日本哲学思想史》(中文版)，商务印书馆 1992 年版，第 25 页。

② [日]永田广志：《日本哲学思想史》(中文版)，商务印书馆 1992 年版，第 28 页。

领域，在它的支配上排斥着其他的人”①，又说，“封建生产的特点是土地分给尽可能多的臣属”②。在研究日本经济史料后，他发现日本具有上述特点。马克思的《资本论》有一条注释论及日本德川时代存在封建性的土地制度：

> 日本有纯粹封建性的土地占有组织和发达的小农经济，同我们的大部分充满资产阶级偏见的一切历史著作相比，它为欧洲的中世纪提供了一幅更真实得多的图画。③

这种“封建性的土地占有组织”，有别于中国土地可以转卖的地主制，而与西欧领主制类似：土地的领有是一种世袭的政治特权。马克思认为，日本的封建制十分典型，它所呈现的形态，甚至比经过资产阶级历史学者修饰的欧洲中世纪史更能反映封建制的真实特性。

关于封建生产方式，马克思强调其自足性。他指出，封建庄园是“一个自给自足和闭关自守的整体，同外界很少联系”④，而日本也广泛存在这样自给自足的庄园。日本限制阶层分化的种种制度，正是“深刻的自然经济性质所产生的”。⑤ 马克思还注意到，日本有“发达的小农经济”⑥，但日本的小农不同于中国地主制下的佃农，是单婚家族独立经营小片土地(一町左右，町为日本土地面积的单位)。日本小农所耕种的小片土地，也不像中国的自耕农那样土地属于自己，而是以自己作为“土地附属物”，从属于领主，同领主间保持着“人身

---

① ［德］马克思：《资本论》第 3 卷，人民出版社 1953 年版，第 804 页。

② 《马克思恩格斯全集》第 44 卷，人民出版社 1995 年版，第 824 页注释页。

③ 《马克思恩格斯全集》第 44 卷，人民出版社 1995 年版，第 824 页注释页。

④ 《马克思恩格斯全集》第 18 卷，人民出版社 1961 年版，第 368 页。

⑤ 《马克思恩格斯全集》第 15 卷，人民出版社 1961 年版，第 651 页。

⑥ 《马克思恩格斯全集》第 44 卷，人民出版社 1995 年版，第 824 页注释。

依附关系”①，这也与遥隔数千公里的中世纪西欧颇为相近。马克思把人身依附认做封建社会的基础，他由此确认日本社会的封建性。

（三）20世纪西方学者的比较研究

现代西方学者在继续作欧—日历史的比较研究中又有新的认识。英国学者桑松（George Bailey Sansom）在《西欧世界与日本》中发现日本明治维新前后与欧洲社会的差异，认为明治维新（自1868年起）并不是推翻封建制、实行西欧式民主主义革命，因为日本早在17世纪末的元禄年间封建社会已经解体，德川中后期的中央集权性大为增强。这种说法与日本经济史家福田德三称德川时代是“专制的警察国家”相似。此说将日本封建制解体向前推移了一百多年，但就总体而言，仍然肯认日本与西欧中古社会形态的类同性。

英国史学家默多克在所著《日本史》中，批评那种把明治维新简单地归结为“模仿”欧洲的说法，指出明治维新的成功，背景条件之一是日本与欧洲前近代社会的类同性：

> 日本的行政制度，无论是中央的还是地方的，同欧洲的某些制度都有些相似，这完全是巧合而不是刻意模仿、借用或改编的结果。②

法国史学家布洛赫的封建社会研究立足于西欧中世纪，但其视野更为开阔，将封建主义作为一种社会类型，并将西欧的封建主义与日本作比较。在《封建社会》一书中，以“比较史学的一个典型”为题，提出世界各地可能不约而同地存在某些相通的社会制度。

> 就像母系氏族或父系氏族甚或某些类型的经济体，以十分相同的形式出于非常不同的社会中一样，与我们的社会不同的一些

① 《马克思恩格斯全集》第44卷，人民出版社1995年版，95页。

② 转引自［英］罗素《中国问题》（中文版），学林出版社1996年版，第80页。

> 社会，会经历很相似于我们所描述的这个时期的一个阶段，这绝非不可能。①

布洛赫说的“我们所描述的这个时期”，指的就是封建时代。

> 在日本历史的黑暗时代，有一个建立在血族关系基础上的或实或虚的社会。公元7世纪末，在中国的影响下，日本建立了政府体系……大约到11世纪，习惯上称之为封建社会的时期开始了……因此，像在欧洲一样，在日本“封建主义”之前存在过两种形式不同的社会组织……日本封建主义也深受前两种社会的影响。②

这便揭示出西欧与日本封建主义前因的相似性：欧洲封建主义承袭了“罗马因素”和“日耳曼因素”；日本封建主义承袭了中国式的政府体系和日本氏族制传统。布洛赫区别了日本历史的两个不同阶段：公元7世纪以后的四百年间，在中国中央集权的官僚政治影响下，“日本建立了政府体系”；而11世纪以来(即三个幕府时期)，日本则出现了类似欧洲的政权分裂的“封建主义”。可见布洛赫对“封建”概念的准确把握和对日本历史的清晰界定。

在讨论了欧日封建主义在政治权力分割、武士等级及其契约关系、庄园制、采邑制等方面的异同后，布洛赫得出结论：

> 封建主义并不是“在世界上只发生一次的事件”。像欧洲一样，日本也经历了这一阶段，尽管带有一些必然的、根深蒂固的差别。③

---

① ［法］布洛赫：《封建社会》(中文版)，商务印书馆2004年版，第705页。
② ［法］布洛赫：《封建社会》(中文版)，商务印书馆2004年版，第705页。
③ ［法］布洛赫：《封建社会》(中文版)，商务印书馆2004年版，第706页。

布洛赫又谨慎地继续推论：

> 其他社会也同样经历过这一阶段吗？果真如此，原因何在？这些原因对所有这类社会可能是相同的吗？对这些问题的回答，须俟之未来的研究。①

以布洛赫为端绪，欧美史学界竞相探讨世界范围的封建制度。美国学者 R. 柯尔本在 1956 年美国普林斯顿大学出版社的由多位作者合作完成的《历史上的封建主义》一书中指出，“封建主义”如同“官僚”“专制”等概念一样，在世界各地都曾出现。而这种封建主义主要指封土—封臣制，因而 9 至 19 世纪日本的封建主义与西欧的封建主义非常相似。而政治上的封建主义中国也有，这就是周代，魏晋南北朝是准封建时期。

英国马克思主义学者佩里·安德森只承认日本有类似西欧的封建生产方式，广大亚非国家都没有过封建社会。②“欧洲封建主义同与其毗邻的地区没有任何相似之处，它单独处于欧亚大陆的西方一隅。”③安德森指出，日本是一个例外：

> 现代人的研究在世界上仅仅发现了一个地区，那里无可争议地曾经盛行过类似欧洲的那种封建主义。在欧亚大陆的另一端，在启蒙运动所熟悉的诸东方帝国之外，日本列岛显示了一种社会画面。④

---

① ［法］布洛赫：《封建社会》（中文版），商务印书馆 2004 年版，第 706~707 页。

② 见［法］布洛赫《封建社会》中文版序言引述安德森意见，商务印书馆 2004 年版，第 7~8 页。

③ ［英］安德森：《绝对主义国家的系谱》（中文版），上海人民出版社 2001 年版，第 437 页。

④ ［英］安德森：《绝对主义国家的系谱》（中文版），上海人民出版社 2001 年版，第 442 页。

安德森进而说：

> 在我们这个世纪(指20世纪——引者)，学术界普遍认为日本曾经是一种真正的封建主义的历史地点。就我们这里的研究目的而言，对这个远东封建主义的主要兴趣在于，它独特地将与欧洲相似的结构和不同的动态结合起来。①

安德森还列举日本封建主义诸特征：

> 它具有与欧洲封建主义相同的基本组合：效忠—封地—豁免权混合成一种采邑制度。
>
> 日本完全再现了军事服役、有条件的土地占有制和领主司法权之间的联系。
>
> 农民在法律上也以几乎与庄园农奴制相同的方式被束缚于土地。②

安德森也指出了日本封建主义与欧洲封建主义的差异，如“在领主与总领主之间的关系中，效忠关系往往高于封地关系；主仆之间的‘人际’纽带历来比受封的物质，纽带更牢固。与欧洲相比，封建契约不那么具有契约性”③。而在日本，“无论是地区还是全国都没有等级议会制度。这无疑是日本封建主义同欧洲封建主义……之间最重

① ［英］安德森：《绝对主义国家的系谱》(中文版)，上海人民出版社2001年版，第442页。

② ［英］安德森：《绝对主义国家的系谱》(中文版)，上海人民出版社2001年版，第442页。

③ ［英］安德森：《绝对主义国家的系谱》(中文版)，上海人民出版社2001年版，第443页。

要的政治分界线”①。之后，安德森再次肯定日本封建主义与欧洲封建主义的共同性：

> 被严格分割的统治权，层级私人土地占有制。②

日本封建主义与欧洲封建主义的相似性，被看做日本较顺利地实现现代化的历史条件：

> 在20世纪后半期的今天，只有一个欧洲及其海外定居区之外的重要地区获得发达的工业资本主义，这就是日本。正如现代历史学研究充分证明的，日本资本主义的社会—经济前提深深地植根于在19世纪后期令马克思和其他许多欧洲人惊讶不已的日本封建主义。③

此种认识，对于人们长期探讨的中日近代化进程差异性研究，有一定的启发意义。

三、留学德国的福田德三在课堂上发出“会心之笑”

前近代日本“酷似”西欧中世纪，是近现代西欧的观察家和学者的共同发现。明治年间走出国门的日本学者，同样悟出日本的幕藩体制与欧洲中世纪不仅政治制度相似，经济结构也颇有类同之处。

（一）福田德三在德国的联想

日本经济史学家福田德三，明治三十一年留学德国，1900年他

---

① ［英］安德森：《绝对主义国家的系谱》（中文版），上海人民出版社2001年版，第443页。

② ［英］安德森：《绝对主义国家的系谱》（中文版），上海人民出版社2001年版，第443页。

③ ［英］安德森：《绝对主义国家的系谱》（中文版），上海人民出版社2001年版，第444页。

用德文发表 *Die Gesellscha ftliche und Wirtschaftliche Entwickelung in Japan*，该书被坂西由藏译成日文，题为《日本经济史论》，1907 年 4 月(东京、大阪)宝文馆出版。在"例言"中，译者坂西由藏说："本书原著题为《日本社会与经济的进化》，今且约为《日本经济史论》。"(该书 1929 年有中译本)福田德三依据欧洲经济史学观点，在该书中将日本历史分为四阶段：原始时代(上古至 7 世纪中叶)；帝权扩张时代(7 世纪中叶至 10 世纪初期)；封建时代(10 世纪初期至 17 世纪初)；专制的警察国家时代(17 世纪初至明治元年)。

在书中，福田具体论述了日本武家政治及其社会经济形态与欧洲中世纪的类同性。

关于这本书的写作缘起，福田德三留德期间的老师、德国的经济史教授布伦坦诺(Lujo Brentano)1900 年 12 月为该书所作的序言《日本论》里有具体记述。序言曰：

> 近来，我在听讲学生中发现了一个非常聪明的日本人，就是福田德三……在我的经济史的讲席上，我常见他目光炯炯，面露微笑。一天，我问他微笑的缘故，他便答道："我听先生所讲的欧洲经济史论，都和日本的历史一样。"于是，我嘱咐他把日本的经济史介绍给欧洲的读者。①

此一生动描写，透过欧洲教师的眼光，展现旅欧日本学人的观察与感受，反映出日、欧封建制的近似性，这与此前旅日的欧洲目击者的观察结果彼此呼应。

(二)其他日本学人的比较研究

正是基于日欧有类似的封建制的认识，明治中期以后，日本人撰写的史学论著中出现与欧洲中世纪相对应的"封建制度""封建时代"

① [日]《原著编纂者序论》，见《日本经济史论》，宝文馆 1907 年版，第 11~12 页。

等术语。如三宅米吉明治十九年出版的《日本史学提要》，便论及西洋的“封建制度”“封建时代”，并认为东洋日本的幕府时期与之类似。其“绪言”曰：

> 盖于西洋，其封建时代，亦将一般人民置之度外，犹如东洋诸国，故其历史若非王侯宫内之记事，即止战乱争斗或武夫之伟业而已，其至于今日广涉社会一般之事，实近世之事也。①

留学德国的新见吉治1910年以德文发表文章，即后译为日文的《日本武家政治的历史》，也谈到日本“武家政治”与西欧中世纪制度的相近。

以研究封建制度著称的日本法学博士牧健二在比较德国、法国、英国与日本的司法制度之后，得出的结论是：

> 我国（日本）的封建制度与前述欧洲诸国的制度酷似。②

经过日本学者的研究，类似欧洲中世纪制度的日本“封建社会”，其发展的大略状况为：

日本的封建制与古代氏姓制度血肉相依。在氏姓制时代，朝廷的官职世袭。故“公、臣、连、造、直、首”等既是贵族姓氏，也是职官名号，世袭贵族掌有土地和人民（称“部民”）。

7—8世纪，日本大规模学习中国唐代的律令制度。公元646年的“大化改新”以中央集权的唐制为样板，废除氏姓制的豪族领地和部民制，建立起以天皇为中心的统一国家体制；708年颁布的《大宝令》使这种制度法律化，天皇掌控的朝廷垄断土地所有权，将其分成

① ［日］三宅米吉：《日本史学提要》序言，普及舍明治十九年刊行，第2~3页。

② ［日］牧健二：《日本封建制度成立史》，清水弘文堂书房昭和四十四年版，第17页。

小片，授给佃农，佃农为朝廷提供租庸调。在行政上，则划分国、郡、里、村，各级均受朝廷控制。然而，这一套效仿自中国唐朝的中央集权制度，在有着顽强的氏姓制传统的日本不易推行，更难以维持，如科举制在官吏世袭的日本就行不通，一度实施的班田制、征兵制则无法久行；9世纪初以降，天皇及摄政、关白控制的朝廷，其中央集权渐趋瓦解，班田制终止，代之以各郡贵族及佛寺、神社占有领地，建立庄园。朝廷征兵制也随之止歇，与此相随，贵族领主的私家武装兴起；自11世纪开始，以效忠领主为“道”的武士阶层成为左右政局的力量，日本进入由武士阶层及其总头目“征夷大将军”执掌实权的幕府时代，先后出现镰仓幕府、室町幕府、江户幕府，“武门柄政”延绵七个世纪之久(12世纪末叶至19世纪中叶)；镰仓幕府将地方豪强武士称为“御家人”，将军与“御家人”结成主从关系，以“忠”“信”等为德目。将军把土地封赐给部将，称为“守护”，其所属庄园置“地头”，形成一种幕府居上，掌控守护、地头的网络，日本社会初步封建化；室町时期，守护把持地方政权，中高级武士的采邑遍布国中，封建制趋于成熟；织田信长、丰臣秀吉执政时(即“织丰时期”)实行幕藩制(“幕”指掌握中央权力的幕府，“藩”指分封于各地的藩国)；随后的江户幕府在此基础上，使“在地领主”进一步封建化，由幕府与地方藩国联合治理国家，德川将军则通过“参觐交代”等制度对有着独立性的藩国加以控制，形成完备的幕藩体制。

12至19世纪，日本由征夷大将军的幕府与被其封予的地方上的世袭军事贵族(武士)分享权力，建立起以政治分权、领主经济为特征的封建制度，同中国周代封建制、9至15世纪西欧封建制(feudalism)有着近似之处，而与中国秦汉至明清以中央集权的郡县制和地主自耕农经济为特征的社会则区别明显。费正清等美国学者指出，日本在9至12世纪兴起的武士阶层“蔑视长期统治日本的中央政权，他们在公元12世纪登上历史舞台之后，很快改变了日本的政治态势和社会格局。新格局与中央集权的中国式官僚政治体系产生了越来越大的差异，却和封建时代的欧洲颇为相似”①。

福田德三等旅欧日本人的观察，从日本方肯认了日本与西欧中古社会形态的共相。当然，这种共相的存在，并非文化传播的结果，因为近代以前的日本与西欧彼此隔绝，基本上没有相互联系，二者的神似，缘由在于双方具备相近的社会与文化结构：氏族制的强劲遗存与相对先进的政治、经济制度相结合，构筑起军事贵族统治下的采邑群体，出现官方权力与领主地产的融合物，而附庸对领主的效忠提供了这种制度的伦理基础。这一系列社会特征，不约而同地呈现在彼此相距万里之遥的东北半球的东西两端，实在是世界历史上的一个奇观。诚如日本的文化人类学家梅棹忠夫所说：“日本封建制的历史和西欧封建制的历史，实际上表现出非常相似的平行状态。”②梅棹忠夫进而指出，像西欧、日本那样“经过封建社会，一般来说，个人的自我意识在增强。与此比较，在没有经过封建制的社会，个人状况更表现出集体主义的特征”③。19世纪中叶及末叶，欧卢柯库(阿礼国)、福田德三等欧洲人及日本人先后发现此一类同处。而日本仿效欧洲模式的近代化过程之所以较为便捷，原因之一在于日本的前近代社会形态与西欧酷似，都经历过“封建制度”。正如赖肖尔所说，“从镰仓时代到江户时代存在的(日本)封建制度……同欧洲封建制度特别相似”，这便是“在世界史上极为迅速完成近代化的只有欧洲和日本这一事实”显示的两者的“关联性”。④

① ［美］费正清、赖肖尔、克雷格：《东亚文明：传统与变革》(中文版)，天津人民出版社1992年版，第359页。

② 《文明的生态史观——梅棹忠夫文集》(中文版)，上海三联书店1988年版，第84页。

③ 《文明的生态史观——梅棹忠夫文集》(中文版)，上海三联书店1988年版，第97页。

④ ［美］赖肖尔：《近代日本新观》(中文版)，生活·读书·新知三联书店1992年版，第142页。

第四节　日本学界对“封建时代”的定位及历史分期说

武家政治统治的时代，称为武家时代，如果由社会的基本结构来说，也可以称为封建时代……

——[日]坂本太郎：《日本史概说》

虽然“封建”一词早已通过汉籍传入日本，中世以来，尤其是近世(即江户时代)日本一再研讨“封建”、实施“封建”，但将“封建”视作一种历史阶段、将“封建制”视作这一历史阶段特有的制度，则是近代日本接受西方学术范式(特别是西方史学术语)之后的产物。而对“封建时代”的认定，构成日本关于历史分期的基轴，其日本史分期、中国史分期有了此一基轴，前后序列便得以展开。

一、以“籍土之制”“封建之制”翻译 Feudalism

(一)征夷大将军掌控下的日本封建制

8世纪末至12世纪末日本平安时代从天皇主政，经“摄关政治”(由贵族任摄政、关白，控制朝政)，“院政政治”(退位天皇在寺院中执政)，过渡到末期的武人掌权，12世纪末至14世纪上半叶镰仓幕府正式步入封建时代，实权归征夷大将军把握。“征夷大将军”初设于794年时桓武天皇时期，原指征讨虾夷(今日本关东以北)的最高指挥官，后演绎为武士总头领的名号。各个幕府的最高掌权者皆称“征夷大将军”，是日本封建时代政府的实际首脑，外界(包括中国)常将其称为“日本国王”。

德川时代，日本征夷大将军受封于天皇并统辖藩主的制度，类同中国周代诸侯受封于周天子并统领卿大夫的制度，故德川幕府及其学者常称所行制度为“封建”。如前所述，进入近代以后，日本幕藩制与欧洲封建制的类同性渐为人知，又经过学界的对比研究，西欧中世纪社会与日本“中世”(镰仓幕府和室町幕府时期，约12世纪末至16

世纪中叶)及“近世”(德川幕府时期，约 17 世纪初至 19 世纪中叶)存在的类似之处，愈益昭显，诸如：封君封臣与封土的结合；王权旁落、主权分割；职官世袭；等级制度；庄园经济；由兵农分离和对领主从属导致的武士(欧洲称骑士)传统；人身依附、复仇观念，等等。这些相近的社会及文化特色，不约而同地在西欧和远东的日本列岛呈现，时间又都在古代与近代之间的几个世纪。

中国的殷周实行“封土建国”制度，也呈现与上列诸点相近的特色，而秦至清的主要时段实行君主专制制度，其特点则是：封爵而不授土，或授土而不临民；皇权至上，中央集权，实行郡县制；命官一流官制、官员经考选产生；土地可以买卖；右文政策，尚武精神渐趋低落；人身控制相对松弛。

如此等等，中国秦至清的社会形态与西欧中世纪及日本中世、近世差异极大。

(二)近代日本以“籍制”“籍土之制”对译 feudalism

正因为欧洲中世纪、日本“中世”与“近世”，都实行封土授民的领主采邑制，而日本人自古以来即从输入的汉籍中汲纳了含义为“封土授民，立藩建国”的“封建”一词，19 世纪 50 年代，又从中国输入《四洲志》《海国图志》《瀛寰志略》等译介西洋史地政制的书籍，其中有以“封建”对译 feudal 的用例(这种对译，是从西方基督教传教士的译文中转承过来的)，这给日本人以启示，故在明治时期译介西洋历史学论著时，很自然地将指称欧洲中世纪的社会形态的 feudalism 翻译为“封建”“封建制度”。在此种翻译前后，日本学者曾以“籍制”和“籍土之制”对译 feudalism。

日本德川幕府末年，铃木唯一将英国法学家奥波尼·弗恩伯兰克(Albanyde Fonblanque)所著 1862 年伦敦刊印 *How We Are Governed* 一书译成日文，题名《英政如何》，庆应四年由九潜馆出版，凡六册十八卷。其第一卷“英国制度之事”中有“封建”一词的用例。译文述曰：

> 自诺曼底国之威廉攻取英国之后不久，封建之制度行于欧罗巴洲过半，威廉王亦取用之于英国。然如人所言，其意在以伐取

> 之英国地面赏元来从老之军功……以国中之地面全当王之物，王分之与数多之知行，即直支配之贵重之臣，其臣与王结君臣之义，立誓约：国王起兵之时，即引所属人等供奉之；其王直系之臣又将领分分配与自己之家来……①

据铃木1868年阴历三月所作凡例称，文中"巴力门""议事院或议政堂"等名皆取"汉译"②。至于以"封建之制度"称英国中世纪制度，铃木虽未言明，显然可以看到是受来自中国的汉文西书的影响。

如第二章第五节所述，日本汉学者长三洲1870年7月发表《新封建论》，将欧罗巴诸国制度称"籍土之制"，与"封建之制"作近义短语使用。"籍土之制"是否由长三洲首用还待考，然此后日本人采用类似句式者接踵而至。

日本启蒙思想家西周1870年在讲学中以"籍制"对译西欧中世纪的诸侯宰制封国人口土地("籍"，指管辖、归属)的制度，并认为此制与中国的"封建"同，西洋也有相同制度(该讲稿多年后由其弟子整理出版，题为《百学连环》)。西周说：

> Feudal 籍 System 制即封建制也。此汉西洋皆同。③

西周还参考西方学者之论，将人类历史划分为先后承续的三个场次：

> 古昔的"神统政治"是第一场；中古的"封建"是第二场；当今的"国君政治"是第三场。④

---

① [日]铃木唯一译：《英政如何》初卷，九潜馆1868年刊，第2~3页。原为日文，聂长顺译为中文。

② [日]铃木唯一译：《英政如何》初卷，九潜馆1868年刊，第2~3页。

③ 《西周全集》第4卷，宗高书房昭和三十五年版，《百学连环》第213~214页。原为日文，中文系笔者试译，下列《百学连环》。

④ 《西周全集》第4卷，宗高书房昭和三十五年版，《百学连环》第213~214页。

西周又对此说加以修正：

> 方今考之，神统政治及封建政治合为第一场，国君政治为第二场，未来的第三场即至，这就是 World Republic Eternal Peace（四海共和，无疆治体），此为世界之治的极致。①

请注意，西周所用“封建政治”一词，没有与“国君政治”（即君主专制）相连用，显然“封建”是取义“封土建国”，此制上承氏族时代的神统政治，下启君主专制政治。此一“封建”，虽沿袭汉语古典义（封土建国），却在对译英语 feudalism 时发生重大引申，从指一种政治制度的旧名，演变为表示一种普世性的历史阶段的史学术语。

明治七年西京书林文求堂刊行黑田行元著《政体新论》，列“封建”“郡县”二目，指出中国的封建始于上古建国，止于秦始皇；又指出古印度实行封建制，西洋自罗马分崩离析后也实行封建制，日本的武将政治也实行类似西洋封建、中国先秦时的诸侯制。黑田行元把西洋中世纪的制度直译为“籍土之制”，并作诠释：

> 西洋谓籍土之制，颇似封建之制。元来籍土之制乃文化半开之国实行……籍土之君主，为国内所在一切诸物总辖之主，不唯擅独统主宰之威权，国土亦属其所有。籍土之义如此。籍土之君主割其主宰之权、治民之业并土地之一分，贷籍于其家人，使其一时有而用之，家人称籍臣，君主称籍君，君臣之义于是定。②

黑田行元撰于明治七年的这一文字，将西洋中世纪制度称之为

---

① 《西周全集》第 4 卷，宗高书房昭和三十五年版，《百学连环》第 213～214 页。

② ［日］黑田行元：《政体新论》，（京都）文求堂明治七年版，第 5～6 页。原为日文，聂长顺译为中文。

“籍土之制”，在此制之下，“籍土之君主”(即诸侯)是国家主权的总辖者，国土也属其所有，并向下属家臣封赐土地、人民、主权，形成“籍君—籍臣”关系。黑田行元指出，西洋的“籍土之制”，与中国周代的“封建之制”颇为相似。他把“封建”视作一种普世制度，其内容为封土建国、封土封臣、诸侯割据等，实际上是以古汉语词“封建”与西语 feudalism 相对应。

使此种译法得以普及的，是与西周齐名的另一位日本启蒙思想家福泽谕吉。福泽明治八年出版《文明论概略》参酌法国史学家基佐《文明史》的观点，把人类历史进程分作“野蛮—半开化—文明”三个阶段，并将此称为“世界的通论”①。福泽认识到文明是一个发展过程：

> 文明并不是固定不变的事物，而是不断变化发展着的。变化发展着的事物就必然要经过一定的顺序和阶段，即从野蛮进入半开化，从半开化进入文明。②

福泽介绍基佐的观点，把“封建割据”的时代，称为フュータンル・ミステム(Feudal system)之世，又具体论及日本与西欧各国社会各自独立发展的三个阶段：未开、封建、富国强兵。这里的“封建”仍取“封土建国”义，略指日本的中世及近世、西欧各国的中世纪。“未开”指前文明时期，“富国强兵”则是“文明”(指近代资本主义)的另一提法，而“封建”居二者之间，此“封建”便从表述政治制度的旧名演化为表述历史阶段的新名。

在《文明论概略》第二章，福泽论述了“国体”与“政统”之别，把封建制列为政统之一种，指出：“由于世界各国的国情和时代的不同，政统也就有所不同，有以君主立宪为政统的，有以封建割据为政

① ［日］福泽谕吉：《文明论概略》(中文版)，商务印书馆 1982 年版，第 9 页。

② ［日］福泽谕吉：《文明论概略》(中文版)，商务印书馆 1982 年版，第 11 页。

统的，有以国民议会为政统的，也有以寺院政治为政统的。”①在谈到以封建为政统时举例，福译明确指出中国秦代“废封建”，而欧洲在中世纪“形成封建割据”：

> 政统的变革，多半是由战争造成的。在中国，秦始皇废封建置郡县，欧洲由于罗马的衰落，遭受北方野蛮民族的蹂躏，终于形成封建割据的局面，这些都属于此例。②

福泽使用的“封建”一词，显然兼及了古汉语义和西义，并将中国周代封建与欧洲中世纪封建视作类似政统。在《文明论概略》第八章，福泽论及欧洲历史，对日耳曼蛮族入侵后的数百年作这样的表述：

> (欧洲)过渡到封建割据的局面。这种局面是从第十世纪开始，到十六七世纪才崩溃的。这个时代就叫做“封建制度”的时代。在封建时代，法兰西、西班牙等国虽各有其国家之名也有君主，但君主只是徒具虚名而已。国内武人割据构成部落，据山筑城拥兵以自重，奴役人民自封为贵族，实际上形成了许多独立王国……自由的权利，完全属于拥有土地人民的贵族所有。③

这里“封建”的内涵也是西义与汉语本义的通约，“封建”内涵包括割据、君王虚置、贵族政治等内容。这是明治间日本典型的封建观。由此种封建观出发，日本人以“封建制”翻译 feudalism 一词，如永峰秀树于明治八年翻译的《欧罗巴文明史》第四卷《封建政体》题下

① [日]福泽谕吉：《文明论概略》(中文版)，商务印书馆 1982 年版，第 20 页。

② [日]福泽谕吉：《文明论概略》(中文版)，商务印书馆 1982 年版，第 21 页。

③ [日]福泽谕吉：《文明论概略》(中文版)，商务印书馆 1982 年版，第 123 页。

注释曰：

> 兹所称封建政体，其原文乃称为“feudal system”，然其与封建政体之本意未合。当时，欧洲并无帝王在上，仅以豪强者胁从寡少人民等，动辄各恣一方，称雄割据，充塞各国而已。其形态虽似周朝封建末之春秋战国，然又不尽相同。假使春秋战国之世，上无周室，诸侯弱小，且又无知，未懂合纵连衡之事，与世无交往，终日不离其巢窟，则该时代与兹所言者形态恰似，权且命名而已。①

《欧罗巴文明史》第九卷《王权政体》、第十二卷《教门改革》，也多次出现“封建政体”“封建政”一类短语，在日文历史专业书中，较早使用“封建”一词表述欧洲中世纪政制，而此词又保持着与古代汉语词“封建”的内在联系。

明治年间的日本辞书也反映出以“封建”对译 feudalism 的过程。在日本的美国基督教传教士平文(J. C. Hepburn)编撰的《和英语林集成》第二版(1872 年刊行)收录“封建”一词，英文译释为“The feudal system of government...”；柴田昌吉、子安峻编的《附音插图英和字汇》(日就社 1873 年刊行)将“封建的”收在 feudal 词条下。明治中后期，日本已普遍使用对译 feudalism 的“封建”一词，并由此词根派生出“封建制度”等新名。1882 年、1878 年日就社出版的《增补订正英和字汇》即以“封建制度”译 feudalism。

日本政府文部省 1878 年 2 月印行的《具氏佛国史》，美国人 Samuel Grisword Goodrich 著，荷兰人 Th. J. van Kasteel(日译名“汉加斯底尔”)译。在该书的第十三篇，题“封建制度”(第 56 页)，是对英语 feudal system 的意译。

文部省图书课 1891 年 9 月出版的《万国历史》(据 Swinton 和

① 永峰秀树日译：《欧罗巴文明史》第四卷，奎章阁 1875 年版，第 1~2 页。聂长顺译为中文。

Barnes 的世界史著作编译)，第四章“封建的制度”，其中“封建”的对应英文也是 feudal。

总之，明治初中期日本已普遍用“封建”一词对译 feudalism，“封建”由原指西周分封的旧名，引申为表述一种普世性历史时代的新名，而此一新名的内涵融通古汉语义与西义，包蕴“封爵建藩”“封土封臣”“领主采邑”诸义。

二、“封建时代”定位与日本封建社会分期

(一)日本封建社会定位之两说

由于泛化封建观的影响，中国的世界史论著大多把仿效唐制、确立中央集权国家体制的“大化改新”视作日本封建制的开端，如 20 世纪 70 年代周一良、吴于廑主编的《世界通史》这样表述：“公元 646 年的大化改新，是日本社会从奴隶制向封建制过渡的标志。”①一篇中国学者撰写的日本史论文称：“大化改新是一次封建性质的社会变革。”②中国学者吴廷璆主编的《日本史》将“大化改新”的基本内容概括为二：

> 第一，废除部民制，建立班田收授法与租庸调制。第二，建立中央集权制……把原有氏姓贵族统辖的大小诸国，置于中央的直接控制之下。“八省百官”制和国郡里制均受唐朝的三省六部制和州县制的影响。③

这里所列的两项内容，表明日本仿效中国的唐制，走上中央集权国家道路。《日本史》由此作出的结论是：

---

① 参见周一良、吴于廑主编《世界通史》古代部分，人民出版社 1974 年版，第 162~164 页。

② 参见王金林《论大化改新后日本社会阶级结构的变化》，中国日本史学会编《日本史论文集》，辽宁人民出版社 1985 年版，第 1~31 页。

③ 参见吴廷璆主编《日本史》，南开大学出版社 1994 年版，第 55~56 页。

> 大化改新是在日本历史上发生的一次重大变革运动，日本由此进入封建社会。①

这些以实行中央集权的“大化改新”为日本封建制开端的论说，大体都是在中国广为流行的“五种社会形态”说指导下作出的判断。

西方史学界本着自身对“封建社会”的理解，对日本的封建时代有另一种界定。美国史学家斯塔夫里阿诺斯的《全球通史：1500 年以后的世界》的第四章，题为西方扩张时儒家世界，专有一节谈日本的封建制度。他写道：

> 645 年大化改新所引进的中国的帝国组织体制明显地生效了很长一段时期。不过，到 12 世纪，它已为日本种种封建制所破坏和取代。②

这里严格区分了“大化改新”期间从中国引入的“帝国组织体制”与 12 世纪以后在日本镰仓幕府、室町幕府、江户幕府时期所实行的“封建制”。

与西方史学界的历史分期观基本一致，日本史学界多认为，“大化改新”后的日本突破了古代氏姓制、部民制，建立以天皇为中心的集权制度，借鉴唐制，实行国、郡、里制，这正与“封土建藩”义相悖，故这些应称为“帝权扩张时代”。到平安末期，律令制及班田制解体、庄园制形成，封建制方得以萌动。③ 1192 年镰仓幕府建立，日本才真正形成“初期封建制”，室町幕府、江户幕府则延续并发展了封建制，至明治维新方终结此制。

① 参见吴廷璆主编《日本史》，南开大学出版社 1994 年版，第 57 页。

② ［美］斯塔夫里阿诺斯：《全球通史：1500 年以后的世界》（中文版），上海社会科学院出版社 1992 年版，第 82 页。

③ 参见［日］永原庆二《日本封建社会论》，东京大学出版会 2001 年新装版，第 47 页。

明治八年福泽谕吉大体勾勒出日本的政统变革轮廓：

> 最初是国君亲自执政，以后则有外戚专权，或是权柄转移到将军的幕府，或落于陪臣之手，或又归于将军之门，逐渐形成封建割据的局面，直至庆应末年。政权离开王室以后，天子只是徒拥虚位而已。①

福泽描述的日本"文明史"过程是：从平城、平安时期"唐化"的君主集权，经由外戚专权，转移至幕府执政的封建制；至近代，又从封建制（feudalism）发展到绝对主义、绝对王政（absolutism），或从"封建政体（贵族）"到"王权政体（君主）"。②

明治十年田口卯吉在其所撰《日本开化小史》中称，日本的封建制是从镰仓幕府成立时开始的，理由是那时具有郡县制性质的"国司制度"已崩溃，封建性的"武门政治"确立。

（二）日本史学界的"封建制"定义及日本封建社会分期

日本研究中世史的专家丰田武指出，日本的封建制度论的核心语汇，是在欧洲中世纪社会与日本武家社会的比较中借取并定型的。③为探讨日本封建制，丰田武首先作"封建制"界说，将其归纳为三种：

> 第一，德国学者所说"封建制"，指封主—封臣间的人的支配关系（家士制），以及封主—封臣间的物权的关系（恩贷地制）。二者结合而成的统一的制度即为"封建制"。第二，以法国史学家布洛赫的《封建社会》为代表，从"社会"类型角度论"封建

① ［日］福泽谕吉：《文明论概略》（中文版），商务印书馆1982年版，第22页。

② 参见［日］葭森健介《关于日本近代历史学的形成——唐宋变革论成立的背景》，牟发松主编《社会与国家关系视野下的汉唐历史变迁》，华东师范大学出版社2006年版，第38页。

③ 参见［日］丰田武《日本的封建制》，吉川弘文馆昭和五十八年版，第7页。

制”，特点是人与人的身份支配关系，以国王为顶极的大规模的人的阶层制的形成，专门的骑士阶级作为支配阶级君临社会，直接的生产者阶级受支配于领主，领主掌握土地权利。第三，以“庄园制”作为“封建制”的基本标志。领主掌控农民的“庄园制”是下层封建社会经济的构成，领主对农民有着超经济的强制，此为“封建制”的本质所规定。①

丰田武把欧洲“封建制”分为三个时期：第一期，8 世纪后半期至 9 世纪，以古典庄园为基础的时期；第二期，10 至 12 世纪末，领主权确立；第三期，13 至 15 世纪，中世都市发达，国王、大诸侯权力集中，此为封建王政时期，封建制的解体期也随之来到。② 丰田武以欧洲封建社会分期作参照，结合日本法制史家的时代划分和社会经济史分期观，将日本封建制分作三期：

第一期，镰仓幕府期（12、13 世纪），封建制在全国展开；第二期，南北朝、室町幕府、战国时期（14、15 世纪）；第三期，织丰时期、江户幕府（16 至 19 世纪），幕藩体制确立。③

另一位研究者牧健二则认同西方史学的历史分期：古代的氏族制度、中世的封建制度、近代的市民制度，以为“日本的历史亦略同此种过程”④。牧健二认为，西欧封建制的两个基础性特点“主从关系”与“恩给制度”，在日本的中世都存在，他在《日本封建制度成立史》

① ［日］丰田武：《日本的封建制》，吉川弘文馆昭和五十八年版，第 7~8 页。原为日文，中文系笔者试译。

② ［日］丰田武：《日本的封建制》，吉川弘文馆昭和五十八年版，第 9 页。原为日文，中文系笔者试译。

③ ［日］丰田武：《日本的封建制》，吉川弘文馆昭和五十八年版，第 10 页。原为日文，中文系笔者试译。

④ ［日］牧健二：《日本封建制度成立史》，清水弘文堂书房昭和四十四年版，第 1 页。

的第十章中，列举大量史料详论此点。①

从上所述可以得见，日本学界关于日本“武家时代”的特点概括及其阶段划分，都是在与欧洲中世纪封建制度史的比较中形成的。

关于日本封建制的起始期，有石母田正的“镰仓说”（始于12世纪末），户田芳石的“平安末期说”（始于12世纪中后期），永原庆二的“南北朝说”（始于14世纪中期），安良城盛昭的“太阁检地说”（16世纪后期），盐泽君夫的“幕藩体制说”（始于16世纪中后期，即从织丰时期建立幕藩制开始），较为通行的是“镰仓说”。

永原庆二所撰《日本中世纪史》（1968年出版）修改了自己以前的“南北朝说”，将日本封建社会的分期归结如下：镰仓时代的“初期封建制”，或曰“领主制的封建制”；室町时代的“发达封建制第一期”，或曰“守护领国制”；战国时期向“国人领主制”过渡，终于形成织丰政权时的“大名领国制”，并向幕藩制过渡，此为“发达封建制第二期”；江户时期确立“幕藩体制”，此为“后期封建制”。②

永原庆二在《日本封建社会论》一书中比较日本与中国的封建制，认为日本的特色是：地主=武士阶级，领主制形成独自的社会形态；而中国则是以土豪地主阶级及村落共同体为特征。永原氏认为日本封建制变革具有不彻底性，强调“日本封建制的家父长制的性格”。③

家永三郎1982年出版的《日本文化史》第二版从文化史角度将日本历史划分为：原始社会的文化；古代社会初期的文化律令社会的文化；贵族社会的文化；封建社会成长期的文化；封建社会确立期的文化；封建社会解体期的文化。他将仿效唐朝律令制的日本飞鸟、白凤、天平时期称之为“律令社会”，将平安时期称之为“贵族社会”，而把律令社会、贵族社会变质后的幕府时期称之为“封建社会”，其

---

① ［日］牧健二：《日本封建制度成立史》，清水弘文堂书房昭和四十四年版，第439~526页。

② 参见永原庆二《日本中世纪史》，岩波书店1968年版。

③ 参见永原庆二《日本封建社会论》第2版，东京大学出版会1974年版，第16~26页。

特征是贵族政治被武家政治所取代。又基于武家政治中“主君”与“从者”之间的双方契约关系的演化，把镰仓幕府、室町幕府时期称为“封建社会成长期”，把安土桃山时期和江户幕府前期称为“封建社会确立期”，把江户幕府后期(以德川吉宗亨保元年即1716年，任八代将军，推行亨保改革为开端)称为“封建社会解体期”。①

(三)日本社会主义者的封建观

日本的社会主义者在19世纪与20世纪之交时的论著中，也常用“封建制度”这一术语，②《六合》杂志1901年3月第二百四十三号上发表的片山潜论文《资本论及其著者马克思的地位》，论及欧洲中世纪和日本中世及近世，频用“封建制度”一词，均兼含“封建”的古义与西方语义。起草于1922年的《日本共产党纲领草案》，称现实的日本资本主义为“封建关系的残存物”“封建的绝对主义的残存物”，无产阶级的斗争目标，是消灭封建的残存物与绝对主义势力。

20世纪20年代后半期，日本社会科学界展开关于“亚细亚生产方式”的论战，形成“劳农派”与“讲座派”的对立。“劳农派”代表学者有山川均、堺利彦、猪俣津南雄、黑田寿男等，因以《劳农》杂志为阵地，因此得名。此派认为日本社会在本质上已不是“半封建”性质，绝对主义天皇制的物质基础已大部分丧失，日本资本主义的主导已是垄断资本，所以当时日本应进行打倒资产阶级的社会主义革命。“讲座派”因野吕荣太郎、岩田义道等于1932年中至1933年中主编由岩波书店出版的《日本资本主义发展史讲座》七卷而得名。此派认为日本资本主义的基础是“半封建”的地主土地所有制，从而把日本资本主义的特点规定为军事的、半封建的资本主义。他们认为明治维新使日本的“封建的领有制”统一化，天皇制为“封建的绝对主义”“专制主义”，日本政府是“封建的绝对主义的政治机构”“封建的遗制”，主张日本革命分两步完成：第一步是进行资产阶级民主革命；第二步才

---

① [日]家永三郎：《日本文化史》第2版，岩波书店1982年版，第113~244页。

② 参见[日]深井英五《现时之社会主义》，东京民友社1893年版。

是进行社会主义革命。

这两派社会主义者都以马克思主义为指针，提出天皇制与东洋专制主义、封建制的关系问题，把封建制与亚细亚式的停滞性格联系起来考察。在双方的论战中，关于“封建”的含义有所引申，主要是从社会组织、经济结构上对“封建”加以深度解释，但始终没有脱离“分封采邑”“领主权力强大”“公武二重政权”诸内容，与“封建”的古义相通，也与西欧 feudalism 一词的内涵类同。

(四)第二次世界大战后日本史学界的封建观

1945 年 8 月，日本天皇宣布投降，第二次世界大战结束，之后，日本史学界在总结日本走上军国主义道路的社会历史根源时，有学者认为，日本社会是建立在封建基础之上的，把日本军国主义形容为“军事性、封建性的帝国主义”，这种观点与用语，都直接承袭战前社会主义的“讲座派”。

1946 年，石母田正在《中世世界的形成》一文中提出“领主制理论”，认为领主自立经营，从农民那里收取地代金，是封建的生产方式的原基形态。而武士就是“在地”领主，由其支配与经营土地。其后，松本新八郎提出南北朝“封建革命说”，认为庄园制衰退、镰仓幕府灭亡，室町幕府成立，促进了封建制的成熟，故为“封建革命”。安良城盛昭的《太阁检地的历史前提》提出“中世为家父长的奴隶制论”。而户田芳实在《日本领主制成立史的研究》中则提出“庄园制就是封建制说”。

曾经担任日本历史学会会长的东京大学教授坂本太郎在其《日本史概说》(1950 年初版，1962 年修订版)中，把日本奈良(平城)时代、平安时代朝廷秉政称为“公家体制”，为“古代后期”；而镰仓幕府以下，直至江户幕府终结前称为“武家政治”，它是在公家体制瓦解后建立的社会新秩序，前后持续七百余年，为“中世”及“近世”。坂本氏说：

> 武家政治统治的时代，称为武家时代，如果由社会的基本结构来说，也可以称为封建时代，但是在长达七百年之久的历史进

> 程中，无论是社会结构，还是文化形态，都产生了种种变化。现在一般都把这一时代，大体上分成中世与近世两部分，每部分又分成二三个小时代。①

坂本把日本的“中世”及“近世”合称“武家时代”，也即“封建时代”。他认为，近世也即江户时期的日本幕藩体制，“堪称最完善的封建制度”②。这表现在：

> 以将军和大名、直属武士的关系为中心(的日本)，武士与武士之间都有牢固的主从关系……士农工商都有固定的身份……每个人都被牢牢地固定在自己应处的位置上，不准错离一步。
>
> 这种封建关系是幕府凭借强大的实力和巧妙的策略而强制推行的，是依靠对分封土地的完全统治权和社会阶层间固定的秩序而紧密维持的。③

在幕藩体制下，日本的领主臣服于将军，通过分封的形式，取得领地的合法权限。坂本氏还指出，“幕藩体制”一名，袭用中国制度中的藩王、藩镇等名称。④ 而“藩王”“藩镇”是由中国广义封建制派生出的专名，指受封王侯及割据性颇强的地方势力。

日本研究中世史的学者，在涉及历史分期时所使用的“封建”一词，都兼顾了此一汉字词的原始义和 feudalism 的西义。而“封建制”的界说得以定位，其前后的历史阶段明晰起来，整个日本史的分期也

① [日]坂本太郎：《日本史概说》(中文版)，商务印书馆 1992 年版，第 167 页。

② [日]坂本太郎：《日本史概说》(中文版)，商务印书馆 1992 年版，第 281 页。

③ [日]坂本太郎：《日本史概说》(中文版)，商务印书馆 1992 年版，第 167 页。

④ [日]坂本太郎：《日本史概说》(中文版)，商务印书馆 1992 年版，第 281~282 页。

就轮廓毕现。

近代以来，日本史学界主流是在“封建”一词本义（封土建国）的基础上使用“封建”这一史学术语，并与欧美中世纪史学研究主潮相对接，只有少数日本史学家（如“讲座派”）信从泛化封建论，但有京都学派拨正，故而影响不大。纵览日本史学界战后五十余年关于“封建制与近代化进程”的讨论，所言“封建”多兼通原始义和西义。20世纪60年代，日本、美国学者研讨近代化问题，认为日本是欧美以外成功实现工业化的唯一国家，原因之一便是日本前近代的“封建制度”，其官僚组织、合议制、教育普及等，提供了近代化的前提条件。这里所说的“封建制度”，指的便是与西欧中世纪制度相类似的“公武二元”的幕藩体制。

20世纪末，一些日本学者进一步指出，中古的封建制为近代化的生成提供了某些先决条件，因为封建制在本质上重视法律的权利和义务，多少助长了近代法的成长。封建领主专注于土地所有与地租的征收，故商人、制造业者比在专制政治社会有更多的活动范围和保障。① 这里所说的“封建社会”，指欧洲中世纪、日本中世及近世的领主分封制，而非指中国秦至清的社会形态，秦至清的社会形态被这些日本学者排除在“封建社会”之外，而另名为“专制政治社会”。

三、“封建时代”定位与日本东洋史学界的中国历史分期

（一）“东洋史学”及内藤湖南的中国史分期

近代以来，日本学界把世界历史划为“国史”“东洋史”“西洋史”。日本史学家那珂通世是此一划分的先导者，于明治二十七年（1894年）提出“外国历史二分”建议，明治二十九年又拟定日本高等师范学校规则中的地理历史专修科规程，对历史作“本邦史”“东洋史”“西洋史”三分。那珂氏还指出，中国史为东洋史的主体部分，是与西洋史相对应的世界史的一半。②

① 参见［日］谷川道雄《中国中世社会与共同体》，中华书局2002年版。

② 参见［日］三宅米吉《文学博士那珂通世君传》。

日本对中国史的研究积淀深厚，其东洋史学界关于中国史分期多有论说，影响较大的是“京都学派”代表人物内藤湖南的分期学说。

内藤湖南20世纪初在其任教的京都大学有一同事内田银藏，他曾师从德国史学家兰克的弟子利兹。内田1918年出版的《日本的近世》一书中，对中国史与西洋史进行比较，以秦汉比拟罗马帝国，将魏晋以降的混乱比拟日耳曼民族迁徙，以隋唐比拟西洋的中世，对宋元明文化给予了“具有清新旨趣”之中国近世文化的定位。① 在与内田交往中，内藤形成类似的观点。内藤湖南强调日本是“中国文明圈的一员”，颇用力于研究中国文明史。内藤氏并未只从社会形态着眼，而以中国文化的内生、外拓和外力影响作为划分历史阶段的标尺。

内藤氏在《支那上古史》一书中将中国历史分作四期，另有两个过渡期：

> 第一期　有史以来到后汉中期（上古）；第一过渡期 后汉后半期到西晋之前；第二期 五胡十六国到唐中期（中世）；第二过渡期 唐末到五代时期；第三期 宋元时代（近世前期）；第四期 明清时代（近世后期）

内藤氏在《中国史通论》中指出：“（中国的）周代的封建与日本德川的封建是一样的，是真正的封建制度。”又说，周代以前的制度“接近feudal”。② 内藤氏的“宋代近世说”尤为引人注目，其要旨是：唐宋变革时期是中国向近世过渡期。唐代是贵族政体之身份制强烈、政治权力为多数人所分割的时代；宋代则是人民力量相衔接的君主独裁

① 参见［日］葭森健介《关于日本近代历史学的形成——唐宋变革论成立的背景》，牟发松主编《社会与国家关系视野下的汉唐历史变迁》，华东师范大学出版社2006年版，第39~40页。

② ［日］内藤湖南：《中国史通论》，社会科学文献出版社2004年版，第86页。

的时代。① 宋代贵族政治没落，科举官僚政治确立，出现城市由军政堡垒向工商中心转变的“城市革命”，世俗市井文化发展，土地自由买卖成为定制，等等。这些特色显然与“封建社会”所应有的内涵“封土封臣”“领主经济”等相悖。那珂通世、桑原骘藏等人赞同内藤湖南的“宋代近世说”。

小竹文夫承袭了内藤“分期说”，他力辟宋以后的中国为封建社会的观点，认为宋代开始的近世，土地私有权业已确立，没有封土制，官僚制发达，贵族特权身份因科举制而没落，文风颇盛（不尚武），租佃制中土地契约普遍存在。小竹氏的结论是，宋以后的中国社会大异于西方中世纪封建制和日本的武家时代制度。②

（二）自然时序分期：三分法、四分法

就中国历史而言，日本史学界的相关作品多以自然时序来划分中国史的阶段。据宫崎市定在《中国史》③的总论中的“时代区分论”概括，日本流行“古代、中世、近世”三分法，如 1940 年出版的守屋美都雄的《亚细亚史概说・中世编》的中国史分期为：古代，即远古至战国末；中世，即秦汉至明末；近世，即清初至现代。平凡社 1939 年出版的《世界历史大系》的中国史分期与此略同。

“京都学派”的内藤湖南 1949 年出版的《中国中古的文化》也作三分断代：古代，即太古至后汉；中世（中古），即后汉至五代；近世，即宋代以后。

内藤湖南的弟子、思想史家武内义雄的《支那思想史》④（与中国学者冯友兰的《中国哲学史》大体同期出版，二书都在东西方学界获得好评），亦将中国史划分为“上世、中世、近世”，具体展开为：上

① 参见［日］葭森健介《关于日本近代历史学的形成——唐宋变革论成立的背景》，牟发松主编《社会与国家关系视野下的汉唐历史变迁》，华东师范大学出版社 2006 年版，第 39~40 页。

② 参见［日］小竹文夫《近世支那经济史研究》，弘文堂 1942 年版。

③ ［日］宫崎市定：《中国史》上部，岩波书店 1977 年版；《中国史》下部，岩波书店 1978 年版。

④ ［日］武内义雄：《支那思想史》，岩波书店 1936 年版。

世：“孔门的二学派”“稷下的学”；中世：“儒教进入老庄”“老庄进入佛教”“道教的成立”；近世：“儒学的新倾向”“佛教的新倾向”。

“东京学派”的市村瓒次郎所撰《东洋史统》①，将中国史划分为“上世、中世、近世”，具体展开为：上世编 上古至春秋战国；中世编(上) 秦的统治至三国；中世编(中) 南北朝时期；中世编(下) 隋唐至宋金；近世编(上) 明时代；近世编(下) 清代 辛亥革命 中华民国。

东京学派中的唯物史观论者也多持三分法，即古代：上古至宋末，中世：宋至明末，近世：明末至现代。

此外又有“四分法”，桑原骘藏的《中等东洋史》②、那珂通世的《那珂东洋略史》③，它们的分期为：上古，即太古至战国末；中古，即秦汉至唐末；近古，即五代宋至明末；近世，即清以后。

宫崎市定的《中国史》提出另一种“四分法”：古代，即太古至汉；中世，即三国至唐末五代；近世，即宋至清末；最近世，即中华民国以后。

日本史学界概述中国历史段落，大多在古汉语原义与西义的通约上使用“封建制”一词，将其与“郡县制”相对应。明治三十五年，幸田成友所撰《东洋历史》(帝国百科全书之一)称周制为“封建之制”，称秦制为“郡县之制”。铃木俊编《中国史》(山川出版社昭和二十九年版，为“世界各国史”之一)，专列“周初的封建”一目，又将战国时期称“古封建制变动”，对秦汉则冠以“专制体制的确立”。

(三)社会史、经济史的分期视角

日本东洋史学也有从社会的或经济的角度对中国史作分期的。如前田直典的《古代东亚的终结》将中国史的三段落表述为：古代奴隶制；中世农奴制；近世自由劳动制。其分期的主要标准是基层民众的身份状况。

---

① [日]市村瓒次郎：《东洋史统》，东京富山房昭和十四年版。

② [日]桑原骘藏：《中等东洋史》，大日本图书株式会社 1898 年版。

③ [日]那珂通世：《那珂东洋略史》，大日本图书株式会社 1903 年版。

日本的经济史学界也用力于中国历史分期，如已故东京大学教授加藤繁去世后由门生编订的《支那经济史考证》，将中国经济史分为五期：第一期，战国以前，实行封建制度，贫富差距小，虽有工商业，但以农业为主；第二期，秦汉至唐中叶，郡县制度取代封建制度，竞争风盛，贫富悬殊，朝廷重农抑商；第三期，唐中叶至明末，均田制崩溃，土地兼并严重，工商业发展，货币经济发达；第四期，明末至清末，对外贸易在国民经济中比重增加，往昔自给自足的中国与国际经济相连；第五期，清末以后，机器工业兴起，与外国经济关系愈益密切，但因政治环境不佳和外国资本压迫，不能顺利发达。①

一桥大学教授村松佑次的《中国经济的社会态制》②，认为中国经济结构自有特性，不能套用西方的“封建的”“近代的”等概念。

（四）“京都学派”与“东京学派”的中国史分期之辩

1945年，第二次世界大战结束后，日本的中国史学界围绕中国历史分期问题展开过多次讨论，形成京都学派的“宋代近世说”与东京大学“历史研究会派”（又称“东京学派”）的“宋代中世说”的对立，两派长期辩论，其中的核心问题之一，便是对中国封建制度的认定，这成为两派在中国史分期问题上的主要分歧点。

谷川道雄为《战后日本的中国史论争》所写的《总论》说：“点燃中国历史分期论战导火线的是前田直典。”③东京学派的前田直典于1948年撰《古代东亚的终结》一文，把中国、朝鲜、日本组成的东亚视作一个整体加以研究，并比较三国的历史进程：

> 东亚各国中，中国的古代在9世纪前后结束，而同样事件见于12、13世纪左右的朝鲜和日本。换言之，在东亚的日本和朝

① 摘引［日］加藤繁《支那经济史考证》，平凡社1953年版。原为日文，中文系笔者试译。

② ［日］村松佑次：《中国经济的社会态制》，东洋经济新报社1949年版。

③ 《日本学者研究中国史论著选译》第2卷，中华书局1993年版，第317页。

鲜虽然石器时代的结束和中国有大差别，古代统一国家的形成期亦有七、八世纪以上的相隔，但到了古代的结束和中世的开始，相差已缩为三、四世纪，而到了近世，日本和中国更几乎处于平行位置。①

前田直典批评内藤湖南、宫崎市定等“京都学派”的学者有关中国史的分期(即宋以后近世说)，认为中国在唐以前属于古代，宋以后是“封建的中世”。② 由此，在日本的中国史学界形成两种历史分期说。谷川氏总结道：

从20世纪40年代末期到70年代，日本的中国史学界就各个时代广泛展开了争论……讨论涉及各个方面，但都存在一个共同的基本动机，即怎样从发展的观点来看待中国史……在研究方法上，不论是否站在马克思主义立场上，许多人采用社会科学方法……

总之，这时期的自由讨论为日本的中国史研究带来了巨大成果。但另一方面也不能否认，还有很大的局限性，最突出地表现在历史分期问题上。历史分期是从总体上把握历史体系的有效方法，但时至今日，日本学术界还和20世纪50年代一样，两个流行的历史分期法在并行使用。即在为了解决历史分期的一个个具体问题尚未得出结论的情况下，争论就结束了。③

综上所述，在日本的中国史学界，中国历史分期也是一个悬而未决、异说并存的论题。造成这一局面的原因之一，是对“封建”概念

① 《日本学者研究中国史论著选译》第1卷，中华书局1992年版，第151页。

② 《日本学者研究中国史论著选译》第2卷，中华书局1993年版，第319页。

③ 《日本学者研究中国史论著选译》第2卷，中华书局1993年版，第326页。

的把握有分歧。东京学派在一定程度上认同泛化封建观；而京都学派所论“封建”，则坚持古汉语义与西义的通约。当然，日本史学界主流没有采纳泛化封建观，而“封建”本义(封土建国、封爵建藩)与feudalism西义(封君封臣、采邑领主)相融会的基础上，使用史学术语“封建”，但模糊、含混的用法也时有出现。

第五节　清末民初采用融通古义与西义的新名“封建”

> 乃还观吾中国之历史，本诸可信之载籍，由唐虞以讫于周，中间二千余年，皆封建之时代，而所谓宗法，亦于此时最备……物穷则必变，商君、始皇帝、李斯起，而郡县封域，阡陌土地，燔诗书，坑儒士。其为法欲国主而外，无咫尺之势。此虽霸朝之事，侵夺民权，而迹其所为，非将转宗法之故，以为军国社会者欤！
>
> ——严复：《译〈社会通诠〉自序》

在汉字文化圈，借“封建”一词比拟欧美政制，使“封建”具有普世意义的，较早的有两类人：一为来华西方人，如长期定居香港的英国汉学家李雅各，在将《周易》译成英文时，以feudal ruler对译“封建的诸侯”；二为最初“开眼看世界”的中国人，如林则徐，其主持编译《四洲志》(1841年首次刊印)的“三十一 育奈士迭国”(意为“部落联邦”，指美利坚合众国)，议及美国联邦制，称美国“虽不立国王，仅设总领，而国政操之舆论，所言必施行，有害必上闻，事简政速，令行禁止，与贤辟所治无异。此又变封建、郡县官家之局，而自成世界者”①。这里的“封建”“郡县”均借取汉语原始义，前指“封土建国”，

① 林则徐：《四洲志》，华夏出版社2002年版，第155页。魏源《海国图志》卷六〇转载此一评述。

后指中央直辖的地方政制。《四洲志》认为美国的联邦制兼具"封建"分权、"郡县"集权之义，又加以变通，而自成新局。自林则徐《四洲志》始，以"封建"对比欧美政制，还见于魏源(1843年刊行)的《海国图志》、徐继畬1848年刊行的《瀛寰志略》、梁廷枏1846年刊行的《海国四说》。这几部分书皆为编译西洋人所著史的著作，显示了19世纪40年代中西人士以"封建"对译feudalism的最初尝试。而《海国图志》《瀛寰志略》数年内很快就传至日本，并受到幕府及士人的重视。由于上述译法的影响，时至19世纪70年代，日本人正式以"封建"对译西方史学术语feudal，至19世纪八九十年代，"封建"已在日本成为一个流行的新名词，它是这一汉字词本义(封土建国、封爵建藩)与feudalism含义(封土、采邑)相通约的产物。而恰在此时，中国人开始关注日本的明治维新，借用包括"封建"在内的日译新名也自此开启端绪。经过一段消化吸收，清末民初一些先进的中国人渐渐形成了自己的封建观，并以之表述、诠释中国乃至世界历史的特定阶段。

一、黄遵宪《日本杂事诗》《日本国志》的"封建"用例

中国人较早称日本前近代社会为"封建"，并介绍明治维新"废封建"举措的，是曾任清朝驻日本的外交官黄遵宪的诗文。当然，在黄氏之前，1872年8月在中国出版的丁韪良等编《中西闻见录》第二号的《各国近事·日本近事》述及日本政制说："初，日本国俗世服周制，疆域土地，皆封建诸侯，君则深居九重，端拱无为。"①黄氏称日本在明治以前(即镰仓幕府、室町幕府、德川幕府时期)，效法西周制度，封土建国，天皇是"无为"的虚君。该文进而论及日本明治初年"废封建"，立"大一统之君"的举措。此为目前所见之中文文献中介绍明治维新的最早文字。此后，王韬在1879年日本之游，回国后撰有《扶桑游记》，对日本封建政制之变革有所记述。而黄遵宪的诗

① 由西方基督教传教士丁韪良等编的《中西闻见录》仿西国新闻纸(报纸)而作，书中杂录各国新闻近事。

文则沿此轨迹铺陈日本近事。

（一）《日本杂事诗》的“封建”用例

黄遵宪是中国深入考察、系统介绍日本明治维新的第一人，在1877年至1882年，以清廷驻日本使馆参赞身份，在日本度过四年多，直接观察、感受明治维新，并留下史志体的《日本国志》以及吟咏日本政事、民情的《日本杂事诗》。两书的重点都在明治维新。1882年春，黄氏调任清朝驻美国旧金山（时译“三富兰西士果”，今通译“圣弗朗西斯科”）总领事，离开日本前写诗云：“海外遍留文字缘，新诗脱口每争传。草完明治维新史，吟到中华海外天。”所称“明治维新史”，指《日本国志》（因该书重点在评介明治维新）；所称“吟到中华海外天”，指《日本杂事诗》，此一诗集吟咏海外情实，多有述及“封建”之处。

《日本杂事诗》初版于光绪五年（1879年），纵议日本国史、政情、民俗，关于日本政体在“封建”与“郡县”之间的发展与变化，多所涉及。

黄氏自注《日本杂事诗》卷一第六首的“剑光重拂镜新磨，六百年来返太阿”云：“源、平以还，如周之东君，拥虚位而已。明治元年德川氏废，王政复古，伟矣哉中兴之功也。”①讲的是日本自源氏、平氏形成武门政治格局，导致封藩林立以后，天皇成为类似东周天子那样无实权的君主，直至明治间废除德川幕府，才由六七百年的封建制复归王政（中央集权制）。黄氏在注《日本杂事诗》第三十一首“国造分司旧典刊，华花莫别进贤冠。而今指令诸台省，押印唯凭太政官”之句时曰“犹变封建为郡县也”，此为画龙点睛之笔。光绪十六年（1890年），黄氏在伦敦改订《日本杂事诗》，上述诗句变为：“国造分司旧典刊，百僚亦废位阶冠。紫泥钤印青头押，指令惟推太政官。”大意略同，而变封建制为中央集权制的含义更加明确。在这段诗作后，黄氏所加注文曰：

① 黄遵宪著，钟叔河辑注校点：《日本杂事诗广注》，湖南人民出版社1981年版，第36页。

> (日本)上古封建，号为国造。奉方职者，一百四十有四。后废国造，置国司，犹变封建为郡县也。天智十年，始置太政大臣(三公首职，犹汉相国)、左大臣、右大臣，相沿至今。然自武门柄政，复为封建，太政官势同虚设。明治维新后，乃一一复古，斟酌损益于汉制、欧逻巴制，彬彬备矣。曰太政官，有大臣参议，佐王出治，以达其政于诸省。①

黄遵宪此一诠释，用语虽古雅，然其历史观念却相当先进，对日本从古代到近代政治体制的变迁，梳理得十分清晰：日本古代由“封建”变“郡县”，中世又从“郡县”复为“封建”，明治维新参酌中国秦以来的郡县制、欧洲各国近代政制，从“封建制”走出，建立起以太政官为主官的中央集权政治体制。

到光绪十六年，黄遵宪刊出《日本杂事诗》改订本，对内容进行了增删，原本删七首增五十三首，其中所增之一为：

> 呼天不见群龙首，动地齐闻万马嘶。
> 甫变世官封建制，竞标名字党人碑。②

诗中明确指出，明治维新的重要举措——废藩置县的要领是改变职官世袭的封建制，代之以郡县制，进而形成近代政党政治。黄氏将近代政党与汉唐宋明之党社相比拟，担心因政党政治引发党争之流弊。

在《日本杂事诗》中，黄遵宪运用新词不少，据统计约一百二十个，源于日译欧美的新词约七十个，如“国会”“政党”“民权”“解放”“自由”“共和”“改选”“中学”“记者”“博物馆”“警视厅”“火轮舟”“窥朦镜”等；取自日本原有词语约五十个，如“国字”“艺伎”“太政

---

① 黄遵宪著，钟叔河辑注校点：《日本杂事诗广注》，湖南人民出版社1981年版，第67页。

② 黄遵宪著，钟叔河辑注校点：《日本杂事诗广注》，湖南人民出版社1981年版，第38页。

官”“伊吕波”等。黄遵宪所用“封建”“封建制”，既是对日本当时流行的新词的采取，也是对汉语旧名的袭用。

（二）《日本国志》的“封建”用例

除上举《日本杂事诗》各例外，黄遵宪的《日本国志》（该书为1896年出版，但成书是在1887年）也论及“封建”，称日本古代各州遍设朝廷任命的国司、郡司，“一变而为郡县”。至镰仓幕府时期，“裂地以授家臣”，“地头往往世袭，国司不复赴任，于是封建之势渐成”。至足利幕府时期，这种分权态势更加明显：

> 分国郡而封家臣，称为守护，三管领四职以下，皆以地传之子孙……于是形势一变而为封建……关原役毕，德川氏统率诸氏，分封其子弟功臣；其后加削增减，颇易旧封。①

在介绍镰仓、足利、德川三个幕府时期的封建制以后，黄氏论述明治维新在“复古”名义下，变“封建”为“郡县”，文曰：

> 明治四年废藩置县，复为郡县之治，凡五畿七道七十三国，二京三府六镇三十六县。②

黄氏《日本国志》的上述文字，谈及日本封建制从成长到消弭的全过程，反映了日本政制变迁的实况。

诗文中黄遵宪并未对“封建”一词重新下定义，然考其语境，黄氏的“封建”，古义与近义、中义与西义贯通无碍，实属高明之语用，是清末民初开眼看世界的士人使用新名“封建”的先导。戊戌变法前夕，中国报刊常称日本江户时代为“封建”、称明治维新为“废封建”，如《时务报》1897年7月29日载文曰：“日本既废封建制度”，“当是时民间风气大开”；《知新报》1898年7月9日载文曰：“善夫，日本

① 黄遵宪：《日本国志·地理志》。
② 黄遵宪：《日本国志·地理志》。

之维新也……削大将军之权，移封建为县郡，知县以亲王领之，故下情无不上达。”此种“封建”用例，都与黄遵宪诗文一脉相承，遵循“封建”古义与西义相通约的理路。

二、梁启超兼容古义与西义的“封建”观

中国人较自觉地将“封建”作为表述历史时代的新名使用，开端于黄遵宪的友人、“新史学”开创者梁启超。

（一）以“封建及世卿之世”表述氏族制与专制帝制之间的封建时代

梁启超以“封建”一词用于划分历史阶段，始于1896年撰写的《论君政民政相嬗之理》。该文仿《公羊传》“三世说”句式，将历史分为“多君为政之世”“一君为政之世”“民为政之世”三个阶段，这种划分显然参酌了西方史学的古代“多头政治”、中世“君主政治”、近代“民主政治”的三段划分法，而且梁氏又将古代的“多君为政之世”区分为前、后两阶段：“一曰酋长之世，二曰封建及世卿之世。”①“酋长之世”，即氏族制时代；“封建及世卿之世”，即实行分封制、世卿世禄制的封建时代。对此，梁氏解说道：

> 封建者，天子与诸侯俱据土而治，有不纯臣之义……诸侯与天子同有无限之权，故谓之多君。②

以“多君”释“封建”，点化出“封建”含义的精髓，又明确地将“封建及世卿之世”视作一个历史时代，上承氏族时代（“酋长之世”），下接集权帝制时代（“一君为政之世”）。

梁氏1890年方十八岁时入京会试，落第后途经上海返乡，开始接触西书，1896年二十四岁著《西学书目表》，可见其已具有一定的西方历史知识，故梁氏在其所撰《论君政民政相嬗之理》已能作初步的中、西比较，指出“封建世卿”制难以退出政治舞台，是多国现象，

---

① 《梁启超全集》第一册，北京出版社1999年版，第96页。

② 《梁启超全集》第一册，北京出版社1999年版，第96页。

这也表明梁氏已将“封建”视为一种世界性的历史过程。梁氏说：

> 世卿之多君，地球各国，自中土以外，罕有能变者。日本受毒最久。藤原以后，政柄下移，大将军诸侯王之权，过于天皇。直至明治维新，凡千余年，乃始克革。今俄之皇族，世在要津。英之世爵，主持上议院，乃至法人既变民政，而前朝爵胄，犹潜滋暗窥，渐移国权。盖甚矣变之之难也。①

戊戌变法失败后的1898年秋，梁启超开始流亡日本，其西学水平大有提高，之后所撰论史文章，继续在“分封”“分权”的本义上使用“封建”一词，并参考日本人所译西方历史分期专词，采用“封建时代”“封建制度”“封建社会”等日制汉字新短语。

（二）“封建时代”与“统一时代”相对应

梁启超在1899年发表的《论中国与欧洲国体异同》②一文，论及中国与欧洲的国体相同之处：都依次经历了家族时代、酋长时代、封建时代，梁氏把中国周代国体与古希腊国体相类比，又将“封建时代”与“贵族政治”作近义短语并列使用。

> 中国周代国体，与欧洲希腊国体，其相同之点最多，即封建时代与贵族政治是也。彼此皆列国并立。

中国与欧洲之国体，自春秋以前（欧洲史家所称上世史时期）大略相同，自春秋以后，截然相异。③

值得注意的是，梁氏明确地将秦以后的两千余年排除在“封建时代”之外。文曰：

① 《梁启超全集》第一册，北京出版社1999年版，第97页。

② 该文发表在1899年6月8日刊出的《清议报》第十七册，9月9日刊出的第二十六册（这年9月在日本刊物《太阳》第五卷第二十号刊载）。

③ 《梁启超全集》第一册，北京出版社1999年版，第312~313页。

> 秦废封建置郡县以后，二千年循其轨而不易。中间如汉时封子弟为王，功臣为侯，晋时之八王，明代之燕王、宸濠等，虽有封建之举，不移时而遂变灭，不成其列国之形也。汉末之州牧、唐代之藩镇，各拥疆土，私子孙，虽气焰万丈，不过涌乱一时，不成其为列国之形也。①

梁启超区分狭义封建与广义封建，指出秦行“郡县制”，已结束“封建制”，而此后封爵建藩虽持续不辍，但为时不久均告破灭，并未构成列国并峙的“封建”局面，故秦以后已告别“封建时代”。梁氏将“封建时代”的特点归之为“贵族政治”“列国并立”“阶级之风”，兼合“封建”之原始义和西洋义。至于“秦汉至今日”，梁氏则名之为“统一时代”，并认为“是为中国国体与欧洲大异之一事”。② 又称秦以后为“无贵族之国，其民可谓之无阶级之民。是又为中国国体与欧洲大异之一事”。③ 这一论述表明，梁氏既采用来自西方的术语，又将中西历史的差异以区分，不以西方史序列套用中国史。

1901 年，梁氏著《中国史叙论》，其第八节“时代之区分”参照西洋人所著世界史的“上世史、中世史、近世史”划分，将中国史分为“第一上世史。自黄帝以迄秦之一统，是为中国之中国”；“第二中世史。自秦一统后至清代乾隆之末年，是为亚洲之中国”；“第三近世史。自乾隆末年以至于今日，是世界之中国”。在论及上世史时，指出此一阶段的特点：

> 是为中国之中国，即中国民族自发达、自竞争、自团结之时代也。其最主要者，在战胜土著之蛮族，而有力者及其功臣子弟分据各要地，由酋长而变为封建。④

① 《梁启超全集》第一册，北京出版社 1999 年版，第 313 页。
② 《梁启超全集》第一册，北京出版社 1999 年版，第 313 页。
③ 《梁启超全集》第一册，北京出版社 1999 年版，第 314 页。
④ 《梁启超全集》第一册，北京出版社 1999 年版，第 453 页。

将周人东进，实行封建制，作为中国上世史最主要的标志性内容。至于中国的中世史（自秦一统后至清代乾隆之末年），“是为亚洲之中国”，梁氏则称之“君主专制政体全盛之时代”①，而绝不冠以“封建时代”。

总之，梁启超将“封建时代”视为中国古史的一个阶段，并不将之与自己所处的现时代相衔接。梁氏认为，在“封建”与“近代”之间，有一漫长历程，或名之“统一时代”，或名之“君主专制政体全盛之时代”。他还致力于探究中国封建制的特色，并由此追究中国历史走向的缘由。

（三）“封建制度”与“专制政体”相对应

1902年梁氏撰《中国专制政治进化史论》，其第二章为“封建制度之渐革”（由地方分权趋于中央集权）。梁氏言：“封建何自起，起于周。封建云者，以其既得之土地而分与其人之谓也。”“自秦以来，天下几一家矣，以二万余里之大地，而二千年来常统制于一王，此实专制政体发达之最明著者也。”指出其开端：“及秦始皇夷六国，置郡县，而封建之迹一扫。”显然是从“封土建国”义上谈“封建制度”的，明确地称周制为“封建制度”，秦以后则“封建之迹一扫”。该章“附论中国封建之制与欧洲日本比较”，提出并试图解答一个相当尖锐的问题：

> 封建之运，东西（方）所同也。中国有之，日本有之，欧洲亦有之。然欧洲、日本，封建灭而民权兴，中国封建灭而君权强，何也？欧洲有市府而中国无有也。日本有士族，而中国无有也。②
>
> 欧洲封建之灭，非君主灭之，而人民灭之也……日本明治维新，主动者皆藩士……日本封建之灭，非君主灭之，而藩士灭之也……中国不然。兴封建者，君主也；废封建者，亦君主也。以

① 《梁启超全集》第一册，北京出版社1999年版，第453页。
② 《梁启超全集》第二册，北京出版社1999年版，第777页。

封建自卫者，君主也；与封建为仇者，亦君主也。①

以此区分中国、西欧、日本封建制度起承转合的差异，颇富通识。

梁氏认识到中国、欧洲、日本都有过土地、人口分封的时代，而中国与欧洲、日本的差异在于，欧洲有市民社会、市民政权，中国则无；日本有士族阶层，中国则无，这便导致了欧、日"封建灭而民权兴"，中国"封建灭而君权强"。这一论述卓有见地，却又稍嫌简单，然所使用之"封建"一词，较好地实现了中—西—日史学术语的通约，其关于中、欧、日封建制历史演进路径的思考，又显示了一种政治理念的前沿性。

（四）初用短语"封建社会"

1910 年，已旅日十余年的梁启超，对明治维新的"反封建"及其艰巨性深有领悟，并明确地把日本三个幕府时期称之"封建社会"：

日本当维新伊始，八百年封建社会一旦破坏，而天子无尺土，府库无一钱，其艰难为如何？②

这里是中国学者较早使用的新短语"封建社会"，既是对原始词义的"封建"内涵和外延的引申，又是对日制新名的采用。

第一次世界大战刚结束时，梁启超前往欧洲游历，其所见所思集成文字，在 1920 年 3 月至 8 月间以《欧游心影录》为题连载于北京的《晨报》副刊，其中在论及欧洲近世文明的三个来源（封建制度、希腊哲学、耶稣教即基督教）时，梁氏对"封建社会"所作界定，吸取了西欧史学界的观点，又与"封建"原始义保持联系。

综观梁启超论著，可以发现，以观点多变著称的梁氏，在新名"封建"的运用上，却做到了概念首尾一贯，坚持了原始义与西义的

① 《梁启超全集》第二册，北京出版社 1999 年版，第 778 页。

② 梁启超：《饮冰室合集》卷二三，中华书局 1989 年版，第 62 页。

统一，这是他“凭借新知以商量旧学”①的治学方针的成果。梁氏是中国较早使用“封建时代”“封建制度”“封建社会”等短语的学者，从他使用这些短语的上下文考析，已初步实现中西义的涵化、古今义的合理转化。梁氏论“封建”，涵容古今，兼及中外，概念因革有度，不愧为中国近代史学的开山者。

三、严复：以“封建”翻译 Feudalism

严复等从事中—英翻译的中国学者，将 feudalism 与“封建”在“封土建国”义上加以对接，这虽在日本以“封建”翻译 feudalism 之后约三十年，但并非转用日本译名，而是直接从西语译来，故仍可视作中国富于中西文化通识的翻译家的创获。

（一）从音译“拂特”到意译“封建”

严复“于中学西学，皆为我国第一流人物”（梁启超语），对中西“封建”义兼有认识，把传统的文字学功夫引入译事，以字释史，在翻译时慎择汉字词与外来术语对应，常常经历了某个术语从音译到意译的转变。1897 年以后的三年中，严氏翻译亚当·斯密的《国民财富的性质和原因的研究》（严译名《原富》），对 feudal 取音译，谓“拂特”，或取音意合译，谓“拂特之制”“拂特之俗”。在《原富》的按语中严复对“拂特之制”的解释是：“顾分土因而分民，于是有拂特之俗。”1903 年，严复翻译穆勒的《群己权界论》，仍将 feudal 音译“拂特”。1904 年严氏翻译英国法学家甄克思（E. Jenks）的 *A History of Politics*（可直译为《政治学的历史》），以《社会通诠》作题出版②（此为严复的八大译作之一）。在《社会通诠》中，严氏将 feudalism 意译作“封建之制”（有时也音译“拂特”或音意合璧译“拂特封建”）。该书这

---

① 梁启超：《墨经校释序》。

② 此前，1903 年上海广学会出版甄克思同书中译本（上海商务印书馆代印），名《政史撮要》，李提摩太作序，称该书为“华友”所译。王宪明《语言、翻译与政治——严复译〈社会通诠〉研究》推测，此“华友”可能就是严复，因《政史撮要》与严译《社会通诠》某些章节的关键词语非常相似，且《社会通诠》于 1904 年在商务印书馆出版，广学会并无异议。

样界定“封建时代”：

> 总而论之，则封建时代，其一群生养形制，大抵尽成拂特之规。其民之以等次相治也，与宗法社会不相悬殊，而其所悬殊，而其所绝异者，民居宗法社会之中，其所受于群者，以其为一群之分子，自有生而定之。至于拂特之世，民一身厕于社会，一切权利，皆有所受而后然，亦皆有应尽之职役，以为酬于其上。①

对“封建于社会天演为何阶级”(封建在社会进化史上处于什么阶段)这一问题，该书这样回答：

> 封建者，宗法、军国二社会间之闰位也。②

“闰位”本指非正统的地位，这里指“封建”是宗法社会与近代国家社会之间的过渡时段。广学会1903年译本将这段话译作：“封建之法，处族类之末世，与今从军会之初世。”“军会”即“军国民社会”，是清末从日本引入中国的一个政制术语，约指一个强化尚武精神及国民组织的社会(中国留学日本的学生曾组织成立有“军国民教育会”)，相当于近代社会。上引《社会通诠》之语，意谓封建制出现在氏族制末期和近代社会初期之间。

《社会通诠》将社会进化分为三个阶段，即蛮夷社会(亦称图腾社会)、宗法社会、国家社会(亦称军国社会)，从第二阶段过渡到第三阶段中经“封建时代”。严复在译者自序中介绍甄克思的历史分期观点：“始于图腾，继以宗法，而成于国家。”“由宗法以进于国家”，有一过渡形态：

---

① [英]甄克思，严复中译：《社会通诠》，商务印书馆1981年版，第74页。

② 《译〈社会通诠〉自序》，《严复集》第一册，中华书局1986年版，第135页。

二者之间，其相受而蜕化者以封建。方其封建，民业大抵犹耕稼也。①

这段文字值得注意处有二：

其一，把古代宗法社会向国家社会（指统一的中央集权的国家）过渡演变的中间环节称为“封建”。其二，封建社会是定居农耕文明的产物。这是很有世界史通识的见解。夏曾佑在为严译《社会通诠》作序时说：“考我国宗法社会，自黄帝至今，中可分为二期，秦以前为一期，秦以后为一期，前者粗，后者精，而为之钤键者，厥为孔子。”此议与严论相吻合：严复认为宗法社会自三代讫于今，以秦为转折，前为封建制，后为君主专制（严称“霸朝”）。这是清末民初新史学界的主流历史分期观。严复的“封建”观，代表了当时学人的普遍认识。在严复之先，郑观应曾于1880年说：“考诸上古，历数千年以降，积群圣人之经营缔造，而文明以启，封建以成。自唐、虞迄夏、商、周，阅二千年莫之或易。”②将“封建”定位在周代末年以前。谭嗣同在1896年说：“自秦以来，封建久湮。”③都是指认先秦的唐、虞以迄三代为“封建”，秦以后“封建”湮灭。严复的“封建”观与郑、谭等时贤一脉相通，而严氏的历史分期意识则更为明晰。

（二）严复“封建”语用兼容古义与西义

经严复的翻译与诠释，“封建”从原指一种政制举措（封爵建藩）的旧名词，演变为指一种社会制度、历史时段的新名词。严复发现，中西历史虽有差异，但也有共通之处，所以在1905年所撰《政治讲义第二会》中指出：“国家为物，所足异者，人类不谋而合。譬如我们古有封建，有五等，欧洲亦有封建、五等。吾古有车战，西人亦然。”故严译“封建”在向新名转化的过程中，并未与旧名本义（封土建

① ［英］甄克思，严复中译：《社会通诠》，商务印书馆1981年版，第75页。

② 郑观应：《易言·论公法》。

③ 谭嗣同：《仁学》卷下四十六。

国、封爵建藩)脱钩，而是沿着旧名本义指示的方向作合理引申，并与对译词 feudalism 的含义(领主制、采邑制)彼此契合，从而达成古义与今义的因革互见、中义与西义的交融涵化。

严复还论及欧洲步入封建社会的时间：

> 其趾封建，略当中国唐宋间。及其去之也，若法若英，皆仅仅前今一二百年而已。①

称中国的“唐宋间”(即公元9世纪左右)欧洲才迈进“封建社会”门槛，“前今一二百年”(18世纪前后)方结束封建制度。这一论述遵从欧洲史学界关于西欧封建社会的起讫判断。值得注意的是，严氏并未将中国与西欧封建社会的时间段硬性拉扯到一起，而是指出中国的封建时代(夏、商、周三代)大大先于西欧。

> 乃还观吾中国之历史，本诸可信之载籍，由唐虞以讫于周，中间二千余年，皆封建之时代，而所谓宗法亦于此时最备……物穷则必变，商君、始皇帝、李斯起，而郡县封域，阡陌土田，燔诗书，坑儒士。其为法欲国主而外，无咫尺之势。此虽霸朝之事，侵夺民权，而迹其所为，非将转宗法之故，以为军国社会者欤！②

严氏注意到“郡县制”与“封建制”土地制度上的标志性差异：“阡陌土田”，即重新规划土地，裂旧阡陌(田界)为新阡陌，变井田制为土地私有制。他还特意点明：尧舜至周末两千载为“封建之时代”，而商鞅变法、秦始皇统一天下，行郡县，开阡陌，成一新的时代。

---

① 《译〈社会通诠〉自序》，《严复集》第一册，中华书局 1986 年版，第 135 页。

② 《译〈社会通诠〉自序》，《严复集》第一册，中华书局 1986 年版，第 135~136 页。

为矫正中国秦汉以下中央集权专制政治的弊端，章太炎、梁启超等时贤曾提倡封建之法以行地方自治。严复欣赏近代西方的地方自治制度，但他认为中国历史上的封建、藩镇只会招致“乱制”，难以产生合理的地方自治方法，故不赞成章、梁之说。严复在《社会通诠》的按语中指出：

> 地方自治之制，为中国从古之所无。三代封建，拂特之制耳，非自治也。秦汉以还，郡县之制日密，虽微末如簿尉，淡泊如学官，皆总之于吏部……往顾亭林尝有以郡县封建之议，其说甚健，然以较欧洲地方自治之制，则去之犹甚远也。①

严氏在此再次认定，中国的三代“封建”(主要指西周封建)，与西欧中世纪的 feudalism 可以类比(“三代封建，拂特之制耳”)，而与西欧近代的地方自治却是两回事(“非自治也”)，至于“郡县制”更与地方自治大相径庭、方向相反。

在严复看来，中国的封建时代，起于唐虞(尧舜时代)，讫于周末，不包含秦以后，与西欧封建制内容相近，然在时间上相错甚远。至于秦汉以后，严复称为“法专于国主”“侵夺民权”的“霸朝”(即专制帝制)，并疑中国秦以后的社会“以为军国社会者欤?”严氏以“军国社会”借指秦以后宗法封建制消解后的社会。

关于严复创制译词“封建”，有学者给予高度评价：

> 我国上古时代的封建，形式上是政治权力的封建，而实质上是对于劳动力和土地的分配……最终的着眼点在于对于劳动群众的控制……按照马克思主义关于生产关系的理论，生产资料的所有及劳动者与生产资料结合的方式，是为生产关系的核心内容，周代的封建之制恰恰在这方面作出了系统的规定，从这个角度说，严复在本世纪初(指 20 世纪——引者)就采用了“封建”一词

① 《社会通诠》，商务印书馆 1981 年版，第 176 页。

进行译作，实为天才创造。“封建”一词长期行用不废，与此应当是有关系的。①

笔者赞同此一对于严译“封建”的估量，但需补述两点：

其一，以“封建”译 feudal，并非严复首创，在 1904 年严复译《社会通诠》之前六十余年，如前述林则徐的《四洲志》、魏源的《海国图志》已有此译法（采自西洋人的译法），此后，至 19 世纪六七十年代日本又有多人如此翻译。当然，严译并非对林、魏译法的承袭，也不是对日人译法的仿效，而是独立进行的，但其时晚于林、魏及日人的翻译数十年则是事实。其二，严译“封建”蕴含的概念，兼容该词的古汉语义与西洋 feudal 的含义。他用此一古今融会、中西通约的新名“封建”，表述中国、西欧历史中不同时段的近似制度，从而指示了“封建”这一新名运用的合理途径，后之译者多沿袭之。例如，陈望道 1920 年翻译马克思与恩格斯的《共产党宣言》时，多次使用“封建”及由其为主干词而形成的词组“封建领主”“封建社会”“封建时代”。译文中“封建”始终与“领主”“农奴”“家臣”“贵族”联系在一起，从而保持了新名“封建”对古汉语义与西义的兼容。② 然而，自“五四”时期以后，尤其是中国社会史论战以后，“封建”渐被滥用，与严译的内涵、外延均相去甚远，故对于“‘封建’一词长期行用不废”这一现象，有必要作具体分析。本书以下节次将就此一关节处逐一展开论析。

四、章太炎：前近代中国“去封建远”，日本“去封建近”

近代学者中关注“封建”论题的突出人物还有章太炎。作为史学家的章太炎，自青年时代即有“引古鉴今”的追求，1902 年立下修《中国通史》之志，后来更制订修百卷本通史的计划，以“启导方来”。章

① 晁福林：《论封建》，《社会科学战线》2000 年第 2 期。

② 参见陈望道译《共产党宣言》，社会主义研究社 1920 年版，第 2～5 页。

氏治史用力批评循环论和庸俗进化论，不赞成康有为以“今文经学”治史的主观方法，执着于古文经学方法，将经书当历史看，其“封建观”很有历史眼光。

(一)从抑制君主集权角度肯定“封建”

与严复兼及西义有别，章太炎是从中国传统史学视角讨论“封建”的，大体承袭顾炎武之说，从“分治”意义上探究“封建”的价值。章氏在《藩镇论》(发表于1899年10月)开篇指出：“自封建之法不行于后世，于是策时事者每以藩镇跋扈为忧，是其言则孤秦陋宋之冢嗣也。”①章氏把封建制必然导致藩镇割据的言论斥之为“孤秦陋宋”，原因在于他对专制君主集权深恶痛绝而向往宪政式分权，故寄望中国现实社会中的“藩镇”(借指清末执掌地方大权的督抚，如张之洞、刘坤一辈)在君主专制向宪政转变过程中发挥积极作用：

> 夫削藩镇以立宪政者，天下之至公也；削藩镇以遂一二肺腑贵人之专欲者，天下之至私也……今藩镇虽离于至公，而犹未合于至私。若皇德贞观，廓夷旧章，示民版法，陶冶天下，而归之一宪，藩镇将奔走趋令，如日本之萨、长二藩，始于建功，而终于纳土，何患自擅。②

章氏所抨击的“削藩镇以遂一二肺腑贵人之专欲者，天下之至私也”，指清廷借“立宪”之名，企图将封疆大吏的权力收归满洲亲贵。然而日本幕末维新过程中一些藩国对社会改革发挥积极作用的事实启示了章氏。他期待中国的封疆大吏仿效日本萨摩、长州等西南强藩支持维新，维新后又将藩地交还朝廷，如能这样，藩镇就是一种积极力量，成为推进社会进步的因素。

还是在1899年，章太炎又作《分镇》，在征引唐人马周、李百药、柳宗元批评“封建制”、倡导“郡县制”的名论之后，指出这些言

① 《藩镇论》，《章太炎政论选集》上册，中华书局1977年版，第99页。
② 《藩镇论》，《章太炎政论选集》上册，中华书局1977年版，第102页。

论产生在国家清明之时，“未有外侮，其论议固足以自守也”，而宋代外患严重，“李纲始有分镇之议”。由此，章氏认为“封建”并非一概皆坏，“郡县”并非一切都好，纵观历史“然后知封建之说未必非，而郡县之说未必韪也”①。

1900 年，章氏鉴于戊戌政变、庚子国变的事实，作《分镇匡谬》，文中对封疆大吏和新派人物都颇为失望，称“今督抚色厉中干，诸少年意气盛壮，而新用事者，其葸畏又过大耋旧臣……纵满洲政府能弃，若无收者何？”对先前的寄望于封建（分镇）的论说作出修正。②

章太炎是从“封建”一词的本义（封爵建藩）上讨论中外“封建制”的，并不认同将“封建”对应西洋术语。严复在译作《社会通诠》中以“封建”对译 feudal，为中国人引入一种新的历史分期框架蛮夷社会—宗法社会（其前段为封建时代）—军国社会，梁启超及陈独秀都受到严译的影响，而章太炎则立足于中国文化本位，力驳严译。章氏 1907 发表了《〈社会通诠〉商兑》，批评严复译《社会通诠》时构筑的历史分期，章氏指出，“泰西郡籍”所列“条例”，不能照套“亚东之事”，若论及亚东史迹，“则其条例又将有所更易矣”。他说：

> 心能流行，人事万端，则不能据一方以为全概。③

这里的“一方”即指西方，章太炎不赞成以西方史学框架概括中国历史实际，因而不认可严复将“封建”对应 feudal 的译述。

（二）以“封建”比附“代议政体”

随着西学知识的增长，章太炎的观点后来也有所发展，亦开始用“封建”类比某种西洋制度。在 1908 年 10 月发表的《代议然否论》中，章氏将“封建”比附西欧代议制的贵族院：

① 《分镇》，《章太炎政论选集》上册，中华书局 1977 年版，第 104 页。
② 《分镇匡谬》，《章太炎政论选集》上册，中华书局 1977 年版，第 107 页。
③ 《〈社会通诠〉商兑》，《民报》第 12 号，1907 年 3 月。

代议政体者，封建之变相，其上置贵族院，非承封建者弗为也。①

章氏不仅将英国式的“代议制”称“封建之变相”，认为贵族院(上议院)承袭“封建制”，而且认为“迄汉世去封建犹近，故昭帝罢盐铁榷酤，则郡国贤良文学主之，皆略似国会”②。可见，章氏把“封建”与“专制”相对立，认为“封建”包含“分权”“众议”诸义，故将“封建”与“议院”“国会”相类比，作“专制”的反义词使用。章氏论“封建”的可贵之处在于其并未只止于议史，而是借以评今，试图发现古今政制间的联系。章氏的这种类比，当然存在牵强之处，因而曾受到严复的批评。

章氏通过中外比较，敏锐地洞察到，前近代中国、日本两国政制的重大差异：中国“去封建远”，日本“去封建近”，因此两国政制近代化的基点不同：

议者欲逆反古初，合以泰西立宪之制，庸下者且沾沾规日本，不悟彼之去封建近，而我之去封建远。去封建远者，民皆平等；去封建近者，民有贵族黎庶之分。③

章氏认为，民皆平等、无贵庶之分的中国，不宜设上院(贵族院)，也就不宜实行代议制。章氏还认定，作为“封建之变相”的代议制，“必不如专制为善”，遂从否定代议制走向否定“封建”，从而与早年因倡导分治而肯定“封建”发生了大改变。可见，章氏的封建观

① 《代议然否论》，《章太炎政论选集》上册，中华书局 1977 年版，第 456 页。

② 《代议然否论》，《章太炎政论选集》上册，中华书局 1977 年版，第 456 页。

③ 《代议然否论》，《章太炎政论选集》上册，中华书局 1977 年版，第 456 页。

是随其现实的政治主张的转换而变更的。然而，章氏的封建观虽有大变革，但所用“封建”一词的内涵，始终保持着与本义的联系。同时，他在论述中已把封建制作为一种世界性的现象考察，并进行中西、中日之间的政制比较，其用语固然古色古香，所透露的政治理念也可能在激进与保守间摆动，但他围绕“封建”提出的论题（如反专制的政治改革问题、代议制是否符合中国国情问题、中日封建制的时间错位问题），却颇富前沿性，视野可谓宽阔而深邃。

1910 年夏，章太炎的弟子黄侃创办《学林》，刊登章氏文章多篇，其中《封建考》论述封建，将《国语·鲁语下》、《史记·孔子世家》所说的“神守”诠释为群神、“社稷守”诠释为诸侯，皆为天子所封。①后来顾颉刚把石器时代称“前神守—神守时代”，夏、商、周称“社稷守时代”，战国称“诸子时代”。② 其“社稷守时代”即封建时代。此说颇得章太炎封建论之神髓。

五、孙中山：“中国两千多年前便打破了封建制度”

作为兼通中西之学的政治家，孙中山准确把握了史学术语“封建”的内涵（封土建藩制度）和外延（中国殷周时期、欧洲中世纪之社会形态），他力倡的政治革命（“民权主义”），其“一扫而尽”的目标是君主专制政体。孙中山 1905 年发表的《〈民报〉发刊词》曰：

> 洎自帝其国，威行专制，在下者不堪其苦，则民权主义起。

（一）“反专制”与“自治论”相表里，将民权革命的任务定位在以“民主共和”取代“君主专制”

1900 年，孙中山在《致港督卜力书》中拟“平治章程六则”，其中第二则为“于都内立一中央政府，以总其成；于各省立一自治政府，

① 见《封建考》，《太炎文录初编》卷一。
② 见顾洪编《顾颉刚学术文化随笔》。

以资分理”①。这种军事、外交由中央政府宰理，政治、征收、正供由各省全权自理的方案，既参考了美国的联邦制，也是对中国古来“郡县制”与“封建制”的综合。当然，孙中山的主要倾向是以适度的“分权”来调节过度的专制集权，在这一旨趣上，孙中山对“封建”取一定程度的欣赏态度。在《〈民报〉发刊词》中孙中山还阐发三民主义：

> 今者中国以千年专制之毒而不解，异种残之，外邦逼之，民族主义、民权主义殆不可以须臾缓。

1906年秋冬间，孙中山在《军政府宣言》中指出：“国体民生尚当与民变革，虽纬经万端，要其一贯之精神，则为自由、平等、博爱。”②其革命锋芒直指专制帝制，倡导“建立民国”并振臂高呼：

> 敢有帝制自为者，天下共击之！③

此语以后渐，孙氏高唤成中国人的共识。辛亥革命推翻专制帝制以后，袁世凯于1916年冒天下之大不韪，复辟帝制，果然遭到“天下共击”，做了八十余天“洪宪皇帝”便在一片“反袁”声中黯然下台，并在忧恐中丧命。孙氏十年前的话，果然言中。

1906年12月，孙中山发表《在东京〈民报〉创刊周年庆祝大会的演说》，发挥民权主义精义并警告革命者，不得存帝王思想：

> 中国数千年来都是君主专制政体，这种政体，不是平等自由的国民所堪受的。要去这政体，不是专靠民族革命可以成功。④
>
> 惟尚有一层最要紧的话，因为凡是革命的人，如果存有一些

① 《孙中山全集》第一卷，中华书局1981年版，第193页。
② 《孙中山全集》第一卷，中华书局1981年版，第296页。
③ 《孙中山全集》第一卷，中华书局1981年版，第297页。
④ 《孙中山全集》第一卷，中华书局1981年版，第325页。

皇帝思想，就会弄到亡国。因为中国从来当国家做私人的财产，所以凡有草昧英雄崛起，一定彼此相争，争不到手，宁可各据一方，定不相下，往往弄到分裂一二百年，还没有定局。①

孙氏对皇权主义弊害揭示后反复强调：“我们定要由平民革命，建国民政府。这不止是我们革命之目的，并且是我们革命的时候所万不可少的。”②

辛亥武昌首义后，孙中山一再发表声明，拒绝袁世凯提出的“君主立宪”主张，力主“组织联邦共和政体尤为一定不易之理”。③ 在1912年1月1日就任临时大总统时，孙中山在《中华民国临时大总统宣言书》中发出了对民国的企望：

是用黾勉从国民之后，能尽扫专制之流毒，确定共和，普利民生，以达革命之宗旨，完国民之志愿，端在今日。④

孙中山将扫除专制、建立共和当成矢志不渝的追求，欲使辛亥革命以“民主共和”取代“君主专制”，抓住了中国前近代社会的基本问题，指明了中国社会近代转型的根本任务，具有划时代的意义。

（二）慎拒“反封建”提法

孙中山一生提出过许多革命口号，如早年提出的“振兴中华”“驱除鞑虏，恢复中华，创立合众政府”，中年之后提出的“民族、民权、民生”三民主义，乃至晚年提出的“唤起民众，及联合世界上以平等待我之民族，共同奋斗”等，却从未提过“反封建”的口号。即使在五四新文化运动时“封建”被列为现实的批判对象之际，孙中山也没有苟同“反封建”的提法。直至晚年，孙中山依然是在“封土封臣”“贵族

① 《孙中山全集》第一卷，中华书局1981年版，第326页。
② 《孙中山全集》第一卷，中华书局1981年版，第326页。
③ 《孙中山全集》第一卷，中华书局1981年版，第560页。
④ 《孙中山选集》上卷，人民出版社1956年版，第82页。

世袭制”意义上使用“封建”一词，并在此一含义上比较、品评中西历史。

值得一提的是，孙中山晚年仰慕列宁及俄国革命，称其为“人师国友”，然而，孙氏并不一概信从来自苏俄的提法。1922年以后，苏俄和共产国际关于现实中国是“半殖民地”“半封建”社会的论说传入中国，但孙中山只采纳前者。1924年1月的国民党第一次全国代表大会的大宣言取“半殖民地说”，孙中山本人此前后的用语为“次殖民地”，而对中国“半封建说”则加以抵制。孙中山认为封建制在中国已结束两千多年，故终生未提含义模糊的“反封建”一类口号。

孙中山《三民主义与中国前途》将民族革命、政治革命、社会革命都纳入“反专制”总题之下：“不愿少数满洲人专制，故要民族革命；不愿君主一人专制，故要政治革命；不愿少数富人专制，故要社会革命。”①孙中山对“封建”概念的准确把握，尤其是他直至辞世前夕，仍在古义与西义的融通上论述“封建”，抵制当时开始流行的泛化封建说，这直接关系着中国民主革命目标的认定（是“反专制”，而并非含混的“反封建”），此一旨趣值得我们深长思之。

（三）“中国两千多年以前便打破了封建制度”

孙中山对“封建”的认识有两大特色：一是会通中西；二是首尾一致。直至晚年，孙氏认为，秦代已结束中国的封建制度，这比欧洲直到中世纪末、近代初的“打破封建”，早了两千年。孙氏1924年1月至8月在广州作十六次《三民主义》系列演说，其中第六讲《民权主义》中的第三讲说：

> 欧洲两百多年以前还是在封建时代，和中国两千多年前的时代相同。因为中国政治的进化早过欧洲，所以中国两千多年以前，便打破了封建制度。欧洲就是到现在，还不能完全打破封建制度……
>
> 欧洲没有革命以前的情形，和中国比较起来，欧洲的专制要

① 《孙中山选集》上卷，人民出版社1956年版，第19页。

> 比中国厉害得多。原因在什么地方呢？就是世袭制度。当时欧洲的帝王公侯那些贵族，代代都世袭贵族，不去做别种事业；人民也代代都是世袭一种事业，不能够去做别种事业……中国自古代封建制度破坏以后，这种限制也完全打破。①

孙中山在这里较准确地把握了“封建时代”“封建制度”的含义，将中国两千多年前的“封建制度”（指殷周封建制）与“罗马亡了之后，欧洲列国并峙”相类比，认为“罗马变成列国，成了封建制度”②。讲演中，孙氏流露出因中国比欧洲较早结束封建历史而产生的自豪感，却没有回答先期终结封建的中国，近代何以会落后于欧洲。而前文提及的梁启超《中国专制政治进化史论》一文，其第二章的“附论 中国封建之制与欧洲日本比较”，则对此有所解答：“欧洲、日本，皆封建灭而民权之代兴。”“中国不然，数千年来曾无有士民参与政治之事……兴封建者君主也，废封建者亦君主也，以封建自卫者君主也，与封建为仇者亦君主也。”梁氏指出，这便是“何以中国封建之运之衰，远在欧（洲）之先，而专制之运之长，反远在欧洲之后也”的症结所在。③ 就此而论，梁启超与孙中山的“封建观”相似，但梁氏有更深一层的中西古今之通识。

清末民初，是“封建”演为近代史学术语以后在中国使用的第一阶段。其时所用新名“封建”，既远衔古汉语义，也切合西义，在概念上都保持了前后一贯。清民之际学人议“封建”，较少从社会经济立论，而多以政治制度加以议论，认为中国的西周封建制与欧洲中世纪的 feudalism、日本中世及近世的武门柄政颇相近，其共同特征是：封土建国、领主执掌封地、世袭贵族执政、国家主权分散，与秦汉以降实行的帝王君临天下、土地自由买卖、官僚考选产生，由非世袭的“流官制”“郡县制”所确保的中央集权政制恰成对照。

① 《孙中山文集》上，团结出版社 1997 年版，第 164 页。
② 《孙中山文集》上，团结出版社 1997 年版，第 150 页。
③ 《梁启超全集》（第 2 册），北京出版社 1999 年版，第 777 页。

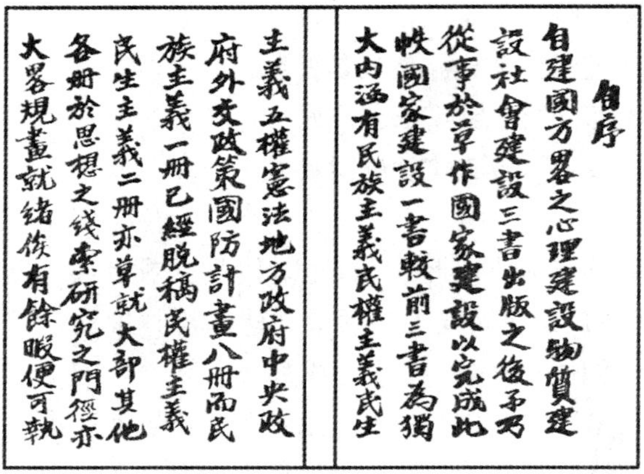

自序

自建國方畧之心理建設物質建
設社會建設三書出版之後予乃
從事於草作國家建設以完成此
帙國家建設一書較前三書為獨
大內涵有民族主義民權主義民生
主義五權憲法地方政府中央政
府外交政策國防計畫八冊而民
族主義一冊已經脫稿民權主義
民生主義二冊亦草就大部其他
各冊於思想之綫索研究之門徑亦
大畧規畫就緒俟有餘暇便可執

孙中山《民族主义 · 自序》手迹

黄遵宪、梁启超、严复、章太炎、孙中山这些人大体代表了清末民初先进中国人的封建观。他们论“封建”，当然有深浅之别，却有着基本的相似之处：既不坐井观天、固守本义，又不尽弃本义、妄意滥用，而是遵循概念演化的合理路线——坚持古今义的既因且革，中西义的兼容并包。如此重构再造之新名“封建”，其外延指殷周政制，也涵盖欧洲中世纪、日本中世及近世的同类政制，成为一个世界性的历史形态的共名。这种“封建观”较好地实现了概念演化时继承性与变异性的统一，又初步达成中国传统史学概念与西方史学概念的通约与整合。然而，清民之际的论者，尚缺乏深广的学术准备，尚未能全方位考察社会形态，尤其缺乏经济的、社会结构的分析，故其“封建”观在理论上尚显单薄，不足以抗御后来兴起的强势的泛化封建观（本书将在第三章第一、二、三节作评介）的挑战，故在 20 世纪 30 年代以后，逐渐逸出主流之外，然其蕴藏的合理内核，值得我辈认真体味。

第三章　名实错位

第一节　“五四”时期陈独秀的“泛封建说”

> 东洋民族，自游牧社会，进而为宗法社会，至今无以异焉；自酋长政治，进而为封建政治，至今亦无以异焉。
>
> ——陈独秀：《东西民族根本思想之差异》

如前所述，由于中国与日本的前近代社会的差别，导致两国近代的“封建”语用状况颇相异趣：日本对史学术语“封建”的认识基本上是一以贯之的，没有发生大的改变，而中国的情形则不一样。一位日本汉学家指出：

> “封建”这个词，在中国本来是指存在着诸侯的周代的制度，从秦始皇推翻周朝，废“封建”，置“郡县”，统一天下（公元前221年），一直到清末，中国基本上保持了“郡县”的中央集权制。江户时代的儒学家理解它与幕藩体制相似，在日本也使用了“封建”这个词。所以在德川幕府倒台、进入明治以后，这个词就变成了“feudalism”的译词，应该说是极其自然的……明治以后，这个“封建”的词又通过留学生等反过来传入中国。由于中国原来

就有周代的“封建”这个词，难免要产生一些混乱。①

“封建”这一表述周朝制度的旧名，借作欧洲中世纪制度(feudalism)的译名，因与日本中世及近世历史实际“相似”，故在日本没有出现错置，至于在“封建”一词故乡的中国，史学术语“封建”在清末民初还保持着概念的一贯性(以严译“封建”为代表)，但到20世纪初期的五四新文化运动期间，“封建”的含义在某些重要论者那里发生变化：从一古史概念，演变为“前近代”的同义语，成为与近代文明相对立的陈腐、落后、反动的制度及思想的代名词。此为“封建”概念“产生混乱”之始，应予拈出，加以考究。

一、陈独秀“封建=前近代=落后”公式的提出

将“封建”指称中国的落后属性，首见于新文化运动倡导人之一陈独秀的言论。

(一)《新青年》的反封建呼声

陈独秀1915年夏结束第五次在日本的游学回到上海，创办了《青年杂志》(后来产生巨大影响的《新青年》杂志的前身)，该刊在9月15日发表了陈氏《敬告青年》一文，此为新文化运动的开篇之作。该文以“自主的、进步的、进取的、世界的、实利的、科学的”新精神号召青年，并抨击与之相悖的旧精神——“奴隶的、保守的、退隐的、锁国的、虚文的、想象的”。陈氏说：

> 举凡残民害理之妖言，率能征之故训，而不可谓诬，谬种流传，岂自今始！固有之伦理、法律、学术、礼俗，无一非封建制度之遗，持较皙种之所为，以并世之人，而思想差迟，几及千载；尊重廿四朝之历史性，而不作改进之图；则驱吾民于二十世

---

① [日]安藤彦太郎：《中国语与近代日本》(中文版)，卞立强译，北京大学出版社1991年版，第149页。

纪之世界以外，纳之奴隶牛马黑暗沟中而已，复何说哉！①

陈氏把各种陈腐、落后的现象全都归之于“封建制度之遗”，“封建”一词在这里被当成陈腐、落后之渊薮的代名词。正因为有此“封建制度之遗”，使得当代中国人与白种人(即文中所称“皙种”)相比，思想落后千年，故中国新青年的使命是“反封建”。

(二)陈独秀对严复封建观的偏离：将封建制与君主专制视作同一

陈独秀接受严复翻译的《社会通诠》的观点，认为中国走出蛮夷社会后，即为以宗法制为基础的封建社会，宗法制度、宗法观念延及当下。但陈氏忽略了严复关于宗法制与封建制既相联系又相区别的重要论述。严复认为，中国的宗法制延及近代，封建制则讫于周末，秦以下为“霸朝”“军国民社会”。在严复的视域中，封建制与君主专制是两种不同的制度，且先后嬗递。而陈独秀却将“封建制”与“宗法制”相重合，又认为封建制与君主专制贯穿中国古史，一直延及当下，从而将封建制与君主专制混为一谈。陈氏在《今日之教育方针》中论述教育方针之二“惟民主义”时说：

封建时代，君主专制时代，人民惟统治者之命是从，无互相连络之机缘，团体思想，因以薄弱。②

这就把“封建时代”与“君主专制时代”作为同义短语相并提。在《宪法与孔教》一文中，陈氏沿袭此一用法：“此等别尊卑明贵贱之阶级制度，乃宗法社会封建时代所同然。”③

这些用法是前无古人的，不仅与周秦以降的全部“封建论”相异，也与近代诸作者的使用相悖。如前所述，梁启超1901年还将“封建时代”与“贵族政治”作同义短语并用，又将“封建时代”(指殷周)与“君

① 《青年杂志》第一卷第一号。

② 《青年杂志》第一卷第二号，1915年10月15日。

③ 《新青年》第二卷第三号，1916年11月。

主专制政体全盛时代”(指秦汉以降)明确地区分为先后两个历史阶段，1904年的严复、1924年的孙中山也有与梁启超相类似的论述。

纵览清末民初各种论者有关“封建”一词的使用，莫不是以“封土建国”之义与秦汉至明清的君主集权制恰成对比。然而，陈氏却将这两个根本相异的历史阶段归并为一，统称“封建时代”，并认定此一时代延及当下。

在接受马克思主义以后，陈独秀关于历史阶段性进程的表述接近共产国际的提法。1920年10月在《国庆纪念底价值》一文中，陈氏说：

> 由封建而共和，由共和而社会主义，这是社会进化一定的轨道，中国也难以独异的。①

这里的“共和”约指资本主义政体，陈氏所述“社会进化一定的轨道”已接近于下述排列程序：封建社会—资本主义社会—社会主义社会。该文还说：

> 尊祀孔子与武人割据，这两件事就是封建主义支配一切精神方面及物质方面底明证。②

这里的“武人割据”指政权分割，与“封建”本义相合；而“尊祀孔子”则泛指前代中国普遍的文化现象，与“封建”本义悖离，故陈氏的“封建主义”含义宽泛，包括进入文明时代以后、“共和”(约当资本主义)以前的全部历史时期。这是一种“泛封建”的表述，此类论述，还散见于陈氏20世纪20年代初期的其他多种著述之中。

1922年在总结辛亥革命的教训时，陈氏有如下分析：

---

① 《陈独秀著作选》第二卷，上海人民出版社1993年版，第178页。

② 《陈独秀著作选》第二卷，上海人民出版社1993年版，第182页。

> 辛亥革命所以失败的原因……也正以当时中国幼稚的资产阶级，未曾发达到与封建官僚阶级截然分化的程度。①

将当时的官僚阶级冠以“封建”之名，也即把现实中国纳入“封建社会”。

陈氏还在一封信中论及现实中国为“封建”所笼罩：“封建时代之道德、宗教、风俗、习惯，仍复遗僵印影，呈其余势，善恶是非之辨，遂纷不可理。”②

二、从日本、法国套用而来的观点

有关“封建”概念的把握，陈独秀超越中国传统，没有只将其限定在政治制度(分封制)上使用，而是将其扩大为一种包含整个中西社会制度的术语，这显然是受到严复的影响。严复在《社会通诠》中以“封建”对译 feudalism，认为中西皆有封建制的历史，此种认识被陈独秀所接受。然而，“五四”时期的陈独秀与严复两个人在这一问题上的看法差别很大：严复认为中国的封建制行之夏、商、周三代，止于周末，秦以后为“霸朝”(君主专制制度)，而陈独秀则将中国的封建社会大加伸展，一直延及近代。

陈独秀何以别出心裁，将“封建”的外延作如此巨大的扩张呢？陈氏本人并未对此加以说明，但只要略考陈氏生平，即可探究其新说的来源。

(一)陈独秀五次游学日本

清末民初在中国知识阶层中出现留学日本的热潮，陈独秀为此一行列中人。1901 年 11 月，陈氏首度自费留学日本，并于次年春回安庆；1902 年 9 月再次赴日本，在东京成城学校习军事，1903 年春回

---

① 《资产阶级的革命与革命的资产阶级》，《陈独秀著作选》第二卷，上海人民出版社 1993 年版，第 448 页。

② 《答程师葛〈德、智、体〉》，《陈独秀论文选编》上，生活·读书·新知三联书店 1984 年版，第 129 页。

国，办《安徽俗话报》，以通俗文学宣传民主主义和民族主义。以后陈氏又三度赴日，曾就读东京高等师范学校速成科、早稻田大学。最后一次赴日，也是第五次，是1914年7月起在东京协助章士钊编《甲寅》杂志，次年夏自日本返国，在上海创办月刊《青年杂志》(从第二卷起更名为《新青年》，编辑部迁北京)，成为新文化运动最重要的舆论阵地。

陈氏在《新青年》发表的文章常用的“封建”一词，似乎是国人熟知的旧名，然考其语境即可发现，其含义已与以往有了很大的不同。陈氏所说“封建”，脱离了原词“封土建藩”本义，其含义变得宽泛。这是陈氏留学日本期间的一种感悟性产物。

(二)日本“废除封建”热潮，影响陈氏对“封建”概念的使用

陈氏旅日期间时在明治末、大正初，日本刚刚走出封建阶段(镰仓、足利、德川幕府的七百年为日本的“封建时代”)，迈入近代门槛。明治间的日本启蒙思想家仿效法国启蒙运动，将过往的、落后的制度及观念、习俗统之以“封建的”相称，并将德川时代的社会特征概括为封建与锁国时期，称“封建制度”与“锁国政策”是“德川时代的重要的两个基本性格”，而“立宪制”与“封建制”的对立，“开国”与“锁国”的对立，是日本近代化进程中的两大题旨。① 此类论述在明治、大正年间日本的书报文章中随处可见。

有“日本的伏尔泰”之称的启蒙思想家福泽谕吉在幕末明初将思想文化批判的锋芒直指僵化的封建制度。他平生有两大“誓愿”：一为个人从封建束缚下解放出来；二为日本国民从西方列强压迫下解放出来。② 福泽有浓郁的“反封建”情结。在自传描述德川时代自己的家乡时，福泽说：

① 参阅[日]《明治文化史》四《思想言论·序说》，原书房昭和五十五年版，第4~5页。

② 参见[日]高桥诚一郎《福泽谕吉》，实业之日本社1947年版，第178页。

> 当时中津这个地方在封建制度下，就好像把东西严严实实地装在箱子里一样，建立了一套牢固的秩序，尽管经过几百年的时间也丝毫没有变样。①
>
> 中津藩的一个特点是：士族之间存在着极其严格的门阀制度。而这种门阀制度之严格，不只表现在藩内的公务方面，甚至在私交上，在孩子之间的关系上也有着贵贱上下的区别。②

门阀制度是福泽谕吉痛恶的封建社会的核心。《福泽氏纪念之碑》碑文载"福泽氏的先祖乃寒族的一小民"。身为中津底层藩士的谕吉之父年收入仅十三石，一生抑郁凄苦，这给福泽谕吉留下悲惨的印象。在自传中，谕吉对世袭贵胄把持社会资源的不合理现象充满义愤，将"封建的门阀制度"视作底层人士生存与发展的大障碍。

> 父亲一生四十五年当中为封建制度所束缚，什么事情也没做出个成就来。空怀不平，饮恨而死。③

他还说："门阀制度乃我父之敌。"④而这种在门阀制度下毫无出路的下层武士，"恨主如仇"，成为反抗幕藩体制的重要力量。

后来成为福泽代表著作之一的《劝学篇》，成书紧接反封建举动的"废藩置县"之后的1872年，其主旨在打破封建制度对人性的桎梏，促使国人树立人格尊严，倡导人的自主、自尊、自觉。"一身独立，一国独立"为该书名论，遍传日本各处，故《劝学篇》被称之反对封建等级制的"人间平等宣言"。

福泽氏的另一代表作《文明论概略》出版在1875年，该书参照英国史学家伯克尔的《英国文明史》、法国史学家基佐的《欧洲文明史》，

① 《福泽谕吉自传》(中文版)，商务印书馆1995年版，第6页。
② 《福泽谕吉自传》(中文版)，商务印书馆1995年版，第16页。
③ 《福泽谕吉自传》(中文版)，商务印书馆1995年版，第6页。
④ 《福泽谕吉自传》(中文版)，商务印书馆1995年版，第6页。

从历史进步主义出发，将世界历史进程分为“野蛮—半开化—文明”三个阶段①，而封建制属于“半开化”的社会形态，要从“半开化”走向“文明”，必须反封建。《文明论概略》第五章分析幕末的“攘夷论”和“王政复古论”，认为当时进步的智力集团提倡此两论，“真正目的既不是复古，也不是攘夷，而是利用复古攘夷的主张为先锋以声讨根深蒂固的门阀专制”②。

福泽氏是把“封建”时代作为历史进程的一个必然会被超越的阶段，来肯认日本明治维新的“废藩置县”等“反封建”举措的，并且清楚地指出，明治维新的精义是“废除封建”，而“废除封建”是时势使然。

> 废藩置县并非出于执政者的英断，执政者只是受国内的智力所驱使，而采取了实际措施而已。
>
> 如上所论，由于全国的智力，形成了舆论，舆论之所归，促进了政府的改革，废除了封建制度。③

与福泽氏同时期的日本哲学家西周对封建制的评析深入到哲理层面。西周从“政教之所别”的观点出发，批评来自“汉土”(即中国)的“儒教”“孔子的教”④。这种“儒教批判”和“孔子批判”，在明治间的日本，是与“封建批判”互为表里的，因为日本德川时代的封建制度〔表现为幕藩体制，是崇儒尊孔的，儒学(朱子学)与国学是其两大精神支柱，故明治间的“废除封建”伴随着“儒教批判”和“孔子批判”。

---

① ［日］福泽谕吉：《文明论概略》(中文版)，商务印书馆 1992 年版，第 9 页。

② ［日］福泽谕吉：《文明论概略》(中文版)，商务印书馆 1992 年版，第 64 页。

③ ［日］福泽谕吉：《文明论概略》(中文版)，商务印书馆 1992 年版，第 65 页。

④ 参见［日］西周《百一新论》卷之上，《西周全集》第 1 卷，宗高书房昭和三十五年版。

明治晚期远藤隆吉著《支那哲学史》于1900年出版，指孔子为中国之祸源，尊孔为中国精神守旧之因(此说为章太炎《订孔》所援引)]。明治间日本思想界的这种论析，影响了章太炎、邹容、鲁迅、周作人等，陈独秀当然也不例外。陈氏“五四”时期的反孔批儒，正是这种影响的反映。而陈氏反孔批儒的特色，是将“反孔”纳入“反封建”的大格局之中。

有“东洋的卢梭”之称的中江兆民也是反封建的健将，他的《民约译解》阐释法国启蒙思想家卢梭的《民约论》，高倡“自由之权”与“共和主义”。19世纪80年代在《东洋自由新闻》《东云新闻》上，中江发表大量抨击封建制的文章，提倡士、农、工、商“四民平等”；同时，又力辟专制制度，鼓吹“君民共治论”“地方自治论”。在1887年的《三醉人经纶问答》中，他以洋学绅士君、豪杰君、南海先生三人对话形式，尖锐抨击“君相专擅”制度，赞扬民主制、共和制。在他的文章中君主专制与封建制作近义词使用，均指日本前近代制度；尊君思想被称为“封建遗物”①，“封建制度”与郡县制对应使用。这种将“封建制”与“专制政治”“郡县制”等同起来的论说，对中国的陈独秀颇有影响，陈氏“五四”时期的“泛封建说”由此发端。中江氏晚年的名篇《一年有半》，在第三章把日本封建制度的突出表现——等级制、家族制及其生活方式的刻板僵化——比喻为“全体国民殆成化石一般”②。反对封建等级制和蒙昧主义是中江氏众多论著的鲜明题旨，这给陈独秀留下深刻印象。《民约译解》是20世纪初留学日本的中国人争相传阅之书，也是由于这本书，高举“反封建”旗帜的法兰西大革命为日中两国知识分子所知晓。陈独秀追慕法国革命，也由此发端。与《一年有半》同为20世纪初新锐的反封建之作的《三醉人经纶问答》1904年摘录刊登在《平民新闻》上，成为此时游学日本的陈独秀研读之书。

---

① [日]中江兆民：《三醉人经纶问答》(中文版)，商务印书馆1992年版，第41页。

② [日]中江兆民：《一年有半》，博文馆明治三十四年版，第142页。

活跃在日本文坛的论者谴责“封建”的还大有人在，进行口诛笔伐。如加藤弘之，他在1870年所写《真政大意》、1875年所写《国体新论》等严厉批判封建政治。在“自由民权运动”期间植林枝盛发表“民权论”“民权自由论”，这是在“反封建”的旗帜下展开的。三宅雪岭、德富苏峰等人明治末、大正初的言论，也与福泽、加藤、中江基本同调。在这些有着启蒙倾向的论者那里，“封建”是陈腐、落后、非人道的集合体、代名词。还有一些论者把“封建的”与“民主的”视为一组对立概念。与“民主的”近代理念相悖，“封建的”则是中古理念，一指等级森严的、垂直的人际关系，如主君与家臣式的主从关系，上位者片面拥有权力，独尊、专横，下位者片面承担义务，卑屈、盲从；二指蒙昧主义的意识形态，如绝对的忠主观念、孝行意识、“施恩—报恩”观念。①

综论之，略具法兰西启蒙运动风格的日本明治—大正时期的启蒙思想家，将“封建”作为批判对象。而向往法兰西式的民主自由精神的中国人陈独秀，恰于明治末、大正初游学日本，因而深受此种反封建的启蒙之风濡染。

（三）“大正德谟克拉西”对陈独秀的启示

陈独秀第五次游学日本之时（1914—1915年），正值日本近代史上继“自由民权运动”之后的第二次民主高潮，即所谓“大正德谟克拉西”。此一运动发生在大正年间，德谟克拉西是英文“民主”的音译，而批判封建制遗毒，为这一民主运动的题旨之一，这无疑给陈氏以启示。

大正初年，宪法学家、东京帝国大学教授美浓部达吉在《宪法讲话》等文中提出，天皇大权非个人私权，而是作为国家元首行使的权能，这便是著名的“天皇机关说”，这种说法与广为流传的绝对主义的“天皇主权说”相对立。政治学者、东京帝国大学教授吉野作造则将“德谟克拉西”阐发为二义：一为民主主义，倡言主权在民；二为

---

① 参见［日］伊藤恒夫《封建的与民主的》，松山商科大学消费生活协同组合出版部1952年版。

民本主义，倡言以民为本①(吉野作造是五四新文化的领导者之一、早期中国共产党领袖李大钊的老师，五四新文化运动期间二人互通信息，相互支持)。陈独秀与大正民主运动人士有无这类直接联系，尚待考证，但大正民主运动给陈氏提供示范，则是毫无疑问的。“五四”时期陈独秀高举“德谟克拉西”(民主)和“赛因斯”(科学)两面旗帜，显然与此相关。当旧营垒恶攻新文化运动时，陈氏理直气壮地回敬道，要拥护那“德先生”，以反对孔教、礼法、贞节、旧伦理、旧政治；要拥护那“赛先生”，以反对旧艺术、旧宗教。② 这些观念与语汇里都可以见到日本“大正德谟克拉西”的影响。

总之，以抨击“封建”作为近代民主运动的中心题旨，是陈独秀从日本明治、大正之际的启蒙思想中借取的一种法兰西式的激进民主主义观念。

(四)“封建”成为恶谥，源于18世纪的西欧

以“封建”作为落后、腐朽、反动、古旧事物的总名并非陈独秀自创，也不是明治间日本人的首创。此一用法始于18世纪的法国，初现于启蒙思想家的文辞中，盛用于法国大革命期间。革命狂飙之际的法国人将一切陈旧、落后的事象皆冠以“封建”，法国大革命的使命被认定为“摧毁”“旧社会中贵族制和封建制所产生的一切”③。此种用法后来传到英国。18世纪末叶，英国议会中的改革派批判贵族保守派，常给其戴上“封建”的帽子。总之，18世纪末叶以后，“封建主义”在西欧成为“黑暗世代”的中世纪的代名词。19世纪中后叶，日本启蒙学者(福泽谕吉等)承袭西欧这种以“封建”为恶谥的用法，故陈独秀从日本借取的“反封建”命题，源头可追溯到18世纪的法国和英国。然而，法、英、日以“封建”作为落后、反动事物的总称，

① 参见吕万和《李大钊与吉野作造》，《人民日报》1979年10月7日。

② 参见陈独秀《本志罪案之答辩书》，《新青年》第六卷第一号，1919年1月15日。

③ [法]托克维尔：《旧制度与大革命》(中文版)，商务印书馆1996年版，第60页。

有其历史根据，因为这些国家的前近代是封建社会，其近代化变革当为“反封建”，而中国的历史实态则另呈一格，故将“封建”作为近世中国陈腐现象之总名，并不恰当。

三、陈氏命题忽略了中西日历史的重大差异

陈独秀“五四”时期发表的一系列“反封建”檄文，振聋发聩，提出了新文化运动的中心题旨(反专制、破宗法)，具有强劲的动员力量，其启蒙意义不可低估，更不容抹杀。然而，曾经发挥历史作用的提法、口号、命题，却不一定经得起学理推敲，古今中外不乏其例。恩格斯评论空想社会主义时说过这样的话：“在经济学的形式上是错误的东西，在世界历史上却可以是正确的。”陈独秀“五四”时期从法国大革命及日本明治、大正间移植过来的“反封建”命题，也呈现矛盾状况——虽然在当时起到积极的社会动员作用，但概念发生误植，导致学理偏失。这种矛盾性不可避免地为新文化运动留下某种后遗症。

(一)中国与西欧、日本的前近代社会有别

若把陈独秀“五四”时抨击“封建”的命题置之于历史坐标系中考量，即可发现其概念错置之误，而究其缘由，在于他忽略了中日、中欧历史之间存在着的重大差异——前近代欧洲与前近代日本的社会形态是“封建”的，故“反封建”是欧洲及日本近代化运动的题中之义；而前近代中国的社会形态却是“非封建”的，中国近代化运动的题旨应当另作概括。

如前文所述，西欧中世纪是封建社会，其近代化变革面临“反封建”任务，诚如圣西门所揭示的，“法国革命是贵族、市民等级和无财产者之间的阶级斗争”。恩格斯称赞道：“这在1802年是极为天才的发现。”①英、法等西欧各国在中世纪末期、近代初期都用各种方式消解以贵族政治、领主经济为主要内容的封建制度，以开辟资本主义的发展道路。明治以前的七百年间，日本处在封建时代，经济、政

① 参见恩格斯《反杜林论》，《马克思恩格斯选集》第3卷，人民出版社1972年版，第299页。

治、社会、文化都充满封建性内容，故作为近代化变革的明治维新，必须“反封建”。诸如1869年的“版籍奉还”、1871年的“废藩置县”即为破除封建式的分土分民；1873年的“征兵令”、1876年的“废刀令”等意在消弭封建性的武士阶层，以“四民皆兵”取代士族常职武事；而“废止华族家禄”等措施则终结了封建士族的特权，身份制随之废除，人们有了选择职业的自由。这都为以工业化为基本目标的近代化运动清扫了道路。当然，明治维新的反封建并不彻底，保留了不少封建遗存(如武士道之类)，这又成了近代日本走上军国主义道路的重要原因之一。

比照之下，中国近代化运动面对的，并非藩国林立、贵族分权、门阀森严的“封建”形势。如前所述，章太炎的《代议然否论》已注意到中日前近代政制的此种差异，认为中国“去封建远”，日本“去封建近”，中国的政制改革不能照套日本模式。但陈独秀却对此有意无意地加以忽略，仿效明治日本，在中国鼓动“反封建”。

当然，抨击“封建”的陈独秀绝非迂腐之人，他所力反之“封建”，并不是古典意义的“封土建国”之类的历史陈迹，而是阻碍中国近代化运动的种种对象，尤其是“数千年相传之官僚的专制的个人政治”①，以及与之相联系的礼教、宗法、迷信等，“封建”不过是他使用的一个“箩筐”，里面装的是新文化运动实际要清算的诸目标。不过，将这个“箩筐”署名“封建”，并不准确。

(二)陈氏“封建”所指过于宽泛

略考陈独秀“五四”前夕所论“封建”，其含义略指“宗法的、专制的、阶级的(指等级制的)”诸意，它们被陈氏一概归入“新青年”起来扫荡的对象。陈氏此间使用的“封建”一词，明显地具有象征性，并非一个已经作过严密学术论证的社会形态概念。

“封建”一词被陈独秀初步赋予历史分期意义，首见于1915年12月15日刊发的《东西民族根本思想之差异》中的一段文字，陈氏

① 《吾人最后之觉悟》,《陈独秀著作选》第一卷，上海人民出版社1984年版，第178页。

写道：

> 东洋民族，自游牧社会，进而为宗法社会，至今无以异焉；自酋长政治，进而为封建政治，至今亦无以异焉。①

这是把“封建政治”作为继“酋长政治”（即氏族制）之后的一个漫长历史时代看，并与“宗法社会”大体重合，这大略昭显了陈独秀的中国古史观：中国没有奴隶制时代，中国是由氏族公社制直接走向封建制的，而封建制与宗法制一起，由先秦的“三代”一直延续到当下。陈氏还指出：

> 忠孝者，宗法社会、封建时代之道德，半开化东洋民族一贯之精神也。②

陈氏再次把“宗法”与“封建”并用，一概列入“半开化”时代，也即指从不开化的氏族制时代到开化的近代社会之间的整个历史阶段。

很明显，陈氏“半开化”之说受到福泽谕吉《文明论概略》“野蛮—半开化—文明”三段论③的影响，而福泽此说则是沿用了欧洲19世纪流行的文明史观。陈氏将“西欧—日本”的文明史框架套用于中国历史，并将封建时代等同于“半开化”时代，视为“野蛮”（即原始社会）之后、“文明”（即近代社会）之前的“一贯”时代。通观陈氏“五四”时期的多种言论，大体不出此一框架。

“五四”时期及以后不久，陈独秀也并非全然在泛义上使用“封建”一词，有时他又交叉使用古义封建和泛义封建。如1923年在《资产阶级的革命与革命的资产阶级》一文中，论及中国历史演进时，陈独秀说：

---

① 陈独秀：《东西民族根本思想之差异》，《青年杂志》第一卷第四号。
② 陈独秀：《东西民族根本思想之差异》，《青年杂志》第一卷第四号。
③ 见[日]福泽谕吉《文明论概略》，商务印书馆1982年版，第11页。

由秦汉以至今日，社会的政治的现象，都是一方面封建势力已濒于复[覆]灭，一方面又回向封建。这种封建势力垂灭不灭的现象，乃是因为封建宗法社会旧有的家庭农业手工业已充分发展而有更进一步的倾向……①

这里陈氏所说秦汉以至今日“封建势力已濒于复(覆)灭”，是在本义上使用“封建”一词的(指“封土建国”)；以下的“又回向封建”，则是在泛化意义上使用“封建”一词(指专制、保守、落后之类)。这种在同一论述中，在两种不同的内涵上使用“封建”一词，导致其文逻辑紊乱。而这种紊乱的“封建论”，在此后的中国社会史论战的某些论者那里也一再出现。

(三)反孔批儒源于反“封建”

梳理陈独秀“封建观”的来龙去脉，其反孔批儒论的内在逻辑便清晰起来：陈独秀的“封建”涵盖氏族制结束后的整个中国历史(从先秦的“三代”直至当世)，而他把孔子看作封建思想家，代表了周秦以来中国三千多年意识形态主流，这种意识形态阻碍着中国的现代化，故必反之。陈氏在《孔子之道与现代生活》一文中批评康有为提倡孔教，认为孔子之道不适用于现代生活：

孔子生长封建时代，所提倡之道德，封建时代之道德也；所垂示之礼教，即生活状态，封建时代之礼教、封建时代之生活状态也；所主张之政治，封建时代之政治也。封建时代之道德、礼教、生活、政治，所心营目注，其范围不越少数君主、贵族之权利与名誉，于多数国民之幸福无与焉。②

① 《陈独秀著作选》第一册，上海人民出版社1993年版，第446页。

② 陈独秀：《孔子之道与现代生活》，《青年杂志》第一卷第四号，1916年12月1日。

生活在春秋时代的孔子被陈氏称之“生长封建时代”，其学说为封建时代的产物，这都是不错的，但把孔子思想流衍的整个时代(晚周至近代)都纳入封建时代，则不准确。陈氏还举《礼记·曲礼上》中“礼不下庶人，刑不上大夫”一语，指其为“孔子之道与封建时代之铁证”，这就把“封建时代”等同于产生各种专制的、非人道的制度、思想、生活方式的“旧时代”。“五四”时期的反孔批儒，其证明逻辑的三段论式是：封建等于落后、反动，而孔子等于封建，故孔子等于落后、反动，应予打倒。

陈独秀在1917年的一封信中论及：“野蛮半开化时代，有野蛮半开化时代之道德(如封建时代之忠孝节义等是)；文明大进时代，有文明大进时代之道德(如平等博爱公共心等是)。”①在另一封信中又指出：“及今不图根本之革新，仍欲以封建时代宗法社会之孔教统一全国之人心，据已往之成绩，推方来之效果，将何以适应生存于20世纪之世界乎？”②陈独秀的“封建”新说，将一切“旧道德”归之“封建时代”的产物，实开“泛化封建观”之先河，但陈氏并未作出系统的学理方面的论证。

四、“泛封建说”“五四”时期罕有同调，但对后世影响甚巨

陈独秀是新文化运动的主帅，其“封建”新说有着不可低估的影响，后来的论者常把五四新文化运动称之为“反封建”的文化运动，即随陈氏的论说。然而，略考当年语用实态，“五四”时期除陈独秀外，极少有人作“泛封建”论说。

(一)陈氏的新文化运动战友多未采用泛封建说

“五四”时期是一个文化多元时期，激进主义、保守主义、自由主义并存。就术语使用而言，不仅几大思想营垒各有自己的系统，即使在同一思想营垒内部，论者采用的话语也并不相同，这是因为，适逢古今中西交会之际，新名与旧名杂错，新名的含义也往往处于游移

① 陈独秀：《答淮山逸民》，《新青年》第三卷第一号。

② 陈独秀：《答俞颂华》，《新青年》第三卷第一号。

不定状态，尚未定型，诸家各有所采。就“封建”一词而论，陈独秀的领异标新用法，在包括新文化运动在内的广泛领域内，尚少见认同者。如杜亚泉以“伧父”笔名于1916年在《东方杂志》刊发文章，所论“封建时代”，是从“公侯之封域”而言的①；蔡元培1919年在《新潮》刊发文章，所论“封建”与井田并列，且与地方自治制度相比拟，显然是在“封土建国”含义上议“封建”，与陈独秀所言之泛化“封建”全然不同。即使是《新青年》的重要作者，也罕有同调，他们或者回避新名“封建”，或者承接梁启超、严复的用法，在整合传统义与西义的前提下，使用“封建”一词，可以鲁迅、高一涵、吴虞、李大钊、傅斯年诸人为例。

鲁迅 “五四”时期的小说与杂文，谴责对象有“吃人”的“礼教”、“仁义道德”②，有“人分十等”的“阶级社会”③，有“长者本位”的“孝道”④，有男子中心、戕害女性的“节烈”⑤，有反科学的“鬼话”⑥，有使人精神沉沦的“中国书”⑦，却未见以“封建”冠于现实社会的用法。值得一提的是，1928年，郭沫若以杜荃为笔名，作《文艺战士的封建余孽》一文，称鲁迅为“资本主义以前的一个封建余孽。资本主义对于社会主义是反革命，封建余孽对于社会主义是二重的反革命。鲁迅是二重的反革命的人物”。郭沫若将“封建”作为落后、反动义的恶谥，加之当代人物鲁迅身上，正是郭氏泛化封建观的早期实践。四年后，鲁迅则以“封建的”反唇相讥。⑧ 这是鲁迅极少在泛化义上使用“封建”的一例，而且是用于对郭沫若以“封建余孽”

---

① 杜亚泉：《静的文明与动的文明》，《东方杂志》第十三卷第十号，1916年10月。

② 鲁迅：《呐喊·狂人日记》。

③ 鲁迅：《坟·灯下漫笔》。

④ 鲁迅：《坟·我们现在怎样做父亲》。

⑤ 鲁迅：《坟·我之节烈观》。

⑥ 鲁迅：《新青年》第五卷第四号，《随感录》之三十三。

⑦ 鲁迅：《华盖集·青年必读书》。

⑧ 鲁迅：《南腔北调集·辱骂和恐吓决不是战斗》。

相攻击所作的回应。至于鲁迅的三种史著《中国小说史略》《中国小说的历史的变迁》《汉文学史纲要》，全以朝代或自然时序陈列历史演进，从未出现泛化封建用例。①

《新青年》的有些作者也使用“封建”一词，但取义与陈独秀有别，如高一涵的《近世国家观念与古相异之概略》一文，系德国政治学家伯伦再智理（J. K. Bluntschli）《原国》中一节的中文译文。该文称中古封建制为“割据主义”，近世国家制度为“统一主义”。

> 中古封建制兴，国权分裂，递嬗递降，由神及王，由王侯而武士，而都邑，法律之制定，极其万殊。
>
> 近世国家，为民族所部勒，用其国权保持统一。②

文中的“封建制”，指欧洲中世纪国家分裂、诸侯割据、法律多门的制度，同近世统一的民族国家制度相对应。高一涵所述“封建”，是西方历史学术语 feudalism 的译名，同旧名“封建”的本义也相切近，与陈独秀泛指的“封建”则大异其趣。

被胡适称之与陈独秀并列“近年来攻击孔教最有力的两位健将”之一的吴虞，在其激烈的批孔反儒言论中，从未将“封建”列入谴责对象，其终生批判的目标是“专制”和“家族制度”。吴虞在1910年著文称：

> 天下有二大患焉：曰君主之专制，曰教主之专制。君主之专制，钤束人之言论；教主之专制，禁锢人之思想。君主之专制，极于秦始皇之焚书坑儒，汉武帝之罢黜百家；教主之专制，极于孔子之诛少正卯，孟子之距杨、墨。③

① 见《鲁迅全集》第九卷，人民出版社1982年版。

② 《新青年》第一卷第二号，1915年10月15日。

③ 吴虞：《辨孟子辟杨墨之非》，《吴虞集》，四川人民出版社1985年版。

发表于《新青年》的讨儒檄文《家族制度为专制主义之根据论》，开篇也说：

> 商君、李斯破坏封建之际，吾国本有由宗法社会转成军国社会之机。顾至于今日，欧洲脱离宗法社会已久，而吾国终颠顿于宗法社会之中而不能前进。推原其故，实家族制度为之梗也。①

吴氏这里所说“封建”，显然是指西周的分封制，周秦之际已被商鞅、李斯辈“破坏”，是一种历史陈迹，与陈独秀所“反”之当下仍然活着的“封建”，并不相干。吴虞批判的是严分尊卑贵贱的礼教及“阶级制度”，是以“泛孝论”支撑的家族制度、宗法制度及专制政治。吴氏之所以批判孔子，乃因为孔子“扬专制之余焰，则不得不攻之者，势也”。他认为专制政治、儒教、家族制连成一体，天地君亲师五者同尊，“家族制度与君主政体遂相依附而不可离”，故仅有政治改革还不够，必须向儒教、家族制开刀。② 吴氏与鲁迅言论相似，极言“礼教吃人”③，而吴氏在力辟的吃人“礼教”之前，或冠以“旧”，或冠以“宗法”，而并未冠以“封建”。

同为批判孔教的最健者，但吴虞与陈独秀对“封建”一名的理解和运用却大相径庭：陈氏对“封建”作泛解，故现状中的一切污秽皆为“封建之遗”；而吴氏则坚守“封建”本义，将其作为史迹，他的现实攻击目标是宗法社会、专制制度、家族制度和旧礼教。吴氏对“封建”概念的把握，除承袭传统之外，显然也受到严译《社会通诠》的影响。

与陈独秀以“南陈北李”相并称的李大钊，也与泛解的“封建”保

---

① 吴虞：《家族制度为专制主义之根据论》，《新青年》第二卷第六号，1917年2月1日。

② 参见吴虞《读荀子书后》，《吴虞集》，四川人民出版社1985年版，第110页。

③ 参见吴虞《吃人与礼教》，《吴虞集》，四川人民出版社1985年版，第167~171页。

持距离。在李大钊成为马克思主义者以前所著《省制与宪法》论述联邦制时，李氏追溯历史上的“封建—郡县”之辨，并说：“古无集权、分权之语也。有之，则内重外轻云者，足当集权之义；外重内轻云者，足当分权之义焉。于是右集权者，则讴歌郡县；右分权者，则想望封建。求之往籍，封建与郡县之论战，盖至今而犹未有以决也。”又说：“封建、郡县之争至今告终，而统一、联邦之辩由今肇始，理或有同，势则相异。”①显然，李氏是把“统一、联邦之辩”与“封建、郡县之争”作为既相联系又相区别的讨论来看待的，故他心目中的“封建”，无疑是指分封、分权。李大钊发表在《甲寅》杂志上的文章《孔子与宪法》称，“孔子者，历代帝王专制之护符也”，在两汉以下“帝王”头上所加之冕为“专制”，而并非“封建”。

李氏成为马克思主义者的标志性篇章《我的马克思主义观》②，介绍唯物史观，论及桑西门(今通译圣西门)“谓最近数世纪间的法国历史，不外封建制度与产业的竞争，其争以大革命期达于绝顶”③。这里的“封建制度”指欧洲中世纪的封土封臣制。文章中还有这样的引语：

> 手臼产出有封建诸侯的社会，蒸汽制粉机产出有产业的资本家的社会。④

这段话引自日本河上肇所译马克思《哲学的贫困》的译文(今之汉译“手磨机产生封建领主的社会，蒸汽机产生工业资本家的社会”)，讲

① 《李大钊全集》第二卷，河北教育出版社 1999 年版，第 417 页。该文始发于 1916 年。

② 李大钊：《我的马克思主义观》，《新青年》第六卷第五号，1919 年 5 月。

③ 李大钊：《我的马克思主义观》，《新青年》第六卷第五号，1919 年 5 月。

④ 李大钊：《我的马克思主义观》，《新青年》第六卷第五号，1919 年 5 月。

的是生产力水平决定社会制度的道理，为一种历史唯物论的简明表述。而此一译文把“封建”与“诸侯”并联使用，实现了“封建”原始义与西义的通约。

此外，李大钊在《物质变动与道德变动》中说：

> 中世纪的社会是分有土地的封建制度、领主制度的社会，社会的阶级像梯子段一样，一层一层的互相隶属，最高的是皇帝，皇帝之下有王公，王公之下有诸侯，诸侯之下有小领主，百姓农奴被践踏在地底。①

这里李氏从欧洲中世纪社会特征出发，概述封建制度，将封建制度与等级制、领主制并联使用，与“封建”原始义(封爵建藩)和西义(封土封臣)兼相贯通。

综观李大钊政论，他没有提出“反封建”命题，而把“反专制”确认为社会革命的使命，认为只有反专制“而后再造神州之大任始有可图，中华维新之运命始有成功之望也”②。就此而论，李大钊在这一点上区别于陈独秀，接近于孙中山。

在“五四”时尚为北京大学学生的傅斯年发表了《中国学术思想界之基本误谬》③，批评中国学人视“大用”为“无用”，狭隘地一味求用于政治之中。傅氏举例说：“细绎封建之理，评其得失，固史学家当务之急；若求封建之行于后世，则谬妄矣。”这里所论之“封建”显然指历史上之封藩、分权制度，与陈独秀所大力批判的延至当代的“封建”全然是两回事。

《新青年》上有一正面讨论“封建”的文字，这是一篇社会调查(张祖阴口述)的按语。该社会调查记述江苏苏州附近震泽镇农民生活状

① 《新潮》第二卷第二号，1919年12月。

② 李大钊：《民彝与政治》，《李大钊选集》，人民出版社1959年版，第56页。

③ 载《新青年》第四卷第四号，1918年4月15日。

况，佃农与地主有契约关系，也有很深的人身依附，调查报告的整理者的按语说：

> 昔日欧洲封建制度，所蓄的农人，多属世袭，与土地相辗转，以农奴为财产，不忍损害。而震泽的农民以大田主不措意于田之肥瘠，专以就剥佃主为事，所以不以农民为财产的一部分，不事怜恤。1789年法国大革命以前的时代法国贵族对于一般农民就仿佛震泽的田主对于农民的样子。①

这是《新青年》上除陈独秀所写的文章外少有的使用“封建制度”短语的文字。有人以此为例，试图证明五四时期已有泛化封建的语用出现于书刊。然考其语境，这份调查报告所用“封建制度”的概念尚未泛化，其含义为“农人世袭、依附于土地”，全然是在汉语原始义与西义相通约的情形下使用短语“封建制度”。至于此文揭示现实中国与法国大革命前的“封建制度”存在相似处(同时也指出了二者的区别)，只能说明，中国社会的主体虽早已走出“封建”，但农民仍未完全摆脱农奴式的处境。恩格斯在论及奴隶制、中世纪的农奴制、近代的雇佣劳动制这“文明时代的三大时期所特有的三大奴役形式”时，特别强调：

> 公开的而近来是隐蔽的奴隶制始终伴随着文明时代。②

奴隶制尚且伴随着整个文明时代，封建农奴制的某些特征仍在近代中国延传就更在情理之中了。而就大格局论之，如梁漱溟所举华北邹平、定县之例证明，多数中国农民脱离了农奴身份，中国农村的普遍现象则是“非封建”的社会关系。有关详论见本书第四章第二节。

① 《新青年》第四卷第三号，1918年3月15日。
② 《马克思恩格斯选集》第4卷，人民出版社1972年版，第172页。

(二)泛化“封建”短语普及后世

陈独秀“五四”时期泛用“封建”一词，将中国各种落后、腐朽、反动的事物、思想乃至人物，全都冠以“封建”。这种用法虽在当时少有响应者，却仍对后世产生了深广影响，首先便直接影响到大革命时期。陈啸江在谈及1929年至1933年间中国学界有关中国社会史论战期间泛化封建观迅速播散时说，其原因“当回溯1925—1927年革命的时候，那时把一切旧的都看作封建的，因而亦在被打倒之列”①。此后，经过学界有关社会史的论战，泛化封建观获得某种“社会科学”形态，到20世纪50年代以后泛化封建观更普及与“法定化”，国人已习惯于将各种落后、腐朽、反动的事物、思想乃至人物，全都冠以“封建”，形成一系列“泛封建短语”，诸如：

> 封建地主阶级；封建帝王；封建皇权；封建官僚；封建军阀；封建把头；封建文人；封建意识；封建糟粕；封建迷信；封建脑筋；封建礼教；封建包办婚姻；……

由于五四新文化运动的影响力，更由于此后一系列政治、文化运动的巨大作用力(详见本书第三章第二节至第五节)，“封建××”成为20世纪大半个世纪的流行贬义词集群，六七十年代还有“封资修”提法，将封建主义与资本主义、修正主义相组合，并列为“打倒”对象。

五、泛化“封建”说模糊了中国民主革命的真实内容

自五四新文化运动以来，中国各种旧式人事，多归在“封建”名下，列入“保守”“陈腐”“反动”之目，皆应予以“打倒”，这便是响彻近百年，至今不息的“反封建”命题。

(一)“泛封建”诸短语概念紊乱

如果对五四以来的种种“泛封建”短语加以辨析，即可发现，这

① 陈啸江：《西汉社会经济研究·导言》，新生命书局1936年版。

些熟用了大半个世纪的词汇，所含概念多存内在抵牾，其基本症结在于：将封建主义与集权主义、贵族政治与官僚政治、领主经济与地主经济这三组互不兼容的概念混为一谈。

如构成短语“封建地主阶级”的两词即互相矛盾：既然是“地主”，土地便可以自由买卖，怎能加上前置词“封建”（“封建”义为土地由封赐而来，不得转让、买卖）？

又如“封建帝王”：既然是中央集权的“帝王”，郡县制为其基本政制，又怎能冠以“封建”（“封建”义为“封土建国”，贵族分权、政权分散，是“封建”的特质）？

三如“封建皇权”与前例相类，存在将不相兼容的“封建”与“皇权”拼接在一起的问题。

四如“封建官僚”亦然：既然是朝廷任命的流官，“官僚”又怎能加上定语“封建”（“封建”义为权力、爵职由封赐所得，世袭罔替）？

“封建”的基旨是贵族分权和领主世袭掌控土地人民，与中央集权的君主专制和土地自由买卖的地主经济分属两种不同的制度，因此，“封建集权帝国”“封建地主阶级”等提法都是内在概念彼此抵牾的短语。

至于“封建礼教”“封建包办婚姻”，也属组合错位的短语。封建时代（周代）礼教尚未定格、婚恋保有较多的上古遗风，男女情爱较为奔放、自由，《诗经》中有多篇（如《国风》的《关雎》《木瓜》《柏舟》《静女》《野有蔓草》等）生动地展现男女自由恋爱乃至私奔的诗篇。《周礼·地官·媒氏》更有明载：仲春三月，允许男女约会，“奔者不禁”。礼教是在专制一统的两汉以降确立并渐趋强化的，此后一再演出叙事诗《孔雀东南飞》那样的悲剧。将“礼教”桎梏、“包办婚姻”归之“封建”，实在是文不对题。

凡此种种，不一一列举。

然而，在泛化封建观的长期濡染之下，上列短语人们早已习以为常，反复使用，以致“封建”成了代人受过的、普遭詈骂的专用词。

有学者将“封建”被污名化”①。“封建性糟粕”与“民主性精华”成为概括传统文化应予批判及继承的两大侧面。其实，与“民主性精华”相对应的主要是“专制性糟粕”，“民主”的对应词是“专制”，而不是“封建”。

(二)重释“封建时代”文化精神

自陈独秀发端，流行至今的说法是：封建主义抑制了中国人的自由精神、人文主义，是中国现代转型的大障碍，因此，现代化首先必须“反封建”。然而，此一论证逻辑的前提(“封建抑制自由”)并不一定能够成立。20 世纪 40 年代梁漱溟在《中国文化要义》中即指出：“平等与民主二词亦非中国人所习用者；但平等精神民主精神，在中国却不感生疏。”这种精神在封建制的先秦时代多有表现，大约在古代，则孟子所发挥最明澈不过，如“民为贵，社稷次之，君为轻”，“君之视臣如草芥，则臣视君如寇仇”，“闻诛一夫纣，未闻弑君也等是”。20 世纪 90 年代李慎之在《“封建”二字不可滥用》一文中再陈此义：

> 历览前史，中国的封建时代恰恰是人性之花开得最盛最美的时代，是中国人的个性最为高扬的时代。

对李慎之的说法笔者大体赞成，需要补充的是，春秋战国“人性之花美盛”“个性高扬”，限于士人阶层，广大庶众尚未能入此圈层。这正如古希腊的城邦民主仅为自由民所享有，奴隶全然在其外部。

如果还复“封建”的本义，“封建时代”(以周朝为典型)由于氏族民主制遗存尚多，加之权力分散(尤其是在春秋战国)，政治专制及文化专制尚未确立，更未强化，那正是一个思想较为自由、并不以言定罪的时代。试看晚周的思想界：

① 参见潘光哲《“封建”与“feudalism”的相遇：“概念变迁”和“翻译政治”的初步历史考察》，“近代东亚诸概念的成立”国际学术会议论文，2005 年 8 月于日本京都。

春秋战国之际的墨子为民生疾苦而呼号："万民多有勤苦冻馁，转死沟壑中者既已众矣。"①谴责王公大人"厚作敛于百姓，暴夺民衣食之财，以为锦绣文采靡曼之衣……以为美食刍豢蒸炙鱼鳖"②。墨子还主张向"农与工肆之人"开放政权，"不党父兄，不偏富贵"③。在兼并战争剧烈时期，墨子却放言"非攻"，将和平主义发挥到极致。④ 总之，墨子代表庶众，直面现实弊端，展开尖锐的社会批判，"国家昏乱，则语之尚贤、尚同；国家贫，则语之节用、节葬……"⑤而列国公卿却礼遇墨子及其门徒，墨家成为当年显学。这正是一个文化宽松时代的气象。专制一统的秦汉以后，墨家遭贬抑，湮没两千年，晚清方有墨学的复兴。

战国中期的孟子率弟子遍游列国，常常当堂教训滕公、魏君、齐王之类的诸侯，批驳这些君主不愿实行仁政的种种说法，君主们"以为迂远而阔于事情"⑥，虽不满意，却还耐心向孟子求教。当齐宣王询问，武王伐纣的"弑君"行为应如何评价时，孟子慨然答曰，背弃仁义的殷纣可伐可诛，诛之是杀一独夫，并非"弑君"，齐王只能唯唯。⑦ 孟子高倡"民为贵，社稷次之，君为轻"⑧，诸侯仍待若上宾，一再移樽就教。而一千七百载后，专制帝王明太祖朱元璋读到《孟子》书中的非君之论，下令删除，成《孟子节文》，并"罢孟子配享"，将孟子逐出孔庙配祀(后又请回)。⑨ 朱元璋甚至恶狠狠地说："使此老在今日，宁得免耶?"⑩孟夫子若生在明朝，必因言获罪，死于刀锯

---

① 《墨子·兼爱下》。
② 《墨子·辞过》。
③ 《墨子·尚贤中》。
④ 参见《墨子·非攻》。
⑤ 《墨子·鲁问》。
⑥ 《史记·孟子荀卿列传》。
⑦ 见《孟子·梁惠王下》。
⑧ 《孟子·尽心下》。
⑨ 见《明史》卷五〇《礼志》四。
⑩ 全祖望:《鲒埼亭集》卷三五。

之下。明清之际承袭并发挥《孟子》民本精义的黄宗羲的《明夷待访录》、唐甄的《潜书》，都受到朝廷查禁，只能作为地下读物私相传播，故二书或名"待访"，或名"潜书"，并被时人称为有"三代遗风"的"奇书"；或称为"汉唐以来所未有""周秦而后仅见之作"①。此例充分表明，高扬民本精义的论著被视作专制一统时代的异类、三代(即封建时代)精神的重现。

略作前后千余年比较，足显"封建时代"较之"专制一统时代"，其文化精神别有特色。

平情而论，"封建时代"与"专制一统时代"文化上各擅胜场：在专制一统的帝国时期，因国力强盛、社会安定，方能成就《册府元龟》《太平御览》《永乐大典》《四库全书》这样浩大的文化综汇工程，方能确立"选举制"、"科举制"这样擢拔庶众英杰的良法，这都是封建时代难以比拟的；然而，只有在政治及文化多元的封建时代才可以呈现"诸子争鸣"的局面。两相比较，从思想文化的自由度、人文精神的昂扬度而言，封建的春秋战国自有优胜处。春秋战国作为诸子百家竞放宏议的时代，创造了堪与古希腊相互辉映的又一个"轴心文明"。中国今日的现代化，从精神层面而言，正需要从中寻求资源，以与后世的及异域的优秀文明互相比照、参酌，加以综合创新。

至于说到中国现代化运动需要清算的历史包袱，从观念层面论之，主要是宗法观念与专制主义。宗法观念与"封建"相勾连，是自然经济、聚族而居的生活方式的产物；而专制主义则是对"封建"的反拨，两者是不同的文化走向。对于这一切，人们应作历史主义的分层辨析，而将之纳入一个大而化之、概念歧异的"封建"箩筐里一概"反"之是不宜的。将中国传统中的落后、反动部分冠名"封建"，称之"封建性糟粕"，也不恰当。大半个世纪以来，"封建"实在是代"君主专制"受过了。

① 见唐甄《潜书》之张廷枢序。

（三）重温孙中山、邹容“反专制”说，复归中国民主革命的真实目标

在近人的“封建”语用方面，值得效法的是孙中山，本书第二章第五节有所陈述。孙氏终其一生反对专制，却没有提过“反封建”之类概念不清的口号。孙中山倡导反清革命，从不以“封建”之辞指称清政府，他的标准提法是“满清政府者，君主专制之政府，非国民公意之政府也”①。1905 年秋在与汪精卫谈话中提出“革命以民权为目的”，要以拒绝帝制的美国开国总统乔·华盛顿为榜样，创“民权之国”，并与中国历史上的夺权称帝者划清界限。孙中山说：

> 革命以民权为目的……君权政权之消长，非一朝一夕之故，亦非一二人所能为也。中国革命成功之英雄，若汉高祖、唐太宗、宋太祖、明太祖之流，一丘之貉，不寻其所以致此之由，而徒斥一二人之专制。②

孙中山把社会批判的锋芒指向专制主义的制度性结构，而没有限于对专制君主的个人谴责。此后他还多次指出，中国的积弊是专制、贫穷、迷信、一盘散沙等，中国革命的任务是，对外抗御帝国主义侵略，维护民族独立，对内革除专制制度，推进民主法治。“废除专制，实行共和”是其基本目标。早在 1903 年 12 月 13 日，孙氏在檀香山的一次演说即以“废除专制，实行共和”为题。

被称为“革命军中马前卒”的邹容在他的《革命军》中同样高扬“反专制”旗帜。该书绪论开宗明义：“扫除数千年种种之专制政体，脱去数千年种种之奴隶性质。”又说：“革命者，除奴隶而为主人者也。”邹氏论革命，绝无“反封建”提法。其《革命军》第一章追述历史说：“自秦始统一宇宙，悍然尊大，鞭笞宇内，私其国，奴其民，为专制

① 《民生主义并非反对资本》，《孙中山文集》上，团结出版社 1997 年版，第 34 页。

② 《孙中山文集》上，团结出版社 1997 年版，第 476 页。

政体。”将秦以后的中国制度明确地称之为“专制政体”。

总之，陈独秀所提倡的“反封建”，并将其作为争取中国现代化的中心题旨，与孙中山等民主运动先驱的论说大不相同；而由陈氏导引产生的以泛化“封建”为词干的一系列“封建××”短语，长期作为中国民主革命对象的名称，广为使用。这些短语多半存在概念彼此抵牾的不通之处。此类短语虽然不一定直接从陈独秀那里沿袭而来(其间有多种中介环节)，却与五四时期的“反封建”题旨保持着历史的继承性，人们只需把上列短语与陈氏发表于《新青年》上的文字加以对照，就可以明白此点。

五四新文化运动时期是新名“封建”使用的第二阶段，其间陈独秀把“封建”的外延一直推及到中国现代，但这在当时尚属个别之论，更多的论者所称“封建”，仍指殷周分封制，或指欧洲中世纪制度，从而兼容。“封建”一词的原始义与西义。

陈独秀将“封建”等同于落后、反动，在历史分期上，指从夏、商、周直至当下，故把清算“封建”遗毒作为中国近代化运动的主题。陈氏狂飙式的言论播及后世，故而今亦多将五四新文化运动的主旨归为“反封建”，即秉承陈独秀“五四”时期的“泛封建”观。

中国近代化运动的中心课题，或曰中国民主革命的基本任务，并非“反封建”(此一任务已大体在周秦之际完成)，而应当归纳为——解构宗法社会，建立契约社会、法治社会；变革地主租佃经济，实行耕者有其田；推翻君主专制，建立民主共和。这是19世纪中叶至20世纪中叶百年间中国近代化进程(或曰中国民主革命)的实际情形。泛化封建说，模糊了此一真实的历史内容，应当予以斧正。

需要指出的是，称三代以迄近世中国为“封建”，是在20世纪二三十年代(本书第三章第二节、第三节详述)，而其时将“封建”泛化的论者，援引的是俄国革命领导者列宁、斯大林及共产国际的论点和提法，与陈独秀五四时期论说并无直接关系(虽有暗合处)。而且，陈氏1929年发表致中共中央的公开信，赞成俄国人托洛茨基的观点，称现实中国为“资本主义社会”，否认“中国现在还是封建社会和封建势力的统治”的说法。陈独秀在大革命失败后的“封建论”与“五四”时期的“封建论”发生了大的改变，前后所议“封建”的内涵判然有别。这是在考察陈氏封建说时应予注意的。

第二节　苏俄及共产国际以“半封建”指称现实中国

> 农业生活方式和自然经济占统治地位是封建制度的基础；以这种或那种方式把中国农民束缚在土地上，这是他们受封建剥削的根源；这种剥削的政治代表就是封建主，以皇帝为整个制度首脑的封建主整体和单个的封建主。
>
> ——［俄］列宁：《中国的民主主义和民粹主义》

“五四”时期陈独秀从日本移植“封建=前近代=落后、反动”的公式，视“封建”为“野蛮时代”与“文明时代”之间的全部过渡过程，故“废封建”是进入“文明时代”（即近代社会）的必由之路。不过，陈氏此一激进主义命题，尚未赋予理论形态。真正对近现代中国人的“封建观”发生大作用的，是来自苏俄和共产国际的理论与语汇，而其核心观念则由列宁创发，由斯大林定型并强化。

一、泛化封建观的“祖义”

20世纪20年代，中国民主革命运动高涨，革命领袖孙中山有“以俄为师”之倡，直称“今日革命非学俄国不可”①。而苏俄影响力在中国的张大，又通过共产国际的活动得以展开。共产国际驻中国代表、荷兰人马林曾参加中共一大的筹备，又曾与孙中山多次会晤，并协助改组国民党。苏俄代表越飞亦与孙中山会商，于1923年发表著名的《孙越宣言》。经由共产国际与苏俄，泛化封建观于20世纪20

① 《孙中山文集》下，团结出版社1997年版，第1052页。

年代初传入中国。

(一)列宁及共产国际的“封建说”

共产国际又称第三国际，1919年建立，为国际性共产主义组织，总部设在苏俄的莫斯科，凡参加共产国际的各国共产党皆为其支部。共产国际于1943年6月解散。这一组织对中国革命有着很大的影响，泛化封建观即经由共产国际文件译介到中国，而此一论说的发明人是俄国革命领袖列宁。

生活在结束农奴制不久的沙皇俄国时代的列宁，重视前资本主义形态的研究，1894年将俄国农奴制称为“封建的生产方式”①。应当指出的是，列宁熟知西欧历史学，对“封建制度”这一术语的运用曾经十分谨慎，注意区分俄国农奴制与西欧中世纪封建制。如他认为俄国农奴制更接近奴隶制，因而“封建制度这一术语是否适用于我国中世纪，时有争论”，列宁还明确指出，“封建的手工业时期”是“对俄国最不合适的说法”②。他还常用“半农奴制”表述俄国当时的社会形态，但也偶尔用“半封建”相称(如1915年在《社会主义与战争》一文中称沙皇政府采取“半封建的剥削”)。

虽然列宁注意到“封建”概念辨析问题，但关于封建主义的认识他与马克思、恩格斯是有明显差异的，这与俄国同西欧中世纪历史的区别有关。西欧中世纪社会的特点是，各级封建主之间形成封君—封臣关系，以及与之相适应的封土制，其政权分散，封建领主在领地内拥有独立主权等。而地跨欧亚大陆、社会形态呈半欧半亚性状的俄罗斯，农村公社长期存在，土地公有私耕，封臣封土关系及封建等级制形成较晚；与西欧比较，俄国农奴制晚成，废除亦迟；与西欧中世纪政权分散有别，俄国经过等级代表君主制，到17世纪后至18世纪初彼得一世时确立的沙皇专制制度，接近于亚洲的专制君主制，而与西

① 《什么是“人民之友”以及他们如何攻击社会民主党人?》，《列宁全集》第1卷，人民出版社1984年版，第220页。

② 《列宁全集》第6卷，人民出版社1986年版，第209页。

欧的“国王—诸侯”二元结构相异。① 俄国的沙皇制贯穿于17世纪初至20世纪初的整个罗曼诺夫王朝三百年间，等级体系逐渐融入沙皇制的官僚机构。正是从俄国存在着强大的专制制度的实际出发，列宁早年在与俄国“民粹派”作斗争时，即高举“反对专制制度、等级制度和官僚制度”的旗帜，并将“反对专制”与“反对农奴制”联系在一起，归结为“反封建”。在列宁的话语系统中，俄国“二月革命”推翻的沙皇专制固然包含部分资本主义因素，但这仍只是一部封建制的国家机器，因此，“反封建”是俄国民主革命的中心题旨。“十月革命”后的苏俄国内革命战争期间，农村民众出现反封建热潮，成为布尔什维克领导的“红军”战胜西方列强支持的“白卫军”的一个重要因素。列宁1920年在共产国际第二次代表大会的报告中有“处于半封建依附地位的农民”的提法，便是对当时俄国农民社会状态的概括。

立足于俄国历史，列宁并不强调“封土封臣”“采邑领主”这些西欧封建制度的特征，如1894年所撰《什么是“人民之友”以及他们如何攻击社会民主党人?》、1896年后所撰《俄国资本主义的发展》等论著中，通过考察俄国农奴制、徭役经济，形成较为宽泛的封建社会概念，认为封建制的特征是：

> 农业生活方式；自然经济占统治地位；土地为大土地占有者即地主所瓜分；实行农奴制。

列宁还把东方国家以地租剥削为主要形态的君主制的压迫与剥削制度都纳入“封建主义”范围内。② 而众所周知，地租剥削主要是地主制的剥削方式，而农业生活方式、自然经济则是资本主义之前诸社会形态的普遍现象，绝非封建制所特有。列宁显然将“封建制”的内涵泛化了，与马克思将土地可以买卖的地主制、集权君主专制视作非

① 参见曹维安《俄国史新论》，中国社会科学出版社2002年版，第18~22页。

② 参见《列宁全集》第31卷，人民出版社1958年版，第129页。

封建性制度的观点差异很大，地主制、君主专制均被列宁纳入“封建主义”，进而把西方殖民主义入侵后的殖民地、半殖民地东方国家称之为“半封建”。

列宁对俄国前近代社会特征的概括是符合历史实际的，但他由此推及的东方诸国前近代社会属于“封建主义”是否也符合实际，值得认真反思。

(二)列宁现代中国“半封建说”的提出

在马克思主义经典著作中，最早使用“半封建”一语，是恩格斯的《德国的革命与反革命》一文。该文论及，德国的资产阶级政治运动在1840年以后，“再也不能在半封建半官僚的君主制的压迫下继续消极忍耐了”①。这里将“半封建”与“半官僚”相对应，所谓“封建”是指与官僚制对立的封君封臣、政权分割、世袭贵族制度。可见，恩格斯是把封建制与君主集权的官僚制作为两个相对立的概念来使用的，反对将二者混为一谈。而列宁指现实中国为“半封建”，则是与“半资本主义”相对应的(因近代中国遭遇西方资本主义入侵)，所论“封建”显然包含专制帝制、官僚政制。故列宁的“半封建说”与其前辈恩格斯的“半封建说”含义大不相同。

列宁将泛封建观提升为普世性范式，用以分析亚洲(包括中国)社会，认为近代前的中国处于“封建社会”，又由于西方资本主义的侵入，近代中国沦为“半殖民地”，其社会形态则可称之为“半封建”“半殖民地”社会。关于近代中国是“封建制度”“半封建国家”的关键性论说，首见于列宁的《中国的民主主义和民粹主义》。该文在批评中国革命者孙中山所代表的中国民主派的“民粹主义色彩”和“主观社会主义”时指出：

> 中国这个落后的、农业的、半封建国家的客观条件，在将近五亿人民的生活日程上，只提出了这种压迫和这种剥削的一定的历史独特形式——封建制度。农业生活方式和自然经济占统治地

① 《马克思恩格斯选集》第1卷，人民出版社1995年版，第491页。

> 位是封建制度的基础；以这种或那种方式把中国农民束缚在土地上，这是他们受封建剥削的根源；这种剥削的政治代表就是封建主，以皇帝为整个制度首脑的封建主整体和单个的封建主。

> 是什么经济上的必要性使得最先进的资产阶级民主主义土地纲领能够在亚洲一个最落后的农民国家中得到推行呢？是把各种形式各种表现的封建主义摧毁的必要性。①

上文中“封建主义”的内涵被列宁大为泛化：凡在“农业生活方式和自然经济占统治地位”基础上的社会，便是“封建主义”，这几乎可以将全部前近代社会都纳入其内。而按照这种扩大了的“封建”概念，当然可以把前近代中国归于“封建主义”。这种结论，在中国人的话语系统中是找不到先例的（参见本书第二章第五节的讨论），特别是作为列宁评论对象的孙中山，决不承认自己所生活的现实中国仍然是“封建社会”（孙氏认为，早在两千年前的秦始皇时代，中国的封建社会已经解体）。

文中关于中国“农业生活方式和自然经济占统治地位”的描述，与马克思所说的“那个依靠着小农业与家庭工业相结合的中国社会经济结构”②大体一致。然而，对于在这样的经济结构基础上生成的社会形态，两人的结论大异——列宁称为“封建社会”，马克思则称为非封建的“东方专制社会”。马克思、恩格斯立足于西欧历史实际，遵循西欧研讨封建制的史学传统，视西欧封建制为特例（仅有日本与之相似），不赞成以其作为普世性模型广被其他地区。而无论就概念的精确性，还是就与东西方史学传统的衔接而言，马克思的概括都较列宁更为恰当，而列宁的概括既无法在中国传统的“封建”论里找到对接点，也大大逾出西方史学中“封建”（feudalism）设定的内涵与外

① 该文1912年7月15日发表，见《列宁全集》第21卷，人民出版社1990年版，第429、431页。

② 《马克思恩格斯选集》第2卷，人民出版社1972年版，第57页。

延的范域。可以说，列宁所界定的“封建”是一个脱离中西历史文化坐标系的自造术语。

然而，列宁的“泛封建说”却因其特殊的历史地位(世纪革命领袖)具有传播优势。同时，把东西方各种形态的前近代社会全都纳入“封建社会”，并与资本主义社会前后衔接，从而便利于历史“单线”进化图景的勾勒，进而可以为当时及以后展开的包括亚洲民族民主革命在内的“世界革命”提供统一的历史述事方式。在作为“革命时代”的20世纪上半叶，这种论说有着播散的广阔空间，它尤其易于被正从前近代社会走出、处于民主革命高潮的俄国、中国等准亚细亚及亚细亚国家的革命者所接受。

《中国的民主主义和民粹主义》一文奠定了泛化封建观的基础，以后苏联领导人斯大林的封建论，以及《联共(布)党史简明教程》五种生产方式说关于封建社会的诠释，均脱胎于列宁之议。毛泽东在《中国革命与中国共产党》(1938年12月发表)有关“古代的封建社会”的名论，也能见到列宁此议的影子。故列宁这一论述，可以视作泛化封建观的“祖义”。

(三)列宁“封建说”在中国的早期传播

列宁的《中国的民主主义和民粹主义》一文发表后，并未很快译介到中国(陈独秀“五四”时期的“泛化封建说”是否受到其文观点的影响，尚待考证，本书第三章第一节论及，陈独秀“五四”时期的“反封建说”，系从日本、法国引入)。以笔者所见，列宁此文的上引段落较早传译到中国，是在中国社会史论战期间。该文见1931年2月朱新繁所引译作《中国的德谟克拉西与民权主义》(作者为伊里奇，即列宁)。所引译文曰：

> 在落后的农业经济的与半封建的中国，在客观条件上，数万万人民生活上感受的只是历史上一种固有形式的压迫与剥削，就是封建制度。封建制度是建筑在自然经济与农业风俗统治的形式上；在某种形式上，使农民附属于土地，即为中国封建制度剥削农民的源泉，所有的封建诸侯与君主，都是这种剥削制度的政治

表现，而君主是为此种政治制度的一个首领。①

这一年的11月，朱新繁以朱其华之名，再次译引列宁的同一文章的同一段落，译文略有差异：

> 落后的农业的半封建的中国，其客观条件，在四万万辗转就死的人民生活中，所提出的急待解决的问题，厥惟此种压迫与剥削之一定的历史上特具的形式，即封建制度。封建制度以农业生产与自然经济之统治为其基础；中国农民所受的封建剥削之根源，则由于农民在某种形式之下，附着于土地，而成为土地的附庸。②

可见，列宁1912年发表的这篇重要文章，直接影响了20世纪30年代初展开的中国社会史论战，一些参论者以列宁关于近现代中国仍处于“封建”“半封建”社会的论述作为理论依据。

在为共产国际第二次代表大会上所作报告草拟的文本《民族和殖民地问题提纲初稿》(1920年6月)中，列宁再次阐述其1912年文章的观点，将包括中国在内的东方国家称之“封建关系或宗法关系、宗法农民关系占优势的比较落后的国家和民族”，将东方国家的农民运动的任务规定为“反对各种封建主义现象或封建主义残余”③。而根据列宁思想形成的共产国际二大文件《民族和殖民地问题提纲》，将近代中国定性为“半殖民地”和“半封建”。与此一脉相承的共产国际第四次大会通过的《东方问题之提要》，于1923年被译成中文。中共中央理论性机关刊物《新青年季刊》(经陈独秀提议，由1923年从苏

---

① 《伊里奇全集》第2卷上册。朱新繁：《关于中国社会之封建性的讨论》，见《读书杂志》第一卷第四、五期合刊《中国社会史的论战专号》，神州国光社1932年版，第53页。

② 朱其华：《动力派的中国社会观的批判》，《读书杂志》第二卷第二、三期合刊《中国社会史的论战》第二辑，第5页。

③ 《列宁选集》第4卷，人民出版社1995年版，第220页。

俄回国的瞿秋白接手，担任主编，瞿氏撰《新青年之新宣言》，称该刊是"无产阶级的机关"）第一期登载一鸿翻译的《东方问题之提要——共产国际第四次世界大会通过》，对东方国家的社会形态作如此界定：

> 各殖民地的资本主义……其发生发展既在封建制度之基础上，又在杂合、参半。①

在《东方问题之提要》中称东方国家统治者为"封建的或半封建半资产阶级的"②，又称东方国家实行的是"封建宗法制度"，无产阶级的革命的对象是"殖民地的资产阶级与封建地主或'封建地主阶级'"③。

把包括中国在内的东方国家的现存社会状态划入"封建制度"或"殖民地、半殖民地""半封建"社会，此一重要论断，由列宁在1912年提出，又通过共产国际文件于20世纪20年代初传入中国，直接启动了"大革命"时期（1925—1927年）的"反封建"宣传。

二、"大革命"前后现实中国"半封建说"逐步流行

（一）第一次国共合作时期的中国"半封建说"

列宁及共产国际关于近代中国是"半殖民地"的提法，迅速被正在合作期间的中国共产党和国民党所接受。据周恩来称，1924年1月25日发表的《中国国民党第一次全国代表大会宣言》系孙中山委托共产国际代表鲍罗廷起草，瞿秋白翻译，汪精卫润色④，该宣言将中国革命之目的表述为："使半殖民地的中国，变而为独立的中国，以屹然于世界。"而孙中山同时期的用语为"次殖民地"，中国共产党的文宣材料普遍使用"半殖民地"。

---

① 《新青年季刊》第1期，第77页。
② 《新青年季刊》第1期，第77页。
③ 《新青年季刊》第1期，第78~79页。
④ 见《周恩来选集》上卷，人民出版社1980年版，第166页。

至于“半封建”之说，国民党基本没有采用，前引孙中山1924年的《民权主义六讲》，称中国封建制度早在两千多年前的秦朝已经“打破”，表明孙氏坚持封建古典义，不认同泛化封建观。孙中山所确认的中国民主革命的任务，对外是“反帝”“打倒列强”，对内是“反专制”“除军阀”，而从未提过“反封建”。

中国共产党方面使用“半封建说”始于1922年。这与该年1月在莫斯科召开的由共产国际指导的远东各国共产党及民族革命团体第一次代表大会有关。中共代表瞿秋白、张国焘等，国民党代表张秋白等参加了会议，列宁于会议期间接见中国代表张秋白、张国焘等，论及中国的“半封建”“半殖民地”性质。

中共中央执行委员会1922年6月15日拟定的《中国共产党对于时局的主张》，采纳共产国际的“泛义封建说”，开篇讲道：“中国经过了几千年的封建政治，人民生活基础自来都建设在农业经济上面”，辛亥革命是“由封建制度到民主制度”，“所以未能成功之主要原因，是因为民主派屡次与封建的旧势力妥协”，而现时“名为共和国家，实际上仍旧由军阀掌握政策，这种半独立的封建国家，执政的军阀每每与帝国主义互相勾结”。这份文件还剖析了当时流行的“武力统一”和“联省自治”二说，指出：“封建式的军阀不消灭，行中央集权，便造成袁世凯式的皇帝总统；行地方分权制，便造成一班武人割据的诸侯，哪里能够解决时局。”文件号召“向封建式的军阀继续战争”①。

1922年7月，在上海举行的中共第二次全国代表大会，以列宁关于民族和殖民地革命的理论为指针，分析中国社会的基本矛盾和中国革命的性质。《中国共产党第二次全国大会宣言》(由陈独秀起草)指出，中国“在政治方面还是处于军阀官僚的封建制度把持下”，“加给中国人民(无论是资产阶级、工人或农民)最大的痛苦的是资本帝国主义和军阀官僚的封建势力，因此反对那两种势力的民主主义的革命运动是极有意义的”。

1922年的这两份文件，是中共中央以“封建”称现实中国之始。

① 《先驱》第九号，1922年6月20日。

此处之“封建”虽有泛化倾向，但也可作本义理解，因为“军阀”具有割据性，与“封建”相连称，同传统的“封建说”还保持联系。中共第二次全国代表大会宣言提出的该党最低纲领为：“(一)消除内乱，打倒军阀，建设国内和平；(二)推翻国际帝国主义的压迫，达到中华民族完全独立；(三)统一中国为真正民主共和国。”此纲领并未出现“反封建”字样。

1923年6月，在广州举行的中共第三次全国代表大会，瞿秋白为大会起草了《中国共产党党纲草案》，论及现实中国的社会性质时，亦未用“封建”字样，而以“宗法社会”表述，出现“努力扫除宗法社会的余毒，以增加国民革命运动之速度”的提法。①

(二)瞿秋白等确认现实中国的“半封建”性质的过程

瞿秋白是较早泛用“封建”的论者。1920年瞿氏作为记者采访“十月革命”后的苏俄，撰《饿乡纪程》(1922年商务印书馆出版，后人改为《饿乡纪行》)，该书第十四目，述及俄国革命说：“风起潮涌的自由战，激励他们驱逐地主，打倒封建遗毒的偶像。”另著之《赤都心史》第十九目说：“封建遗毒，东方式的专制政体，是使官僚问题种得很深的根底。”两例的取意和用语，皆与陈独秀“五四”时期的“反封建”言论颇相类似，都把“反封建”与“反专制”作为同义语并列使用，不过，陈氏的“封建”指现实中国，瞿氏的“封建”指当时的俄国。

1923年6月15日出版的《新青年季刊》第一期，瞿秋白《世界的社会改造与共产国际》一文有下列表述：“资本主义的生产制度，在人类文化史上，自然有相当的功绩。封建制度的末流，实在令社会生产窘迫不堪，必须别求出路。”②这是从世界史范围评议“封建制度”，置于资本主义制度之前。

该刊第二期蒋光赤的《经济形式与社会关系之变迁》一文，论及奴隶制后“封建制度(feudalism)因之发(feud即土地的意思)。贵族、武士或地主从国主或大诸侯领取土地，作为自己功绩的赏赐……封建

① 参见《瞿秋白文集·政治理论编》第2卷，人民出版社1988年版。

② 《新青年季刊》(第1期)，1923年3月，第18页。

制度发展成经济的形式，约在 9 世纪”①。这是以西欧史为模型作的封建制度叙述。

上述瞿、蒋二文所用“封建”一词，与 feudalism 含义相通，但已隐约透露出将中国前近代划入“封建”的意向。

1923 年 3 月，《新青年季刊》第一期还发表屈维它（瞿秋白的笔名）的《东方文化与世界革命》，论及包括中国在内的东方文化的三元素：“第一种元素，是宗法社会之自然经济”；“第二种元素，是畸形的封建制度政治形式”；“第三种元素，是殖民地式的国际地位”，而“帝国主义客观上自成为使中国社会退向封建制度的重要原因，同时又以强力纳入资本主义”。文章认为，中国“封建制度于政治上实在未曾死灭……直到清朝末年还是存在，经济上又何尝可以说封建制度完全消灭于秦灭诸侯之后呢”？此文提出，直至清末，中国仍在封建制度之中。瞿秋白将“封建”指称现实中国的提法，可能受到陈独秀“五四”时期用例的影响，但更主要的是承袭列宁及共产国际的中国“封建”“半封建”论说，并由此提出，中国革命应当“颠覆宗法社会、封建制度、世界的资本主义，以完成世界革命的伟业”②。

1923 年 5 月，瞿氏发表《中国之地方自治与封建制度》，评析现实存在的军阀割据，指出军阀是一种“畸形的封建制度的现象”，其基础是外国资本家和中国奸商的经济力量，因此，不能指望军阀的“联省自治”和武力统一，“军阀统一是封建变郡县的老文章，平民统一是由封建进于民治的大进步”③。此处的“封建”及“封建制度”又取“封建”的本义（政权分割）。

在 1923 年底至 1925 年的《新青年季刊》各期发表的瞿秋白、陈独秀、周佛海、彭述之等人的文章，言及当时的中国社会，交替使用“宗法社会”“农业经济宗法社会”“封建制度”。如该刊第三期瞿秋白的《唯物史观对于人类社会历史发展的解释》称：

---

① 《新青年季刊》（第 2 期），1923 年 12 月 20 日，第 51 页。
② 《新青年季刊》（第 1 期），1923 年 3 月，第 68、69、70 页。
③ 参见《瞿秋白文集·政治理论编》第 2 卷，人民出版社 1988 年版。

> 中国社会数千年生产力凝滞不进，农业与小手工业为社会经济生活的中心，封建制度非常坚固，一切社会思想都是封建式的。

此说把数千年中国社会皆纳入“封建制度”之内，“封建”概念泛化，开“中国封建社会长期停滞论”之先河。

综观瞿秋白20世纪20年代中期使用的“封建”概念，在一定程度上保留着“封建”的古汉语义（如议“封建军阀”，即从“封建割据”立论），又兼顾了“封建”的西义，但已有泛化倾向，把本已“去封建远”的近现代中国纳入“封建制度”范围。

此间在法国勤工俭学的共产党人周恩来在1923年7月的一次演讲称：“吾人欲图自救，必须推翻国内军阀，打倒国际资本帝国主义。”①尚未用“封建”指称现实中国，而在旅欧共青团机关刊物《赤光》的发刊词中有一首新诗，内有如下句子：“革命的赤光/从北俄腾起/惊醒了 冬虫般蛰伏的被压迫阶级/震动了 春蚕般茧缚的世界殖民地/封建余孽/国际强盗/更被他照的原形毕露。”②这里的“封建余孽”显然是指现实的国内反动势力。

李达作为中国早期社会主义理论家，在1926年6月出版的《现代社会学》中，称中国是“半封建”社会，是“帝国主义国家之半殖民地”。这是较早将列宁及共产国际的中国“半封建”“半殖民地”社会说用于专著。

至于将中国社会联称为“半殖民地半封建”，则初现于1926年9月23日设在苏联首都莫斯科的中山大学国际评论社编译的中文周刊《国际评论》创刊号发刊词③，这可能是从当时苏联官方使用的材料

---

① 《少年中国》第四卷第八期，1923年12月。

② 发刊词署名为周恩来，见《赤光》第一期，1924年2月1日。

③ 参见李红岩《半殖民地半封建理论的来龙去脉》，《北京日报》2004年3月8日。

中翻译过来的短语。

1927年左右，中国共产党关于中国社会形态的认识还未定型。这一年11月，中共中央起草的《农业纲领草案》，受当时在苏联和日本进行的"亚细亚生产方式论战"影响，参酌匈牙利人、共产国际东方问题专家马扎亚尔一派的观点，将现实中国的社会形态认定为"亚细亚的生产方式"，但很快在次年，中共中央就放弃了这种提法。

前文论及，瞿秋白在20世纪20年代初尚未成为中共领导人之前常用"泛封建说"。至大革命前后，瞿氏已是中国共产党的主要领导人和理论家，他在《农民政权与土地革命》中称现实中国农村政权为"封建宗法式"，在《俄国资产阶级革命与农民问题》一书中，称俄国资产阶级革命未能"推翻封建势力"，这当引为中国革命的"很重要的教训"。瞿氏的言下之意，现实中国也有"推翻封建势力"的任务。

中共第六次全国代表大会于1928年在俄国首都莫斯科举行，大会的文件主要起草者为瞿秋白。瞿氏曾为大会准备书面报告《中国革命与共产党》，并在大会上作政治报告，均有以"半封建"指称现实中国社会形态的提法。① 影响深远的是1928年7月中共第六次全国代表大会最后形成的《政治决议案》中的论述：

> 现在中国的地位是半殖民地。
> 现在中国的经济制度，的确应当规定为半封建制度。
> 中国革命现在阶段底性质，是资产阶级民主革命。②

该决议案把中国革命的中心任务规定为："驱逐帝国主义者。""要将土地制度之中的一切半封建束缚完全摧毁。"

中共第六次全国代表大会还通过了《土地问题决议案》，对现实中国的"封建性"有更详细的说明：

---

① 以上三文见《瞿秋白文集·政治理论编》第5卷，人民出版社1994年版。

② 见《瞿秋白文集·政治理论编》第5卷，人民出版社1994年版。

> 现在(中国的)农村的社会经济制度，完全受过去的封建制度之余毒束缚着。中国封建制度的历史发展之特殊情形，和欧洲封建制度有许多差异：中国以前的国家封建制度(所谓国有土地)与地主土地私有制度同时并存，这两种制度互相斗争。然而根本的事实并不因此而变更，这个根本事实，就是现在的中国经济政治制度，的确应该规定为半封建制度。①

这一决议案注意到中国与欧洲封建制度的差异，指出中国存在“土地国有”与“土地私有”两种土地所有制(相当于“领主经济”与“地主经济”)，然其结论为：现实中国是半封建制度。

以中共第六次全国代表大会为端绪，现实中国社会“半封建”与“半殖民地”并用的提法，正式形诸中共中央文件，并成为定式，自此沿用不辍。

(三)河上肇及《孤军》杂志的中国社会史观

20世纪20年代前中期中国社会科学界的历史分期观，还受到日本马克思主义者的影响。李大钊的《我的马克思主义观》等文，都采用了日本学者河上肇等介绍马克思主义的著译。郭沫若曾指出：“最先介绍马克思主义的是日本知识分子。我本人就是在读河上肇的书时了解了一点关于马克思的东西。”②

河上肇是日本的马克思主义学者、京都帝国大学经济学部教授。他的中国籍学生杜国庠、王学文、周佛海、郭心崧等于1922年至1925年间，在上海泰东图书局出版的《孤军》杂志，开展“经济政策讨论”，涉及中国社会性质的认定问题。杜国庠、李春涛的《社会主义与中国经济现状》一文，根据共产国际第二次代表大会的报告，称中国社会为“半殖民地”；文章参考河上肇1922年所著《社会组织与社

① 《六大以来：党的秘密文件》，人民出版社1981年版，第31页。

② 转引自[德]李博《汉语中的马克思主义术语的起源与作用》，中国社会科学出版社2003年版，第80页。

会革命》，将社会革命分为政治革命和经济革命，主张以前者引领后者，这种观点后来产生了深远影响。① 萨孟武仿效河上肇的革命三段说（宣传时代、破坏时代、建设时代），强调指出，当下给中国带来祸害的并非资本家而是军阀，反抗军阀统治是“破坏时期”的要务，也就是说以政治革命引领经济革命。② 林植夫、周佛海也肯认打倒军阀为当务之急。这些论说都隐含着现实中国是“半封建社会”的结论，对此王学文则有更明确的阐述。在《中国经济现状概观》一文中，王学文考察中国经济是封建性的还是近代性的，认为中国经济现状是各发展阶段的混杂共存，即“地方经济、都市经济、国民经济”的并混，其中地方经济规模最大，故中国经济可称为“地方经济”③。而“地方经济”是“封建经济”的近义词，王氏指出：“中国经济正在由旧封建的经济移向新资本主义的经济。”王学文的《中国经济现状概观》可以视为现实中国“半封建社会说”的先驱之作。数年后，王学文参加中国社会性质论战和中国社会史论战，成为泛化封建观的倡言者之一。

几不为人知的《孤军》杂志，可谓后来声势较大的中国社会性质论战和中国社会史论战的预演之地。④

1922 年至 1928 年间，即“大革命”前后，是新名“封建”使用的第三阶段。其间，先由共产国际文件将现实中国称为“半封建”，随后此类提法频现于瞿秋白等中共理论家的著述和中共政治文件中，“大革命”时期“反封建”已成为左翼宣传的一面旗帜。当然，称现实中国为“半封建”，以 1928 年中共第六次全国代表大会文件表述得最为完整。但在这一阶段，中国“半封建说”尚少有学术论证，《孤军》是对此一论题作理论探讨的尖兵。

---

① 参见《社会主义与中国经济现状》，《孤军》第二卷第二期，1924 年 1 月。

② 参见《孤军》第二卷第十二期，1925 年 6 月。

③ 《中国经济现状概观》，《孤军》第三卷第四期，1925 年 9 月。

④ 关于《孤军》杂志，见［日］三田刚史《留日中国学生论马列主义革命——河上肇的中国学生与〈孤军〉杂志》，《徐州师范大学学报》2005 年第 5 期。

第三节　中国社会史论战

旧时说夏、殷、周三代为封建制，以别于秦后的郡县制，这是被视为天经地义的历史事实，从来不曾有人怀疑过，也是不容许人怀疑的。但近年来因封建制被赋与了新的意义，因而三代是封建制之说便发生了动摇。

——郭沫若：《十批判书·古代研究的自我批判》

"泛化"封建观在中国出现的轨迹大略为：

"五四"时期发端，但仅有个别人(如陈独秀)表述；20 世纪 20 年代初中期，经由共产国际文宣材料译介，在中国共产党的理论界开始接受，却并未作系统论证；20 世纪 20 年代末 30 年代初，经由"中国社会性质论战"和"中国社会史论战"，泛化封建观获得学术形态，为以后的广泛流传奠定了基础。

一、"大革命"失败与"中国社会性质论战"

(一)"中国社会性质论战"缘起

1927 年国民党"清共"，与共产党分道扬镳，"大革命"失败。在中国共产党内及共产国际内，为确认当时中国革命性质(资产阶级民主革命抑或无产阶级社会主义革命)，对当时中国社会性质产生了不同意见(有"封建社会""资本主义社会""亚细亚社会"诸说)。此前，中共第二次全国代表大会指出，当时中国是"半独立的封建国家"，同时又指出"中国的资本主义，已发达到一定程度"。中国共产党早期理论家蔡和森 1922 年 5 月称当时中国"在半封建的武人政治下"①。1925 年他又以"半资产阶级和半封建社会"称中国社会性质。蔡氏在

① 《蔡和森文集》(上)，湖南人民出版社 1978 年版，第 60 页。

1928年发表的署名为"和森"的《中国革命的性质及其前途》文章中说：

> 中国革命是资产阶级革命呢，还是资产阶级性的民权革命，或已转变到无产阶级社会主义革命？这一根本问题将决定今后革命之一切战术与策略。①

蔡和森认为，现代中国社会是"半封建半农奴制"，"封建残余，在全中国还占很重要的地位"，因而"中国革命现在阶段"具有"资产阶级民权革命的性质"②。蔡和森的理论，直接承袭自共产国际及苏联共产党领导人斯大林的观点。斯大林在《中国革命与共产国际底任务》一文中指出：

> 今日的中国革命便是两支革命运动的巨流——反封建残余的革命运动与反帝国主义革命运动之汇合。中国资产阶级民主革命乃是反封建残余斗争与反帝国主义斗争之汇合。

在这里，斯大林把"反帝""反封建"确定为中国革命的任务。

本书第三章第一节曾述及，"五四"时期陈独秀将现代中国纳入"封建社会"，而时至20世纪20年代末，陈氏反对斯大林，倾向斯大林的政治对手托洛茨基一派，认为经过"大革命"，中国基本完成了资产阶级民主革命，当时的中国已进入资本主义稳定发展时期，中国共产党应停止武装斗争，静待无产阶级革命形势的到来。陈氏三次致信中共中央，申述对中国社会性质、革命性质的看法，其中1929年8月5日发表的《关于中国革命问题致中共中央信》最为系统。该

① 参见蔡和森《中国革命的性质及其前途》，《布尔什维克》第二卷第一期，1928年11月1日。

② 蔡和森：《中国革命的性质及其前途》，《布尔什维克》第二卷第一期，1928年11月1日。

公开信批评中共第六次全国代表大会决议的中国社会“半殖民地、半封建说”，认为现实中国是“资本主义社会”。公开信这样论述中国社会的“封建性”问题：

> 中国地主阶级已经努力资本主义化，封建剥削已经不是农村中的主要形式，所以现在农村中主要的矛盾，已经不是反封建势力的斗争，而是反各种各式的资本主义的斗争。①

稍后，陈独秀、彭述之等八十一人又发表《我们的政治意见书》，尖锐批评将现实中国社会定性为封建社会。该意见书称：

> 我们以为：说中国现在还是封建社会和封建势力的统治，把资产阶级的反动性及一切反动行为都归到封建，这不但是说梦话，不但是对资产阶级的幻想，简直是有意地为资产阶级当辩护士！其实，在经济上，中国封建社会之崩坏，土地权归了自由地主与自由农民，政权归了国家，比欧洲任何国家都早……土地早已是一种个人私有的资本而不是封建的领地……②

此“意见书”所使用的“封建”一词，含义显然是该词原义与西方学界术语的通约，这一意义上的“封建社会”当然在中国早已崩溃。此种历史评断，与陈独秀“五四”时期的“现实中国封建说”全然相反，摆脱了欧洲历史模式，而复归于孙中山 1924 年的《三民主义十六讲》中所提出的中国社会非封建属性。不过，陈独秀们 1929 年提出的现实中国已是“资本主义”的判断，脱离了中国的社会实际，从另一端口依然陷入了欧洲模式(封建社会解体必然进入资本主义社会)。

陈独秀等人的公开信，使论争从中国共产党党内延及党外，导致

---

① 《陈独秀著作选》(第 3 卷)，上海人民出版社 1993 年版，第 40 页。

② 转引自《中国社会性质问题的论战》(资料选辑)，人民出版社 1984 年版，第 89~90 页。

“中国社会性质论战”的展开。中国共产党当时的领导人李立三1929年12月撰文谴责托洛茨基、陈独秀们“否认封建势力的存在，就是不愿意农民的革命的反动理论的根据”①。这种对陈独秀的批评，其立论的基础是现实中国社会仍处于“封建”阶段，而这恰恰是陈独秀于“五四”时期率先提出，现时又加以扬弃的观念。

（二）中国社会性质论战的议题

民国年间中国学界曾展开三大论战，其一为20年代的“科学与人生观之争”，即所谓“科玄论战”；其二为中国社会性质论战；其三为30年代中期的“全盘西化论”与“中国文化本位论”之间的论战。第二场论战与稍早开始于苏联和日本的“亚细亚生产方式论战”相联系。“亚细亚生产方式论战”以马克思关于古代东方的论述为武器，探讨东方国家的社会形态和特殊发展道路。中国社会性质论战的议题由此发端，进而考察现实中国的社会性质，试图解答两个极具现实实践性的问题：

> 一、中国现在社会究竟是封建社会，还是资本主义社会？
>
> 二、经过1927年失败以后的中国革命究竟是资产阶级革命还是无产阶级革命？②

为了回答这些问题，首先必须探讨的议题是：“中国社会已经走上了一个什么阶段？”③而要确认当时中国社会的性质究竟是封建社会还是资本主义社会，抑或是亚细亚式专制社会，就必须追溯往昔，也因此而引发了中国学术界关于历史问题的讨论。时隔半世纪，侯外庐关于从社会性质论战引发社会史论战，有一段精要的说明：

---

① 立三：《中国革命的根本问题》，转引自《中国社会性质问题的论战》（资料选辑），人民出版社1984年版，第163页。

② 《中国社会史的论战专号》第一篇文章，王礼锡的《中国社会史论战序幕》转引马玉夫语，神州国光社1932年版，第14页。

③ 《中国社会史的论战专号》第三版卷头语，神州国光社1932年版，第2页。

> 大革命失败后……理论界对中国现阶段究竟是资本主义社会、封建社会，还是半殖民地半封建社会的问题展开了争论。既然要争论这样一个涉及中国国情的问题，就不能不回过头去了解几千年来的中国历史，于是，问题又从现实转向历史，引起了大规模的中国社会史论战。①

中国社会史论战可以说是中国社会性质论战向历史学领域的延伸。

二、“中国社会性质论战”导引出“中国社会史论战”

中国社会性质论战是有着强烈现实性的政治、社会问题激辩，从中国共产党内部，到国民党，以至于其他派别，都在争取此一论题的话语权。② 然而，就当下论当下，显然无法求得真解。为了阐明今天中国的社会性质，必须反顾昨天与前天，于是，深怀忧患意识、关切中国命运的社会科学界的学者们，空前踊跃地参加中国历史发展道路的大讨论，这便是1929年发端，历时数年的“中国社会史论战”。而中国社会史论战的重要议题之一，是如何理解“封建”，以及对“封建制度”“封建社会”“封建时代”的认定。

中国社会史论战的参加者，多为曾经留学东洋、西洋，刚从大革命战地退回书斋的青年社会科学工作者。据郑学稼统计，“1931年论战大规模开始之时”，参论者最大的约三十岁，最小的约二十三岁，平均年龄二十六七岁。他们的“学术水准，超过了五四时代的启蒙者”③。参论者政治倾向性多样，有中国共产党理论人士组成的“新

① 侯外庐：《韧的追求》，生活·读书·新知三联书店1985年版，第222页。

② 1982年由高军选编的《中国社会性质问题的论战》（资料选辑）于1984年由人民出版社出版，收有此一论战的主要文献。

③ 见郑学稼《“社会史论战”的起因和内容》，台湾“中华杂志社”1965年版，第1页。

思潮派”(因在上海主办刊物《新思潮》而得名)，有脱离中国共产党的托洛茨基、陈独秀派组成的“动力派”(因在上海主办刊物《动力》而得名)，有国民党官方文士组成的“新生命派”(因在上海主办刊物《新生命》和新生命书局而得名)，还有汪精卫、陈公博为首的国民党“改组派”的论者参加(因标榜恢复1924年国民党第一次全国代表大会精神的改组精神而得名，在上海创办刊物《革命评论》《前进》)。自称“第三种人”的自由主义者胡秋原等，也在不同程度上投入论战。此一论战的主舞台在上海，牵动全国，乃至海外华人(如时在日本的郭沫若、王亚南等)，几年间，数十位论者发表文章百余篇，出版专业著作三十余种，规模远在“科玄论战”之上。

中国社会史论战情形复杂，且与政治斗争、党派分歧密切相关。限于题旨和篇幅，这里不作全面的讨论，也不在政治观上加以评断，而仅考析其关于“封建”概念的诸种诠释，以及由此牵涉的历史观念问题。欲知论战全面情形，可见其文字的结集：由十九路军的陈铭枢出资经营、王礼锡在1932主编的《读书杂志》第一卷第四、五期合刊《中国社会史的论战专号》，第二卷第二、三期合刊《中国社会史的论战》第二辑，第七、八期合刊《中国社会史的论战》第三辑，1933年该杂志第三卷第三、四期合刊《中国社会史的论战》第四辑。

中国社会史论战从原始氏族制、奴隶制一直研讨到当下的资本主义制度，而其中争论尤其激烈的一大关节点是封建制，从而涉及对“封建”(feudal)、“封建制度”(英文 feudal system)、“封建社会”(德文 feudale Gesell schaft)、“封建主义”(法文 feudalismus)等关键词所蕴含概念的理解问题，“封建”概念的古今演绎、中外对接的争议也得以提出，又牵涉到如何给近代以前的两千余年中国历史(秦至清)定性的问题，中国历史分期及现时中国社会性质等宏大述事，也有超乎以往的展开。论战各方壁垒分明。

三、古典封建论(以陶希圣为代表)

(一)“新生命派”及其“古典封建论”

中国社会史论战中以陶希圣为代表的“新生命派”否定当时的中

国处于封建社会，认为封建社会早在两千多年前的秦朝已经解体。因为这一派是在“封土建国”这一古典义上论述封建和封建社会的，姑且将其称为“古典封建论”。代表者有“新生命派”的陶希圣、梅思平、梁园东，还有国民党“改组派”的顾孟余等。接近“改组派”的国民党理论家陶希圣是此论最重要的阐发人。

在某种意义上可以说，中国社会史论战的发起者就是陶希圣。1928 年陶氏在上海《新生命》月刊提出“中国社会到底是什么社会”这一问题，从而引起各派学者论战，其观点大致有三种：第一种认为“中国社会是半封建半资本主义”社会；第二种认为“中国是商业资本主义”；第三种以陶希圣为代表的“新生命派”则认为“中国封建制度已衰，封建势力犹存，而中国社会的两大阶层是士大夫与农民”。陶氏 1929 年 5 月出版的《中国封建社会史》主张周代为封建社会，到春秋战国之际，封建制度已开始分解，因此秦汉以降不能称封建社会。陶氏同年在新生命书局出版的《中国社会之史的分析》中又说，西周曾有过“封邦建国”制度，秦始皇统一六国，“废封建而置郡县”，演为郡县制度。

> 春秋战国时代，是中国社会史的一个关键；中国社会在这个时候结束了封建制度。①
>
> 封建制度在春秋时已经崩溃，所以中国早已不是封建的国家，只有对外藩的统治仍然是取封建的形式。
>
> 秦汉以后，中国已经由封建制度进入官僚政治时期，政治的力量由贵族阶级移到了士大夫阶级。②

陶氏把“士人阶级的勃兴及官僚制度的成立”视作封建制分解的五个征象之一。③ 他将秦汉以下两千年的社会命名为“以士大夫身份

---

① 陶希圣：《中国社会之史的分析》，新生命书局 1929 年版，第 4 页。
② 陶希圣：《中国社会之史的分析》，新生命书局 1929 年版，第 261 页。
③ 陶希圣：《中国社会与中国革命》，新生命书局 1929 年版，第 258 页。

及农民的势力关系为社会主要构造的社会”①。

面对历史现象的错综繁复，陶氏颇有歧路亡羊之慨，因此，对于秦汉以后历史形态的复杂状况，陶氏有自己的独特表述：“中国的封建制度虽早破坏，但仍是在前资本主义时期，有巨大的封建势力存在着。”②关于现实中国的社会性质，陶氏说：“中国社会是金融商业资本之下的地主阶级支配的社会，而不是封建制度的社会。”③

可见，陶氏的认识并未能脱出西欧历史模式，认定封建社会之后必然是资本主义社会，他既已将“封建”定在周代，那么秦汉以降直至当下就只能是“金融商业资本主义”社会。陶氏虽沿袭了“封建”古义，然其说又落入西欧模式的窠臼。

（二）“豹变”的陶希圣封建观

初步接受“社会形态”学说的陶希圣并未将“封建”限定为政体概念，而力求兼从经济制度上加以解说，但此时的他又无力完成对“封建”的经济义与政体义二者的整合，故在表述中往往出现概念紊乱，因而每为论战对手所诟病，称其为“豹变”“模棱两可”。如陶著《中国社会到底是什么社会?》一方面否认现实中国是宗法社会、封建社会；另一方面认定中国“从最下层的农户起到最上层的军阀止，是一个宗法封建社会的构造”④。1932年陶氏又将其“春秋战国封建制结束说”作了新的调整：

> 一，西周时代为氏族社会末期；二，战国到后汉是奴隶经济占主要地位的社会；三，三国至唐末五代是发达的封建庄园时

① 陶希圣：《中国社会之史的分析》，新生命书局1929年版，第59页。

② 陶希圣：《中国社会之史的分析》，新生命书局1929年版，第1、2页。

③ 陶希圣：《中国之商人资本及地主与农民》，《新生命》第三卷第二期，1930年。

④ 《中国社会到底是什么社会?》，《新生命》第一卷第十期，1928年10月1日出版。

期；四，宋以后至清鸦片战争前是先资本主义时期。①

由此足见陶氏的“封建”说尚处在游移状态，所论欠连贯，更不可能精深。当陶氏意识到历史观自相矛盾时，决心从基础做起：用力于中国经济史的考察，遂于20世纪30年代中期创办刊物《食货》，以此为阵地展开讨论。此后陶氏从经济制度、社会结构层面的具体辨析出发，将中国社会形态的探讨引向深入。

（三）梁园东、顾孟余的封建观

与陶氏同为“新生命派”的梁园东试图突破“封建社会—资本主义社会”的欧式研究历史框架，认为秦汉以来的中国是“农村商业社会”。

> 秦汉以来的中国社会，乃是以农业经济做基础，构成地主和佃农、资本家和小商业者的经济关系，而建立起来的社会……根据这种关系而成立的社会，既不是封建的，也不是商业资本的，按照他们的基本组织，只是一种农村商业社会。……中国社会和欧美各国演进的方面完全不同；这就是说，“农村商业社会”的进化，绝走不到“城市工商业社会”所到的阶段上。②

梁氏称秦汉以来的中国是“农村商业社会”，并不可取，但他指出殷周封建社会结束后，中国有一个既非封建，也非城市工商社会的形态存在，却是一个有价值的思路。

顾孟余大体与“新生命派”同调，认为农奴制是封建制度的基本构成，由此作出判断：

---

① 参见《读书杂志》第二卷第七、八期合刊《中国社会史的论战》第三辑，陶希圣《中国社会形式发达过程的新估定》，神州国光社1932年版，第4~7页。

② 《中国问题之回顾与展望》，梁园东《中国社会的基础》，新生命书局1931年版，第199~200页。

> 封建制度的经济的、社会的、思想的基础，现在已不存在。中国没有农奴，中国农民没有守田的义务，没有强迫的力役，所以中国没有封建制度。①

总之，古典封建论一派的论者提法虽不尽相同，然大体而言，多不放弃在“封土建国”含义上使用“封建”一词，并推衍出新名“封建制度”，与西方的 feudalism 及 feudal-system 相对应，强调的是“分封采邑”“领主经济”“农奴制”“人身依附”等含义，不赞成将秦汉以下的中国社会称为“封建社会”。

四、泛化封建论(以郭沫若为代表)

(一)“新思潮派”的封建观

与“新生命派”正面论争的，是“新思潮派”，其封建观对后世影响巨大。

由朱镜我、潘东周、王学文、李一氓等左翼理论界人士组成的“新思潮派”②不同意陶希圣等“新生命派”维持“封建”古义(封土建国)，而对“封建社会”别作诠释。“新生命派”以社会结构分析的方法进行讨论，将“分封”“权力分散”作为封建社会的显著特点；而“新思潮派”则基本抛弃“封建”一词包含的古典政体义，从经济制度上另行界定“封建社会”这一术语。他们援引 20 世纪 20 年代苏俄理论界关于中世纪社会特征的概括，认为封建社会的普遍特征有三：第一，生产者主体已摆脱奴隶身份，成为独立生产者，但保有不同程度的人身依附。第二，自然经济占绝对优势，货币流动不发达，物物交换流行。第三，土地领有者对独立生产者农民(或农奴)实行超经济剥削，榨取无偿的剩余劳动。同时，他们还将使用铁器这一生产力标准作为

① 顾孟余：《中国国民党必须有阶级基础吗?》，《前进》第一卷第三号。

② 1929 年 11 月文学团体“创造社”在上海创办《新思潮》杂志，1930 年 5 月中国社会科学联盟(“社联”)继左翼作家联盟(“左联”)之后成立，“社联”的党团成员王学文、彭康、杜国庠、潘梓年任《新思潮》编委，并为主要作者。

封建社会的物化标志。

“新思潮派”不乏能够熟练运用马克思、恩格斯元典的论者。如刘梦云（张闻天）在《中国经济之性质问题的研究》中说，土地所有者从独立小生产者身上用超经济的压迫，以榨取剩余劳动；凡维护这种剥削方法的制度，便是封建制度。① 这里以超经济掠夺作为“封建制度”的标志性特点，切近马克思、恩格斯的封建原论。吴黎平在《中国土地问题》中说，封建关系是根据手工的农民生产方法，而农民把一大部分劳动成果，白白地交给封建剥削阶级。② 这种论述抓住了封建制的超经济剥夺的特点。

郭沫若虽非“新思潮派”人士，但也有“以农业为基础的是封建制，以商业为基础的是奴隶制”的论说，从而把“以农业为基础的”春秋以后直至近代的中国认定为封建社会。③

上述关于“封建制度”的界定，都试图从生产方式、经济基础的解析入手，运用“唯物史观”进行社会分析。然而“新思潮派”多数论者多有将“封建”这一关键词内涵与外延宽泛化的倾向，因而可将这种观点名之为“泛化封建论”。这种泛化了的封建观，将秦汉至明清划入封建社会，并认为现代中国仍处于“封建关系”之内。如潘东周说：“在中国的全国国民经济中，封建关系仍然占着极强度的优势。”④

（二）郭沫若的封建说

郭沫若是“泛化封建论”及“周末至明清封建社会说”的有力推动者。郭氏 1914 年留学日本，“五四”时期回国从事文艺运动，以新诗《女神》风靡文坛。“大革命”失败后，流亡日本近十年，直至 1937 年方返回中国。他在参加社会史讨论中，采用日本对译 feudalism 的新

① 见《中国社会性质问题的论战》（资料选辑），人民出版社 1984 年版，第 554~562 页。

② 见《中国社会性质问题的论战》（资料选辑），人民出版社 1984 年版，第 240~242 页。

③ 见郭沫若《中国古代社会研究》，上海联合书店 1930 年版。

④ 潘东周：《中国经济的性质》，《新思潮》1930 年第 5 期。

名“封建”并加以引申，从指称欧洲中世纪和日本中世与近世为“封建社会”获得启示，将中国的中古时代(周代末至明清)冠以“封建社会”。

郭沫若的封建说，其新颖之处在于，质疑“井田制”和“五等五服制”，从而推翻西周封建的旧说，又套用研究西欧历史得出的社会发展模式(原始社会—奴隶社会—封建社会—资本主义社会)，认为殷以前的中国社会是原始氏族社会，西周是奴隶社会，周末、秦代以下进入封建社会。郭氏的分期主张，提出了20世纪30年代以下中国历史分期论战的中心论题。

郭氏的《诗书时代的社会变革与其思想上之反映》一文开始了关于古史性质及古史分期的探讨，这些文章在1930年集成《中国古代社会研究》。该书据殷代王位兄终弟及，论定殷代为“多父多母”的氏族社会，从而推断殷商为“母系中心的社会”；又历举《尚书》对殷民称奴、称皂、称隶，证明周人以殷人为奴，论定周代为“奴隶社会”。“周室东迁以后”，中国社会才由奴隶制逐渐转入“真正的封建制度”，从而与中国学界历来的“西周封建说”大相悖反。郭氏还指出，秦并六国，方结束奴隶社会，确立封建社会，自此一直延及现代。他说：

> 中国的社会固定在封建制度之下已经二千多年……
> 中国的封建制度一直到最近百年都是很岿然地存在着的。①

郭氏还将“废封建，立郡县”的秦始皇称为“中国社会史上完成了封建制的元勋”②，从而进行了一次历史“大翻案”。

郭氏此论在当时受到学界的普遍反对，因为“封建”一词原本一向指“封土建国”，故学者们历来认为秦始皇“终结”了“封建制”，而不是“建立”了“封建制”。郭沫若也深知其说有悖史家通识，故在

① 郭沫若：《中国古代社会研究》，上海联合书店1930年版，第5、19页。

② 郭沫若：《中国古代社会研究》，上海联合书店1930年版，第19页。

1945年出版的《十批判书·古代研究的自我批判》中对自己的观点加以辩护："旧时说夏、殷、周三代为封建制，以别于秦后的郡县制，这是被视为天经地义的历史事实，从来不曾有人怀疑过，也是不容许人怀疑的。但近年来因封建制被赋予了新的意义，因而三代是封建制之说便发生了动摇。"①正是在《十批判书》中，郭氏对"封建社会"作了较完整而明晰的诠释：

> 现代的封建社会是由奴隶社会蜕化出来的阶段。生产者已经不再是奴隶，而是被解放了的农工。重要生产工具，以农业而言，便是土地已正式分割，归为私有，而有剥削者的地主阶层出现；在工商方面则是脱离了官家的豢养，而成立了行帮企业。建立在这阶层上面的国家是靠着地主和工商业者所献纳的税收所维持着的。这是我们现代所说的封建社会。②

郭氏的论述遵从"五种社会形态说"，全然摆脱"封建"一词的本义(封土建国、封爵建藩)，也同"封建"一词所对译的西语 feudalism 的含义(封土封臣、领主采邑)大相径庭，其所列诸项，尤其是土地"归为私有""地主阶层出现"等内容，原本就是"非封建""反封建"的，却统统被其纳入"封建"名下。从语义学角度进行分析，郭沫若此种做法的过程是：先将本来"依实定名"形成的关键词"封建"的固有含义加以剔除，然后根据所论时段(秦汉至明清)的中国社会特征概括出若干标准，加入"封建"一名，充作其内涵，再把这种重新"制作"的"封建"名号，冠于秦汉至明清这段历史之上。这种关键词内涵的异动，事关重大：由于"封建制被赋予了新的意义"，中国历史的宏大叙事也因此相应发生剧变。

① 郭沫若：《十批判书·古代研究的自我批判》，《中国现代学术经典·郭沫若卷》，河北教育出版社1996年版，第529页。

② 郭沫若：《十批判书·古代研究的自我批判》，《中国现代学术经典·郭沫若卷》，河北教育出版社1996年版，第531页。

同陶希圣一再改变历史分期看法一样，郭沫若的观点也多有修改。如1930年时郭氏在《中国古代社会研究》中将殷商时代称为母系氏族社会、周代称为奴隶社会，而1945年出版的《十批判书》之一的《古代研究的自我批判》，则认为殷代是奴隶社会；20世纪50年代初在《中国古代社会研究》的修订本中，以及后来在由他主编的《中国史稿》中，提出"战国封建说"(中华人民共和国成立以后编写的中国历史教科书多从此说)。当然，这些修改，都是在同一个前提下展开的："封建"一词非指一种国体和政制，不再取"封土建国"义，而指一种社会制度，其特点约为农业自然经济、地主制、君主专制，从而确认战国至明清两千余年为封建社会。鸦片战争后因西方资本主义侵入中国造成封建经济、封建政治逐渐解体，而进入半殖民地、半封建社会，故近代中国革命的任务是反帝、反封建。

五、不应被遗忘的论者：李季、胡秋原、李麦麦

"新生命派"与"新思潮派"是中国社会史论战的两大主要流派，对当时及后世影响较著，现代史学史也多有记述，人们耳熟能详。然而，在两大流派之外，参加社会史论战的还有一些提出有价值观点的论者，如"动力派"李季、"自由人"胡秋原、历史哲学家李麦麦，他们兼通中西学术，较熟悉马克思、恩格斯原论，立足于中国历史实际，都反对以"原始社会—奴隶社会—封建社会—资本主义社会"这一线性公式硬套中国史，认为秦至清的社会形态不能以"封建"名之，李季概括为"前资本主义"，胡秋原、李麦麦概括为"专制主义"。

(一)"动力派"的封建说

中国社会史论战期间，"动力派"的成员严灵峰、任曙(大革命时期曾做过早期中共领导人陈延年的秘书，1928年脱离中共)、李季、刘镜园(即曾代表陈独秀参加中共第一次全国代表大会的刘仁静)，对泛化封建观多有批评。他们比较熟悉马克思主义原著，反对斯大林等联共(布)多数派的中国社会论，对郭沫若和陶希圣都加以尖锐抨击，以为他们均学舌于苏俄的联共(布)，所论"封建"概念紊乱，所援引马、恩多不准确，且与中国史实不相切合。这些尖锐批评可见李

季1932年连载于《读书杂志》的文章(后集结为《中国社会史论战批判》一书)。

“动力派”不认同“五种社会形态”序列的普世性，明确指出：“封建制度破坏的明日既不是资本主义的天下，资本主义的昨日又不正与封建制度相衔接，而中国的情形却恰恰如此。”①李季认为，西欧历史是封建社会解体，随之资本主义社会建立，而东方诸国(如中国)情形有别：在封建社会与资本主义社会之间，有一种过渡的“第三形式”，这便是马克思所说的“前资本主义的生产方法”。② 西欧这一阶段较短，而中国却长达两千年(秦至清)。李季把“前资本主义的生产方法”概括为以下特点：(1)小农业与家庭工业的直接结合，构成一个地方小市场的网。(2)高利贷资本和商人资本占优势。(3)商业宰制工业。(4)地主阶级和其他上等阶级存在。(5)独立生产者——手艺工人——存在。(6)向来各种生产方法残余存在。(7)农工破产流为平民和生产工具集中。③

“动力派”的中国历史分期略为：

> 商前至中商为原始共产主义生产方式时代；
> 殷至殷末为亚细亚生产方式时代；
> 周代是封建生产方式时代；
> 秦至鸦片战争前为前资本主义生产方式时代；
> 鸦片战争以后是资本主义生产方式时代。④

---

① 李季：《中国社会史论战批判》，神州国光社民国二十三年初版，第258页。

② 李季：《中国社会史论战批判》，神州国光社民国二十三年初版，第259~261页。

③ 李季：《对于中国社会史论战的贡献与批评》，《读书杂志》第二卷第二、三期。

④ 李季：《对于中国社会史论战的贡献与批评》，《读书杂志》第二卷第二、三期。

陈邦国、刘镜园、梅思平等与李季的看法类似，但有所修正，如陈邦国将现代中国社会称为“殖民化的资本社会”；刘镜园则称中国社会为“落后的资本主义社会”。

（二）“自由人”的封建说

居于国民党文人和左翼文人之间的“自由人”“第三种人”胡秋原，自称信奉“自由主义的马克思主义”，用力于研讨苏俄的前资本主义社会理论，他不承认“氏族社会—奴隶社会—封建社会—资本主义社会”直线递进模式的普遍性，提出两个新颖的观点：其一，“封建社会继承原始社会是人类历史发展的普遍规律，希腊罗马也先经过了封建社会，后来的奴隶社会只不过是封建社会的变形发展”。“不是奴隶社会先于封建社会，而是封建社会先于奴隶社会。”①其二，存在一种“封建主义和资本主义之过渡期”，胡氏认为：“在封建主义和资本主义之间，有专制主义（Absolutism）时期的存在。”②基于此说，胡氏对晚周以降，尤其是秦汉以降专制社会的生成作了解析：商品经济发展，破坏封建政权的孤立性、分散性，促成专制君主的集权；官僚、常备军、货币租税构成专制君主制的三特征。③

胡氏以此种观点解析中国古史：“中国东周的封建主义，因商品经济之分解，发生变质而为专制主义，自秦至清末，就在这一个阶段。”④故此，20世纪初的中国既非“封建社会”，也非“资本主义社会”，而自有其形态——专制主义社会。胡氏拟定的中国历史分期略为：

---

① 胡秋原：《中国社会——文化发展草书》，《中国社会史的论战》第四辑，载《读书杂志》第三卷第三、四期合刊，神州国光社1933年版。

② 《读书杂志》第二卷第七、八期合刊《中国社会史的论战》第三辑，《亚细亚生产方式与专制主义》，神州国光社1932年版，第11页。

③ 见胡秋原《专制主义——专制主义论与中国专制主义之事实》，载《读书杂志》第二卷第十一、十二期合刊，神州国光社1932年版。

④ 《中国社会史的论战》第三辑，《亚细亚生产方式与专制主义》，神州国光社1932年版，第21页。

(一)原始社会时代(殷以前);

(二)氏族社会时代(殷);

(三)封建社会时代(周及春秋战国);

(四)专制主义社会时代(秦至清末);

(五)专制主义半殖民地化社会时代(鸦片战争以来)。①

当时的多数论者尚无法摆脱西欧历史模式的影响，关于秦至清的社会形态只能在“封建”与“资本”之间作出选择。胡秋原是少数跳出此一窠臼的论者，他参考波可罗夫斯基的观点，试图以“亚细亚式专制社会”诠解前近代中国。②

胡秋原于1976年为《古代中国文化与中国知识分子》一书写“第四版序言”，再次申述其中国历史分期观，要者有二：(1)“奴隶制”非一切人类社会所必经，日耳曼人与中国均无希腊罗马的奴隶制。(2)封建制度以层层封土与奉献及世袭为特色，土地自由买卖即封建制之结果。中国封建社会已结束于战国时代，秦汉以来是专制主义社会。③

社会史论战中，历史哲学家李麦麦(原名刘胤，抗战中期英年早逝于重庆，为复旦大学教师)自有见地，他评论郭沫若的《中国古代社会研究》说：“西周是个典型的封建社会，而不是郭沫若所说什么奴隶的社会。”“西周末年以后中国社会的变革是封建制度的崩溃。”他反驳郭沫若“秦始皇是中国社会史上完成了封建的元勋”之论断，指

① 见胡秋原《中国社会——文化发展草书》。

② 胡秋原1949年赴台湾，1988年不顾李登辉阻挠，以立法委员身份从台湾回大陆探访，与李先念、邓颖超等会商祖国统一事宜。此为海峡两岸最初的“破冰之旅”。其间，胡氏曾游湖北，笔者与其在武昌东湖有一面之缘。胡先生时年七十有八，清瘦硬朗，满头银发，一口黄陂乡音，谈锋甚健，与湖北学人相晤颇欢。

③ 见胡秋原《古代中国文化与中国知识分子》，台湾学术出版社1988年版，第15页。

出秦始皇完成的是“专制王权”的建立。① 李麦麦另文指出，从封建主义到资本主义之间，都经过了专制主义，他说：“就任何国家的政治制度发展史说，由封建制度到近代资产阶级底民主制，中间都经过了专制君主制之桥梁。”中国与欧洲历史的差别在于：

> 在欧洲因为商业资本过渡到工业资本比东方快，所以专制君主制的寿命不过四个世纪(15 世纪—18 世纪)，在中国因为商业资本长期的没有过渡到工业资本，所以中国的专制君主制延长了一千多年(由秦始皇到清朝)。②

综观中国社会史论战诸派文字，李季、胡秋原、李麦麦的言说较接近于中国历史的自身状态，也较为切合马克思的封建原论和东方社会史论。不过，他们均游离在当时社会主潮之外，系个体性论者，影响力有限，甚至被遗忘，然其说议终究不能掩没。

(三)吕振羽、胡如雷、傅筑夫的“封建说”

中国社会史论战结束后，一些运用唯物史观研究历史的学者继续探究“封建”及古史分期问题。与郭沫若的古史分期观点有别，吕振羽认为中国在西周已进入封建社会，直至春秋、战国，此为“初期封建社会”，特点是领主制，与秦汉以后的地主制封建制有别。吕氏在 1935 年发表的《西周时代的中国社会》③中提出“西周封建说”，以后又多次详论此种观点。

> 两周都是由奴隶制向封建制过渡的时期。……“武王革命”的胜利，事实上标志着封建制度的开始……西周地区原来是原始

---

① 李麦麦：《评郭沫若底中国古代社会研究》，《读书杂志》第二卷第五、六期合刊，神州国光社 1932 年版。

② 李麦麦：《中国封建制度之崩溃与专制君主之完成》，《读书杂志》第二卷第十一、十二期合刊，神州国光社 1932 年版。

③ 载《中山文化教育馆季刊》第二卷第一期，1935 年。

> 公社制后期，自“武王革命”以后……原始公社开始转化为封建庄园。在原来殷人地区的农村公社里包括有奴隶主、下层自由民和奴隶，它是由不同的阶级、不同的阶层构成的。这种农村公社在“武王革命”以后，开始向封建庄园转化。①

在《文史》创刊号上，吕氏的《中国经济之史的发展阶段》一文，将中国古史分作六段：(一)传说中的尧舜禹时代(母系氏族社会完成)；(二)殷的时代(由父系代替母系的变革期)；(三)西周时代(奴隶经济退出支配地位，过渡给农奴经济，进入初期封建社会)；(四)春秋时代(封建制发育完成)；(五)战国时代(地主制的封建社会)；(六)秦代以后(专制主义的封建社会)。②

吕氏在其《中国历史讲稿》等论著中认为“武王革命”导致中国的“原始公社转化为封建庄园”，这一观点突破了“原始公社—奴隶制—封建制”的模式，符合中国古史实情，卓有见地。吕氏提出的周代为“领主制封建社会”、秦以降为“地主制封建社会”的历史分期法，注意到“领主制”与“地主制”的重大差异，是对泛化封建观模糊秦以前与秦以后社会形态差异的一种矫正。吕氏将“领主制”与“地主制”相区分，很有理论意义；但他将与“封土制”相悖的“地主制”并入“封建制”之内，就此点而言，其观点仍未脱出泛化封建观的范畴。

胡如雷在《中国封建社会形态研究》一书中阐述了与吕振羽相似的见解，认为中国的封建地主制与西欧的封建领主制有很大区别：西欧的封建领主掌控经济、军事、政治、司法等权力，合为一种自治制度；而中国地主制，因土地私有，买卖频繁，与政治权、经济权分离，中央集权得以兴起。这一论说虽未直接挑战泛化封建观，然已揭示“领主制稍作订正”与“地主制”的重大差别。③

---

① 吕振羽：《中国历史讲稿》，人民出版社 1984 年版，第 85 页。

② 吕振羽：《中国经济之史的发展阶段》，《文明》1934 年 4 月。

③ 胡如雷：《中国封建社会形态研究》，生活·读书·新知三联书店 1979 年版。

傅筑夫1980年发表的《中国经济史论丛》明辨“领主”与“地主”之别：领主须管制农奴生计及再生产计划，地主无此责任，只求取得佃租最高利润。傅氏确认中国的封建制在西周，以为封建性的土地分配制度“既不能出现在西周以前，也不能产生在西周以后，所以把封建制度的产生时期放在西周以前或移在西周以后都是错误的”①。

20世纪20年代末至30年代末，是新名“封建”使用的第四阶段。其间封建概念正式泛化，并得到学术论证。此说在当时的学界备受批评，且只是众说中的一家之言，但为此后泛化封建观普被国中奠定了基石。此外，还有一些不赞成将秦汉至明清定位为封建社会的论者认为，东方国家(如中国)在封建社会与资本主义社会之间，有一漫长的过渡阶段，或称为“亚细亚社会”，或称为“前近代社会”，或称为“专制主义社会”。

中国社会史论战的参加者陈啸江，在1937年将1929年以来中外学者关于中国封建社会的各种观点搜集陈列，近年李根蟠在陈啸江搜集陈列的基础上，加以补充，制成三表②，现对陈、李二氏表格稍作订正，转附于后，可从中得见当年的纷纭论点。

表1　关于中国封建社会起讫的各种意见

类	开始	崩溃	其余意见	学者名	论文或专著及其出处
A	殷	清末	中间又分六个阶段	波里耶柯夫	《关于中国封建构成的发展之合则性问题》，收入《东洋封建制史论》一书中

① 傅筑夫：《中国经济史资料·先秦编》，中国社会科学出版社1990年版，第95页。

② 见《中国“封建”概念的演变和“封建地主制”理论的形成》，《历史研究》2004年第3期。

续表

类	开始	崩溃	其余意见	学者名	论文或专著及其出处
A	夏	最近	战国时为暂时没落期，秦汉以后到最近仍可说是延续封建状态	熊得山	《中国社会史研究》，昆仑书店1929年版
A	虞夏	秦以后至现代	秦朝打破旧时的封建局面，但迄民国初年仍是地主阶级政权	熊得山	《中国社会之蠡测》，载《中国问题之回顾与展望》
A	夏商周	清	—	杨一凡	《中国社会之解剖》
A	周	清末	中间又有几个曲折，如汉朝为封建奴隶私有制，元朝为新的封建化等	沙发诺夫	《中国社会发展史》，新生命书局1932年版
A	周	清	周以前为封建第一期，周至秦为封建第二期，秦至清为封建最后期	叶非英	《中国之封建势力》，载《中国问题之回顾与展望》
A	周	清中叶	周为初期封建社会，秦至清中叶为后期封建社会	刘兴唐	《中国社会史诸问题之清算》
A	西周	清	周为封建领主制社会，秦至清中叶为封建地主制社会	吕振羽	《中国经济之史的发展阶段》，《文史》创刊号
A	西周	清	西周迄战国为封建初期，秦迄清为完成期	森谷克己	《支那社会经济史》
A	春秋	清	—	郭沫若	《中国古代社会研究》：中国社会之历史的发展阶段
A	周	鸦片战争	—	马乘风	《中国经济史》第四篇“与陶希圣论中国社会史诸问题”

续表

类	开始	崩溃	其余意见	学者名	论文或专著及其出处
A	周	近代	周为封建的纷争期，秦以后具备了集中国家的形态	米尔（Mir）	马扎亚尔《中国农村经济研究》序
A		19世纪下半叶	秦汉迄清俱属此阶段	朱其华	《中国社会的经济结构》
A		清初	乾嘉以后为没落期	祝百英	《中国封建社会问题》
B	唐虞	春秋战国	秦以后为商业资本主义社会	梅思平	《中国社会变迁的概略》，载陶希圣编《中国问题之回顾与展望》
B	夏	春秋战国	夏商周为封建制，秦汉以后为商业资本发展的奴隶制	周绍溱	《对于〈诗书时代的社会变革及其思想的反映〉的质疑》，《中国社会史的论战》第一辑
B	殷末	西周末	殷以前为原始共产社会，殷代为氏族社会，西周为封建社会，春秋以后至近代为商业资本主义社会	陈邦国	《中国历史发展的道路》，《中国社会史的论战》第一辑
B	夏	战国	战国以后迄清是商业资本主义社会，其中又可分为10个循环期	非斯	《中国社会史分期之商榷》，《食货》半月刊第二卷第十一期
B	周	周末	秦汉以后为商业资本主义社会	张军光	《中国社会史发展史纲》
B		周末	秦以后为商业资本主义社会	拉狄克	《中国革命运动史》，新宇宙书店1929年版
B	殷末	春秋战国	周为封建社会全盛期，秦以后为专制主义社会	王礼锡	《中国社会形态发展史中之谜的时代》，《中国社会史的论战》第三辑

续表

类	开始	崩溃	其余意见	学者名	论文或专著及其出处
B	周	春秋战国	传说时代为原始共产主义时代，殷代为氏族社会，秦至清末为专制主义社会	胡秋原	《中国社会——文化发展草书》，《中国社会史的论战》第四辑
B	周	周末	西周为封建时代，秦汉以后为前资本主义社会，或称“半封建社会”	李季	《中国社会史论战批判》，神州国光社 1936 年版
B	夏商周	周末	秦汉以后至清为亚细亚社会	魏特夫	《中国经济史之诸基础及诸阶段》(日译文刊于《历史科学》第四卷第十、十一、十三期)
B	三代	春秋	—	陈公博	《中国历史上的革命》
B	殷	春秋	西周一代为全盛时期	李麦麦	《中国古代政治哲学批判》，上海新生命书局 1933 年版
B	西周	战国	周代是典型的封建社会，但战国已瓦解，论断当时中国尚有封建制度没有根据	王亚南	《封建制度论》，《中国社会史的论战》第一辑
B	周	周末	—	张荫麟	《周代的封建社会》，载《张荫麟文集》
B	周	周末	秦汉以后为半封建社会，或称“农村商业社会”	梁园东	《中国各阶段的讨论》，《中国社会史的论战》第三辑
C	邃古至周初	秦以后至清	周初至秦为封建时代，秦至清封建制度在崩溃中	周谷城	《中国社会之结构》，新生命书局 1930 年版
C	周初	周末	秦至鸦片之役止为过渡时期	戴行轺	《中国官僚政治的没落》，《中国社会史的论战》第一辑

续表

类	开始	崩溃	其余意见	学者名	论文或专著及其出处
D	三国	唐末五代	西周为氏族社会末期，战国两汉为奴隶社会，三国至五代为封建庄园时期，五代以后迄清为先资本时期	陶希圣	《中国社会形式发达过程的新估定》，《中国社会史的论战》第三辑
D	五胡十六国	清末	周至西晋为奴隶社会，东晋至清末为封建社会	王宜昌	《中国社会史短论》《中国奴隶社会史》，《中国社会史的论战》第一、三辑
A	春秋	鸦片战争	西周以后为原始共产制，西周为奴隶制，春秋以后为封建制，最近百年为资本制	杜顽庶	《中国社会的历史的发展阶段》，《中国问题之回顾与展望》
A	西周	“太平革命”前	—	吴玉章 林伯渠	《太平革命以前中国经济、社会、政治的分析》，1928 年，整理稿载《历史研究》1984 年第 6 期
A	西周	鸦片战争前	战国前为封建领主制，战国后为封建地主制	邓拓	《论中国封建社会“长期停滞”问题》，《中山文化教育馆季刊》第三卷第二期(1935 年)
A	西周	清末	两周是典型封建经济时期，秦汉至鸦片战争是变相的封建统治时期	李达	《中国商工阶级应有之觉悟》(1923 年)，《经济学大纲》(1935 年)
A	西周	鸦片战争前	—	翦伯赞	《中国农村社会之本质及其史的发展阶段之划分》，《三民半月刊》第五卷第六期(1930 年 11 月)

续表

类	开始	崩溃	其余意见	学者名	论文或专著及其出处
A		鸦片战争前	—	何干之	《中国封建社会长期停滞的历史根源》
A	周	晚清	—	嵇文甫	《对长期封建论的几种诘难和解答》，《食货》半月刊第五卷第五期(1937年3月)
A	西周	鸦片战争前	西周至春秋末是古典封建社会，战国以后是特殊亚细亚形态的封建社会，特点是商业资本、高利贷资本与封建式的土地占有三位一体	陈伯达	《中国社会停滞状态的基础——封建生产方法在中国展开的特殊亚细亚形态》，《文史》第一卷第四期
A	西周	清末	战国以前是典型的封建社会，秦以后是多种经济因素和社会成分共存的社会，后来称为变态的封建社会	傅筑夫	《由经济史考察中国封建制度生成和毁灭的时代问题》，中央大学《社会科学丛刊》第一卷第一期；《研究中国经济史的意义及方法》，《中国经济》第二卷第九期
B	西周	战国	秦统一是商业资本的统一，结束了封建时代；秦以后中国的封建制度进入循环圈，未能达到资本主义阶段	王伯平	《中国古今社会研究之发轫》，《中国社会史的论战》第三辑
B	西周	战国	春秋战国以前为封建社会，以后为商业资本主义社会	虎子	《中国商业资本主义社会的原始》，《中国问题之回顾与展望》
B	西周	战国	战国前为封建社会，战国后为佣佃社会	陈啸江	《西汉社会经济研究》，新生命书局1936年版

续表

类	开始	崩溃	其余意见	学者名	论文或专著及其出处
B	西周	战国	—	瞿同祖	《中国封建社会》，商务印书馆 1936 年版
C	尧舜	秦	自汉至清末为君主专制社会，而渐趋破坏；但封建势力仍居支配地位	黎标涛	《中国社会结构之史的观察》，《中国问题之回顾与展望》
A	西周	鸦片战争前	战国前为初期封建社会，秦汉后为官僚主义封建社会	王亚南	《中国社会经济史纲》
B	西周	战国	秦以后为商业资本主义社会	陶希圣	《中国社会之史的分析》

表 2　关于中国封建社会崩溃期各类意见的统计

	A. 清以后崩溃	B. 秦以前崩溃	C. 秦迄清间在转变过程中	D. 秦迄清包含多种社会	合计
补充前统计数	14	15	2	2	33
补充后统计数	24	20	3	2	49

表 3　关于秦讫鸦片战争中国社会性质各种意见及其代表人物

各种意见		代表人
A. 封建社会	封建社会	郭沫若
	后期封建社会	刘兴唐
	“变相”封建社会	李达
	官僚主义封建社会	王亚南
	封建地主制社会	吕振羽、邓拓
	亚细亚形态的封建社会	陈伯达

续表

各种意见		代表人
B. 非封建社会	商业资本主义社会	陶希圣(前)、梅思平
	专制主义社会	王礼锡、胡秋原
	前资本主义社会	李季
	佣佃社会	陈啸江
	亚细亚社会	魏特夫
C. 从封建向非封建过渡之社会	—	周谷城、戴行轺
D. 包含多种社会	秦汉为奴隶社会，三国至五代为封建社会，五代以后为先资本主义社会	陶希圣(后) 王宜昌
	五胡十六国前为奴隶社会，其后为封建社会	

第四节　社会史论战“封建观”平议

我们头脑中有很多既定观念，日积月累，成为习惯力量。再估价就是重新认识这些既定观念。

——王元化：《关于五四再答客问》

中国社会史论战的学术贡献，是将“社会形态”学说引入史学研究，并运用于历史分期，唯物史观得以普及；而其缺憾则是一些重要参论者将“社会形态”学说公式化，从而导致泛化封建观的流行，使得历史述说出现某种混乱。今日回顾并检视社会史论战的成败得失，是要达成对“社会形态”学说的合理运用。大半个世纪以来，在中国内地，泛化封建观已经约定俗成，人们普遍对它习焉不察。但是，泛化封建观存在的内在矛盾性及其给历史叙事带来的扞格，并不会因为人们用而不辨就自行隐去。时至今日，对其进行学理辨析，似成不宜延宕之势。

一、重大进展：以"社会形态"学说诠释中国历史

(一)"科学的社会学"初试锋芒

传统史学的中心题旨是王朝的盛衰更替，抉发其间规律的努力称之"通古今之变"。而陶希圣、郭沫若等人研究中国古史的重要贡献，是不再把视野局限于王朝更迭及政治制度变迁之上，而用力于社会形态的辨析，纵目于由社会经济基础及其上层建筑共同构建的历史全体，试图运用唯物史观对中国史作贯通性诠释，这样，"封建"一词不再指一种政体或一个事件，而提升为以经济制度为基础的统观经济、政治、文化的一种社会形态。这是旧史家所没有也不可能做到的。

社会史论战中唯物史观占据上风，在一定意义上是社会科学进入中国学界的表现。

自"五四"以来，"科学"这一概念成为国人景仰的理念，如胡适所说："近三十年来，有一个名词在国内几乎做到了无上尊严的地位，无论懂与不懂的人，无论守旧和维新的人，都不敢公然地对他表示轻视或戏侮的态度，那名词就是'科学'。"①而此时人们对"科学"的认识，已超越清末的"格致"观，从自然科学、技术科学，扩及社会、人文领域。陈独秀说："科学有广狭二义：狭义的是指自然科学而言，广义的是指社会科学而言。"②马克思主义是一种"科学的社会

---

① 胡适：《科学与人生观序》，载《科学与人生观》，亚东图书馆 1923 年版。

② 陈独秀：《新文化运动是什么》，《新青年》第七卷第五号，1920 年 4 月。

学”①，而“五四”开始传入中国的马克思主义便是作为科学的社会学、科学的历史学被中国知识分子欢迎与接受的。“五四”时期，李大钊、胡汉民、戴季陶等人都致力于唯物史观的传播，并初步将其运用于社会问题、历史问题的论析。20世纪30年代中国社会史论战期间，许多人则开始较系统地运用唯物史观解剖中国历史。中国社会史论战诸方，不仅是左翼的“新思潮派”，而且包括陶希圣这样的国民党文士、顾孟余这样的“改组派”文士、自称“第三种人”的胡秋原，都竞相以马克思主义及其唯物史观的运用者自命，这正是中国社会科学界皈依科学，试图以社会科学的理论与方法诠释社会、诠释历史的表现。

（二）将社会经济考察引入历史研究，综合经济基础与上层建筑的“社会形态”成为考察对象

作为历史科学的马克思主义的一大特色，是将社会经济考察引入历史研究。诚如恩格斯所说，德国的无产阶级政党的“全部理论内容来自对政治经济学的研究”②。中国社会史论战诸派不同程度地运用这一唯物史观的理论与方法，而以郭沫若为代表的一批左翼学者更为自觉，他们尝试运用经济分析、社会结构分析的方法来考察中国社会，尤其是运用生产力决定生产关系和社会制度的观点探究中国古史，突破传统史学的政治史框架，整合经济史、社会史视角，形成史学研究的新范式。在方法论上，运用王国维倡导的“二重证据法”，以考古发掘的甲骨卜辞和青铜铭文与传世的古文献相参校，考证辨伪，发前人所未发。尤其难能可贵的是，他们对于恩格斯的《家庭、私有制和国家的起源》等经典在追慕的同时，也试图作出自己的创造性阐发。郭沫若指出：

> 世界文化史的关于中国方面的记载，正还是一片白纸。昂格斯《家庭私产和国家的起源》上没有一句说到中国社会的范围……

① 《列宁选集》第1卷上，人民出版社1960年版，第8页。

② 《马克思恩格斯选集》第2卷，人民出版社1995年版，第137页。

> 在这时中国人是应该自己起来，写满这半部世界文化史上的白页。①

郭氏显示了一种气吞全牛的豪气，而郭氏与其他学者所做的工作，也确乎有突破前人之处。诚如日本的中国历史学家西岛定生所说：郭沫若、吕振羽等的研究，“就当时而言，是划时代的业绩，引起极大的爆炸性批判”②。

今日继续探讨古史诸问题，应当以此种“划时代的业绩”为前进接续之点，不仅要继续采用“二重证据法”乃至“三重证据法”（文献、考古发掘材料、民俗及口碑材料的参校互证），尤其要珍视唯物史观及社会形态学说的合理内核，以此观察“历史全体”。

以“社会形态”作为历史研究的基本对象是马克思的创造。马克思的《1857—1858年经济学手稿》首次出现“社会形态”这一短语。在1859年撰写的《〈政治经济学批判〉序言》，较早阐发了“社会形态”的历史内蕴。该文说：“无论哪一个社会形态，在它所能容纳的全部生产力发挥出来以前，是决不会灭亡的。”③其中“形态”借自地质学专业用语，本指地壳历史中先后形成的岩层，一个形态就是一个不同的岩层单位。而“社会形态”是指人类社会发展到一定阶段后，形成的以一定生产关系为基础的社会状况，是建立在一定生产力之上的经济基础与上层建筑的历史的统一，表示处于一定历史发展阶段的社会或一定的社会类型。社会形态包括：社会技术形态（生产力）、社会经济形态（生产关系、经济基础）、社会政治形态（政治上层建筑）、社

① 《中国现代学术经典·郭沫若卷》为河北教育出版社1996年出版，所引文在该卷第七页，较《中国古代社会研究》上海联合书店1930年版文字略有更改，“昂格斯”改为通译名“恩格斯”，《家庭私产和国家的起源》改为通译名《家庭、私有制和国家的起源》。此处所引为1930年版原文。

② 《日本学者研究中国史论著选译》第2卷，中华书局1993年版，第6页。

③ 《马克思恩格斯选集》第2卷，人民出版社1972年版，第83页。

会文化形态(思想上层建筑)。① 社会形态研究可以达成对“历史全体”的把握，可以为宏观历史分期提供切实的、富于历史内涵的标准。这都是旧史学难以企及的。

运用唯物史观及其社会形态学说研究中国古史，是历史学的一大进展。然而，任何学说一旦被公式化、教条化，便有误入歧途的可能。中国社会史论战诸派试图以“社会形态说”诠释中国历史，难能可贵，然而这一甚有价值的努力却在一定程度上受到教条主义影响，引发了一些缺憾。

(三)各流派展开自由论辩

中国社会史论战的一个值得纪念的特色在于：各种政治派别、各种学术流派大体可以在同一个论题下展开自由辩难，不存在以势压人的情形，这在现代中国是十分难得的。何以出现这种局面？此处不拟从大的社会背景(如其时尚没有实施“舆论一律”的统制力量)作分析，只从论战的主要阵地《读书杂志》的编辑主旨寻求原因。

《读书杂志》由神州国光社出版，此社原先是印行字画等艺术品的店铺，后由十九路军领袖陈铭枢等收购，改出社会科学书刊，主持人王礼锡是学者兼诗人。王礼锡游学日本时编《读书杂志》(此一刊名借用清代考据学家王念孙父子论著《读书杂志》)，约请留日学生胡秋原、王亚南等写稿。王礼锡1930年在《读书杂志》的《发刊的一个告白》中称：

> 我们公开这园地给一切读书的人，公共耕种，公共收获，公共享用。我们的研究，不限于一个国度，不限于学术的一个门类，不限于几个人主观的兴趣，我的希望能够适应客观的需要的一切。

以后，《读书杂志》刊发各派关于社会史论战的文章，不偏不倚，立场公正。论战中，各派不免激烈，火药味渐浓，并出现非学术的干

① 参见《唯物史观新视野》，东方出版社1999年版，第30页。

预。值此之际，《读书杂志》第二卷第一期《卷头语》再次宣称：

> 我们这个刊物，不是为一个思想所独占的，也不拒绝那一个思想。我们要打破文化界帮口的独占，要反抗文化界的任何Fascist倾向。任何派别以及一切无帮口的个人，我们这里尽有的篇幅供献给他们。

《读书杂志》实现了它所宣示的这一准则，社会史论战中各党各派的观点纷纷呈现，代表国民党、共产党的论者，脱共的托派论者，以至"无帮口的个人"，如自称"第二种人"的胡秋原，都有发言的一席之地，各派论点相与辨析，嬉笑怒骂皆成文章，绝不由某家独尊，打政治棍子的现象在论战中时有出现，而《读书杂志》不受其影响，仍然不偏不倚地刊发各种相反之议，颇有蔡元培办北京大学"兼容并包"的气象。这是我们反顾中国社会史论战时，感触尤深的一点，也是我们对王礼锡主编的《读书杂志》怀有敬意的缘故。

二、"历史单线进化论"以西欧历史模型硬套中国历史，指鹿为马

如前所述，中国社会史论战是在"大革命"失败后相当严峻的政治环境中进行的，而其理论资源又多来自苏俄与共产国际从国际阶级斗争的宏观视角评析中国社会现状和中国历史，而苏俄与共产国际把一个得之于局部的非普遍性的理论与方法提升到普遍法则的高度，使其本身便产生了失当之处，而初学马列的中国社会科学工作者则把来自"国际"的理论、方法乃至语汇奉为"圭臬"，这是中国社会史论战许多参加者共有的倾向，因而也造成了较为严重的问题。

（一）"社会形态共性论"

综览中国社会史论战诸派的滔滔雄辩可以发现，各方学术观点大异，政治立场对立，辩论的火药味浓，然而，这便是诸论者不同程度地信奉来自苏俄及共产国际的"社会形态共性论"。论战各方多迷信研究欧洲历史所形成的模式，并以之裁量中国历史。这大约是后五四时期中国社会科学界的一种思潮，表现为某些新锐学者或轻或重地患

着“左派幼稚病”。

中国社会史论战中持“古典封建观”的一派，有强调共性论的倾向，如主张“西周封建”的陈邦国说：“解剖欧洲社会的手术（这积有几十年的工夫，已达到成功了），也同样可以解剖中国社会。”而“研究中国历史，不能够呆板地把西洋史译成中文，而只嵌上一些尧、舜、禹、汤等人物的名称，就可以塞责的”①。对共性论持守着某种程度的保留。至于泛化封建论者，排斥国情差异，强调历史共性论则更为突出，如郭沫若在《中国古代社会研究》的“自序”中这样写道：

> 只要是一个人体，他的发展，无论是红黄黑白，大抵相同。
>
> 由人所组织成的社会也正是一样。
>
> 中国人有一句口头禅，说是“我们的国情不同”。这种民族的偏见差不多各个民族都有。
>
> 然而中国人不是神，也不是猴子，中国人所组成的社会不应该有甚么不同。②

这可以说是一篇排斥多样性的历史共性论宣言书，而泛化封建观便是片面强调历史共性论的直接衍生物。

（二）“历史单线进化论”

片面强调“社会形态共性论”又直接导致“历史单线进化论”的出现。郭沫若既然将“国情不同”之说视作“民族偏见”，故其必然以西欧历史进程（原始社会—奴隶社会—封建社会—资本主义社会）为范本，划分“中国社会的历史的发展阶段”：“大抵在西周以前就是所谓“亚细亚的原始公社社会，西周是与希腊、罗马的奴隶制时代相当，

① 《读书杂志》第二卷第四、五期合刊《中国社会史的论战专号》，陈邦国《中国历史发展的道路》一文，神州国光社 1932 年版，第 2 页。

② 此文发表于 1929 年 9 月 21 日。此处引用《中国现代学术经典·郭沫若卷》，河北教育出版社 1996 年版，第 5 页。

东周以后，特别是秦以后，才真正地进入了封建时代。”①郭氏还简要罗列“中国社会之历史的发达阶段”：(1)西周以前，原始公社制；(2)西周时代，奴隶制；(3)春秋以后，封建制；(4)最近百年，资本制。②

郭氏又对“中国的社会革命”作三段划分：第一次，奴隶制的革命，殷周之际；第二次，封建制的革命，周秦之际；第三次，资本制的革命，清代末年。③ 其中的“封建制”时段划定，完全改变了传统见解，将废除封建、推行郡县的秦始皇称之为“中国社会史上完成了封建制的元勋”④。这种历史阶段划分，显然是以研究西欧历史作范型套用中国史的结果：欧洲古典为“奴隶制”，中国西周也为“奴隶制”；欧洲中古为“封建制”，中国中古(秦汉至明清)也为“封建制”，其逻辑是——“中国人所组成的社会不应该有甚么不同”。郭氏又说：

> 周代社会历来以为是封建制度，然与社会进展的程序不合，因此氏族制崩溃以后，必尚有一个奴隶制度的阶段，即国家生成的阶段，然后才能进展到封建社会。⑤

显然，这里所谓“社会进展的程序”就是以西欧历史为模式的单线直进程序，郭氏提出“西周奴隶制、秦以下封建制说”，便是为了顺应此种“社会进展的程序”。

综观参加论战各派，不同程度地以来自西方的历史分期框架为模式裁量中国历史(当然，各派裁出的“衣裳”不尽相同：对当时的中国，有的称“封建”或“半封建”，有的称“前资本主义”，有的称“资本主义”)。而论战的参论者非常年轻以致出现这种情形，与恩格斯 1890 年

① 《中国现代学术经典·郭沫若卷》，河北教育出版社 1996 年版，第 133 页。

② 《中国现代学术经典·郭沫若卷》，河北教育出版社 1996 年版，第 25 页。

③ 《中国现代学术经典·郭沫若卷》，河北教育出版社 1996 年版，第 25 页。

④ 《中国现代学术经典·郭沫若卷》，河北教育出版社 1996 年版，第 23 页。

⑤ 郭沫若：《中国古代社会研究》，上海联合书店 1930 年版，第 23 页。

致康·施米特的信中指出的“许多年轻的德国人”的做法相似：这些年轻的德国人“只是用历史唯物主义的套语(一切都可能变成套语)来把自己相当贫乏的历史知识(经济史还处在襁褓之中呢!)尽速构成体系”①。

三、忽视术语准确性：内涵、外延任意游走，名不副实

观点对立、政见彼此不容的中国社会史论战之各派，在史学方法论上还有一个相通之处：忽视概念的准确性和稳定性，频繁变更核心术语的内涵与外延。

(一)“新生命派”的“封建”概念紊乱

以陶希圣为代表的“新生命派”对泛化封建观有所批评，大体主张：中国在西周时期之为封建社会，至秦代已经瓦解，此后进入以士大夫阶级为中坚的“官僚政治时期”②。但陶的论著中还有许多自相矛盾的说法，其所著《中国社会之史的分析》指出，“秦汉以后的中国，还是在前资本主义时期”。进而却说：“八十年前的中国社会是前资本主义的封建社会。”又说：“中国社会，从最下层的农户起到最上层的军阀止，是一个宗法封建社会……可以叫中国社会做封建社会。”陶氏这种对中国社会的界定，与其本人所批评的泛化封建观别无二致。他还说：“如果照确定的封建制度来寻求，中国可以说从没有封建制度存在。”此说又站到泛化封建观的对立面。在同一本著作中，陶希圣对秦汉以后的中国社会有“前资本主义时期”“宗法封建社会”“从没有封建制度存在”三种完全不同的说法。

陶氏的《中国社会与中国革命》对封建概念的表述是：“此二千五百年的中国，由封建制度而言，是后封建制度时期；由资本主义而言，是前资本主义社会。”又回到与泛化封建观相对立的观点。陶氏还有不少直接矛盾的两说，这里仅举一组作例：“中国自此时(指战国——引者)以后没有完整的封建制度。”“中国自战国迄今，才是封建制度。”

① 《马克思恩格斯选集》第4卷，人民出版社1972年版，第475页。

② 参见陶希圣《中国封建社会史》，1929年。

陶希圣何以出现如此互相抵牾的说法？原因在于忽视厘清概念。陶氏在讨论“封建社会”时曾声称：“名词之争，是很无意义的。”又说：“本书(指中国封建社会史——引者)的题名，便是包含歧异含义而饶有争议的名词。”他表示不参加概念之争，却又不得不使用“新”概念，“所以漠然仍用这多争多辩的不幸的名词”①。字里行间透露出一种对于概念的轻率而又无可奈何的态度，其结果是，所论“封建社会”，内涵混淆不清，外延随意伸缩与扩展，前后矛盾。王宜昌称陶氏说是“一塌糊涂之封建制度论”②，此一批评并不过分。陶希圣早期时认定秦以后的中国乃为“非封建”的社会，然而，到了1935年发表的《为什么否认现在的中国》一文，称赞胡适“在过去与封建主义争斗的光荣”③，将胡氏等发起的白话文运动称为“与封建主义争斗”，这显然是把近现代中国纳入“封建”行列，因而曾引起胡适的尖锐批评④，本书将在第四章第二节中引述胡适的评论。

陶氏概念混乱又与他附会欧洲历史模式有关。陶氏说：“中国社会发达过程与欧洲大同小异。由氏族的生产到家长经济、奴隶经济、封建的生产、城市手工业即先资本主义。”⑤这显然是以西欧社会形态为标尺衡量中国历史，对自己关于秦以后是“非封建社会”的观点并无自信，因为那不符合“欧洲模式”，于是百般变换名目，试图将中国史的叙述，纳入一个与西欧模式相靠近的“普世性”的历史框架之中。

总之，在陶氏那里，概念的不稳定，与历史观念的弃己以从人互

---

① 参见陶希圣《中国封建社会史》引言。

② 《读书杂志》第三卷第三、四期合刊《中国社会史的论战》第四辑，《中国封建社会史》，神州国光社1933年版，第2页。

③ 见胡适《今日思想界的一大弊病》，《独立评论》第一五三号，1935年5月27日。

④ 见胡适《今日思想界的一大弊病》，《独立评论》第一五三号，1935年5月27日。

⑤ 《读书杂志》第二卷第七、八期合刊《中国社会史的论战》第三辑，陶希圣《中国社会形式发达过程的新估定》，神州国光社1932年版，第7页。

为因果；而照套西方公式，必然与中国历史实际相错置，于是削足适履，变换核心术语内涵去顺应外来公式，遂由于概念的紊乱，衍为历史叙事的错位。

(二)“新思潮派”的概念游移

新名“封建”名实错位，也造成“新思潮派”在进行历史述事时矛盾重重。而要想证明秦汉以后的中国为“封建社会”，始终存在一个难以逾越的障碍，这就是如何准确地表述殷周“封建”制度所包含的本有意蕴。

熟悉中国古文化的郭沫若当然深知，“封建”的本义为殷周“封爵建藩”之制，是而现在要将此一“旧名”转用于指称实行郡县制的秦汉以至明清的一统专制帝国时期，则必须对“封建”另加诠释。郭沫若为此颇费心力，他 1930 年初版的《中国古代社会研究》对“封”“建”二字重新进行了古文字解说：“封”指“境界林”(在边境植树林)，“建”指“立社稷”(生殖器崇拜)，并由此得出结论：“故古人之所谓‘封建’，和我们现在所用的‘封建’，字义上正大有径庭。”①然这一解释难以被人接受。在先秦古籍中，“封”的古义是垒土植树，“建”的古义是立社、立德，而合为“封建”，则意谓封爵建藩，《诗经》《左传》等先秦元典早有用例，此后“封建”的封爵建藩含义一以贯之，并无郭氏所谓古代与近代的封建含义“大有径庭”的情形。因此，当郭氏对《中国古代社会研究》进行修订后，为否定西周封建说，坚称：“周初之所谓封建实无殊于今之所谓殖民……均略取敌人之土地而另成一新国。然其经济基础……固纯然为奴隶制度。”②尽力化解“封建”的封土建国本义。

郭氏虽然试图重新界定“封建”的含义，但他也无法完全抛弃“封建”本义，修订后的《中国古代社会研究》的第一章论及奴隶制向封建

① 郭沫若：《中国古代社会研究》，上海联合书店 1930 年版，第 309~310 页。

② 郭沫若：《中国古代社会研究》，上海群益出版社 1947 年版，第 318~319 页。

制转化(他称为“第二次社会变革”)时，这样说：

> 第二次的社会变革，便是贵族的倒溃，奴隶阶级中的狡黠者的抬头，这自然会成为一种分拆的地方割据的形式。在农业上便有庄园制的产生，在工商业上便有行帮制的出现，在政治的反映上便成为封建诸侯，于是奴隶制的社会又一变而为封建制的社会。①

这里说的“封建诸侯”“封建制的社会”，所用“封建”一词，显然仍指“封爵建土”，与“封建”一词的原始义大体相通，而与郭氏同书中泛化了的“封建”则自相矛盾。

郭氏该书中还有两段值得玩味的文字，一段是：“周室东迁以后，中国的社会才由奴隶制转入了真正的封建制度。”②可见，他把中国实行“封爵建藩”的西周划入奴隶制，而所说东周(春秋、战国)转入的“封建制度”又是从诸侯割据意义上论说的，依然取“封建”的原始义。另一段是：

> 秦以后虽然号称为郡县制，但汉有诸王、唐有藩镇、明末有三藩(此处有误，三藩在清初——引者)，清初有年羹尧，就是一般的行省总督，都号称为“封疆天子”，并不是就不是封建制度。③

郭氏列举秦以后的“封建余迹”，如汉代封王，唐代藩镇，吴三桂、耿精忠、尚可喜等清初“三藩”以及年羹尧等清代督抚(因其权重，被比附为分封疆土的诸侯，时称“封疆大吏”)，证明秦以后还存在“封建制度”。郭氏此处的“封建”指封爵建藩、政权分割，又回复

① 郭沫若：《中国古代社会研究》，上海群益出版社1947年版，第7页。
② 郭沫若：《中国古代社会研究》，上海群益出版社1947年版，第20页。
③ 郭沫若：《中国古代社会研究》，上海群益出版社1947年版，第21页。

到“封建”本义，与其泛化的封建说，在概念上形成对立。可见，同陶希圣一样，郭沫若的“封建”一词所寓概念的内涵也并不确定，往往在同一段论述中时而取泛义，时而取本义，而且泛义还不是本义的引申，采用的是与本义相悖之义。故从核心术语的厘定及运用来看，郭沫若陷入无法自圆其说的混乱状态。

中国社会史论战中陶希圣、郭沫若二位主将观点针锋相对，但却有颇为相似之处：他们使用“封建”一词，内涵与外延变幻莫测，故而“封建社会”的起点时间相差动辄数百年，甚至千余载，此种做法每为评论者所诟病。1932年，主张“亚细亚生产方式”说的李季著文，将郭、陶二位论点的矛盾处一一拈出，揭示其后语否定前言的情形。① 李季用语尖刻固不可取，然对要害的揭示却切关实质：郭、陶二位使用史学术语，其概念多歧、用例前后矛盾，正是他们生搬硬套外来模式与中国历史实际之间无法协调的必然反映。至20世纪30年代，经由前述泛化封建论者的学理阐发，泛义“封建”一词渐渐渗入学界语文和社会大众语文。1935年7月，沈志远在《现阶段中国经济基本性质》中论及，“现在你随便拉住一个稍稍留心中国经济问题的人，问他中国经济如何，他就毫不犹豫地答复你：中国经济是半封建半殖民地经济”。可见，泛化封建观对社会科学界已有相当大的影响，随后更展现于政论之中。

关于泛化封建观的形成及其在概念演变间出现的“尴尬”，日本京都大学经济学教授中村哲曾作这样的评析：

> 日本至少在近世(幕藩体制期间，按这里所言的时代划分看，相当于中世后期)是封建制，对于未形成欧洲型封建制的其他亚洲诸国——朝鲜、中国、印度等，这种问题的提起本身是不成立的。因此，结果是否定亚洲的中世，而将其纳入亚洲的古代。较之欧洲，亚洲前近代的发展就显得何等迟缓了。如果将亚

① 参见民国丛书第五编61《中国社会史论战批判》，第109~447页，神州国光社民国二十三年版。

> 洲的中世纪规定为封建制，便只有扩大封建制的概念使之接近于实证。这样一来，就丧失了封建制概念的严密性。①

中村氏的这一分析大体揭示了泛化封建观形成遭遇的矛盾，指出了泛化封建观带来的问题（“丧失了封建制概念的严密性”）。于是他建议：“为解决上述问题，对马克思、恩格斯理论的探讨将成为一根导线。”②这是因为，泛化封建论者往往号称其说本是遵循马克思主义学说而为，那么，探究马、恩原论便成为辨析泛化封建观误处的必由之径。本书将在第四章第一节梳理马、恩的封建论，并与中国固有“封建”界说相比照，以规范“封建制概念”。

四、指称现实中国为“封建社会”的早期原因探略

如前所述，“五四”时期陈独秀将近世以至当时中国冠以“封建”；20 世纪 20 年代末 30 年代初中国社会史论战的部分论者把秦以后，直至当时中国称之为“封建”，原因之一，是仿效西欧、日本历史模式。由于晚清以来持进步历史观的中国人多以西欧、日本为近代化范式，他们中的一些人未能区分中国历史与西欧、日本历史的差异，以一种惯性思维而产生如下设定：西欧、日本的前近代是“封建社会”，中国也不例外；西欧、日本的近代化运动是“反封建”，近代中国当然也要“反封建”。这是“五四”时期陈独秀的思维逻辑，也是 30 年代泛化封建论者自觉、不自觉的一种思维逻辑，中国社会史论战随处可以听到循此逻辑发出的声音。

应予补充的是，指称现实中国为“封建”的论说，还有一个不可忽略的诱因：社会现实状态的暗示与引导。

明清时期本乃非封建的中央集权的专制君主政治达于巅峰的时

① ［日］中村哲：《奴隶制与农奴制的理论——马克思、恩格斯历史理论的重构》（中译本），武汉大学出版社 1994 年版，第 127 页。

② ［日］中村哲：《奴隶制与农奴制的理论——马克思、恩格斯历史理论的重构》（中译本），武汉大学出版社 1994 年版，第 127 页。

期，然而，至晚清，中央集权的威势大见衰减，西方列强的入侵和太平天国、捻军等反叛朝廷的民众运动的此起彼伏，都在削减清廷权威，而在消灭太平军、捻军的内乱及与西方列强办交涉过程中羽翼渐丰的汉族疆吏(曾国藩、左宗棠、李鸿章之类)崛起，地方分权之势在清咸丰、同治、光绪间愈趋强劲，洋务运动的殿军刘坤一、张之洞等有作为的能吏，乐于留在地方出任封疆，不太愿意去朝廷“入阁拜相”，正是地方权力张大、中央集权衰退的一种表现。① 1900 年八国联军侵入北京，在英国策动下，督办芦汉铁路大臣盛宣怀联络两江总督刘坤一、湖广总督张之洞等，与西方列强驻上海领事协议，规定上海租界归各国共同保护，长江及苏、杭内地归各省督抚保护，以后范围扩及东南诸省，此即“东南互保”。山东巡抚袁世凯、两广总督李鸿章等也随后加入“东南互保”，拒绝执行清廷对八国联军宣战的诏旨。清廷(尤其是满洲亲贵)对参加“互保”的督抚恨之入骨，甚至有“诛三凶”之说(“三凶”指刘坤一、张之洞、李鸿章)，然清廷已无力制止东南督抚的自治行为，事后也不得不认可既成事实。张之洞去世后，清廷的谕祭文还把“东南互保”列为张氏的功勋。清末中央集权的式微、地方分权的强势一再上演。清民之际士人常以“封建”议论当世，正是此类现实的反映。

至民国时期，由于共和制幼弱，民初长达二十余年国家处在分裂、军阀割据状态，五四新文化运动、中国社会史论战时期也恰发生在这一阶段，人们往往在并不严格的意义上，将当时的中国视作“裂土封建”，谴责北洋势力(从段祺瑞、冯国璋、曹锟到吴佩孚、张作霖、孙传芳)为“封建军阀”，进而又把各据一方的军事强人(唐继尧、陆荣廷、陈炯明之类)也称之为“封建军阀”，把“直皖战争”“直奉战争”“蒋桂战争”“蒋冯阎大战”称之为“封建军阀混战”。这都是从“封建”的分权、割据意义上比拟现实的。

此外，针对中央集权的专制君主政治的弊端，清初顾炎武、黄宗羲等人有“复封建”之议，清末更有“地方自治说”兴起，章太炎、梁

① 拙著《张之洞评传》对此有所陈述。

启超等人则多从“封建”与“郡县”比照上对此发表宏论，并将“封建”与西洋的“地方自治”相类比。民国初年“地方自治”之议方兴未艾，“联邦制”之议又随之蜂起。毛泽东青年时代组建“湖南自修大学”“湖南改造促进会”，曾有建立“湖南共和国”的设想，都是在“分权”含义上参酌“封建”之制，以实现“地方自治”。总之，自清末到民初，不乏新锐学人在“地方自治”意义上论“封建”，或以“封建”比拟欧美的“联邦制”。这也推助着社会舆论把近世乃至现实中国在某种程度上视为“封建社会”，使“封建”所指，朝着当代推演。

应当指出的是，后来照搬西欧模式的前近代中国封建说，与清末民初以“封建”比拟督抚专权、地方自治和军阀割据，在“封建”概念的把握上，实际上是大有差别的。前一种情形是泛化封建观的展现，套用西欧、日本历史模式，把主流已是“非封建”的中古、近古、近代中国(秦汉至清末民初)说成是“封建社会”。而后一情形，是某些新锐学人与社会大众援用“封建”的“裂土”“分权”之义，比拟某些现实社会现象，如地方强势、国家分裂、军阀割据与混战，进而借“封建”类比“地方自治”(此种类比并不准确，严复曾提出批评)，然而，因为“封建”与“地方自治”有形似之处，此种类比依然在学界与大众中广为流行。这与元代马端临《文献通考·封建考》将唐代的藩镇割据纳入“封建”，清初黄宗羲把明代的方镇纳入“封建”，属于同一种语用方式。

近现代中国出现的上述两类“封建”语用应予分梳：前者是对“封建”本义的悖反，把“非封建”甚至“反封建”的含义塞入“封建”之中，从而导致封建概念的泛化、中国历史述事的紊乱；后者则是对“封建”部分本义(如分权)加以演绎和放大，二者的性质是大不相同的。然而，这两种含义大异的“封建”语用，当时未及区分，二者混淆于社会语用的自在状态之中，于是在20世纪二三十年代，它们会合成指称现实中国为“封建”的语文实践，不过，由于这既非一种历史分期的学术表述，也并未在当时成为通行说法，而且，泛化封建观从面世之际，便受到注意中国历史自身特点、重视概念辨析的学者的抵制(见本书第四章第二节)。至于从“裂土”“分权”意义上指认民初社会为“封建”，则是一种虽不严格，却与“封建”本义保持联系的大众语用，所称“反封建”(反对军阀割据、国家分裂)带有建立统一民族国家的意味。然而，上述两种含义各异的指认现实中国为“封建”的说法又被混为一谈，并且逐渐播散开去，成为以后具有理论形态的泛化封建观流行国中的社会心理及舆论基础。这大约是民初从国家分裂义上指称当时中国为“封建”的人们始料未及的。至于20世纪中后叶，泛化封建观成为主流话语，则是“五种社会形态”单线直进说的产物，是国内、国际因素会合的结果，情形更为复杂，详见下一节所论。

第五节　从毛泽东著作看泛化封建观的定型过程

> 这个封建制度，自周秦以来一直延续了三千多年。……三千年来的中国社会是一个封建社会。
>
> ——毛泽东：《中国革命与中国共产党》

为考察泛化封建观是如何从游移状态走向定型的，不妨选取一位代表作者的历时性文字，以透视其过程。下面，以毛泽东这位深刻影响现代中国观念世界，并曾长期掌握“话语权”的人物的论著为案例，以观察泛化“封建”从偶然呈现、含义模糊，走向普遍使用、内涵明确的演绎轨迹。下文所引毛泽东1949年10月以前的论述，摘自三种版本毛泽东的著作：(1)通行的人民出版社出版的《毛泽东选集》；(2)中共中央文献研究室八卷本《毛泽东文集》的第一、二卷(人民出版社1993年12月出版)；(3)日本北望社1972年2月出版的竹内实监修的《毛泽东集》，该版本所收入的毛泽东论著据编者称，保留了毛著发表时的原始状态。而本章所要探查的，正是当时的语文实态。

一、泛化“封建”在毛泽东著作中较为晚出

(一)《民众的大联合》等早期作品未见泛化“封建”用例

如果说，陈独秀早在1915年已率先将“封建”指称现实中国，瞿

秋白 1920 年也开始泛用“封建”，那么，毛泽东早期著作中尚未泛化“封建”。

略考毛泽东“五四”时期的论著便会发现，在表述关于中国社会及其阶级、阶层这类内容时，毛泽东都没有冠以“封建”，其时被毛泽东指为反动势力的是“帝国主义”“贵族”“军阀”。如发表于 1919 年的文章《民众的大联合》，毛泽东讲统治者的联合，提到“强权者的联合，贵族的联合，资本家的联合”①。在 1923 年 7 月刊发的《北京政变与商人》中，毛泽东说国民革命的使命是，“用国民的力打倒军阀并打倒和军阀狼狈为奸的帝国主义”②，所论中国反动势力，均未冠以“封建”字样。可见早期毛泽东与泛化封建观保持着距离。熟悉中国古典的毛泽东对“封建”一词原意的理解和运用，直至其晚年仍在继续。20 世纪 70 年代初中期，毛泽东号召国人阅读唐人柳宗元的《封建论》，大力肯定郡县制(因其有利于国家统一)，批评封建制(因其可能导致国家分裂)。毛泽东晚年所评议的“封建”，正与柳宗元所论“封建”同义，指的是“封土建国”“封爵建藩”。

(二)1923 年始有交替使用本义“封建”和泛化“封建”之例

大革命初期，经由共产国际文件在中国的传播，泛化封建提法逐渐为众人所用，但毛泽东并非领此风气者。1924 年年初，毛泽东参与中共协助孙中山改组国民党的活动，在国民党第一次、第二次全国代表大会上当选中央候补执行委员，并任宣传部代理部长(部长为汪精卫)。此间毛泽东的言论反映了国、共两党对中国社会性质的认识，其语汇是“大革命”时期通用的。毛泽东在 1925 年 11 月刊发的《中国国民党之反奉战争宣传大纲》中指称的革命对象为“帝国主义”“军阀”及依附军阀的政派(安福系、研究系、联治

---

① ［日］竹内实监修：《毛泽东集》第 1 卷，日本北望社 1972 年版，第 57 页。竹内实是日本的中国现代文学专家，也是毛泽东研究者，编有《毛泽东集》。

② ［日］竹内实监修：《毛泽东集》第 1 卷，日本北望社 1972 年版，第 87 页。

派、新外交系等)①，在12月刊发的《政治周报发刊理由》中指称的革命对象为“全世界帝国主义，全国大小军阀，各地买办阶级土豪劣绅，安福系、研究系、联治派、国家主义派等一切反动政派”②，均未见泛化封建用例。

如前所述，陈独秀早在新文化运动发端之际的1915年，已将当时的中国以“封建”相称，但那只是个人行为。1922年中国共产党第二次全国代表大会的文件中多用“封建军阀”等一类短语；1923年瞿秋白主编的中共中央理论刊物《新青年季刊》译介共产国际文件，以“封建”指认近代中国，瞿氏等中国共产党理论家随之将现实中国称为“封建”“半封建”社会，这已经是政党行为。从目前所知毛泽东的早期论著看，也是从1923年开始，出现以“封建”指称现实中国的提法。如发表于1923年4月10日《新时代》的《外力、军阀与革命》一文称：“目前及最近之将来一个时期内，中国必仍然是军阀的天下”，“完全实施封建的反动统治。”③军阀带有武装割据性质，故毛泽东称军阀统治为“实施封建的反动统治”，所用“封建”一词，取“分权”“裂土”之义，仍与古汉语原义(“封土建国”“封爵建藩”)保有联系。

从1925年起，毛泽东在更普遍的意义上用“封建”一词指称现实中国。如在这年10月发表的《〈广东省党部代表大会会场日刊〉发刊词》，该文阐述“革命的民生主义”的反抗对象，“是那封建宗法性一切反动势力根本源泉之地主阶级”④。同年冬发表的《国民党右派分离的原因及其对于革命前途的影响》，论及欧美日本的资产阶级革命，是“反抗封建贵族阶级的民主革命，与19世纪末至20世纪初期殖民地半殖民地的小资产阶级、半无产阶级、无产阶级合作反抗帝国

① ［日］竹内实监修：《毛泽东集》第1卷，日本北望社1972年版，第101～103页。

② ［日］竹内实监修：《毛泽东集》第1卷，日本北望社1972年版，第109页。

③ 《毛泽东文集》第一卷，人民出版社1993年版，第11页。

④ 《毛泽东文集》第一卷，人民出版社1993年版，第16页。

主义及其工具官僚、军阀、买办、地主阶级的国民革命，性质完全不同”①。这里毛泽东指出，欧美日本资产阶级革命的对象是“封建贵族”，而中国的国民革命其反抗对象是帝国主义及其工具，并未冠以“封建”，与欧美日本的革命“完全不同”。

可见，直至20世纪20年代初中期，毛泽东尚不常用泛化“封建”，时而在本义上使用“封建”，时而在泛义上使用“封建”，处于一种交错过渡状态。显然，毛泽东使用泛化“封建”一词，比从“赤都”(苏俄首都)归来的瞿秋白等人慢了一两个节拍，这可能同毛泽东与共产国际的关系并不密切有关。

二、1926年以后毛泽东著作出现泛化“封建”用例

(一)泛化“封建”呈现

随着列宁论著及共产国际文宣材料20世纪20年代中期在中国的进一步传播，背离“封土建国”本义的泛化“封建”一词逐渐被国人使用，毛泽东论著中也开始出现此类用例。以笔者阅览所及，毛泽东著作以“封建”标示现实中国的反动势力较早的论述，见于1926年1月所撰《中国农民中各阶级的分析及其对于革命的态度》一文：

> 中国的大地主是中国农民的死敌，是乡村中真正统治者，是帝国主义军阀的真实基础，是封建宗法社会的惟一坚垒，是一切反革命势力发生的最后原因。②

将“封建”与“宗法”并联使用，以之概括现实中国的社会形态，与瞿秋白同时发表的文章《国民革命运动中之阶级分化》中的“反对宗法封建军阀的革命”提法大体一致。

毛泽东1926年9月撰写的《国民革命与农民运动——农民问题丛刊序》中，多次出现“乡村宗法封建阶级(地主阶级)”“封建地主阶

① 《毛泽东文集》第一卷，人民出版社1993年版，第24页。

② [日]竹内实监修：《毛泽东集》第1卷，日本北望社1972年版，第154页。

级”“农村封建阶级”等短语，并有“封建地主首领即封建军阀”的用语，在“地主阶级”“军阀”前均冠以“封建”一词。① 同年12月，毛泽东起草的《湖南省第一次农民代表大会宣言》，开篇语即为“农民在帝国主义与封建阶级的政治和经济的压迫之下”②，下文有“封建的剥削制度”“封建阶级”“封建的统治阶级”③等，出现了较具理论色彩、较有概括力的以“封建”为轴心的短语。

完成于1927年3月，后来成为名篇的《湖南农民运动考察报告》，则有“几千年封建地主特权”“乡村的封建势力”“宗法封建性的土豪劣绅”等用语。④ 毛泽东支持农民运动的观点，被中共领导人陈独秀所反对，却得到另一位领导人瞿秋白的支持，瞿氏《农民政权与土地革命》一文，肯定农民运动，并有“彻底扫除封建宗法式的土豪乡绅在农村中的政权”⑤的语句，与毛泽东的《湖南农民运动考察报告》命意及用词完全一致。

可见，这一时期，以“封建”一词冠于地主阶级之上，以“封建”一词指称中国现存的反动制度、反动势力，已频现于毛著之中，不过，“封建制度”“封建社会”还没有成为定型的、被详加阐述的历史学及社会学术语。由于毛泽东在“大革命”期间担任国民党中央宣传部代理部长，是当时国共合作的革命阵营的舆论主持人之一，故此间毛著的用词，反映了第一次国内革命战争时期中国政治语汇的实际走向。

(二)第二次国内革命战争时期毛泽东著作“封建”用例辨析

第二次国内革命战争初期，毛泽东于1928年10月为湘赣边举行

---

① [日]竹内实监修：《毛泽东集》第1卷，日本北望社1972年版，第175~176页。

② [日]竹内实监修：《毛泽东集》第1卷，日本北望社1972年版，第201页。

③ [日]竹内实监修：《毛泽东集》第1卷，日本北望社1972年版，第202页。

④ [日]竹内实监修：《毛泽东集》第1卷，日本北望社1972年版，第209~211页。

⑤ 瞿秋白：《农民政权与土地革命》，《瞿秋白文集》，人民出版社1988年版。

的第二次共产党代表大会起草决议，其第一部分是《中国的红色政权为什么能够存在?》，文章论述中国的红色政权能够存在的五个条件，第一条便是中国是一个帝国主义间接统治的经济落后的半殖民地国家。地方的农业经济和帝国主义对中国的划分势力范围的分裂政策，造成了各派军阀间的持续不断的战争。这种“白色政权”间的分裂和战争，使反动统治出现缝隙，“红色政权”可以利用这些矛盾而发生和坚持下去。① 毛泽东这篇文章使用了“半殖民地国家”和“地方的农业经济”“豪绅阶级对农民的封建的剥削”等用语，与20年代中期以来共产国际文件提法相接近，然其“地方的农业经济”基础上的“封建的剥削”中的“封建”一词，明显含有“分散”“割据”等义，与“封建”本义保持联系，而且全文的主旨在于剖析当时中国政治上的分裂、经济上的分散，均与“封建”本义指示的引申方向相一致，故此间毛泽东所论“封建”的取义方向并未泛化。

中国社会史论战之后，泛化的“封建”及“封建制度”“封建社会”“封建时代”等史学术语得以传播，连同所包蕴的中国历史分期观念，逐步普及开来。土地革命期间的毛泽东于戎马倥偬之际，能在多大程度上关注这场发生在上海的论战，尚待具体考证，但长征后到达陕北的毛泽东，广搜博览，论析史哲，进入其撰著的黄金时段，此间他很可能阅读、考究中国社会史论战诸派论著，并作出自己的评断。

(三)延安时期作品的封建论

在相对安定的延安时期，毛泽东系统研读社会科学论著。抗日战争全面爆发初期，经八路军汉口办事处购得大批书刊，运至延安，供毛泽东阅读使用。这批图书，大约包括中国社会史论战前后探讨社会形态、社会性质的各类著作，这促成毛泽东确立系统的封建观，并在其文章中渐次得以展示。

第一例，1937年10月19日在陕北公学纪念鲁迅逝世周年的讲话《论鲁迅》。该文称鲁迅“一贯地不屈不挠地与封建势力和帝国主义

① 参见《毛泽东选集》第一卷，人民出版社1991年版，第48~49页。

作坚决的斗争”，“鲁迅是从正在溃败的封建社会中出来的”①，此两例“封建”，皆指现实的中国社会。文又称“孔夫子是封建社会的圣人，鲁迅则是现代中国的圣人”②，此“封建社会”指整个中国传统社会，与“现代中国”相对应。

第二例，1937 年 10 月完成的《目前抗战形势与党的任务报告提纲》，论及现实中国的社会问题时说，“也全是由于中国是半殖民地半封建关系的国家”③。文中还有“反对封建割据的局面”④的提法。

第三例，1937 年 3 月 12 日《在纪念孙中山逝世十三周年及追悼抗战阵亡将士大会上的讲话》中，有“推翻帝国主义与封建势力”⑤的提法。

以后此类用例更为普遍，如 1938 年毛泽东的讲演《论持久战》，多有“半殖民地半封建的中国”⑥“我们是一个半殖民地半封建的国家”“为解除半殖民地半封建地位的革命运动”⑦之类提法。1938 年的《辩证唯物论(讲授提纲)》中，则一再出现“半封建制度”⑧“封建地主阶级”⑨等提法。1939 年 5 月的《五四运动》一文，则有“中国反帝反封建的资产阶级民主革命”⑩的完整表述，该文说：

> 这种民主革命是为了完成一个在中国历史上所没有过的社会制度，即民主主义的社会制度，它的前身是封建社会(近百年来成为半殖民地半封建社会)，它的后身是社会主义社会，而它自

① 《毛泽东文集》第二卷，人民出版社 1993 年版，第 43 页。
② 《毛泽东文集》第二卷，人民出版社 1993 年版，第 43 页。
③ 《毛泽东文集》第二卷，人民出版社 1993 年版，第 48 页。
④ 《毛泽东文集》第二卷，人民出版社 1993 年版，第 54 页。
⑤ 《毛泽东文集》第二卷，人民出版社 1993 年版，第 112 页。
⑥ [日]竹内实监修：《毛泽东集》第 6 卷，日本北望社 1972 年版，第 60 页。
⑦ [日]竹内实监修：《毛泽东集》第 6 卷，日本北望社 1972 年版，第 62 页。
⑧ [日]竹内实监修：《毛泽东集》第 6 卷，日本北望社 1972 年版，第 267 页。
⑨ [日]竹内实监修：《毛泽东集》第 6 卷，日本北望社 1972 年版，第 285 页。
⑩ [日]竹内实监修：《毛泽东集》第 6 卷，日本北望社 1972 年版，第 321 页。

己则是民主主义社会。①

毛泽东的文章全面吸纳了中国社会史论战中"新思潮派"的封建观及其中国史分期观，不过并未作具体阐发。当然，如前所述，这是"祖义"出于列宁1912年的论说，20年代经由共产国际文件的译介，已在中国传播十余年。

此间毛泽东还论及中国历史上的封建社会。如1939年2月《〈关于孔子的哲学思想〉一文给张闻天的信》，采用"五种社会形态说"，文称"奴隶社会与封建社会的国家发生以前，家庭是先发生的，原始共产社会末期氏族社会中的家长制，是后来国家形成的先驱，所以是'移孝作忠'，而不是'移忠作孝'。一切国家(政治)都是经济之集中的表现，而在封建国家里家庭则正是当时小生产经济之基本单元，如伯达所说的'基本细胞'，封建国家为了适应它们的集中(封建主义的集中)而出现"②。此文的"封建"，指自周秦以来整个中国传统社会，显然是一种泛化的"封建"。

1939年3月8日是国际妇女节，这一天毛泽东发表了《妇女们团结起来》的文章，指出中国人民"受到封建势力的束缚与压迫"，中国人民要起而打碎"封建势力的压迫"③。毛泽东的这种表述是对陈独秀"五四"时期提出的"反封建说"的一种沿用。

三、《中国革命与中国共产党》《新民主主义论》的封建说

毛泽东封建观的系统表述，见之于《中国革命与中国共产党》和《新民主主义论》等名篇，均完成并发表在中共中央当时所在地陕西北部的延安。

(一)界定中国"封建社会"

1939年12月，毛泽东发表《中国革命与中国共产党》，正式以

① [日]竹内实监修：《毛泽东集》第6卷，日本北望社1972年版，第322页。

② 《毛泽东文集》第二卷，人民出版社1993年版，第161页。"伯达"指陈伯达，当时担任毛泽东的私人秘书。

③ 《毛泽东文集》第二卷，人民出版社1993年版，第166页。

"封建社会"冠于周秦以来漫长的中国历史阶段。

1986年由中共中央文献编辑委员会编辑的《毛泽东著作选读》中的《中国革命与中国共产党》的注释中写道："《中国革命与中国共产党》，是1939年冬季，由毛泽东和其他几个在延安的同志合作写作的一个课本。第一章《中国社会》，是其他几个同志起草，经过毛泽东修改的。第二章《中国革命》，是毛泽东自己写的。"关于该文第一章的起草者，同样收有该文的《毛泽东选集》及《毛泽东著作选读》的注释均未具体指明究竟是哪"几个同志"。这里略加考证。

抗日战争全面爆发初期，社会科学学家王学文、何干之、艾思奇等在延安工作（范文澜1940年年初方到延安，任马列学院历史研究室主任，延安中央研究院1941年成立后，范氏任副院长）。经济学家王学文是中国社会史论战中力主泛化封建观的"新思潮派"重要成员，早在1931年4月就曾在《新思潮》第五期上发表《中国资本主义在中国经济中的地位其发展及其前途》，认定现实中国经济"处于国内封建的（半封建的）势力和国外帝国主义二重势力压迫之下"。抗日战争期间，他担任延安的马列学院副院长。历史学家何干之则以评介中国社会史论战而著名，他于1934年出版《中国经济读本》，论述中国经济的"半殖民地性"和"半封建性"；1937年在生活书店出版《中国社会性质问题的论战》一书，系统阐发泛化封建观。何氏1937年末至1939年任教于陕北公学，1937年7月后任教于华北联合大学，转至晋察冀边区。王学文、何干之活跃于延安理论界，传播泛化封建观在情理之中。

据传记作家叶永烈撰《陈伯达传》提供的材料，《中国革命与中国共产党》第一章《中国社会》的草拟者另有其人。该书披露，陈伯达晚年回忆："《中国革命与中国共产党》一文第一章《中国社会》，是李维汉起草的，陈伯达作了修改，最后由毛泽东改定；第二章《中国革命》是毛泽东亲自写的。"①

《毛泽东选集》是在毛泽东中年鼎盛期编选完成，并由本人最终

① 叶永烈：《陈伯达传》，人民日报出版社1999年版，第189页。

认定的，《中国革命与中国共产党》一文收入《毛泽东选集》第二卷，故所论反映毛泽东本人的观点应无问题。

《中国革命与中国共产党》第一章第二节题名“古代的封建社会”，其中有一段后来被视作经典的论述中国历史分期及中国封建时代特点的文字：

> 中国自从脱离奴隶制度进到封建制度以来，就长期停顿下来。这个封建制度，自周秦以来一直延续了三千多年。……三千年来的中国社会是一个封建社会。
>
> 中国封建时代的经济制度和政治制度，是由以下的各个主要特点构成的：
>
> 自给自足的自然经济占主要地位……
>
> 封建的统治阶级——地主、贵族以至皇帝，他们拥有最大部分的土地，而农民则很少土地，或者完全没有土地……
>
> 不但地主、贵族和皇室依靠剥削农民的地租过活，而且地主阶级的国家还强迫农民交纳贡税和从事无偿劳役，去养活一大群国家官吏及为了镇压农民之用的军队……
>
> 保护这种封建剥削制度的权力机构，是地主阶级的封建国家。如果说，周是诸侯割据称雄的封建国家，那么自秦始皇统一中国以后，就建立了专制主义的中央集权的封建国家，同时，在某种程度上仍旧保留着封建割据的状态……
>
> 封建社会的主要矛盾，是农民阶级和地主阶级的矛盾。①

这段文字对周秦以来三千多年中国社会共通性特征的简明表述，具有颇强的概括力。而这一论说将周秦以来三千多年的中国总名之“封建制度”，采纳了 1929 年开始的中国社会史论战中“泛化封建论”的词

① 参见[日]竹内实监修《毛泽东集》第 7 卷，日本北望社 1972 年版，第 100~101 页。人民出版社 1966 年出版的《毛泽东选集》收录此文，文字略有不同。

语和观点。同时，行文中“封建”一词尚存在古汉语原义与泛化义交叉使用的情形，如文中“封建割据”之“封建”取古汉语原义，而“中央集权的封建国家”之“封建”则取泛化义，与“封建”本义相悖。

《中国革命和中国共产党》第二章“中国革命”系毛泽东自撰，该章论曰：

> 帝国主义和中国封建主义相结合，把中国变为半殖民地和殖民地的过程，也就是中国人民反抗帝国主义及其走狗的过程。
>
> 中国现时社会的性质，既然是殖民地、半殖民地、半封建的性质，那末，中国现阶段革命的主要对象或主要敌人，究竟是谁呢？
>
> 不是别的，就是帝国主义和封建主义，就是帝国主义国家的资产阶级和本国的地主阶级。①

这显然是对中国共产党第六次全国代表大会政治决议案相关论说的肯认。

西方研究者多认为，中国史学家(如郭沫若、范文澜等)是遵循毛泽东的论述，演绎泛化封建观的。然而，从“泛化封建观”的形成过程可以看出，是郭沫若等史学家率先阐发“泛化封建观”，而作为中共领袖的毛泽东随后采纳其说，又经过毛著的影响力，使泛化封建观传播开来。另以与“封建”讨论相关的“资本主义萌芽说”为例，其形成过程也如上述。某些西方学者认为中国学者的资本主义萌芽是为了论证毛泽东在《中国革命和中国共产党》中的一段话，毛泽东说：“中国封建社会内的商品经济的发展，已经孕育着资本主义的萌芽，如果没有外国资本主义的影响，中国也将缓慢地发展到资本主义社会。”②而实际上《中国革命和中国共产党》1939 年最初的文本中并没

① 《毛泽东著作选读》上，人民出版社 1986 年版，第 322、324 页。

② 《毛泽东选集》第二卷，人民出版社 1964 年据 1952 年本重印，第 62 页。

有关于资本主义萌芽的提法。① 中华人民共和国成立后，中共中央成立《毛泽东选集》编委会，入选的毛泽东文章，都经过专家们的重新审定。《中国革命和中国共产党》经由以范文澜为首的一批史学家认真的修改，“资本主义萌芽论”是他们加进去，而后得到毛泽东的认可的。所以资本主义萌芽论的提倡者是范文澜等史学家。在泛化封建观的形成过程问题上，西方学者误解了中国史学工作者，也未能准确反映中国史学家与毛泽东在历史分期上的各自作用。

（二）“泛封建说”的广为铺陈

毛泽东1940年年初所撰《新民主主义论》（刊发于延安出版的《中国文化》）重申上述封建观，又进而指出，“封建制”覆盖周秦以下三千多年来的政治、经济、文化诸侧面：

> 自周秦以来，中国是一个封建社会，其政治是封建的政治，其经济是封建的经济，而为这种政治和经济之反映的占统治地位的文化，则是封建的文化。
>
> 自外国资本主义侵略中国，中国社会又逐渐地生长了资本主义因素以来，即自鸦片战争到中日战争，一百年来，中国已逐渐变成了一个殖民地半殖民地半封建的社会。现在的中国，在沦陷区，是殖民地社会；在非沦陷区，基本上也还是一个非殖民地社会；而不论在沦陷区与非沦陷区，都是封建制度占优势的社会。这就是现时中国社会的性质，这就是现时中国的国情。作为统治的东西来说，这种社会的政治是殖民地半殖民地半封建的政治，其经济是殖民地半殖民地半封建的经济，而为这种政治经济之反映的文化，则是殖民地半殖民地半封建的文化。②

这一论述把周秦以来的中国是“封建社会”的总体结论，推及“封建的

① 参见［日］竹内实监修《毛泽东集》第7卷，日本北望社1972年版。

② ［日］竹内实监修《毛泽东集》第7卷，日本北望社1972年版，第150页。

政治”“封建的经济”“封建的文化”各分论；又判定现代中国是“封建制度占优势的社会”，其政治、经济、文化都具有“殖民地半殖民地半封建”性质。

1945 年 6 月毛泽东在中国共产党第七次全国代表大会上致闭幕词，此即著名的《愚公移山》一文，其中论及当时中国现状，有一段生动形象、日后中国人耳熟能详的警句：

> 现在也有两座压在中国人民头上的大山，一座叫做帝国主义，一座叫做封建主义。①

以后，“帝国主义”“封建主义”加上“官僚资本主义”，被称为中国新民主主义革命所要“挖掉”的“三座大山”。于是，“封建主义”不仅是历史的遗迹，也是现实的存在，而现代社会相当一部分被视作腐朽、落后、反动的人与事，都归入此一“主义”之中，属于被打倒之列。

四、《联共(布)历史简明教程》为泛化封建观提供理论框架

20 世纪中叶以来，泛化封建观在中国大陆成为主流历史理念，与“五种社会形态”单线直进说权威地位的确立及迟迟难以打破直接相关。

(一)封建制度的范式表述

上述毛泽东关于中国封建社会的名论，成为 20 世纪 40 年代以后郭沫若等许多中国史学家的治史依凭，郭氏的“战国封建说”即在此间定型。各种文宣材料有关“封建制度”“封建社会”“封建主义”“封建时代”的诠释，也几乎全都比照《中国革命与中国共产党》第一章的那段文字加以阐释，如上海辞书出版社 1989 年出版的《辞海》，其“封建制度”条的释文曰：

① 《毛泽东著作选读》下，人民出版社 1986 年版，第 597 页。

> （封建制度是）以封建地主占有土地、剥削农民（或农奴）剩余劳动为基础的社会制度。随着生产力的发展和奴隶制的瓦解而产生。在封建制度下，封建地主阶级拥有最大部分的土地。农民（或农奴）完全没有土地或只有很少的土地。他们耕种地主的土地，对地主阶级有不同程度的人身依附，受其剥削和压迫。地主剥削农民的主要方式，是向农民收取对租。与奴隶制比较，由于劳动与劳动者的切身利益有密切联系，劳动者对生产有一定的兴趣，促进了生产力的发展。封建社会基本的对立的阶级是地主阶级和农民阶级……自然经济占主要地位……一般认为中国在春秋战国之交进入封建社会。1840 年鸦片战争后，外国资本主义侵入中国并和封建势力相勾结，使中国逐步沦为半殖民地半封建社会。①

就覆盖面更为广泛的中学教材而论，中华人民共和国成立以后到当下，均沿袭泛化封建观。以近年通用的高中课本《中国古代史》为例，称夏、商、西周为“奴隶制王朝”，称春秋时期为“奴隶制度瓦解”，战国时期为“封建制确立”。在“战国时期封建制的确立”一目中写道：

> 春秋以来，随着井田制的破坏，奴隶社会的土地国有制，逐渐为封建的土地私有制所代替。贵族占有大量私田，战场上立功的将士、拥有雄厚资财的大商人，也占有大量土地。他们成为新兴的地主……在新兴的地主阶级的推动下，战国时期各诸侯国先后开展的“变法”运动，经历了 100 多年，新的封建制终于在各诸侯国确立起来。②

---

① 《辞海》缩印本，上海辞书出版社 1989 年版，第 807 页。

② 高级中学课本《中国古代史》，人民教育出版社 1992 年版。第 21～23 页。

这显然是以“五种社会形态说”为指针，以郭老的“战国封建说”为蓝本所作的陈述。泛化封建观便如此一代又一代地在莘莘学子间传递，进而流衍于广大民间，几为约定俗成之说。

（二）“五种社会形态”单线直进说提供了泛化封建的历史观基础

20 世纪 30 年代苏俄领导人斯大林及其控制的共产国际相关论说传入中国，特别是《联共（布）历史简明教程》的影响，它的“五种社会形态”单线直进说使泛化封建观得到强力支撑。

在中共延安整风期间，恰值苏联领导人斯大林的“五种社会形态”模式说传入中国之际。作为第一个社会主义国家执政党的权威理论，中国革命者采取的是信从无疑的态度。毛泽东 1941 年 5 月在《改造我们的学习》中说：“研究马克思列宁主义，又应以《苏联共产党（布）历史简要读本》为中心的材料。《苏联共产党（布）历史简要读本》是一百年来全世界共产主义运动的最高的综合和总结，是理论和实际结合的典型，在全世界还只有这一个完全的典型。”①中共在执掌国家权力后采取了向苏联“一边倒”的对外政策，而《联共（布）历史简明教程》被规定作为干部和知识分子必修的政治及历史读本。该书根据斯大林所撰《论辩证唯物主义和历史唯物主义》②的论述，以人类历史普遍规则之名，划分前后直线递进的“五种社会形态”（斯大林的原话并非“五种社会形态”，而是“五种基本类型的生产关系”）。斯大林在《论辩证唯物主义与历史唯物主义》中说：

> 历史上有五种基本类型的生产关系：原始公社制的、奴隶占有制的、封建制的、资本主义的、社会主义的。③

斯大林认为生产力决定生产关系，生产力与生产关系组成生产方式，

---

① 《毛泽东著作选读》下，人民出版社 1986 年版，第 479 页。

② 见［苏］斯大林《列宁主义问题》（中文版），人民出版社 1972 年版。

③ ［苏］斯大林：《列宁主义问题》（中文版），人民出版社 1972 年版，第 645 页。

而生产方式是决定社会发展的力量。由此，“五种生产关系说”被推衍为“五种社会形态”单线递进说：

> 原始公社制恰恰被奴隶占有制所代替，奴隶占有制被封建制度所代替，封建制度被资本主义制度所代替，而不是被其他某种制度所代替。①

这就将“五形态”单线递进说固定化、模式化，并且更进一步被宣称是“唯一”正确的论说。②

在“五形态”说内，斯大林关于“封建制度”的诠释是：“在封建制度下，生产关系的基础是封建主占有生产资料和不完全地占有生产工作者——农奴。”③这是一种浮泛的“封建”定义，几乎可以把各种前近代社会形态囊括其中。

由于对《联共(布)历史简明教程》(以下简称《教程》)强力宣传与迷信，在一个时段内其影响力巨大，加之斯大林及其联共(布)对马克思主义解释权的垄断(《教程》宣布“斯大林及其门生，才是唯一向前推进了马克思主义理论的马克思主义者”)，“五种社会形态说”以一种“普世性”的历史模式被国人接受。许多年以后，学者吴大琨指出，那时的思想学术界呈现一种“对斯大林的重视和崇拜，超过了对马克思的重视和崇拜”的现象。④ 姜义华也说，在 20 世纪四五十年代，《教程》“成了衡定与取舍马克思、恩格斯、列宁著作的准绳。凡是不合《教程》者，尽管是马克思、恩格斯、列宁本人一再坚持的观点，或者被置于一边不予理会；或者被宣布为已经过时，应为新原理所替代；或者径直被斥责为第二国际社会改良主义理论，应予摒

① ［苏］斯大林：《列宁主义问题》(中文版)，人民出版社 1972 年版，第 640 页。

② 见《联共(布)历史简明教程》(中文版)，人民出版社 1954 年版，第 474 页。

③ ［苏］斯大林：《列宁主义问题》(中文版)，人民出版社 1972 年版，第 648 页。

④ 见吴大琨《重视“亚细亚生产方式”的研究》，《社会科学》1990 年第 6 期。

弃”①。郭沫若、范文澜、吕振羽等史学重镇在这一时期皆文必称《联共(布)历史简明教程》，以“五种社会形态”说指导中国历史分期，中国的中古时期被不容置疑地对应为“封建社会”(不过关于中国封建社会的起点有“西周封建说”②“战国封建说”③“秦汉之际封建说”④“魏晋封建说”⑤的分歧，这些论说言及的“中国封建社会”皆于“奴隶社会”与“资本主义社会”之间)，秦汉至明清这颇不“封建”的两千余年，被划入“封建时代”则几成定论。

1956年，苏联共产党第二十次全国代表大会举行，前领导人斯大林受到批判，他的威望开始下降，加之不久中苏交恶，斯大林及苏共垄断马克思主义解释权的格局被打破，一些来自苏俄的教条渐遭质疑。⑥ 然

① 见姜义华《理性缺位的启蒙》，上海三联书店2000年版，第373页。

② 范文澜主此说，见其《关于上古历史阶段的商榷》，《群众》第五卷第四、五期，1940年9月。

③ 郭沫若主此说，见其《关于周代社会的商讨》，《新建设》1951年第4期。

④ 侯外庐主此说，见其《中国古代社会史》，又见《论中国封建制的形式及其法典化》(《历史研究》1956年第8期)，文曰：“我把中国中世纪封建化的过程划在战国末以至秦汉之际。”

⑤ 尚钺主此说，见其《如何理解历史人物、事件和现象》，《教学与研究》1956年第4期。唐长孺在武汉大学出版社1992年出版的《魏晋南北朝隋唐史三论》的《综论一、魏晋时期作为封建社会早期的特征》中，对“魏晋封建说”有较详细阐发，认为“东汉末年以至魏晋，社会发生了深刻的变化，这一变化表现了奴隶制社会开始转变为封建社会，一个最明显的迹象就是客观的卑微化与普遍化”。

⑥ 如20世纪40年代主持苏联意识形态工作的联共(布)中央政治局委员安德列依·亚历山大罗维奇·日丹诺夫给哲学史下定义：“哲学史是科学唯物主义世界观孕育、产生和发展的历史，是唯物主义和唯心主义斗争的历史。”此一观点曾在20世纪50至70年代的中国广为流行，当时的中国哲学史基本按此种框架设定，所有的中国历代思想家皆须安置到“唯物”或“唯心”两大阵营之中。由于中国古代哲人大多并无明确的本体论界说，强行纳入两阵营之一颇为困难，以致同一位中国古代思想家老子，时而被列入“唯物主义”阵营，时而被列入“客观唯心主义”阵营。20世纪80年代以降，这一曾被视作金科玉律的哲学史的“日丹诺夫定义”，渐为中国的哲学界所扬弃，中国思想史研究获得反映历史实际的论说空间。关于所引日丹诺夫的话，参见[苏]罗森塔尔、尤金编《简明哲学辞典》(中文版)，上海人民出版社1955年版，第63页。

而，由于种种原因，苏俄版的“五种社会形态”单线直说及其泛化的“封建制度”“封建社会”论却沿袭下来，至今还余韵犹存，重要辞书和教科书仍以“五种社会形态”单线直进说表述历史进程，解释“人类社会发展的各种不同的社会制度”。

（三）“五种社会形态”单线直进说的反论

“五种社会形态”单线直进说的缺陷很明显，近二十年来，已有多位学者指出。概言之，大致有如下几点：

第一，“五种社会形态说”违背了形式逻辑关于概念划分的一些规则，将属概念与种概念相并列，如原始社会、共产主义社会的概念属于无阶级社会，只能与有阶级社会的概念并列，而不能与有阶级社会这一“属概念”之下的“种概念”奴隶社会、封建社会、资本主义社会相并列。五种社会形态各社会的概念是全异平行关系，互相间断，而人类诸社会形态是交叉互渗，并有种种中间形态，不能简单切割、截然划分为五个阶段。第二，社会形态包含经济的社会形态与非经济的社会形态，马克思、恩格斯反对将历史唯物主义歪曲为经济唯物主义，然而，斯大林忽略非经济的社会形态，只是根据物质生活资料的生产方式的不同，将人类社会历史划分为五种社会形态，从而导致社会形态分期的混乱。第三，误以单线历史观描述多线历史过程，将多元化的历史发展纳入单一、机械的模式之内。① “五种社会形态”无法穷尽人类社会诸形态，吴大琨在《重视“亚细亚生产方式”的研究》中指出，马克思说的历史上的生产方式是六种，并非五种，即还有“亚细亚生产方式”，印度、中国、埃及、巴比伦、波斯属于马克思所说的“亚细亚生产方式”。

针对“五种社会形态”单线直进说的偏误，北京大学教授罗荣渠提出“一元多线历史发展观”。所谓“一元多线”，是指在同一生产力发展水平上，因各地的历史、地理条件各异，各国、各民族的发展道

① 参见袁林《两周土地制度新论》，东北师范大学出版社 2000 年版，第 38~52 页。

路多途，社会形态呈现多样化状貌。① 此论与世界诸民族历史的实际进程相切合，是对“五种社会形态”单线递进说的驳正。罗荣渠还指出，“五种社会形态说”是一种生产关系决定论，试图通过一味改造生产关系达成社会进步，而苏联社会主义发展的严重失误，终遭重挫，与“五种社会形态说”的指引不无关系。

《历史研究》杂志在2000年第2期刊发《社会形态与历史规律再认识笔谈》，参加笔谈者有：清华大学何兆武、李伯重，北京师范大学何兹全、晁福林，山东大学田昌五，北京大学马克垚，首都师范大学宁可，南开大学刘泽华、冯尔康、朱凤翰、张国刚，河北师范大学沈长云。诸学者指出，马克思没有把东方社会与西方的奴隶制、封建制等同起来看待，他本人也没有把自己描述的生产方式发展的模式作为世界的普遍规律来考虑。是斯大林把马克思、恩格斯的这一设想作为普遍规律，教条地加以运用。参加笔谈的学者几乎都否认中国历史上存在过奴隶制时代，还认为：现在所用的封建社会概念是基于9至12世纪西欧社会的情况产生的，它不适合中国的历史状况。与会学者不赞同搬用欧洲封建社会的概念，而主张中国封建社会形态具有与欧洲完全不同的特点。有的学者指出，为了客观地讨论中国历史发展的社会形态，最好不要生造词汇，也不使用像奴隶时代、封建时代这样的词汇，而应该使用上古、中古、近古、近代这样的词汇。

“五种社会形态”单线直进说，是某些人从西欧历史中概括出来的(其实也并未获得多数西方史学家认可)，仅就“封建社会→资本主义社会”这一环节而言，便是以偏概全的论断。何兆武指出：“在人类历史上，由封建社会进入资本主义社会，我们还只见到西欧这样一个例子，所以它应该算是一个孤例或特例。其余的十几个或几十个文化或文明，包括中国，都没有出现过这种特例，所以应该视为是常规。”②将“历史单线递进”视作普世规则，是盛行于19世纪及20世纪

① 见罗荣渠《论一元多线历史发展观》，《历史研究》1989年第1期。

② 何兆武：《历史研究中的一个假问题——从所谓中国封建社会的长期停滞论说起》，《百科知识》1989年第5期。该文收入何兆武《历史理性批判散论》，湖南教育出版社1994年版。

初叶的古典进化论在史学领域的表现，之后就不断受到质疑。上述笔谈所陈述的观点，大体反映了近时中国历史学界对流行大半个世纪的“五种社会形态”单线递进说的反思，表明学者们对于“奴隶时代”“封建时代”等核心概念被滥用的不满。这正显示出：中国的历史学研究已经进入一个厘清概念，从而使得历史叙事较为准确、规范的新的临界点。

(四)讨论中国历史进程须扬弃“斯大林模式”

马克思、恩格斯从未将“五种社会形态”凝固成一种单线直进的模式，并曾多次尖锐批评将其模式化的做法。马克思晚年大体勾勒出人类历史多线演进的网状图景，与单线直进说大相径庭。以后，列宁于1919年撰写的《论国家》，则从人类社会数千年发展的“一般规律、常规和次序”的高度，描绘“原始社会—奴隶制—农奴制—资本家社会”的历史程序，成为“五形态”单线直进说的先声。列宁去世后，一度掌握着马克思主义“解释权”的斯大林进而将“五种社会形态说”构筑成“放之四海而皆准”的公式。这种做法本身背离了历史辩证法，也不符合马克思的一系列相关论述。而且，斯大林定格的“五种基本类型的生产关系”，在分类坐标的选取上也存在矛盾：将不同类型、不同层次的概念并入一个序列，实际上不成系统。如原始社会的“原始”是一个文化学概念，奴隶社会的“奴隶”是一个生产关系概念，封建社会的“封建”是一个政治学概念，资本主义的“资本”是一个经济学概念，社会主义的“社会”是一个社会学概念。① 以“五种社会形态”概括西欧历史，本身即值得商榷，因此欧美史学界并不认同其说。“五种社会形态说”更大的失误在于，将自然环境、社会条件、文化传统复杂多样的人类诸民族的历史进程单线化，将西欧历史这一“特殊型”视作“普遍型”，从而把包括中国在内的诸多国家纷纭错综的历史发展轨迹，一概套入一个简约化的公式，不免牵强附会。马克思曾对俄国民粹主义者米海洛夫斯基及俄国人类学家柯瓦列夫斯基将

① 参见叶文宪《重新解读中国》，中国文史出版社2005年版，第91～92页。

西欧历史模式套用于东方国家的做法给予了毫不含糊的批驳(参见第四章第一节)。

就中国史的历程而言，以“五种社会形态”单线递进来表述，显然欠妥，简言之：

第一，中国不存在希腊、罗马式的以奴隶为劳动力主体的“奴隶社会”；

第二，中国“封建社会”早成(殷周)，专制王权确立亦早成(秦汉)，中古时代(秦汉至明清)主体是“非封建”的“宗法专制社会”，与中世纪西欧“封建社会”差异很大，无法纳入同一种社会形态。

故“五种社会形态”说无法概括中国历史的真实进程。

1939年以后，是有了新内涵的“封建”一词使用的第五阶段。之所以将这一年作为此一阶段的起始点，因为该年12月毛泽东的名篇《中国革命与中国共产党》发表，而斯大林的“五种社会形态”单线直进说也在此前后被定格为“普遍范式”，泛化“封建”的“经典定义”逐步广为沿用。时至20世纪后期，中国进入“改革开放”时期，长期受钳制的思想理论界发生重大改变，此一“范式”受到渐趋广泛的质疑，然其“主流话语”地位并未动摇，脱出此一范式还有许多厘清工作要做，尚须待以时日。

第四章　正本清源

第一节　马克思、恩格斯的封建社会论

> 他（指俄国民粹派米海洛夫斯基——引者）一定要把我关于西欧资本主义起源的历史概述彻底变成一般发展道路的历史哲学理论，一切民族，不管它们所处的历史环境如何，都注定要走这条道路，以便最后都达到在保证社会劳动生产力极高度发展的同时又保证每个生产者个人最全面的发展的这样一种经济形态。但是我要请他原谅（他这样做，会给我过多的荣誉，同时也会给我过多的侮辱）。
>
> ——［德］马克思：《给〈祖国纪事〉杂志编辑部的信》

泛化封建观一向被推尊为“马克思主义史学的果实”。持这种看法的，不限于中国国内，不少外国学者也把泛化封建观视作“正统的马克思主义历史观”。曾任美国哈佛大学教授的费正清（John King Fairbank）说：“在20世纪，封建主义和帝国主义这对孪生兄弟就被认为是19世纪中国灾难的根源。在人民共和国时期，这些术语以及马克思、恩格斯、列宁、斯大林和毛泽东对它们的阐述，就被用来描述中国的近代史。”①费正清把他本人很不赞成的泛化封建观加到马

---

①　［美］费正清编：《剑桥中国晚清史》（中文版），中国社会科学出版社1985年版，第5页。

克思主义创始人身上。另一位美国汉学家威廉·罗(William T. Rowe)把关于"封建制度"的诠释分为四类，其中第四类便是将封建社会一直延及"中华帝国晚期"。威廉·罗说："中国和其他国家的正统马克思主义者是持最后的第四种观点，这种观点直接来源于中华民国时期关于革命战略的争论，在中国左派学术圈内，这一权力和策略之争反映在20年代末期的社会史大论战之中。"①可见，认定泛化封建观是源自马克思、恩格斯的"正统的马克思主义"，乃中外学术界的普遍之见。然而，认真研读马克思、恩格斯论著，尤其是马克思晚年的人类学社会学笔记，便会发现，上述结论其实是大可商榷的。

一、泛化封建观并非源出马克思

(一)中国社会史论战各派多服膺唯物史观

泛化封建观被许多中外人士视作"马克思主义历史观"，原因之一是阐发此种观点的中国社会史论战的参加者，多半宣称信奉唯物史观。

中国社会史论战参论各派虽然政见大异，学术理路也各不相同，却有一个共同之处：论者大多在不同程度上接受马列主义影响，表示信从唯物史观，并试图以社会形态学说把握中国历史，运用经济基础决定上层建筑的历史哲学解说中国社会。故与此前中国学界"科玄之争"双方分别依凭西方科学主义和古典人文主义不同的是，中国社会史论战大体是在唯物史观话语系统内展开的，论战各方或者使用从日本传入的马克思主义观念及词汇，或者直接从英、德、俄文翻译马克思、恩格斯、列宁著作及共产国际相关论述，以之作为理论依据。

论战的组织者，也以马克思主义内部争辩看待社会史论战。如论战的重要阵地《读书杂志》的主持人王礼锡在1931年说，人生观论战的科学与玄学之争，是"唯物"与"极端的唯心"的辩议，而"在中国社

① 转引自[美]费正清《美国与中国》，商务印书馆1987年版，第308页。

会史的论战里，都是唯物的内部的争斗，没有唯心论者插足的余地”①。这里的“唯物”即指“历史唯物论”。王礼锡把中国社会史论战视作历史唯物论内部的派别之争。

又如“动力派”的刘镜园(刘仁静)1932年评任曙著《中国经济研究》、严灵峰著《中国经济问题研究》时说：“这两本书，都是想从马克思主义的立场，来研究中国经济问题。”②身为国民党文士的陶希圣，也研读历史唯物主义论著，喜欢“大谈其马克思主义”，以李季所言，陶氏常常“从《资本论》中东抄一段，西抄一段(大半都是间接抄来的)，拿来当作武器”③。“动力派”中有人曾留学德国与法国者(如李季)，常以马、恩元典宣讲师自居。至于“新思潮派”，多有留学苏俄的经历，更高张马克思列宁主义旗帜。时在日本流亡的郭沫若则明确宣布以马克思的《资本论》为指针，并说自己的《中国古代社会研究》志在作昂格斯《家庭私产和国家的起源》(今译恩格斯《家庭、私有制和国家的起源》)的“续篇”④。

中国社会史论战诸方竞相援用马克思列宁主义的元典，引述较多的是马克思的《哲学的贫困》《政治经济学批判》《资本论》，恩格斯的《家庭、私有制和国家的起源》，列宁的《资本主义在俄国的发展》(今译《俄国资本主义的发展》)、《帝国主义论》(今译《帝国主义是资本主义的最高阶段》)，他们纷纷以马克思主义者自居。1933年正值马克思逝世五十周年之际，社会史论战的重要园地《读书杂志》曾准备出版“马克思专号”(后因故未果)。这一切都表明，从“五四”至“大革命”的十余年间，马克思主义在中国知识界的传播大有进展。如果说，1919年底胡汉民发表《中国哲学史之唯物的研究》，试图“拿唯物史观应用到中国哲学史上”，尚为个别行为，那么，“大革命”失败后

---

① 《中国社会史论战序幕》，《读书杂志》第一卷第四、五期合刊，神州国光社1932年版，第6页。

② 刘镜园：《评两本论中国经济的著作》，《读书杂志》第一卷第四、五期合刊，神州国光社1932年版，第1页。

③ 李季：《中国社会史论战批判》，神州国光社民国二十三年初版，第258页。

④ 见郭沫若《中国古代社会研究·自序》。

展开的中国社会史论战则使马克思主义，尤其是历史唯物主义得以普及，并对中国史研究有所推进，这已是众多参与者的自觉行为。然而，论战各方对历史唯物主义的学习和运用，尚处在起步阶段，幼稚在所难免。

（二）苏俄的影响

中国社会史论战的内在动因，是国人亟求解答中国社会性质问题，但论战的题旨、指导思想、研究方法以及语汇，均在一定程度上承接苏俄和共产国际关于中国社会的论说。而当时的苏俄，执政党党内派别斗争激烈，政敌之间将学术问题政治化成为惯例，这一切都影响与制约着中国社会史论战，给当时的"封建"辨析打上深刻的意识形态烙印。

中国社会史论战展开之际的30年代前期，联共(布)正进行着以斯大林、尼·布哈林为首的多数派(中国社会史论战时译作"干部派")与列·托洛茨基、格·季诺维也夫、卡·拉狄克等少数派(中国社会史论战时译作"反对派")之间的激烈斗争。两派关于中国社会及历史各有论说，"斯大林派"称中国社会为"封建""半封建"；"托洛茨基派"称中国社会为"资本主义"，如1925年为培养中国革命者而建立的莫斯科中山大学的第一任校长卡·拉狄克在《中国革命史》中说："中国无所谓封建势力，只有商业资本家。"(拉狄克的"封建"，是在欧洲封建主义的含义上界定的，指封土封臣、领主贵族制)两派观点分别为中国社会史论战某方引作依据："动力派"接受托洛茨基观点；而"新思潮派"的潘东周等人由于曾在联共(布)理论家、乌克兰人巴·米夫作第二任校长的莫斯科中山大学留学，回国后力倡泛化封建观(把专制政治、地主经济纳入"封建")，基本上是米夫宣讲的联共(布)关于中国社会史论的演绎。①

① 1918年，根据列宁提议，将俄国社会民主工党(布尔什维克)改名俄国共产党(布尔什维克)，简称俄共(布)。1925年，因国名改为"苏联"，党名随之改为苏联共产党(布尔什维克)，简称联共(布)。1952年称苏联共产党，简称苏共。本书按各时期名目称之。

总之，泛化封建观受列宁、斯大林的中国社会史论的影响较为直接。从马克思主义学说史观之，马克思、恩格斯与列宁、斯大林之间，虽然存在一以贯之的理论，却也有差异，尤其是斯大林的思想与实践，对马克思、恩格斯的理论体系有相当程度的错位与变质，仅以对中古世界的看法、对封建社会的界定而言，便存在明显区别。故承袭于列宁、斯大林(主要是斯大林及其指导下的共产国际)思想的泛化封建观，是否符合马、恩原论，须作专门考究。

二、马克思、恩格斯从未将中国的前近代称之“封建社会”

马克思致力于人类社会发展规律研究，前期着重阐述历史发展的普遍规律，《共产党宣言》等论著主要作历史线性进步的表述；而后期则着力揭示历史演化的多样性，展现历史的网状脉络。他坚持历史进步的统一性与多样性相结合的学术理路，不过前期后期各有侧重；或者说，晚年的马克思较注意从历史发展多样性考察的基础上，在更深刻的意义上、更高的层级上探求历史发展的普遍规律。

(一)马克思对世界历史共同规律的探讨

西方自文艺复兴时期即开始对世界历史共同规律作探讨，这在被恩格斯称之为“中世纪最后一位诗人，同时又是新时期第一位诗人”的但丁的著作《论世界帝国》中初有显示。而意大利近代思想家杨巴蒂斯塔·维柯在《新科学》中系统提出关于世界历史共同发展轨迹的设想：神的时代—英雄的时代—人的时代。法国重农学派的杜尔阁则有神学时代—形而上学时代—科学时代的划分。法国启蒙思想家孔多塞将世界历史分为：第一时期(人类起源到语言发明)，第二时期(文字发明时期)，第三时期(历史完全成立的时代)，并在此三段划分的基础上，将世界史分作十期，其中第六期为“黑暗时代”，相当于“中世纪”或“封建时代”。

上述学者虽试图表述世界历史的发展规律，但囿于视野，不过是对欧洲史(主要是西欧史)的概括。至19世纪中后叶，随着世界统一市场及世界文化的初步形成，一种视域较为开阔的、新的世界历史描述应运而生。马克思、恩格斯的世界历史观正是在这种背景下得以创立的。

众所周知，马克思毕生致力于人类历史普遍规律的探讨。他与恩格斯共同撰写的《德意志意识形态》，依据分工发展的不同阶段，将前资本主义所有制关系划分为三个依次递进的阶段：部落所有制—古代公社所有制和国家所有制—封建的或等级的所有制。关于人类的历史进程，马氏有两次重要的总体式表达。

其一是在《1857—1858 年经济学手稿》中所说：

> 人的依赖关系（起初完全是自然发生的），是最初的社会形式，在这种形式下，人的生产能力只是在狭小的范围内和孤立的地点上发展着。以物的依赖性为基础的人的独立性，是第二大形式，在这种形式下，才形成普遍的社会物质变换、全面的关系、多方面的需要以及全面的能力的体系。建立在个人全面发展和他们共同的、社会的生产能力成为从属于他们的社会财富这一基础上的自由个性，是第三个阶段。①

有人把这三个阶段诠释为：自然经济社会—商品经济社会—时间经济社会。马克思将社会发展作三段划分是从历史主体——人的发展来论定的，并不限于经济范域。他说的第一种社会形态，指人束缚于血缘纽带、宗法关系、等级结构；第二种社会形态，指人在形式上获得不依附他人的独立地位，但仍然受到交换关系物化力量的支配；第三种社会形态，人获得自主、自由的地位。马克思所论述的社会发展三形态，与单从经济形态角度划分的“五种生产方式”有所差别，具有更为宏阔的历史包容性。

其二是 1859 年在《〈政治经济学批判〉序言》中的一段话：

> 大体说来，亚细亚的、古代的、封建的和现代资产阶级的生

① 《马克思恩格斯全集》第 30 卷，人民出版社 1995 年版，第 107~108 页。

产方式可以看做是社会经济形态演进的几个时代。①

马克思的这一论述反映了他在 19 世纪中叶关于人类历史发展规律的认识，具有颇高的概括力，然而，从思想发展史角度考察，他的这一判断，主要是从欧洲(尤其是西欧)的社会史材料出发作出的概括，但他已注意到西欧以外历史的特殊性，故有“亚细亚的”名目的提出，同时也未对人类历史进程作硬性规定。联系马克思的其他相关论述，可见马克思并未将“亚细亚的、古代的、封建的”三种社会形态说成是人类历史普世性的前后递进阶梯，而是指原始社会结束后的几种发展道路，其中只有西欧“封建制”通向了“现代资产阶级的生产方式”，呈现“古典—封建—资本主义”的发展序列，而绝大多数非欧地区并不如此。至于在马克思后期，因较多地研究了非欧地区的社会史材料，他愈益强调人类历史发展的多样性，一再批评“那些抹杀一切历史差别”的论者，指出通向“资产阶级社会”的途径绝非单线的，而是多线的，除西欧式的封建所有制外，他还列举其他路径，诸如“东方和斯拉夫各民族中那样是从公有制的崩溃中产生的”②新型社会制度。马克思《资本论》第三卷，把亚洲专制国家实行的制度称之“贡纳制”，以其与西欧的奴隶制、农奴制相并列。“在奴隶关系、农奴关系、贡赋关系(指原始共同体时的贡赋关系)下，只有奴隶主、封建主、接受贡物的国家，才是产品的所有者，因而才是产品的出售者。”③在资本主义以前“那些生产方式中，商人与之做生意的剩余产品的主要占有者，即奴隶主、封建主、国家(例如东方专制君主)代表供人享受的财富”④。马克思这些论述勾勒了世界中古历史网状发展的图景。

(二)马克思不赞成以西欧历史进程作为普世模式

马克思致力于人类历史普遍规律的探讨，但并未提出社会形态诸

① 《马克思恩格斯选集》第 2 卷，人民出版社 1995 年版，第 33 页。
② 《马克思恩格斯全集》第 46 卷上册，人民出版社 1979 年版，第 14 页。
③ 《马克思恩格斯全集》第 25 卷，人民出版社 1974 年版，第 364 页。
④ 《马克思恩格斯全集》第 25 卷，人民出版社 1974 年版，第 370 页。

阶段发展的固定模式，如前述“亚细亚的、古代的、封建的和现代资产阶级的生产方式”四段式划分，特别加上“大体说来”的限定语，以预留讨论空间，不像后来的斯大林所作的那样，为各国各民族的历史进程制定一种广泛套用的公式。

如果说19世纪70年代以前，马克思多从历史普遍规律立论，那么，之后在相当多的场合，马克思特别强调各地区、各民族历史发展的网状脉络，“19世纪70年代以后，马克思思想发生的重大变化在于，他肯定世界有其统一性的同时，也从社会发展多样性的角度，说明世界历史发展有其极大的差异性”①。

对于将欧洲史的发展轨迹泛化为普世性规则的做法，马克思一向持批评态度，早年他就多次谴责那种随意在理论研究中将个别的结论推及一般的论者。他在《1857—1858年经济学手稿》中已有了这种批评，后来他的这种批评变得更为尖锐。

1877年11月，在《给〈祖国纪事〉杂志编辑部的信》中，针对俄国民粹主义者米海洛夫斯基对《资本论》的曲解，尤其是米氏把西欧社会发展道路套用于俄罗斯等东方社会的做法，马克思讲了这样一段话：

> 关于原始积累的那一章只不过想描述西欧的资本主义经济制度从封建主义经济制度内部产生出来的途径……
>
> 他(米氏——引者)一定要把我关于西欧资本主义起源的历史概述彻底变成一般发展道路的历史哲学理论，一切民族，不管它们所处的历史环境如何，都注定要走这条道路，以便最后都达到在保证社会劳动生产力极高度发展的同时又保证每个生产者个人最全面的发展的这样一种经济形态。但是我要请他原谅(他这样做，会给我过多的荣誉，同时也会给我过多的侮辱)。②

① 顾海良：《马克思经济思想的当代视界》，经济科学出版社2005年版，第15页。

② 《马克思恩格斯全集》第25卷，人民出版社1995年版，第144~145页。

马克思在这里明确提示了与历史发展单线论者的原则区别：反对把西欧史所呈现的“资本主义经济制度从封建主义经济制度内部产生出来的途径”，看作“一般发展道路的历史哲学理论”，认为西欧式的历史进化路线(即由封建制度向资本主义制度演变)并不是人类各民族必然经历的道路。以俄罗斯为例，其前近代社会与西欧中世纪封建社会就是大相径庭的，故不能将西欧历史模式照搬到俄罗斯。

1881年3月，马克思在给俄国女革命者维拉·伊万诺夫娜·查苏利奇的回信中强调，《资本论》中关于从封建社会向资本主义社会过渡的“历史必然性”的理论，“明确地”“限于西欧各国”，农村公社是俄国社会新生的“直接出发点”①。故东方国家社会发展的规律只能根据各国的历史特点作出判断。这便为探索世界各地区的多元发展路径保留了广阔空间。在讨论包括中国在内的东方民族的历史进程时，尤须重视马克思批评俄国民粹派时发表的郑重申明，重视他研究历史问题所表现的注意特殊性的谨严态度。而持泛化封建观的论者恰恰忽视马克思的这一重要提示，陷入与米海洛夫斯基同样的单线直进史观的误区。

(三)马克思、恩格斯从未将大多数东方国家的前近代称之“封建社会”

两人1848年在《共产党宣言》中明确阐述，资本主义及世界统一市场形成以前，人类诸文明大体处于孤立、分散的状态，故其发展路径是多种多样的。资本主义首次使人类历史普世化了，“世界文学”(即世界文化)应运而生，统一性较强的世界历史方端倪初现。而前资本主义时期，也可以说是前世界历史时期，彼此隔绝的不同环境造就了各种不同的古代及中世历史形态。故马克思与恩格斯从不把中国、印度等东方文明与西欧等量齐观，尤其认为东西方的中古社会形态及通往近代的道路大相径庭。

唯物史观创始人拒绝以西欧历史模式套用于非欧地区，一个显在的表现是，绝不将日本以外的绝大多数东方国家的前近代社会以“封

---

① 《马克思恩格斯全集》第25卷，人民出版社1995年版，第455、463页。

建”相称。马克思关于中国、印度等东方国家的社会特征，有两段名论：

> 在印度和中国，小农业和家庭工业的统一形成了生产方式的广阔基础……因农业和手工制造业的直接结合而造成的巨大的节约和时间的节省，在这里对大工业产品进行了最顽强的抵抗。①

> 这些家庭式公社本来是建立在家庭工业上面的，靠着手织业、手纺业和手耕农业的特殊结合而自给自足……
>
> ……这些田园风味的农村公社不管看起来怎样祥和无害，却始终是东方专制制度的牢固基础……②

第二段常被征引的论述，是马克思在《不列颠在印度的统治》中关于东方社会的概括，明白宣示，小农业与家庭手工业相结合的社会经济结构是“东方专制制度的牢固基础”，而绝非如泛化封建论者那样，把小农业与家庭手工业的结合也即自然经济状态笼统称为“封建社会”的经济形态。

在马克思看来，以贵族政治、领主经济为基本属性的封建制度，存在于西欧中世纪，而对西欧之外地区前近代社会的“封建性”问题，则持十分审慎的态度。综览他的论著，只看到其肯认前近代日本的社会形态也是“封建”的一例(第二章第三节已引述《资本论》第一卷论及西欧中世纪封建土地制度时作注，此不另述)。

唯物史观创始人马克思与恩格斯认为，封建制并非世界各地前近代社会的普遍制度，日本之外绝大多数东方国家的前近代社会并不是“封建”的。人民出版社 1995 年中文版《马克思恩格斯选集》第一卷集中了他们 19 世纪 50 年代论中国与印度的文章十二篇，从中可以得见——两人对前近代中国与印度，从不以“封建”相称，而冠以下列

① [德]马克思：《资本论》第 3 卷，人民出版社 1975 年版，第 373 页。

② 《马克思恩格斯选集》第 1 卷，人民出版社 1995 年版，第 765 页。

名目：

与外界隔绝的“天朝帝国”①
“亚洲式专制”、“东方专制制度”②
“中华帝国”③
“半文明制度”、“世界上最古老的帝国”④
“官僚体系”、“宗法制度”⑤
“不稳定的亚洲帝国”⑥
“那种小农业与家庭工业的结合”的“天朝帝国”⑦。

以上是两人19世纪中叶对东方社会性质的判断。时至19世纪末叶，恩格斯在论及中日甲午战争后的中国社会变化时，提法仍是“古老的中国”，“旧有的小农经济制度(在这种制度下，农户自己也制造自己使用的工业品)，以及可以容纳比较稠密的人口的整个陈旧的社会制度”⑧，决不以“封建社会”相称。

马克思、恩格斯拒绝以“封建社会”称前近代印度、中国，绝非

① ［德］马克思：《中国革命和欧洲革命》(1853年)，《马克思恩格斯选集》第1卷，人民出版社1995年版。

② ［德］马克思：《不列颠在印度的统治》(1853年)，《马克思恩格斯选集》第1卷，人民出版社1995年版。

③ ［德］马克思：《俄国的对华贸易》(1857年)，《马克思恩格斯选集》第1卷，人民出版社1995年版。

④ ［德］恩格斯：《波斯和中国》(1857年)，《马克思恩格斯选集》第1卷，人民出版社1995年版。

⑤ ［德］马克思：《鸦片贸易史》(1858年)，《马克思恩格斯选集》第1卷，人民出版社1995年版。

⑥ ［德］恩格斯：《俄国在远东的成功》(1858年)，《马克思恩格斯选集》第1卷，人民出版社1995年版。

⑦ ［德］马克思：《对华贸易》(1859年)，《马克思恩格斯选集》第1卷，人民出版社1995年版。

⑧ 《马克思恩格斯选集》第4卷，人民出版社1972年版，第511页。

偶然，因为在他们看来，“氏族社会—奴隶社会—封建社会—资本主义社会”此一西欧社会史模式，并不是普世性的发展状况，在印度、中国等东方国家，从氏族社会解体到资本主义社会出现以前，历经的是“东方专制制度”，而并非“封建制度”。

一个引人深思的现象是，在马克思、恩格斯之后不久，已初具世界史眼光的中国近代思想家严复、梁启超、孙中山等，也把前近代中国归入不同于“封建社会”的“专制一统”社会——梁启超称之“君主专制全盛之时代”①；严复称之“霸朝”②；孙中山称之“君主专制政体”③；周谷城称之“专制一尊”，“统治于一尊的郡县制度”④；瞿同祖称之“中央集权的国家”时期⑤。

须知，这些中国学人并非马克思主义者，且大多也并未阅读过马克思、恩格斯论中国、印度等东方国家的文章，然而他们从中国历史的实态出发，对前近代中国的社会属性的判断，与马克思、恩格斯十分相似。东西方人士在各自独立的情形下得出相似结论，可谓“不谋而合”。借用考据学术语，这种前近代中国“非封建说”，由东西方人士提供了“兄弟证”，而并非“西学东渐”造成的“母子证”。这更昭显了此一论说的客观性和可信度。

三、马克思晚年对中古世界多途演进的思考

近代流行的“欧洲中心主义”，将欧洲价值观、历史观及社会发展模式作为普世性理念，以之衡量并套用于全人类事物。当然，也有欧洲哲人不赞成此种理念，如 18 世纪德国思想家赫尔德在《关于人类历史哲学的思想》一书中提出：“设想世界各地的居民都必须像欧洲人一样才会生活得快乐乃是妄自尊大。”马克思发扬这种健全的理

① 《中国史叙论》，《梁启超全集》第一册，北京出版社 1999 年版。

② 《译〈社会通诠〉自序》，《严复集》第一册，中华书局 1986 年版。

③ 《在东京〈民报〉创刊周年庆祝大会的演说》，《孙中山全集》第一卷，中华书局 1981 年版。

④ 周谷城：《中国社会之结构》，新生命书局 1930 年版。

⑤ 瞿同祖：《中国封建社会》，商务印书馆 1937 年版。

念，没有把欧洲历史视作普遍模式，而对不同地区、不同民族的历史进行具体考察；拒绝从某种概念出发，而是从客观存在的历史实际出发，概括纷繁复杂的诸地区的历史发展轨迹。马克思的这一努力，从19世纪50年代提出“亚细亚生产方式”中已经显示出来。他的这一重要提法，导致后来论者的聚讼不决。对“亚细亚生产方式”主要有两种不同的诠释：一是强调时间性，将其视作人类历史发展的一个阶段；二是强调空间性，将其视作东方民族的特殊社会形态，从古代延及近代前夜。

“亚细亚生产方式”的含义虽然比较模糊，然而其昭示的路向则是颇有价值的：以“农村公社、土地国有、专制主义”三位一体的东方诸国的历史进程显然不同于西欧，当然需要另作概括。晚年马克思已很少使用“亚细亚生产方式”的提法，然其探求东方世界特殊历史进程的努力，向更为纵深处推进。

(一)资本主义生产关系有可能依托于多种历史前提而产生

泛化封建观有一个基本设定：资本主义(或曰近代社会)的前驱必然是封建社会，由封建社会转化为资本主义社会是普世性规则。然而，此一设定与世界历史的丰富性并不吻合，因而被马克思所拒斥。

对于资本主义产生途径的多样性，马克思早有注意。在《1857—1858年经济学手稿》中论及“雇佣劳动”在世界各地产生的历史起点时，他说：

> 在现实的历史上，雇佣劳动是从奴隶制和农奴制的解体中产生的，或者像在东方和斯拉夫各民族中那样是从公有制的崩溃中产生的，而在其最恰当的、划时代的、囊括了劳动的全部社会存在的形式中，雇佣劳动是从行会制度、等级制度、劳役和实物收入、作为农村副业的工业、仍为封建的小农业等的衰亡中产生的。①

① 《马克思恩格斯全集》第30卷，人民出版社1995年版，第15页。

在这里，马克思将西欧式的奴隶制、封建农奴制与东方及斯拉夫的公有制崩溃后形成的制度，看作并列、平行的制度，它们都可能成为向近代雇佣劳动转化的过渡形态。

1882年，在《社会主义从空想到科学的发展》一文中，恩格斯指出，美国是“一个从来没有过封建制度而且社会一开始就建立在资产阶级基础之上的国家”①。

马克思还认为，资本主义生产关系并非只产生于西欧晚期封建制（有时表述为“农奴制”）这一种条件下，而有可能依托于多种历史前提，如产生于奴隶制的瓦解中，还可以产生于东方民族宗法社会瓦解及斯拉夫公社崩溃之中。②

这些论述揭示了世界各地走向近代社会的路径是多样化的。

（二）马克思展示的世界中古史的多途进程

马克思、恩格斯晚年都把研究社会发展的视野从欧洲扩及包括亚洲、非洲、美洲在内的全球范围，通过深入研讨广大地域的人类学材料和经济史、社会史材料，描绘出人类历史进展的丰富多彩图景，揭示“原始的公社所有制”解体产生出的“多种形式”的社会制度。

“俄国马克思主义之父”普列汉诺夫对马克思历史多样性发展的理论有所阐发，他在《马克思主义的基本问题》《历史一元论》等书中指出，人类历史并非单线进步，而大约遵循两种发展路径——一为欧洲路径：氏族社会—奴隶社会—封建社会—资本主义社会；二为亚细亚路径：氏族社会—亚细亚生产方式（伴随强大的专制国家组织）。

有学者以马克思的《1857—1858年经济学手稿》为中心，参考马克思、恩格斯晚年的相关论述，特别是马克思研究古代社会历史所做的笔记（“人类学笔记”“民族学笔记”），将人类历史从古代到中古，

① 《马克思恩格斯选集》第3卷，人民出版社1972年版，第398页。

② 参见《马克思恩格斯全集》第46卷上册，人民出版社1979年版，第14页。

由中古到近代的多途发展，以简表表示如下①：

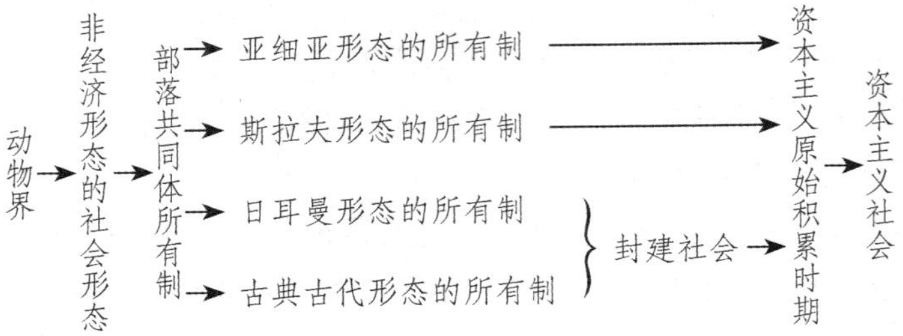

此表当然还有可推敲之处，但借助此表，可以直观地了解马克思的历史观，从而走出“原始社会—奴隶社会—封建社会—资本主义社会—社会主义社会”五种社会形态单线直进框架，认识古代及中古世界多元异途演进的历史实际状态。

在古典进化论支配下产生的单线历史进化观试图将原始社会与资本主义社会之间世界各地的多种社会形态，如亚细亚形态、斯拉夫形态、日耳曼形态、古典形态等塞进一种单线模式中，这显然与马克思原论相悖。而且，亚细亚形态本身，在不同国家与地区（如印度、波斯、中国、日本）又各有特色，马克思注意到此种差异，认为它们根本无法置于一个单线模式之内统而论之。

在《资本论》第一卷论及资本主义的“形成过程”时，马克思指出：

> 这种剥夺的历史在不同的国家带有不同的色彩，按不同的顺序、在不同的历史时代通过不同的阶段。②

请注意这段话中的“不同的色彩”“不同的顺序”“通过不同的阶段”的提法。

---

① 见袁林《两周土地制度新论》，东北师范大学出版社 2000 年版，第 54 页。

② 《马克思恩格斯选集》第 2 卷，人民出版社 1972 年版，第 222 页。

将历史发展的多样性加以揭示，与探究历史发展的普遍规律，绝非彼此抵牾的两种思想走向。世界历史发展的一般规律，不仅丝毫不排斥个别发展阶段在发展的形式或顺序上表现出特殊性，而且一般规律的产生前提是找到它的特殊性。马克思是历史发展多样性与普遍性的统一论者。晚年在疾病缠身、革命指导任务繁重的情形下，他搁置《资本论》的写作，广为研究非西欧地区的民族学、人类学、社会学材料，正是为了发现人类历史的多样化情景，从而在更高的层级上实现对人类历史发展规律的概括。恩格斯强调这种工作的重要性："必须重新研究全部历史，必须详细研究各种社会形态存在的条件，然后设法从这些条件中找出相应的政治、私法、美学、哲学、宗教等的观点。在这方面，到现在为止只做出了很少的一点成绩，因为只有很少的人认真地这样做过。……这个领域无限广阔，谁肯认真地工作，谁就能做出许多成绩，就能超群出众。"①应当说，马克思关于东方的人类学、民族学、社会学研究，正是"重新研究全部历史"的努力。

(三)马克思的人类学—民族学笔记

19世纪六七十年代，人类学在西欧、美国和俄国有长足进展，晚年的马克思对这一学术前沿十分关注，借以从事东方诸民族的古史研究，为此做了大量读书笔记，并加以评述。

作为探索人类历史发展规律的努力的一个重要组成部分，马克思在完成《资本论》第一卷德文第一版以后，阅读了摩尔根、柯瓦列夫斯基、梅恩、拉伯克、菲尔等人类学家、民族学家的著作并作了详尽的笔记，这些后来称之为"马克思的民族学笔记"或"马克思的社会人类学笔记""马克思的历史手稿"的文稿，曾"藏之深山无人识"，被公之于世是已颇为晚近的事，而中文版的较完整的版本的出现，则更是最近二十年的事情。

马克思去世后，恩格斯整理他遗稿的重点在《资本论》后几卷，又利用马克思作的摩尔根《古代社会》笔记，撰写《家庭、私有制和国家的起源》。其民族学笔记长期积压在大堆遗稿中，多数民族学笔记

① 《马克思恩格斯选集》第4卷，人民出版社1972年版，第475页。

被转存在德国社会民主党的档案内。

俄国十月革命后，列宁于1920年曾派达·波·梁赞诺夫到西欧查找马克思的未刊文稿，直到1923年11月才向莫斯科报告调查结果，此时离列宁逝世(1924年2月21日)仅两个月，已身患绝症的列宁显然未能研读这批文稿。而达·波·梁赞诺夫得见马克思的这批笔记有若干与俄共(布)的观点相异的论述，不仅没有据以检讨俄共(布)的观点，而是责备这些古代社会史笔记表现了“不可饶恕的学究气”①，这显然反映了俄共(布)的态度。而这种并不真正尊重马克思学说的倾向，在列宁故去以后的时代更加发展。俄共(布)将这些民族学笔记搁置一旁多年，直到1940至1970年代才陆续由联共(布)及苏共发表。例如马克思写于1879年10月至1880年10月之间的《马·柯瓦列夫斯基〈公社土地占有制，其解体的原因、进程和结果〉一书摘要》，第一次用俄文发表时已是1958年(当年的《苏联东方学》杂志第三、四、五期)，后来又陆续在《东方学问题》(1959年第一期)、《亚非人民》(1962年第二期)上发表。这些文本由于当时中国与苏联党政关系紧张等原因而并未引起中国学界的注意。

美国人类学家劳伦斯·克拉德(L. Krader)对马克思的几种笔记加以整理，于1972年以《卡尔·马克思的民族学笔记》(*The Ethnological Notebooks of Karl Marx*, *Assen*, 1972)之名出版，才引起国际学界的重视。

至于在中国，马克思的这些笔记的中文译本，则迟至1985年12月在新出版的《马克思恩格斯全集》第四十五卷方基本刊出(关于菲尔的笔记还在此后发表)，中文版说明将这些文本总称“马克思研究古代社会历史笔记”。而1996年人民出版社出版的《马克思古代社会史笔记》中文译本，才较完整地展示了这些民族学笔记，从中可以得见马克思关于诸民族历史演进的不同道路的深刻思考。

时值20世纪二三十年代之交的中国社会史论战各派诸公，当然不可能读到马克思这些以研讨历史多途演进为重心的笔记，他们接触

① 参见《马列主义研究资料》1987年第1期，第159~160页。

到的只是马克思阐述历史发展普遍规律的论点(而且多为经过一再转译的片断)，因而误以为历史单线进化论便是马克思的历史观。这样，中国社会史论战各派片面强调社会发展共性论(或曰历史单线进化论)，把从西欧史提炼出来的"原始社会—奴隶社会—封建社会—资本主义社会"递进阶梯视作普世性的不二路径，也就不足为怪了。

20世纪二三十年代的学者因未能阅读马克思晚年的有关论述，将历史单线进化论误认作马克思主义观点，这是情有可原的，今人不应苛责前贤。然而，时至历史科学长足进展，各地域、各民族历史多途演进的情形得以充分揭示的现代，特别是在马克思的相关论述昭示天下的现代，如果继续把历史单线进化说视作"马克思主义的历史观"，视作"放之四海皆准"的普世模式，则是难以理解的陈见。

四、可以让渡的非贵族土地所有制与封建主义不相兼容

作为严肃的社会科学家，马克思一向注重概念、范畴的准确性，坚守"封建"内涵与外延的精准，斥拒滥用"封建"的做法。

(一)"封建主义"的土地所有制规定性

马克思立足于对西欧中世纪特定的社会、经济、政治状况(如封君封臣、农奴制、庄园采邑制、领主垄断土地、土地不能自由买卖、与人身依附并存的领主与附庸间的契约关系、政权分裂等)来论说feudalismus，尤其注意从土地所有制层面判定一个社会是否"封建"。

在《德意志意识形态》中论及"封建时代的所有制的主要形式"时，强调"地产和束缚于地产上的农奴劳动"。在多次论及封建社会的基本特点时，强调土地以及名分、荣誉，都不是来自财货的商品关系，而是得自从上而下的封赐，是"勋格"的体现。"封建的土地所有权像君主国授予名义给君主一样，授予名义给他的主人。"强调自上而下的封赐土地及人民，是封建制的基本特色。

1867年，马克思在《资本论》中进而指出：

> 在欧洲一切国家中，封建生产的特点是土地分给尽可能多的臣属。同一切君主的权力一样，封建主的权力不是由他的地租的

多少，而是由他的臣民的人数决定的……①

将封土封臣视作封建生产关系的前提，强调封建主控制臣民及土地是封建制度的基础。马克思又把人身依附确认为封建主义的特色，在论及欧洲中世纪时说：

> 在这里，我们看到的，不再是一个独立的人了，人都是互相依赖的：农奴和领主，陪臣和诸侯，俗人和牧师。物质生产的社会关系以及建立在这种生产的基础上的生活领域，都是以人身依附为特征的。②

恩格斯的见解与马克思类似。他在《论封建制度的瓦解和民族国家的产生》中，把政权分割、土地封赐视作封建制的属性，而分权式的封建制的瓦解是近代统一的民族国家形成的前提，并明确指出，整个封建经济的基本关系是“分封土地以取得的人身服役和贡赋”③。而采邑制度和领主制度则是封建所有制的“基础”，这类制度都沿袭着人身依附性的“隶属形式”，封建制度是由“采邑制度和保护关系（依附制度）”得以发展的。④ 恩格斯在《德国农民战争》序言中分析德国的小农，特别将“封建的农民”与其他类型的农民（如佃农、有自己的小块土地的农民、农业工人等）加以区别，指出“封建的农民，他们还必须为自己的主人服劳役”⑤；“一旦农业工人群众学会理解自己的切身利益，在德国就不可能再有任何封建的、官僚的或资产阶级的反动政府存在了”。文章中将封建制与官僚制、资产阶级政制相并列、相区分。在后来撰写的《〈德国农民战争〉第2版序言的补充》中，

① 《马克思恩格斯全集》第44卷，人民出版社1995年版，第824页。
② 《马克思恩格斯全集》第44卷，人民出版社1995年版，第94~95页。
③ 《马克思恩格斯全集》第21卷，人民出版社1965年版，第453页。
④ 《马克思恩格斯选集》第4卷，人民出版社1995年版，第152~157页。
⑤ 《马克思恩格斯选集》第2卷，人民出版社1972年版，第294~295页。

恩格斯论述了“消灭封建制度”的内容，包括“贵族特权的废除”“消除各种封建的和由于划分为小邦而造成的阻挠工业发展的障碍，确立统一的币制和度量衡，确定营业和其他的自由，准许迁徙自由”①，等等。此后，恩格斯在《社会主义从空想到科学的发展》中说：“资产阶级所固有的生产方式（从马克思以来称为资本主义生产方式），是同封建制的地方特权、等级特权以及相互的人身束缚不相容的。”②揭示了封建制的三大特点：贵族地方分权、等级制、人身依附。

（二）土地“不可让渡”：封建经济制度的基本属性

在研究中古社会历史时，马克思并没有局限于政治制度，他十分注意于经济层面的分析，特别是对土地制度的分析，认为农业是中古经济的主体，而农业的基础是土地，故考察土地制度是研究封建社会的切入点。

马克思在《黑格尔法哲学批判》中，提出了地产的“可以让渡”和“不可让渡”两种形态的概念。③ 封建社会与近代社会的土地制度是不同的，后者是“可以让渡的所有权”（beweglieche eigentum），前者是“不可让渡的所有权”（unbeweglieche eigentum）。所谓“不可以让渡的所有权”，指封建领主的土地由国王或上级领主封赐而来，不得买卖与转让。这种对土地的特权占有，具有“不动产的性质”，其伦理特质在于“不可收买”④。是否保持土地的“不可让渡性”（或译作“非让渡性”），是区别封建制与非封建制的重要标准。

综论之，马克思概括封建主义的基本特征是：人身依附、土地不可让渡、超经济剥夺、权力分割、等级制。这些特征是从西欧中世纪的社会存在中概括出来的。但当他在研究日本社会史材料后，发现日本的中古时代存在深重的人身依附，土地是受封领主的政治特权，不得转让与买卖，形成与西欧中世纪类似的庄园经济，这种领主庄园是

① 《马克思恩格斯选集》第2卷，人民出版社1972年版，第298页。
② 《马克思恩格斯选集》第3卷，人民出版社1972年版，第425页。
③ 《马克思恩格斯全集》第3卷，人民出版社1995年版，第121~123页。
④ 《马克思恩格斯全集》第3卷，人民出版社1995年版，第129页。

自给自足和闭关自守的整体，土地具有"非运动性"，领主对农奴化的庄民实行超经济剥夺，因而对日本社会以 feudalismus 相称。与日本不同的是，印度、中国等其他东方国家的情形又别具一格。马克思明确反对把封建主义概念(如封建领主职能、领地采邑制等)附会到土地可以让渡的印度、中国等东方国家。

(三)非贵族性土地所有制不属于封建主义

马克思的年轻学术朋友、俄国学者马·柯瓦列夫斯基的《公社土地占有制，其解体的原因、进程和结果》一书论及 11 至 17 世纪被穆斯林征服后印度的封建化问题，认为在英国殖民主义侵入以前，印度因扩大了采邑制和等级制，已发展成一种"印度封建主义"，马·柯瓦列夫斯基在该书专设"穆斯林统治时期印度土地所有制的封建化过程"一节，并多次把那一时期印度的土地制度称作"封建地产"，从而论证穆斯林统治时期的印度产生了与西欧法兰克王国同样的"封建制变革"。马克思重视马·柯瓦列夫斯基的学术贡献，详细摘录其论著，但不赞成柯氏从欧洲社会模式出发，将印度及伊斯兰的社会—经济制度与欧洲中世纪封建社会混为一谈。摘要中，马克思将马·柯瓦列夫斯基所用的"封建化过程"提法改写成"所谓封建化"，有时给封建化打上引号，以显示对马·柯瓦列夫斯基泛化封建提法的异议。

纵观印度古代历史，在公元 4 至 8 世纪的笈多王朝至戒日王帝国时期，封建制确立，中国东晋高僧法显的游印笔记《佛国记》、唐代高僧玄奘的《大唐西域记》，对印度这一时期的社会状况有所记述。法显的《佛国记》载，"王之侍卫左右，皆有供禄"，表明笈多国王已分封土地给侍从臣下。玄奘《大唐西域记》载，戒日王时期，"王田之内，大分为四：一充国用，祭祀粢盛；二以封建辅佐帝臣；三赏聪睿硕学高才；四树福田，给诸异道"；"宰牧、辅臣、庶官、僚佐各有分地，自食封邑"。这里玄奘明确地以"封建""封邑"表述当年印度的制度。至 11 世纪初以后，突厥人、阿富汗人、蒙古人相继入侵南亚次大陆，13 至 16 世纪初的德里苏丹国没收原有土著封建主的土地为国有，国家官员由穆斯林贵族充任。之后的莫卧儿帝国时期则进一步加强中央集权。①

马克思十分注意印度11世纪以后的社会变化，在摘录《公社土地占有制，其解体的原因、进程和结果》一书时所写的评述中指出，农奴制和土地不得买卖等特点均不存在于11世纪以后的印度，故被穆斯林征服后的印度不是封建社会。

> 由于在印度有“采邑制”、“公职承包制”(后者根本不是封建主义的；罗马就是证明)和荫庇制，所以柯瓦列夫斯基就认为这是西欧意义上的封建主义。别的不说，柯瓦列夫斯基忘记了农奴制，这种制度并不存在于印度，而且它是一个基本因素。②

马克思还专门就土地占有的“贵族性”问题(也即土地可否出让问题)加以辨析，因为这是一个社会是否为封建制的标志。

> [至于说封建主(执行监察官任务的封建主)不仅对非自由农民，而且对自由农民的个人保护作用(参看柏尔格雷夫著作)，那么，这一点在印度，除了在教田方面，所起的作用是很小的]；[罗马一日耳曼封建主义所固有的对土地的崇高颂歌(Boden—Poesie)(见毛勒的著作)，在印度正如在罗马一样少见。土地在印度的任何地方都不是贵族性的，就是说，土地并非不得出让给平民!]不过柯瓦列夫斯基自己也看到一个基本差别：在大莫卧儿帝国特别是在民法方面没有世袭司法权。③

---

① 参见朱寰主编《世界中古史》，吉林文史出版社1986年版，第327~344页。该书认为4至7世纪是次大陆封建社会形成和确立期，11至17世纪的德里苏丹国和17至19世纪的莫卧儿帝国沿袭着封建制度。与柯瓦列夫斯基将穆斯林统治期的印度归入“封建社会”的判断相近。

② 《马·柯瓦列夫斯基〈公社土地占有制，其解体的原因、进程和结果〉一书摘要》，《马克思古代社会史笔记》，人民出版社1996年版，第78页。

③ 《马·柯瓦列夫斯基〈公社土地占有制，其解体的原因、进程和结果〉一书摘要》，《马克思古代社会史笔记》，人民出版社1996年版，第78页。

马克思的结论是，印度不同于罗马—日耳曼因素混合成的西欧式封建主义，因为当地的土地占有形式并非是贵族性的，也即并不是“非让渡性的所有权”(unbeweglieche eigentum)，西欧封建主义派生出的对土地的崇高颂歌，在印度也属罕见。如此种种，11 世纪以降的印度社会不能纳入封建社会行列。此外，柯瓦列夫斯基把土耳其的军事移民区(如阿尔及利亚)命名为“封建的”，马克思也表示反对，认为其说“是根据一个很不像话的理由”①。以上诸例显示马克思对泛化“封建”倾向的严格防止。

与封建社会实行世袭特权的土地制度相联系，马克思在《资本论》第一卷中论及封建社会时说，“人身依附关系构成该社会的基础”。恩格斯的《社会主义从空想到科学的发展》有类似说法。

五、君主专制、村社结构的东方中古社会与封建主义不相兼容

马克思对滥用“封建”概念的反对还鲜明地表现在，把分封导致的政权分裂视作封建主义的要素，因而他明确主张：中央集权的君主专制制度与封建制度是相悖离的。在《哲学的贫困》中，他指出：“封建主义一开始就同宗法式的君主制对立。”②而君主制的共有特点是以世袭君主为国家元首(实际上的或名义上的)，这是人类文明史上最古老、最普遍的政体形式。君主制又分为无限君主制(专制君主制)和有限君主制(等级君主制及君主立宪制)。等级分封制是在以分封为特征的封建社会实行，表现为贵族与君主分权；而非封建社会往往实行专制君主制，君主及经由其任命的官僚掌控政权。如前所述，马克思、恩格斯历来把绝大多数东方国家的前近代社会形态称为“专制主义”或“东方专制主义”，归入无限君主制(专制君主制)一类，并将其与西欧封建主义实行的有限君主制(等级君主制)区分开来。

安德森《绝对主义国家的系谱》一书的中文本译者刘北城所作的

---

① 《马·柯瓦列夫斯基〈公社土地占有制，其解体的原因、进程和结果〉一书摘要》，《马克思古代社会史笔记》，人民出版社 1996 年版，第 106 页。

② 《马克思恩格斯选集》第 1 卷，人民出版社 1972 年版，第 140 页。

《中译者序言》指出，在马克思、恩格斯看来，专制主义与封建主义是不相兼容的概念。

> 封建主义的概念最初是对中世纪西欧军事分封制和等级所有制的概括。马克思、恩格斯只承认这种本来意义上的封建主义。因此，凡是典型的、纯粹的封建主义，必然是“等级的所有制”，其统治权是分裂和分散的，那就不可能有专制主义。东方社会没有“封建主义”，只有“东方专制主义”。①

马克思、恩格斯在一系列相关论述中认为，中国、印度等大多数东方国家（日本例外）前近代社会的基本形态是在高度分散和小农业与家庭手工业相结合的经济地基上，在星罗棋布的宗法式村社基础上，建立专制主义的君主集权政制。

“东方专制主义”的论说在欧洲有悠久的传统，上承亚里士多德、希罗多德、亚当·斯密、孟德斯鸠、黑格尔，在马克思、恩格斯这里得到一定程度的实证式证明，并在社会形态学说的框架内得以科学阐发，以后，普列汉诺夫等人又加以发展。如果说，自亚里士多德、希罗多德至孟德斯鸠、黑格尔的“东方专制”说，都不同程度地带有“欧洲中心主义”色彩，带有贬斥非欧文明的意味，而马克思、恩格斯则超越欧洲中心主义，他们的“东方专制”论，通过对东方国家历史发展的揭示，指出在西欧之外还有着别样的文明发展道路。

马克思晚年的民族学笔记集中昭显君主专制与封建主义不相兼容的观点，如在对柯瓦列夫斯基《公社土地占有制，其解体的原因、进程和结果》一书的笔记批语中指出，印度存在的集权君主制，阻碍了印度社会向西欧式的封建制度演化。“到蒙古人的帝国末年，所谓封建化只发生在（印度的）某些区（域），在其他大多数区（域），公社的和私人的财产仍然留在土著占有者的手中，而国家公务则由中央政府

---

①　［英］安德森著：《绝对主义国家的系谱》（中文版），刘北城译，上海人民出版社2001年版，第2页。

所任命的官吏办理。”①“根据印度的法律，统治者的权力不得在诸子中分配，这样一来，欧洲封建主义的一个主要源泉便被堵塞了。”②统治权不得在集权君主制的统治者的继承者（诸子）中分配，确保了中央集权的传延，这正是印度政制不同于西欧主权分割的封建制之所在。

此外，马克思指出，印度“不存在”“农奴制”③，又引述柯瓦列夫斯基的结论：印度“在民法方面没有世袭司法权”。而这两点正是封建制度的显著标志，无此标志的印度当然不应归入“封建社会”。在论及奥斯曼土耳其统治下的阿尔及利亚时，他也不赞成将其称为“封建社会”，指出其封建化之所以未能推进，是因为这一过程被“民政军政的高度集中”所阻止，“这种中央集权制排除了地方官职世袭占有”，从而阻碍了封建化。④ 在他看来“中央集权制”的政治制度是与封建主义相悖的。

马克思认为，柯瓦列夫斯基把11—17世纪印度纳入封建社会的论述“都写得非常笨拙”；还多次把滥用社会史概念、将“封建”泛化的英国官员称为“英国‘笨蛋’”“英国‘笨蛋’们”⑤；批评英国人约翰·菲尔对南亚地区的英国殖民地孟加拉和锡兰社会性质的错误判断，说：“菲尔这个蠢驴把村社的结构叫做封建的结构。”⑥这些评议显示出马克思对滥用封建概念做法的厌恶。

（一）发生在封建等级制衰亡的过渡期的君主专制并非封建主义的本有之义

有学者在论证泛化封建观时，常以西欧中世纪晚期产生的专制君

① 《马·柯瓦列夫斯基〈公社土地占有制，其解体的原因、进程和结果〉一书摘要》，《马克思古代社会史笔记》，人民出版社1996年版，第78~79页。

② 《马克思古代社会史笔记》，人民出版社1996年版，第68页。

③ 《约翰·菲尔爵士〈印度和锡兰雅利安人村社〉一书摘要》，《马克思古代社会史笔记》，人民出版社1996年版，第70页。

④ 《马克思古代社会史笔记》，人民出版社1996年版，第108页。

⑤ 《马克思古代社会史笔记》，人民出版社1996年版，第89~94页。

⑥ 《马克思古代社会史笔记》，人民出版社1996年版，第385页。

主制为例，说明中央集权的专制君主制是封建主义的题中之义，进而佐证中国秦汉以来两千余年的专制王权是封建主义。其实，这种论证在逻辑上是难以成立的。

从概念的内涵规定性而言，政权自上而下层层封赐，造成政权分裂，这是“封建”的本义。中国的殷周、西欧的中世纪、日本的中世与近世实行此种“封爵建藩”政制，故称“封建”，本是顺理成章、名实吻合的历史语义表述。至于在“封建社会”晚期(如中国春秋战国、西欧中世纪末期、日本德川幕府末年)出现君主专制，由分权走向集权，贵族政治发展为官僚政治，这正是“封建”的变性以致解体，是“非封建”乃至“反封建”的历史走势。而中国春秋战国时期列国先后确立专制君主制；西欧中世纪末期王权上升，统一民族国家形成；日本江户时期通过“参觐交代”，德川幕府掌控藩国。这都是打破封建格局的趋向，是一种过渡形态，而非封建主义的本有内容。

在西欧史学系统中，“封建政体”与“君主政体”本来就是前后递进的两个不同的历史阶段，黑格尔的《历史哲学》的第四部第二篇“中古时代”的第三章，即题为“从封建政体过渡到君主政体”①，讲述西欧中世纪晚期的“进步”，“这种进步就是从封建政体进入君主政体。……封建主权是一种多头政体；……在君主政体中，个人的放纵任性已经被抑制住，成立了一种统治的共同本质。……以前的“诸侯”变为国家的“官吏”②。这里所概括的从“封建政体”到“君主政体”过渡的“否定方面”，恰与中国周秦之际的“废封建”、消解贵族分权相当；“肯定方面”，恰与“立郡县”、树立帝王绝对权威相当，而“以前的“诸侯”变为国家的“官吏””，则十分精要地揭示了封建制解体的一般政制变迁——从世袭贵族政治走向官僚政治。

马克思的封建论大体与黑格尔的上述理路相同，将权力分割的封

---

① [德]黑格尔：《历史哲学》，生活·读书·新知三联书店1956年版，第446页。

② [德]黑格尔：《历史哲学》，生活·读书·新知三联书店1956年版，第446~447页。

建政体与专制集权君主政体加以区别，并就此发表过题旨鲜明的意见。他在1852年撰写的《路易·波拿巴的雾月十八日》论及路易·波拿巴时期法国的官僚机构和军事机构时指出，这个“寄生机体，是在君主专制时代，在封建制度崩溃时期产生的”①，明确地将“君主专制时代”视作封建制度崩溃、走向近代社会的过渡阶段。马克思进而论说：

> 现代历史编纂学表明，君主专制发生在一个过渡时期，那时旧封建等级趋于衰亡，中世纪市民等级正在形成现代资产阶级，斗争的任何一方尚未压倒另一方。因此构成君主专制的因素决不能是它的产物……
>
> 君主专制产生于封建等级垮台以后，它积极参加过破坏封建等级的活动……②

马克思明确指出，中央集权的君主专制与分权式的封建等级制是相悖的两回事，就西欧而言，君主专制是封建等级制向近代资本主义转化的过渡阶段，是封建等级制的破坏过程。

早在1848年，马克思与恩格斯的《共产党宣言》论及“德国的或‘真正的’社会主义”时，概括西欧中世纪晚期的政治形态，采用过两种表述，一是采用区分的方式：“德国的特别是普鲁士的资产阶级反对封建主和君主专制的斗争，一句话，自由主义运动，愈来愈严重了。”③这里的“封建主”，指封爵建藩制度下的封建贵族；“君主专制”则指德国18世纪以后形成的君王独掌政权的制度，与固有的封建制(feudalism)体制不同。二是联合使用的方式，把封建制与专制制度联用：“那里的资产阶级才刚刚开始进行反对封建专制制度的斗

① 《马克思恩格斯选集》第1卷，人民出版社1972年版，第691页。
② 《马克思恩格斯全集》第4卷，人民出版社1995年版，第341~342页。
③ 《马克思恩格斯选集》第1卷，人民出版社1972年版，第278页。

争。"①这里的"封建专制制度"指西欧中世纪晚期、近代早期此一历史转折点的政治形态，它是封建等级制向近代转化的过渡形态。马克思、恩格斯在论及法国、德国等西欧国家中世纪晚期政制时使用"封建专制制度"，都是指的"封建"与"专制"两制交织的过渡形态。

恩格斯在《德国的革命与反革命》中，注意到西欧封建社会晚期经由君主专制向近代社会过渡的情形，将其称为"半封建半官僚的君主专制"。

> 这个国家（指普鲁士邦——引者）的拥有资本和工业的阶级已经成熟到这样一种程度，它再不能在半封建半官僚的君主专制的压迫下继续消极忍耐了。②

这里的"封建"指受封、世袭的封建贵族政治，"官僚"指王权制度下实行的官僚政治，恩格斯以"半封建"与"半官僚"相对应，显示了他对这两种政治制度的严格区分，指出当年普鲁士正处在"半封建"与"半官僚"交混的君主专制这一过渡形态，而当年的德国资产阶级正力图从此一形态挣脱出来。恩格斯还对普鲁士国君弗里德里希·威廉四世进行了评论：

> 他憎恨而且轻视普鲁士专制政体的官僚主义，但这只是因为他的一切同情都属于封建主义。③

这就更清楚地表明，恩格斯是把"封建主义"与"专制政体""官僚主义"作为对立的概念加以使用的，同时还具体展开了威廉四世所向往的"封建主义"的内容，其要点便是"充分地恢复贵族在社会中的统治地位"，这是与不断成熟壮大的"专制政体的官僚主义"这一威廉四

① 《马克思恩格斯选集》第1卷，人民出版社1972年版，第277页。
② 《马克思恩格斯选集》第1卷，人民出版社1972年版，第509页。
③ 《马克思恩格斯选集》第1卷，人民出版社1972年版，第512页。

世所厌恶的制度的发展方向相反的。

人类历史是各种制度交错演进的过程，不可能截然划分为互不关联的制度“板块”，正出于对这种历史实态的反映，在马克思、恩格斯的论著中，“王权”“专制”不仅单独使用，还与“封建”“资产阶级”并联使用。仅以《路易·波拿巴的雾月十八日》为例，其中便多次出现类似“资产阶级王权”“资产者的王权”“资产阶级专制”等用例。这完全是因为“王权专制”是封建社会走向近代资产阶级社会的过渡制度，它与处在“封建”“资产阶级”这前后两个历史阶段都曾关系密切。

综上所引，马克思、恩格斯把“封建主义”视作中世纪的社会形态，而作为封建主义向近代社会过渡的专制制度、官僚政治，并非封建主义的题中之义，虽然他们也肯认西欧中世纪晚期出现“封建专制制度”，但这里的“封建”一词与“专制制度”连用显示了中世纪晚期、近代初期德、法诸国存在着封建制与专制王权相交织的政体。恩格斯特意以“半封建”“半官僚”这样一组对应概念来界定西欧中世纪晚期的政治制度，并把“专制政体的官僚主义”与“封建主义”明确地加以区分与对比。马克思指出：

> 虽然王权这个资产阶级发展的产物在追求绝对权力时，用暴力加速了这些家臣的解散，但王权绝不是这件事情的唯一原因。①

他清楚指出专制王权是资本主义发展的产物，是封建主义的破坏力量之一，它是促成封建家臣制解散的原因之一。这些论述表明，科学社会主义创始人对“封建”概念的准确把握，以及对此一核心概念可能被曲解的防范。

在西方学术界，将封建贵族政治与专制王权政治视作两种不同历史形态的政制，并讨论二者的对应关系，是一种普遍认识。英国学者甄克思的《社会通诠》(有严复中译本)多处考析“王朝拂特(即封建贵

① 《马克思恩格斯全集》第23卷，人民出版社1972年版，第786页。

族之制)之争”，便是指中世纪晚期、近代初期专制王权之制与拂特之制的矛盾、冲突的论析。王权“一恶拂特之分民”，“二恶拂特之世守”，故“王朝拂特，二者皆争自存，故其为争皆烈”，这种冲突斗争，有时是王权胜，严复作按，以西汉吴楚七国之事作类比；有时是封建诸侯胜，严复作按，以中国周东迁以后作类比。① 显然甄克思是把“王朝”(指君主专制)与“拂特”(指封建制)作为两种对立的、彼此激烈争斗的、相互消长的制度看待的；而译者严复则结合中国古史，在此义上加以译介和诠释。

甄克思论述，反映了西方学术界的普遍认识：君主专制制度是封建制度的对立物，而并非封建主义的本有之义。至于封建社会晚期出现的专制王权，只是封建社会走向解体的一种过渡形态。而这正与马克思主义的封建论相切合。

(二)用马克思的封建观判断周秦以下中国社会形态

马克思较少直接接触中国史材料，而基督教传教士、商人携回的东方社会史料使他获悉，近古中国农民大多拥有一块极有限的从皇帝那里得来的完全私有的土地；每年须缴纳一定数额不甚繁重的税金；这些有利情况，再加上中国农民特别能吃苦耐劳，就能供应满足衣食方面的简单需要。马克思由此把握住中国中古—近古时代的非封建性特色——农民小规模地拥有土地私有权。这种情形与西欧中世纪的封建制差异明显。

马克思在《人类学笔记》中概括封建主义的本质特点：

其一，农奴制，若没有农奴制的封建主义是不存在的；其二，土地归封建主所有，封地不具有可以自由买卖的商品性质；其三，封建主拥有世袭司法权，或领主审判权；其四，权力分散，君主专制集权与封建主义不相兼容。

由于印度社会的主流不具备上述四个特点，因而印度的社会不是“封建主义”的。在《人类学笔记》中马克思一再明确、具体地表述了

① 转引自王宪明《语言、翻译与政治——严复译〈社会通诠〉研究》，北京大学出版社2005年版，第462页。

这一意见，马克思拒绝称印度等东方国家的前近代社会为“封建主义”，而将其称为“实行非资本主义生产并以农业为主的国家”。

英国学者佩里·安德森根据马克思的论述，阐发封建主义的发生学、类型学，将马克思的封建观概括如下：

> 封建主义主要是指，由一个贵族组成的社会阶级对农民依法实行的农奴制和军事保护；这个贵族阶级享有个人权威和财产，垄断着法律和私人司法权；其政治架构是主权分裂和纳贡制度；有一种赞美田园生活的贵族意识形态。①

马克思虽然没有就中国的社会形态问题正面发表意见，但依照他对柯瓦列夫斯基和菲尔著作的评论逻辑来分析，中国秦汉至明清显然不属于封建社会，因为：

第一，秦汉至明清，农业生产者的主体是人身大体自由的农民，并非有法定人身依附的农奴，在中国不存在占优势地位的农奴制；

第二，自战国以后，中国的土地可以买卖、转让，贵族土地世袭制不占主导；

第三，中国又有着比印度更加完备、更加强势的中央集权君主专制，阻止如同西欧国家权力分散的领主封建制那样的社会形态发展；

第四，司法权掌握在皇帝控制的朝廷手中(所谓“王法”)，封建主拥有世袭司法权早在周代末年已渐次消除，私人(包括贵胄)行使司法权，被视为“没有王法”。

综上诸点，将秦汉至明清称“封建社会”，显然与马克思的封建社会原论格格不入。而且，如前所述，马克思有关中国中古、近古乃至近代的多篇专文中，从未将其时的中国称为“封建社会”，这与他们将日本中世、近世称为“封建社会”形成鲜明的比照。

---

① ［英］安德森：《绝对主义国家的系谱》(中文版)，上海人民出版社 2001 年版，第 437 页。

六、尊重马克思原论的中外学者针砭泛化封建观

日本与西欧的中古历史形态类同，前近代中国历史则有不同的表现，把秦汉至明清的中国社会说成与西欧中世纪同型的封建社会，其错置自见。按照中国历史的自身轨迹，客观归纳中国历史的分期，概括各阶段中国社会的性质，并慎选中义与西义彼此通约的名目加以表述，方为求得封建真解的正途。一位马克思传记作者论及马克思晚年的《民族学笔记》的价值时，发表了一番议论，值得我们思索：

> 马克思当年所能掌握的材料在今天看是不足的，但他的方法比后来那些认为全世界都要经历“五种社会形态”的人们不知要高明多少倍！那种机械的、单线的社会发展观事实上几乎把我们的历史研究引进了死胡同，不能前进半步。中国历史的研究者们，是不是可以从马克思本人的启发中，摆脱马克思主义的赝品，走出那些自己制造的永远纠缠不清的无谓争论，开辟一条新的马克思主义史学研究之路呢？①

由于马克思没有直接接触过中国先秦史料，当然不可能知道殷周时代的中国曾经实行过封建制度，故无法作中西封建社会的比较研究，但他却了解中古及近古中国的非封建属性，故决不把前近代中国纳入“封建”行列，从而与西欧中世纪的社会形态相区别。这是马克思与其身后大半个世纪的泛化封建论者的重大差异所在。

兼通中西史学的马克思主义学者吴大琨认为泛化封建观有悖马克思的本义，并指出，如果把这种滥用的“封建”一词重译成 feudalism，“西方和全世界的马克思主义者是很难理解的”②。了解并尊重马克

---

① 张光明：《马克思传》，中共中央党校出版社 1998 年版，第 400～401 页。

② 吴大琨：《〈马克思与第三世界〉前言》，《吴大琨自选集》，中国人民大学出版社 2007 年版。

思、恩格斯封建社会原论的人们，都会赞成吴大琨的这一评断。

与吴大琨的评论相类似，英国马克思主义学者佩里·安德森说：马克思所界定的封建主义“与那几个经常被用于给某一社会贴上“封建主义”标识的简单标签相距何等之远”。这里说的“给某一社会贴上‘封建主义’标识的简单标签”，指的是类似柯瓦列夫斯基给印度社会，菲尔给孟加拉、锡兰社会贴上“封建”标签的做法，而这种把土地可以买卖的经济制度、专制君主集权的政治制度贴上“封建主义”标签的做法，与马克思的封建观相去甚远。

泛化封建观与马克思主义创始人对封建主义的理解与认识大相径庭，而泛化封建观所犯的错误是，忽视了前工业社会在“封建欧洲之外的历史领域”表现出来的“重大差异”，对这种差异的忽视，正如“在无知的黑夜，一切不熟悉的形象才具有相同的颜色”①。

如何估量马克思关于封建主义的论述？中共中央编译局 1996 年为马克思的《古代社会史笔记》写的《说明》，有一段精要的概括：

> 马克思反对柯瓦列夫斯基把亚、非、美洲各古老民族的社会历史的演变同西欧作机械类比的做法。……马克思不同意柯瓦列夫斯基把印度在上述时期中发生的土地关系上的变化看作“封建化”，并对柯瓦列夫斯基的论点表示了自己的看法。马克思指出：“别的不说，柯瓦列夫斯基忘记了农奴制，这种制度并不存在于印度，而且它是一个基本因素”。土地并不像西欧中世纪那样具有贵族性质亦即不得转让给平民，也不存在地主的世袭司法权，等等。马克思还指出，印度集权君主制的存在阻碍了印度社会向西欧那样的封建制度演变……②
>
> 马克思的这些论点，表明了他如何运用历史唯物主义原理从实际出发研究各国资本主义以前的社会经济形态及其发展的规律

① ［英］安德森：《绝对主义国家的系谱》（中文版），上海人民出版社 2001 年版，第 567 页。

② 《马克思古代社会史笔记》，人民出版社 1996 年版，第 3 页。

性，在历史研究方面无疑具有十分重要的方法论意义。①

本节略述马克思、恩格斯的封建社会原论，并非提倡对他们的主张取“凡是”态度。他们的封建社会论十分精辟，却也有局限性，如他们并不知道中国在三千年前曾经出现过封建制度，也对前近代中国保留种种封建性遗存知之不详，故他们的封建社会论有修订余地，而并非终极真理。然而，无论是否赞同他们的封建论，有一点应予肯认：马克思、恩格斯坚持较准确的“封建”界说，一再严肃批评滥用“封建”概念，反对将东西方中古社会等量齐观。有人将泛化封建观说成是“马克思主义史学成果”，将批评泛化封建观的意见戴上“反马克思主义”的帽子，显然是牵强而且徒劳的。同时，把马克思尖锐批评过的泛化封建观强加到他的头上，是很不公道的。恰恰是马克思本人在答复俄国民粹派时早已声明，这一加给他的“荣誉”，实则是对他的莫大侮辱。

第二节　关注中国史自身特点的学者质疑泛化封建观

何以必削足适履，谓人类历史演变，万逃不出西洋学者此等分类之外？

——钱穆：《国史大纲》

如前所述，参加中国社会史论战的一些学者信奉历史发展单线论，不同程度地以研究欧洲历史的模式裁量中国历史，导致泛化封建观的流行。但论战中及论战后也不乏拒绝照搬欧洲史模式的学者，他们从中国社会自身实际出发进行历史分期，并将古义与西义相通约，以诠释新名“封建”，昭示中国史研究健全的发展方向。这些学者及

① 《马克思古代社会史笔记》，人民出版社 1996 年版，第 3 页。

其相关论著主要是：

周谷城，1930 年出版《中国社会之结构》；王亚南，1931 年发表《封建制度论》；胡适，1935 年发表《今日思想界的一大弊病》；瞿同祖，1937 年出版《中国封建社会》；钱穆，1939 年出版《国史大纲》；张荫麟，1941 年出版《中国史纲》（上古篇）；雷海宗，1941 年发表《中外的春秋时代》；李剑农，1943 年出版《中国经济史讲稿》；缪凤林，1943 年出版《中国通史要略》；费孝通，1948 年出版《皇权与绅权》；梁漱溟，1949 年出版《中国文化要义》，等等。

一、周谷城及其《中国社会之结构》

兼攻中外历史的周谷城，取“古典封建论”参加中国社会史论战，20 世纪 30 年代初在新生命书局陆续出版《中国社会之结构》（1930 年）、《中国社会之现状》（1931 年）、《中国社会之前景》（1933 年）三书，其第一书将中国政治制度史分为五期：“一曰无政治制度的时代”，“包括自邃古以至黄帝时为止的一个长时期”。“二曰完全的贵族政治时代”，“系指由黄帝至周武王十三年商纣灭亡时为止……封建制度，尚在酝酿”。“三曰封建时代”，周氏将其界定为：“这个时代，系指由周武王灭纣，直到秦始皇实行完全专制一尊时为止的一个长时期而言（西历纪元前 122 年至 246 年）。在这时期之内，政治制度，就是封建制度。自周武王至周平王时，封建制度最是完全。自周平王至秦始皇时，封建制度乃渐衰落。”“四曰封建一尊交替时代”，“指秦始皇到汉高祖的这个短时期言……所谓封建制度，便一变而为统治于一尊的郡县制度了”。“五曰自秦至于最近之政治”①。

周氏认为，秦以后直至近代前，“没有什么顶大的变化”，“秦始皇实行专制一尊以后，有几个重要之点，值得我们注意，即汉之封建郡县并行制、魏晋之门阀政治、唐之藩镇制、元与清之种族专政制是

① 周谷城：《中国社会之结构》，新生命书局 1930 年版，第 30～31，32，34 页。

也”①。

周氏的中国古史分期，注意了封建形成与封建解体这两大历史转折：第一，“自黄帝至周初的时代，完全是贵族政治最盛的时代”，而“直到周室盛行封建制时才改变”。周氏引述王国维《殷周制度论》，说明这两种制度的差别，前者“天子诸侯君臣之分未定也”，后者“天子之尊，非复诸侯之长，而为诸侯之君”。第二，周代实行的封建制度，“春秋以后便动摇起来”，到战国只剩七个大的诸侯国，“后来秦又把其余的六国并吞，于是封建之制，在形式上便消灭了。统于一尊的新政治组织乃继而开始”，“后来虽有郡县封建并行的时候，也有变相的封建时代，但政治的根本方面总算变了”②。

周氏从政治制度史角度论述中国封建制度从酝酿、鼎盛到交替转化乃至废止的过程，与泛化封建观明显不同。

周谷城的中国古史分期，实以“封建制”为中轴线。他说：

> （一）自黄帝至于周初，为完全之贵族政治时代，封建政治，亦蕴于其中。（二）自周至秦为封建政治时代，而专制一尊的趋势，却已见端于春秋战国。（三）有秦一代，则封建政治与专制政治之交替时代。（四）自是以后，专制一尊成了政治之常规；他若封建余波，郡县封建并行，封建势力之反动等等，皆为变相。③

这秦汉以下“专制一尊成了政治之常规……封建余波之类……皆为变相”之说，颇具概括力。

周氏的论析并未止于政治层面，他还从土地制度角度阐明封建制度的兴衰，虽对“井田制”的实存性持怀疑态度，但又明确指出，“秦

① 周谷城：《中国社会之结构》，新生命书局1930年版，第37~38页。
② 周谷城：《中国社会之结构》，新生命书局1930年版，第41页。
③ 周谷城：《中国社会之结构》，新生命书局1930年版，第45页。

之废井田，开阡陌”启动了土地制度的新阶段。① 周氏引述杜佑《通典·田制上》语：(秦)“故废井田，制阡陌；任其所耕不限多少。数年之间，国富兵强，天下无敌”，以说明土地制度方面破除封建的变革对于秦一统天下的决定性作用。

在《中国社会之结构》一书中，周氏还专列一节，作“官僚”和“地主”的考辨，提出中国古史转折的两个基本论题——官僚政治与地主经济。② 惜乎周氏论“官僚”，只是在“官吏家奴化”上展开，并未用力辨析封建社会的世卿世禄制与秦以后的官僚制(朝廷命官制)的差异；然周氏关于“地主”所作的广义、狭义之辨则颇有意义。“若就其最广义而言，统治阶级之全体都是地主。”③而所谓“狭义的地主”则为：“既不是受封的特权者，复不是做家奴的官僚。而是站在人民中间的富人。这等富人之所谓富，完全是以土地多寡为标准。”④这种意义上的“地主”，大不同于封建时代的受封“领主”，是一个新的历史时代生产关系的代表。有关“地主”的来源，周氏以为：第一，“由特权者变来的”；第二，“由官僚变来的”；第三，“由平民变来的。社会既已变成一个完全自由竞争的社会了，那么一般的平民当然也是随着大势而竞争的……由平民起家而为地主，不独是寻常事，也是社会上所极赞许的”⑤。

周氏所说的这种“地主”，正是春秋战国以后开始出现的土地可以买卖的新生产关系的代表者。这种新生产关系显然不同于贵族领主制，而是非封建性的。周氏虽然未能明确地指出这一关键所在，但已很接近此一重要结论。

20 世纪中期以后，周氏遵从“五种社会形态说”，更改先前自己的观点，1950 年作《中国奴隶社会论》⑥，主张两汉封建论，但又常

① 周谷城：《中国社会之结构》，新生命书局 1930 年版，第 54~56 页。
② 周谷城：《中国社会之结构》，新生命书局 1930 年版，第 118~144 页。
③ 周谷城：《中国社会之结构》，新生命书局 1930 年版，第 135 页。
④ 周谷城：《中国社会之结构》，新生命书局 1930 年版，第 138 页。
⑤ 周谷城：《中国社会之结构》，新生命书局 1930 年版，第 140~141 页。
⑥ 《文汇报》1950 年 7 月 27 日。

常继续在本义上使用“封建”这一术语。周氏于1980年作《论古封建》①，提出“奴隶制时代而有封建”之说，列举埃及的“古代封建”、美索不达米亚的“军事封建”、古波斯的“国君封建”，并把中国的西周封建称为“国家封建”或“秦以前封建”，以区别于中古的“封建制”。周氏说：

> 古封建或封建等级制所含的矛盾为各封国与中央的矛盾，即中央要集权，各国要分权。封建制所含的矛盾则不然，为地主与农民间的剥削关系。②

这里的“古封建或封建等级制”所谓之“封建”，仍沿用本义；秦以下的“封建制”所谓之“封建”则是泛化封建。周氏据此“认为中国封建制的开始在东汉后期”，依此分段，“封建时代，至长不过一千多年……奴隶制时代，至短也有两千多年”③，从而变更“中国封建社会长期延续”说。周氏还特撰专论《封建长期似乎不长》。④ 晚年的周氏有关“封建”的见解虽未能越出“五种社会形态说”的樊篱，却又知晓其局限性，试图在“五种社会形态说”框架内寻觅改良之途，这便是延长中国史的奴隶制时段，缩短封建制时段，在泛化封建观占据主流的时期，发出异样的声音。

二、王亚南及其《封建制度论》

王亚南，马克思主义经济学家，1928年开始与郭大力合译马克思的《资本论》，并于1936年出版。王氏也关注中国社会史论战，1931年6月1日在日本东京完成《封建制度论》长文，刊发于《读书杂

① 《中国社会科学》1980年第5期。

② 《周谷城学术论著自选集》，北京师范学院出版社1992年版，第38页。

③ 《周谷城学术论著自选集》，北京师范学院出版社1992年版，第38~39页。

④ 《社会科学战线》1981年第1期。

志》第一卷第四、五期合刊《中国社会史的论战专号》（神州国光社1932年出版）。王氏通过对中国、欧洲、日本历史的比较，力图给“封建制度”一个科学的界定。在引述《大英百科全书》的“封建制度”条目的释文后，王氏该文将“封建制度”概括为以下几个特点：

> （一）以封土为基础。（二）受封者对于主人保有从属关系。（三）领受封土须经称臣受职仪式，作为领有关系之始。（四）受封者以封土为财产，永远传授子孙。（五）注重等级，首长—附庸—从者，如金字塔然。①

王氏认为，这五个特征，欧洲封建制度与中国封建制度都大体具备，基本定义似乎无大出入。② 王氏试图找出一种东西方通约的“封建制度”标准，以之作为分析中国历史的依凭。

按照此一标准，王氏认为：“言中国封建制度，以见于周室者为代表，更进，以周室施行的封建制为标准，来衡定周以前是否有封建制存在，周以后是否尚为封建社会。”③而中国封建制则已于周秦之际解体。作为经济学家，王氏还尝试解答一个大问题：“中国封建制度崩坏了，中国的资本主义经济何以不能接着发达起来？”④

该文最富于论战色彩的是“论证今日中国尚为封建社会之无根据”一目。

现实中国称为“封建”社会，先有“五四”时期的陈独秀文章，后有20年代初译介的共产国际文件，至20年代末30年代初，从此说

---

① 《读书杂志》第一卷第四、五期合刊《中国社会史的论战专号》，《封建制度论》，第4~5页。

② 《读书杂志》第一卷第四、五期合刊《中国社会史的论战专号》，《封建制度论》，第4~5页。

③ 《读书杂志》第一卷第四、五期合刊《中国社会史的论战专号》，《封建制度论》，第17页。

④ 《读书杂志》第一卷第四、五期合刊《中国社会史的论战专号》，《封建制度论》，第29~34页。

者已经数不在少，而王亚南却不以为然。他认为，将确指殷周制度的“封建”覆盖秦汉直至当下，犯了“偷换概念”的错误。

> 要论证今日中国尚为封建社会，论证者一定有所根据，申言之，他一定是把过去中国、欧洲或日本实行封建制度时代的社会实况，来与今日中国社会的实况比较，比较的结果，他发现了：今日中国社会的实况，简直与那时一般无二……我很盼望他的结论是这样推论出来的，因为这样，我们才有话可说。

然而，称现实中国为“封建”的论者不是如此推论，却“拟想一种与中国今日现状相类的体制，而称之曰封建制度，然后再用以确定今日中国为一实行封建制度的封建社会”①。王氏这番看似平和的陈述，却准确地揭示了泛化封建观的症结点：抛开中、西、日“封建”的历史内容，以现实中国的社会属性诠释“封建”，再以这种全然外在注入的“封建”概念，套用于秦汉以来直至现实的中国，这必然导致逻辑混乱。

王氏洞察到泛化封建观来源于某种洋教条。

> 所谓“封建军阀”、“封建思想”一类术语，早就颇流行于一般文人学士口耳之间。不过，进一步根本地论证今日中国尚为封建社会，那却是近年来由苏俄干部派[指联共(布)当权派——引者]发端的。干部派这种意见，颇为反对派即杜洛斯基(今通译托洛茨基——引者)派所反对，迄今两派论争尤烈。中国思想界受此影响，故对于中国今日社会性质的问题，亦有两种正相反对的意见。
>
> 赞成今日中国尚为封建社会者，所提出的论据，大抵得自外

① 《读书杂志》第一卷第四、五期合刊《中国社会史的论战专号》，《封建制度论》，第34~35页。

人，忘却了中国封建制度的特质。①

王氏论“封建”，注重概念的准确性，并力图通过中国、欧洲、日本封建制度的比较，求得封建古义与西义的通约，在忽视概念精确性的社会史论战期间，尤显难能可贵。

胡秋原在评析《封建制度论》时指出：“王亚南君之封建制度论缺点在过于对封建制取学院式解释，而忽视封建制的变型。”②王氏《封建制度论》仅是一篇两万余字的论文，未能详考封建制的种种变型，是其局限性，然其准确界定“封建制”，主张在义项单一的前提下开展相关学术讨论，此种对学术规范的强调，不应以“学院式解释”评断之。

王亚南的封建起讫划分，后来也发生了变化。在 1935 年编译的《中国社会经济史纲》中，王氏认为西周是“初期封建制度”，秦以后是“官僚主义封建制度”或称“专制官僚主义的封建制”，春秋战国是过渡阶段。王氏以后在中国官僚政治的研究上锐意精进，1948 年所著《中国官僚政治研究》对秦汉以下中国政治制度的解剖颇有深度。这时的王亚南虽然受到泛化封建观的影响，但仍然注意区分封建制与专制君主制，将官僚政治与封建贵族政治作为两个不同历史阶段的政治制度看待。他说：

秦代的官僚政客是在封建贵族政治崩溃过程中养成的；而秦后各朝的官僚政客，则都是在官僚政治局面下养成的。③

---

① 《读书杂志》第一卷第四、五期合刊《中国社会史的论战专号》，《封建制度论》，第 39~40 页。

② 《读书杂志》第一卷第四、五期合刊《中国社会史的论战专号》，《通信九》。

③ 王亚南：《中国官僚政治研究》，中国社会科学出版社 1981 年版，第 40 页。

中国的官僚政治为“几千年专制时代”的产物①，“是由封建社会转向资本主义社会的过渡历史阶段的产物”②，王氏明确地将官僚政治与封建贵族政治加以区分。

在“五种社会形态说”风靡中国之际，王氏改变了早年的封建观，他的《中国官僚政治研究》有这样的文字：“单纯从形式上、从政治观点上考察，说中国封建社会在周末解体了，那是不无理由的，即作者在中国社会史论战开始时，亦是如此主张(见《读书杂志》“论战”第一辑拙作《中国封建制度论》)，但后来对封建制作更深一层的论究，始觉得错了。”③然王氏仍注意“以政权非集中化为特征”的“初期封建形态”与“集中的专制官僚统治的封建形态”之间的差别④(这一点使王氏的中国历史分期观与吕振羽的中国历史分期观相近)。在《中国官僚政治研究》中，王氏认为“官民对立”是秦至清中国社会的基本矛盾，并把这一历史时期的社会称为“专制官僚社会”“中国官僚社会”。他指出：

> 中国是一个延续了二千余年之久的专制官僚统治国家。⑤
>
> 中国二千余年的专制官僚政治局面其所以是由秦国开其端绪，乃因中国二千余年的地主经济制度，是由秦国立下基础。⑥

王氏十分明确地肯认秦代在中国历史上的转折地位，肯认自秦以下两千余年间社会的两大特征——专制官僚政治和地主经济制度。而这两大特征正标示秦以后与殷周的贵族政治和领主经济的差异。王氏的《中国官僚政治研究》还这样表述19世纪中叶以后德国社会形态的

---

①　王亚南：《中国官僚政治研究》，中国社会科学出版社1981年版，第43页。

②　王亚南：《中国官僚政治研究》，中国社会科学出版社1981年版，第34页。

③　王亚南：《中国官僚政治研究》，中国社会科学出版社1981年版，第52页。

④　王亚南：《中国官僚政治研究》，中国社会科学出版社1981年版，第53页。

⑤　王亚南：《中国官僚政治研究》，中国社会科学出版社1981年版，第195页。

⑥　王亚南：《中国官僚政治研究》，中国社会科学出版社1981年版，第57页。

混合状况：

> 直至19世纪中叶以后，德国还处于“专制主义、官僚主义和封建主义的混合统治下”(《资本论》(第1卷)，郭大力、王亚南译本，1963年版，第808页注)。①

王氏这里引述他本人与郭大力合译的马克思《资本论》中的结论，明确地将“封建主义”与“专制主义、官僚主义”区分开来，并列使用。类似的说法在《中国官僚政治研究》中还有多处，足见王氏后期仍自觉不自觉地与泛化封建观保持距离。

周谷城、王亚南在20世纪30年代初，对“封建”持古典义与西义相通约的观点，对泛化封建说的批评劲拔有力，其正面立论，理据清晰，堪称中国社会史论战期间的上乘之作。在特定历史条件下，二位后来改从泛化封建观，然仍以某种形式申发不同于“五种社会形态”单线直进说的异见，这已属难能。从思想史言之，某人某方面学术观点的辉煌处，可能在晚年，也可能在早年。今日重温周、王二氏的早年论说，正可发现其思想的光耀处，这不仅会增添我们对前贤的敬重，还可以提升对思想学术发展历程复杂性的认识。

三、胡适及其《今日思想界的一大弊病》

在社会史论战前后，站出来批评滥用概念，抨击泛化封建观的还有影响力很大的学者胡适。

(一)《中国哲学史大纲》的“封建观”

以“输入学理，整理国故”自命的胡适，虽在其最终没有完成下卷的著作《中国哲学史大纲》中，未对中国历史分期作专门论述，但他深知，要研究历史就需知其前因后果，而要知前因，需了解的“第

① 王亚南：《中国官僚政治研究》，中国社会科学出版社1981年版，第31~32页。

一是那时代政治社会的状态”①，为此，需界定所研究的先秦哲学的时代，胡氏把老子、孔子以前的二三百年(前 8 世纪至前 6 世纪)称为“中国哲学结胎的时代”，其时势略为：

第一，长期的战争。

第二，诸侯互相侵略，“灭国破家不计其数。古代封建制度的种种社会阶级，都渐渐地消灭了。就是那些不曾消灭的阶级，也渐渐地可以互相交通了”②。这里所说的“古代封建制度”，当然是指西周封建制。胡氏肯认封建社会的等级制特性。“古代封建制度的社会，最重阶级”③，并引《左传·昭公七年》语“天子经略，诸侯正封，古之制也……天有十日，人有十等，下所以事上，上所以共神也。故王臣公，公臣大夫，大夫臣士，士臣皂……”证之。

第三，“封建时代的阶级虽然渐渐消灭了，却新添了一种生计上的阶级”④。这是指贫富悬殊的穷人阶级和富人阶级的对立。

第四，政治黑暗，百姓愁怨。

胡适又把老子至韩非，称之为“古代哲学”，又名“诸子哲学”。而中国古代哲学(即“诸子哲学”)的“中绝时代”，在公元前 3 世纪前后(即秦一统天下前后)。胡适讨论“中国古代哲学的中道断绝究竟是为了什么缘故”，列出“四种真原因”：

> (一)是怀疑主义的名学；(二)是狭义的功用主义；(三)是专制的一尊主义；(四)是方士派的迷信。⑤

其中第三点，谓战国、秦汉以后，封建制结束，转入“专制的一尊主义”时代。胡适引荀子语“故学也者，固学止之也”⑥。以荀子所

---

① 胡适：《中国哲学史大纲》卷上，商务印书馆 1926 年版，第 35 页。
② 胡适：《中国哲学史大纲》卷上，商务印书馆 1926 年版，第 38 页。
③ 胡适：《中国哲学史大纲》卷上，商务印书馆 1926 年版，第 38 页。
④ 胡适：《中国哲学史大纲》卷上，商务印书馆 1926 年版，第 39 页。
⑤ 胡适：《中国哲学史大纲》卷上，商务印书馆 1926 年版，第 388 页。
⑥ 《荀子·解蔽》。

言，这个学术的“止境”(即终点)，便是帝王的意志：“恶乎止之?曰：止诸至足。曷谓至足? 曰：圣也。圣也者，尽伦者也；王也者，尽制者也。两尽者，足以为天下极矣。故学者，以圣王为师，案以圣王之制为法……”①胡适由荀子语申发道：“这便是我所说的“专制的一尊主义”。在荀子的心里，这不过是挽救怀疑态度的一个方法，不料这种主张便是科学的封门政策，便是哲学的自杀政策。荀子的正名主义全是这种专制手段。后来他的弟子韩非、李斯和他的“私淑弟子董仲舒……都是实行这种师训的人。”②胡氏把“以圣王之制为法”的荀况的弟子——主张“以法为教”“以吏为师”的韩非、李斯，与主张“独尊儒术”“以儒为师”的董仲舒都列为“定一家为一尊”的论者，他们都是“专制一尊主义”时代的思想家。

胡氏没有就中国历史分期发表专门意见，而从《中国哲学史大纲》的行文可以看出，胡氏将殷商西周视作“封建时代”，秦汉以下视作“专制一尊主义时代”。这虽是从思想史角度作的时代划分，却切中了中国古史转折的枢纽处。胡适的中国历史分期，与严复、梁启超一致。

(二)主张“驱五鬼”，不赞成“反封建”

20世纪20年代末以后，泛化封建观成为中国学界一时之显说。胡适1930年4月发表《我们走那条路?》，宣称自己是“孤陋寡闻的人，就不知道今日中国有些什么封建阶级和封建势力。我们研究这些高喊打倒封建势力的先生们的著作言论，也寻不着一个明了清楚的指示”，明确表示了拒绝泛化封建观的意见。该文提出“贫穷、愚昧、疾病、贪污、扰乱”“五鬼闹中华”之说，而未将“封建”列入“鬼”中，因为他认定封建制度早在两千年前已经崩坏了。③ 他主张用改良的办法逐步消除“五大恶魔”，而不是进行所谓的“反封建”革命。

---

① 《荀子·解蔽》。

② 胡适：《中国哲学史大纲》卷上，商务印书馆1926年版，第394页。

③ 参见《胡适文存》四集合印本，台北远东图书公司1953年版，第314页。

胡适此文还批评周谷城《中国教育之历史的使命》①《国家建设中之教育改造》②两篇文章中关于“封建”的概念混乱，指出周氏在前文说“封建制度到秦始皇时破坏了”，后文却说“封建国家又在秦始皇才完全确立”，这是前后抵牾。

1930 年 7 月 29 日，胡适致信《教育杂志》编者周予同，批评周谷城“压根儿就不懂得什么是封建制度和封建国家”。因当时周予同曾发表过轻视概念辨析的言论，认为“封建”概念之争“这问题很简单，不过是两个名词的争辩”，胡适反驳道：“这个问题并不是很简单的。一班浑人专爱用几个名词来变把戏，来欺骗世人，这不是小事，故我忍不住要指出他们的荒谬。”③

可见，胡适高度重视概念的辨析，对于时人在“封建”一名使用上的概念混乱，以及对概念辨析的轻慢态度深以为忧。需要略加解释的是，周谷城早年在封建制度起讫时限上的矛盾论说，显然是受陶希圣的影响。本书第三章第四节曾提及，陶希圣忽而说封建制终止于秦，忽而说封建制开始于秦。这种把封建概念外延任意伸缩的现象，在社会史论战期间时常可见，故胡适对此提出严厉批评。不过，周谷城 1930 年撰写的《中国社会之结构》已有了前后一贯的封建时代断限，并与泛化封建观划清界限，本节前面已作介评。

(三)痛论滥用概念是“今日思想界的一个大弊病”

胡适对于学界存在滥用概念的问题，颇以为意，多次提出批评，1935 年在《独立评论》发表《今日思想界的一个大弊病》④，指出“现在有一些写文字的人最爱用整串的抽象名词……有时候同一个名词用在一篇文章里可以有无数的不同的意义。我们这些受过一点严格的思想训练的人，每读这一类的文字，总觉得无法抓住作者说的是什么话，走的是什么思路，用的是什么证据”。胡适从“平日最敬爱的一

① 《教育杂志》1929 年 2 月 20 日。

② 《教育杂志》1929 年 2 月 20 日。

③ 《致〈教育杂志〉编者》，见《胡适的日记(手稿本)》，转引自潘光哲《“封建”与“feudalism”的相遇：“概念变迁”和“翻译政治”的初步历史考察》。

④ 此文复印件由武汉大学哲学系博士生林桂榛提供。

个朋友陶希圣"的文章中举例，其中一例涉及"封建"的滥用问题。陶希圣《为什么否认现在的中国》一文说："胡先生在过去与封建主义争斗的光荣，是我们最崇拜最愿崇拜的。"对于陶氏的此一褒扬，胡适大不以为然，因为陶氏所称"封建主义"犯了概念滥用的错误。胡适调侃说：

> 我搜索我半生的历史，我就不知道我曾有过"与封建主义争斗的光荣"。压根儿我就不知道这四十年的中国"封建主义"是个什么样子。

胡适不承认清末民初("这四十年的中国")仍然处在"封建主义"。这显然是对20世纪30年代已开始流行的泛化封建说(把近代的中国纳入封建主义)表示决不认同。胡适接着说：

> 所以陶先生如果说我曾提倡白话文，我没法子抵赖。他恭维我曾与封建主义争斗，我只好对他说"小人无罪"。如果我做过什么"争斗"，我打的是骈文律诗古文，是死的文字，是某种思想混沌的思想，是某些某些不科学的信仰，是某个某个不人道的制度。这些东西各有很长的历史，各有他的历史演变的事实，都是最具体的东西，都不能用一个抽象名词(如"封建主义")来解释他们，形容他们，或概括他们。即如骈文律诗，在中国古代封建制度的的确确存在的时代，何尝有骈文律诗的影子？骈文律诗起于比较很晚的时代，与封建主义何干？那个道地的封建制度之下，人们歌唱的(如《国风》)是白话，写的(如《论语》)也是白话。后来在一个统一的帝国之下，前一个时代的活文字渐渐僵死了，变成古文，被保留作统一帝国的交通工具，这与封建主义何干？①

① 胡适：《今日思想界的一大弊病》，1935年5月27日《独立评论》第一五三号。

胡适这番寓庄于谐的言论表明："封建主义"存在于周代，那时的文学形式是白话(如《诗经》里的《国风》，还有《论语》)。而胡适在"五四"时期批判的骈文、律诗、古文则是"统一帝国"的秦汉以后的产物。故胡适坚决不认可他曾有过"与封建主义争斗的光荣"，他所与之"争斗"的是"统一帝国"以下的某些文化现象。故胡适进而指出：

> 又如我们所攻击的许多传统思想和信仰，绝大部分是两千年的长期印度化的产物，都不是中国古代封建制度之下原有的东西。把这些东西都归罪到"封建主义"一个名词，其错误等于说痨病由于痨病鬼，天花由于天花娘娘，自缢寻死由于吊死鬼寻替身！①

胡适明确反对把五四新文学运动归之为"反封建"，因为新文学运动所面对、所批判的是中国的封建制度大体终结之后所产生的文学形态。

除"封建主义"一词之外，胡适还列举"自由""资本主义"等词语，认为都有"滥用"之弊，"忽而用其广义，忽而用其狭义，忽而又用其最广义"，"这毛病，无心犯是粗心疏忽，有心犯是舞文弄法"。这种"总名为"滥用名词"的思想作文方法，在思想上，它造成懒惰笼统的思想习惯；在文字上，它造成铿锵空洞的八股文章"②。

胡适从"封建主义"概念辨析入手，发出重视术语厘定、概念精确性的呼吁，切关学术健康发展之宏旨，可惜，长期以来并未引起人们的警醒。

四、瞿同祖及其《中国封建社会》

在20世纪30年代关注社会史论战，并由此而系统研究中国封建

① 胡适：《今日思想界的一大弊病》，1935年5月27日《独立评论》第一五三号。

② 胡适：《今日思想界的一大弊病》，1935年5月27日《独立评论》第一五三号。

社会的史学家，瞿同祖算得一位。社会史论战期间，尚在燕京大学研究院做社会史研究生的瞿氏以《中国封建社会》取得学位(1937年由商务印书馆出版，后来又译为日文出版)，其自序直接回应中国社会史论战提出的核心问题：

> 因对于封建社会含义及内容有不同看法，中国封建社会的时代问题便成了论战的中心。我从开始动笔以至写成付印，始终持着不强我同于人，也不强人同于我的态度。我认为社会科学家对于一种社会制度的研究，最要紧的是制度本身的了解，次要的才是时代的问题。制度本身如果能彻底了解，起迄于何时代的问题，是比较容易解决的。①

不同于论战各方多数议者的情绪激昂，瞿氏以一种平和的态度致力于封建制度本身的学术考释。他在该书导论中设问并解答道：

> 封建社会的意义是什么？……我们晓得“封建”一名词含义极其含混。英文的名词为 feudalism，是封土(fief)的意思。和我国封建子弟受疆土地的意义相仿佛。但内容如何，却极难说。②

在广引欧美诸史学家关于封建社会的界说和《大英百科全书》《社会科学百科全书》的 feudalism 词条释文后③，瞿氏对封建性的特权阶级的属性加以概括：

> 特权阶级的一切权利义务，都以他的封土为出发点，他对在上的封与者有臣属的义务，特别是兵役的供给。他对在下的臣民

---

① 瞿同祖：《中国封建社会》，商务印书馆1937年版，第1页。
② 瞿同祖：《中国封建社会》，商务印书馆1937年版，第1~2页。
③ 瞿同祖：《中国封建社会》，商务印书馆1937年版，第2~4页。

有治理的权利，最重要的是可以从他们那里得到各种义务的供给。①

瞿氏以这种中西通识式的标准衡量中国古史，认为“封建时代，应当从周代起”，还说德国大史学家弗兰克（O. Franke）“即持此种见解”。在《中国封建社会》的自序中，瞿氏声称：“我不想将封建社会看成一种静的制度，我试图分析他的形成以至崩溃的过程，解剖他的各种社会组织的功能及彼此间的关系。”

瞿氏与周谷城一样，都认为周代是封建社会，但两人的论证有广义、狭义之别。如果说周谷城侧重从政治制度确认周代为封建社会，那么瞿同祖则从经济生活、土地制度、政治结构、社会阶级诸方面论述中国的封建社会：

以经济制度而言，周代已经完全进到农业经济，土地关系成了一切组织的中心。以政治制度而言，周初才举行大规模的封建制度……

诸侯以下又有卿大夫，是受诸侯之封而有封邑的。这种层层分封以相统属的关系，是封建政治的特点。②

以社会制度而言，阶级和宗法是两个极重要的组织。③

更简要而言之，封建社会只是以土地组织为中心而确定权利义务关系的阶级社会而已。④

瞿氏的封建社会概念大体实现了古典义与西义的通约。以这样的“封建社会”概念去观照中国古史，瞿氏的结论与周谷城基本一致。

① 瞿同祖：《中国封建社会》，商务印书馆 1937 年版，第 4 页。
② 瞿同祖：《中国封建社会》，商务印书馆 1937 年版，第 355 页。
③ 瞿同祖：《中国封建社会》，商务印书馆 1937 年版，第 356 页。
④ 瞿同祖：《中国封建社会》，商务印书馆 1937 年版，第 4 页。

> 周代以前，虽有封建的传说，但只是传说而已，决不可靠。封建时代，应当从周代起。

> 我国在周代以前，也已然有了封建的事实，但从周武王以政治的力量使全王国普遍地实行有系统的具体而严密的封建组织后，才入于封建社会完成时期。①

瞿氏此处所述稍显粗略，周代“实行有系统的具体而严密的封建组织”是在周公分封之后，武王分封尚未达到这种层次（详见本书第一章第一节有关“西周封建”的讨论）。

瞿同祖的《中国封建社会》一书论战色彩较淡，通篇正面陈述，较好地综合了中国古典封建论与西洋封建论，昭显了二者相“涵化”的可能。而这种中西涵化的封建论，正是疗治泛化封建观的良药。

五、钱穆及其《国史大纲》

1939年钱穆著《国史大纲》出版，对中国社会史论战期间定型的泛化封建观作了相当尖锐的抨击。

钱氏从政制、学术等方面论证周秦以下的中国社会“不足以言‘封建’”：

> 近人率好言中国为“封建社会”，不知其意何居？以政制言，中国自秦以下，即为中央统一之局，其下郡、县相递辖，更无世袭之封君，此不足以言“封建”。以学术言，自先秦儒墨唱始，学术流于民间，既不为贵族世家所独擅，又不为宗教寺庙所专有。平民社会传播学术之机会，既易且广，而学业即为从政之阶梯，白衣卿相，自秦以来即尔。既无特殊之贵族阶级，是亦不足以言“封建”。②

---

① 瞿同祖：《中国封建社会》，商务印书馆1937年版，第5、7页。

② 钱穆：《国史大纲》，商务印书馆1948年版，第18页。

钱氏还从经济生活、土地制度方面论说秦汉以后的中国社会的非封建性：

> 井田制既废，民间田亩得自由买卖，于是而有兼并。然即如前汉封君，亦仅于衣租食税而止。其封邑与封户之统治，仍由国家特派官吏。以国家法律而论，封君之与封户，实同为国家之公民……则佃户之卖田纳租于田主，亦一种经济契约之关系，不得目田主为贵族、为封君，目佃户为农奴、为私属。土地既非采邑，即难以"封建"相拟。①

钱氏也不赞成陶希圣等人将汉以后的中国社会称为资本主义社会：

> 然若谓中国乃资本主义之社会，则又未是。以中国传统政治观念，即不许资本势力之成长也。②

在驳斥泛化封建观之后，钱氏认为泛化封建观的症结是以欧洲模式套用中国历史：

> 西洋史家有谓其历史演变，乃自"封建贵族"之社会，转而为"工商资本"之社会者。治中国史者，以为中国社会必居于此二之一，既不为"工商资本"之社会，是必为"贵族封建"之社会无疑。③

钱氏质疑西方历史分期的普世性。

① 钱穆：《国史大纲》，商务印书馆 1948 年版，第 19 页。
② 钱穆：《国史大纲》，商务印书馆 1948 年版，第 19 页。
③ 钱穆：《国史大纲》，商务印书馆 1948 年版，第 18 页。

> 不知人类政制，固有可以出于此类之外者。即如近来德、意、俄诸国，即非此等分类可包……中国以往社会，亦尽可非封建，非工商，而自成一格。①

钱穆不是马克思主义者，但此说却与马克思1877年对俄国民粹主义者的批评(参见本书第四章第一节)何其相似乃尔!

钱氏认为欧洲史的分期并不适用于中国历史，他的《国史大纲》将中国史诸阶段划分为：由西周的"宗法封建"到战国的"新军国"，进而到秦汉的"大一统政府创建"，至魏晋南北朝则为"变相的封建"……总之，钱氏按中国历史的实际进行分段概括，而不以西欧模式硬套。他认为：

> 何以必削足适履，谓人类历史演变，万逃不出西洋学者此等分类之外?②

钱氏《国史大纲》没有给战国以下的中国社会拟定一个总名，指出，"从春秋以前之宗法封建，转移到战国时代之新军国"，是中国政治、社会一大剧变。③ 秦以下两千年不能统称为"封建社会"，这是因为中国社会的"政制演进，约得三级"："由封建而跻统一，一也"(此在秦汉完成)；"由宗室外戚军人所组之政府，渐变而为士人政府，二也"(西汉中叶以下，迄于东汉完成)；"由士族门第再变而为科举竞选，三也"(隋唐完成)。④ 秦及汉初为"大一统政府"期、汉武帝至王莽为"统一政府文治"期、东汉为"统一政府堕落"期、魏晋南北朝为"变相的封建"期、隋至唐中叶为"统一盛运再临"期……明

---

① 钱穆：《国史大纲》，商务印书馆1948年版，第18页。

② 钱穆：《国史大纲》，商务印书馆1948年版，第18页。

③ 见钱穆《国史大纲》第二编第五章"二 从宗法封建到新军国之种种变迁"。

④ 见钱穆《国史大纲·引论》。

为"传统政治复兴下之君主独裁"期、清为"狭义的部族政权再建"期。①

这种历史分期的视角主要在政治制度，略于经济制度层面的观照，但钱氏从中国历史实际出发的思路，有可采之处。他还对泛化封建论"懒于寻国史之真，勇于据他人之说"②进行了批评，值得体味。

六、张荫麟及其《中国史纲》

被时人称之"史学天才"，年仅三十八岁即英年早逝的张荫麟，1941年在《中国史纲》(上古篇)第二章这样界说中国的封建社会与郡县社会：

> 武王所肇创周公所奠定的"封建帝国"，维持了约莫七百年……从这散漫的封建的帝国到汉以后统一的郡县的帝国；从这阶级判分，特权固定的社会到汉以后政治上和法律上比较平等的社会，这其间的历程，是我国社会史的中心问题之一。③

将周代的"封建帝国"与秦汉以后"统一的郡县的帝国"作为两大对应的历史段落。在这一意义上，张氏将泛化封建观批评为概念"滥用"："上面所提到的'封建'一词常被滥用。"④

张氏接着正面立论曰：

> 严格地说封建的社会的要素是这样：在一个王室的属下，有宝塔式的几级封君；每一个封君，虽然对于上级称臣，事实上是一个区域的世袭的统治者而兼地主；在这社会里，凡统治者皆是地主，凡地主皆是统治者，同时各级统治者属下的一切农民非农

① 见钱穆《国史大纲·目录》。
② 钱穆：《国史大纲》，商务印书馆1948年版，第19页。
③ 张荫麟：《中国史纲》(上古篇)，正中书局1948年版，第27页。
④ 张荫麟：《中国史纲》(上古篇)，正中书局1948年版，第27页。

> 奴即佃客，他们不能私有或转卖所耕的土地。照这界说，周代的社会无疑是封建社会。而且在中国史里只有周代的社会可以说是封建的社会。①

张氏这里所言“地主”，非指后世的土地可以买卖的地主，而是泛指的“土地主人”，此处实指封建领主。张氏所谓“凡统治者皆是地主，凡地主皆是统治者”，揭示了封建社会的一个基本属性——地权与政权合一。（美国历史学家斯塔夫里阿诺斯在《全球通史 1500 年以前的世界》中阐述了相类观点：“封建制度是一种政体，在这一政体中，那些拥有地产的人也拥有政权。”②）

张荫麟关于封建社会的厘定，切合“封建”的固有古义，又与西欧中世纪列国的政治形态 feudalism 大体相符，并注意了对此一政治形态作经济上的和社会结构上的说明，可以视为一种涵盖东西方封建社会的界说。张氏把中古中国社会史的“中心问题之一”概述为“从这散漫的封建的帝国到汉以后统一的郡县的帝国”③，此语甚得要领。

七、雷海宗及其《中外的春秋时代》

曾留学美国芝加哥大学，任教中央大学、武汉大学、清华大学、西南联大、南开大学的雷海宗，兼通中国史与外国史，对东西方封建制的内涵有全面的认识。雷氏治史，恰值泛化封建观形成以至流行之际，然雷氏拒绝滥用“封建”，始终从古义与西义相兼容的意蕴上阐发“封建”的内涵与外延。

雷氏较系统论述“封建制”“封建时代”，始于 1936 年所撰《断代问题与中国史的分期》，该文把公元前 1200 年至公元前 770 年，即殷商西周称为“封建时代”，把公元前 770 年至公元前 473 年（春秋）、

---

① 张荫麟：《中国史纲》（上古篇），正中书局 1948 年版，第 27~28 页。

② ［美］斯塔夫里阿诺斯：《全球通史 1500 年以前的世界》（中文版），上海社会科学院出版社 1988 年版，第 455 页。

③ 张荫麟：《中国史纲》（上古篇），正中书局 1948 年版，第 27 页。

公元前473年至公元前221年(战国)称为“列国时代”，把公元前221年至公元88年(秦汉)称为“帝国时代”。雷氏又把公元前1300年盘庚迁殷认作“封建时代的开始”①。

> 中国的封建时代，就是殷商西周，由盘庚迁殷至平王东迁，前后五百余年(前1300年至前771年)。中央有一个王，又称天子，当初是殷，后改周室。天子之下，各地有许多诸侯。诸侯之下，有卿大夫与各级的家臣。这是标准的封建金字塔。贵族与平民之间，界限森严。一切的农田、井田，都由贵族支配，分与平民耕种经营。②

雷氏1941年所撰《中外的春秋时代》，从制度层面概括“封建时代”的三种特征：第一，政治的主权是分化的。最高的政治元首并不能统治天下的土地和人民，天下的土地大都分封给诸侯，诸侯实际上各自为政，又把土地分封给卿大夫，分别治理。第二，社会阶级各据法定地位。在封建时代，每个人在社会的地位、等级、义务、权利、责任，是由公认的法则所分派的。第三，经济上，所有的土地都是采邑，而非私产。土地自由买卖，最少在理论上不可能，实际上也不多见。③ 雷氏说：

> 封建时代没有统一的国家，没有自由流动的社会，没有自然流通的经济。当时的政治与文化，都以贵族为中心。④

雷氏对“封建时代”特征的概括并不局限于中国，而是对中国的殷周和西欧中世纪这两个东西比照的“封建时代”的综合。他指出，

① 《伯伦史学集》，中华书局2002年版，第140~148页。
② 《伯伦史学集》，中华书局2002年版，第254页。
③ 《伯伦史学集》，中华书局2002年版，第217~219页。
④ 《伯伦史学集》，中华书局2002年版，第218页。

中国与西欧“这两个文化可供比较之处特别的多”①。但雷氏不赞成将西欧历史模式套用于中国历史，他一方面揭示殷周封建制与西欧封建制的相似之处，又反对把中西历史作时段对应，指出中国的封建制展开于公元前 14 世纪至公元前 7 世纪，而西欧封建制则展开于公元 6 世纪至公元 7 世纪以后，时间上相错近两千年。直至盛行“五种社会形态”说的 20 世纪 50 年代中期，雷氏还多次阐发自己的历史分期观点，坚持认为中国不存在完整的奴隶社会，中国封建时代在殷周，秦汉是帝国时代，从而抵制泛化封建观。②

八、李剑农及其《中国经济史讲稿》

以治中国经济史和近代史名世，曾长期执教于武汉大学历史系的李剑农，1943 年在新中国书局出版《中国经济史讲稿》，从中国历史的实态出发，对“封建社会”作出诠释。他没有照套“五种社会形态”公式，在该书第一编第三章说：“封建为立于氏族共产制与个人土地自由制中间的一种制度。”③

“氏族共产制”便是原始社会的公有制，“个人土地自由制”指秦汉以后实行的土地自由买卖的制度。李氏指出，封建制存在于两者之间，是两者的“过渡期”④。这种“氏族共产制—封建制—个人土地自由制”的中国古史分期法，大不同于“五种社会分期法”的前三段序列“原始社会—奴隶社会—封建社会”，较为切近中国古史的实情。李氏指出：

> 然就所谓封建制度在政治经济上之意义言，有重要之点二：一、领有此封界以内之领主，非但有政治上的直接统治权，且兼

---

① 《伯伦史学集》，中华书局 2002 年版，第 221 页。

② 《伯伦史学集》，中华书局 2002 年版，第 395~406、639~646 页。

③ 李剑农：《中国经济史讲稿》第一编，新中国书局 1943 年版，第 17 页。该书 2006 年由武汉大学出版社收入“武汉大学百年名典”重版。

④ 李剑农：《中国经济史讲稿》第一编，新中国书局 1943 年版，第 18 页。

有其土地支配处分权，因是在封建制度之下，公法之领土主权，与私法上之土地所有权，往往混为一物，封建领主即地主，不容别有地主存在……二、耕作于此封界以内之农民，皆属领主之臣仆，因是成为土地之附属品，不能离去其所耕作之土地；土地既若领主之私产，农民亦遂若领主的财产构成之一部分；土地易主，农民亦随之易主……故称之曰农奴。①

据此，李剑农认为西周是典型的封建社会，并列举“周初进入封建组织之史迹及其原因”②；又展开论述“宗周时期封建制度之进展”③，进而指出：“封建制度之在中国，春秋时已达于发展成熟之期，然其崩溃之形势已显然可见。”④李氏说，腐蚀封建制的势力有经济的和政治的两方面，经济的指生产力进步，以农奴为生产手段的农业起变化，封建基础破坏；政治的指集权国家形成，封建之上层结构破毁。

中国封建制度之动摇，从春秋初年起，渐次进展，至战国末年，形式虽尚遗留，实质已不存在；秦始皇不过是对于已死之封建制，加以正式的死亡公布而已。⑤

封建的经济组织，至秦已经破毁。秦王政二十六年(公元前221年)灭齐，六国悉亡，乃称始皇帝。政治上既归统一，经济上亦遂由封建的领域经济，渐进入国民经济时期。⑥

关于秦汉的经济形态，李氏概括为四个特点：第一，土地已由封

① 李剑农：《中国经济史讲稿》第一编，新中国书局1943年版，第17~18页。
② 李剑农：《中国经济史讲稿》第一编，新中国书局1943年版，第20~23页。
③ 李剑农：《中国经济史讲稿》第一编，新中国书局1943年版，第24~30页。
④ 李剑农：《中国经济史讲稿》第一编，新中国书局1943年版，第30~31页。
⑤ 李剑农：《中国经济史讲稿》第一编，新中国书局1943年版，第31页。
⑥ 李剑农：《中国经济史讲稿》第一编，新中国书局1943年版，第1页。

建领主之手，转为个人的私有，然犹存食户之封君。第二，生产劳动形态。农业生产，已由农奴式转为佃耕及雇佣式，而奴隶之使用者仍不少；工业生产，其主要者，仍保持封建时代自给自足之家庭工作形态。第三，交换授受形态。自战国晚年，已进入货币交换时期，至秦汉间，且已成立一种整然的货币制度……第四，财政赋税形态。国家公赋税收入，与君主私用收入，已有整然分别，不若封建时代领主私财与国家公财混而为一……封建时代"粟米之征，布褛之征，力役之征"，其原则虽已由领主与领民关系，变为国家与公民关系，其征收物以及征收条目，则犹属封建时代之遗蜕也。①

对于秦以后的社会形态，李氏的总评语为：

> 就经济上之总形态言，封建组织的原则虽已破毁，其残余之遗骸犹未尽灭也。②

以上李氏所述基本切合秦以后中国历史的实际。略需补充的是，秦以后的农业生产劳动形态，除佃耕及雇佣式外，还有相当范围的自耕式，拥有小块土地的自耕农是秦以后两千余年的农人群体的组成部分，当然，他们时时可能受到豪强权贵的剥夺兼并，地位很不稳定。

李剑农从经济制度切入，界定周代"封建制"与秦汉以下"个人土地自由制"，解析两制的区别性及联系性，发表有关中国古史分期的见解，对于还复"封建制"的历史内涵，纠正泛化封建观之偏失，富于说服力。

九、缪凤林及其《中国通史要略》

"学衡派"代表人物之一的缪凤林是长期用力于中国通史构建的史学家，从中国历史的真实进程出发，论述中国历史分期，始终抵制泛化封建观。在20世纪30年代任教中央大学时，缪氏撰《中国通史

① 李剑农：《中国经济史讲稿》第一编，新中国书局1943年版，第1~5页。

② 李剑农：《中国经济史讲稿》第一编，新中国书局1943年版，第5页。

纲要》，分四册出版。抗日战争期间，又将《中国通史纲要》精简、修订为《中国通史要略》，其中对中国历史分期有精要概括。缪氏曰："本书旨在就古今民族文化政治社会各种变迁之荦荦大者，略述其经过与趋向，为叙次便利计，顺应乎世变自然之势，默会乎典制变革之交，亦略本通史之规模，兼寓断代之义例，区分为十时代。"①缪氏的中国史"十时代说"，颇有可观之处，特陈列如下：

> （一）唐虞以前曰传疑时代；（二）唐虞夏商西周曰封建时代；（三）东周曰列国时代；（四）秦汉曰统一时代；（五）魏晋南北朝曰混乱时代与南北对峙时代；（六）隋唐五代曰统一时代与割据时代；（七）宋元曰汉族式微与北方诸族崛兴时代；（八）明曰汉族复兴时代；（九）清曰满族入主时代；（十）民国曰中华民族更生时代。②

缪氏将"封建时代"的制度概括为三：封建、授田（井田）、宗法，而三者"皆与封建为因缘"③。缪氏说：

> 封建授田宗法，古代王者治天下之大器，亦中国古代政制之结晶也。自政治言为封建，自经济言为授田，自社会言为宗法，三者息息相通，其余礼乐刑政，则皆三者之用而已。④

可见缪氏的历史分期，综合了政治、经济、社会诸层面，并非单

① 缪凤林：《中国通史要略》，民国学术经典中国史系列，东方出版社2008年版，第7页。

② 缪凤林：《中国通史要略》，民国学术经典中国史系列，东方出版社2008年版，第7页。

③ 缪凤林：《中国通史要略》，民国学术经典中国史系列，东方出版社2008年版，第42页。

④ 缪凤林：《中国通史要略》，民国学术经典中国史系列，东方出版社2008年版，第43~44页。

从政制着眼。而论及东周，缪氏从殷商西周的封建、授田、宗法三个基本制度的崩解出发，将其定名为“列国时代”，认为“列国时代各方面之异于封建时代”①。至秦汉，“国史则由列国时代，而转入统一时代”②。缪氏坚拒将秦汉以下称为“封建时代”，特别指出，秦汉是否定了“封建”的“统一时代”，而秦代确立的“非封建性”的郡县制延绵后世。缪氏说：

> 秦并天下后之政策，影响后世最大者，一曰罢封建之制，以诸侯之地分置郡县。……
>
> 后世郡县多因秦之法，官制虽变化繁赜，而其原理，亦不能出于治民治军与监察官吏之外者，以汉后皆统一之治，非封建之治，故制度亦皆承秦而不承周也。③

“制度亦皆承秦而不承周”，正指明了汉至清两千年间制度的主流，并非西周之封建，而是秦政之郡县。中国前近代社会之非封建性明矣！

十、费孝通及其《皇权与绅权》

社会学家费孝通于20世纪40年代后期，与历史学家吴晗等为探讨中国社会结构问题，在清华大学组织了一个讨论班，1948年8月参加讨论班的费孝通与吴晗、袁方、全慰天、胡庆钧、史靖等所著文章汇编成册出版，书名《皇权与绅权》(1984年天津人民出版社将该书列入“社会史丛书”重印)，其中的《论绅士》《论“知识阶级”》《论师儒》三篇系费氏所撰。在这些文章中，虽然费孝通没有系统论述中国

---

① 缪凤林：《中国通史要略》，民国学术经典中国史系列，东方出版社2008年版，第56页。

② 缪凤林：《中国通史要略》，民国学术经典中国史系列，东方出版社2008年版，第63页。

③ 缪凤林：《中国通史要略》，民国学术经典中国史系列，东方出版社2008年版，第85页。

的封建制度问题，然在行文中展开了对“封建制度”“封建时代”的讨论。在《论绅士》一文中，费氏开宗明义曰：

> 绅士是封建解体，大一统的专制皇权确立之后，中国传统社会中所特具的一种人物。①

显而易见，行文中的“封建”是与“大一统的专制皇权”相对立的概念，指的是殷周封建制，与秦汉以后的“大一统的专制皇权”另成一格。费氏扼要表述“封建”的内涵：

> 封建制度中，政权并不集中在最高的王的手上。这是一个层层重叠着的权力金字塔，每个贵族都分享着一部分权力。王奈何不得侯，侯也奈何不得公，一直到士，都是如此。他们在一定的范围之内，各层有各层的政权。②

经过中国社会史论战，泛化封建观逐步流行于中国的社会科学界，至20世纪40年代，将秦汉至明清称为“封建时代”已较为普遍，“封建制”与“大一统的专制皇权”合二为一成为被混淆的概念。难能可贵的是，此时费孝通仍然坚持古典义与西义相统一的“封建”概念，将其与“大一统的专制皇权”严格区分开来，从而保证了费氏的中国社会史论的科学性。

费氏进而从政治结构层面揭示“封建”与“大一统的专制皇权”的区别：

> 封建解体，在政治上说，是政权不再像金字塔一般的从上逐渐一层层地分下来，而集中成了大一统的皇权，皇帝是政权的独占者，“朕即国家”。他在处理政务时固然雇用着一批助手，就

① 费孝通：《乡土中国》，上海人民出版社2006年版，第81页。
② 费孝通：《乡土中国》，上海人民出版社2006年版，第81页。

是官僚。可是官僚和贵族是不同的。官僚是皇帝的工具，工具只能行使政权而没有政权。贵族是统治者的家门，官僚是统治者的臣仆。①

费氏区分了封建统治与专制帝制的“得位”之别：

封建解体之后，政治上还有一个重要的变化，那就是：“帝王本无种。”封建的政权是依血统来分配和传袭的。不生在贵族之门的庶人，轮不到这些“宝座”，看不到这些“神器”……可是封建解体之后，人人得而为皇帝了，换一句话说，政权成了个可以夺取的对象了。在秦末的时候，封建初废，“彼可取而代之”的心理是既新鲜而又生动，所以太史公在《史记》里借了项羽之口，还要写下这一笔有声有色的口号。这口号是划时代的。从项羽这样一说，争夺政权的事也就没有停止过。政权在一般人眼中似乎成了一个宝贝。做大买卖的就干这个。②

费氏在《论师儒》中，再次对“封建时代”与“皇权时代”加以区分：

在封建时代，主权属于贵族；在“朕即国家”的皇权时代，主权属于皇帝。③

根据上述社会形态分野，费孝通对儒家及孔子作了如下界定：

在封建过渡到皇权时，最能反映出这趋势的思想家是儒家。儒家最后能超过其他百家而成为皇权时代最有力的思想体系，可以说是因为它所表达出来的观点是最适合于皇权时代政治结构中

① 费孝通：《乡土中国》，上海人民出版社 2006 年版，第 81 页。
② 费孝通：《乡土中国》，上海人民出版社 2006 年版，第 81~82 页。
③ 费孝通：《乡土中国》，上海人民出版社 2006 年版，第 97 页。

所需的意识形态。①

> 孔子是生在封建和皇权交替过程的前期，他后来在皇权确立时期被推崇为“万世师表”，所推崇的却是在皇权时代有关孔子的传说……我在这里所提到的孔子，主要的是汉代士大夫所奉以为师表的孔子，这是个传说或神话性的孔子，正是这个孔子才真正象征了皇权时代士大夫的表率，一直到现在还没有完全死去的模型。②

费氏特别指出，“孔子并不是从贵族血统中获得他的地位的，并不直接来自政统”，这显然是一种“非封建”的权力，孔子的“素王”地位得之于“离开封建系统的来源”③，这便是与“政统”相并列的“道统”。费氏进而解析孔子的矛盾性：

> 师儒的理想是王道，王道可以说就是政统加道统。怎么去实现这理想呢？这里埋着孔子的矛盾。他是封建的后裔，他注意社会秩序，一个定于一尊，按着礼治的秩序，静态的社会。封建的传统使他想不到政统可以脱离血统；静态的理想使他厌恶改变社会结构的革命，这是这过渡人物的上半身。因之他对于政统是看成既成和不变的因素。可是同时他又以道统自负……④

孔子的矛盾性决定了，一方面“他所表达出来的观点是最适合于皇权时代政治结构中所需要的意识形态”，是为以皇帝为首的“治人者”设计的治国方略；另一方面，孔子又是“封建的后裔”，其先辈是下层贵族，他本人成为“道统和政统分离的象征”，所以，“当士大夫

---

① 费孝通：《乡土中国》，上海人民出版社 2006 年版，第 98 页。
② 费孝通：《乡土中国》，上海人民出版社 2006 年版，第 98~99 页。
③ 费孝通：《乡土中国》，上海人民出版社 2006 年版，第 100 页。
④ 费孝通：《乡土中国》，上海人民出版社 2006 年版，第 102 页。

阶层要用道统来驾驭或影响皇权，以规范牢笼现实的时候，孔子被抬出来作为道统的创始者，因之得到“素王”的尊号”①。

费氏揭示，中国的政统与道统分离，与西洋的政教分权（耶稣所谓“恺撒的物当归给恺撒，上帝的物当归给上帝”）有相似之处，而差别在于：欧洲中古皇权降服在宗教之下，政教分离的结果是民权抬头；而中国的“道统和政统，一是主动，一是被动”，道统只能消极地等待机会，奉天制约皇权的企图往往流产，道统成为政统统治人民的工具。

费氏将孔子的时代（春秋末年）定位为“封建和皇权交替过程的前期”，从而较真切地揭示了孔子思想的时代性及矛盾性，揭示了孔子被帝王及士大夫共尊并祀，以至被推尊为“万世师表”的原因。费氏并非思想史专家，然而却能够对儒家及孔子作出精辟评断，这得益于他对儒家及孔子的时代特征的准确把握，这种把握的前提，是费氏对中国古代社会形态的科学认识，尤其是他明晰区分了“封建”与“大一统的专制皇权”的界限，有别于照搬“五种社会形态说”的论者。

十一、梁漱溟及其《中国文化要义》

梁漱溟虽没有直接参加中国社会史论战，但同样关注此一论战，在《中国文化要义》中梁氏论及“中国究在社会史上哪一阶段”时，指出此一问题的提出，“实以民十七至二十二年之一期间最为热闹。有名之‘中国社会史论战’即在此时，论战文章辑印至四巨册”，“论者既不易判定其什么社会，则谲诡其词，强为生解，如云‘变质的封建社会’，‘半封建’，‘前资本主义时代’，‘封建制度不存在而封建势力犹存’……种种不一而足”。② 梁氏对这些说法颇存异议，还特别

① 费孝通：《乡土中国》，上海人民出版社2006年版，第99页。

② 梁漱溟：《中国文化要义》，正中书局1949年版，第11页。梁氏称“中国社会史论战”时间为民国十七至二十二年，比实际提前了一年（应为民国十八年开始），这可能是因为梁氏把稍前的“中国社会性质论战”纳入“中国社会史论战”。

批评郭沫若的《中国古代社会研究序言》，认为郭氏“把一切人类不分种族不分地域，都看成相同的”，是一种“迷误见解”，“这完全是闭着眼睛说底话，不看事实；事实证明恰不然”。①

(一)“封建”定义辨

梁氏对于“封建”的界说多有自见，这集中反映在构思于1941年、完成于1949年的《中国文化要义》之中。梁氏从“封建”古义和西义相贯通的认识出发，发表如下议论：

> 何谓封建？封建和解脱于封建，以何为分判？简单说，封建是以土地所有者加于其耕作者之一种超经济的强制性剥削，为其要点。他如经济上之不出乎自然经济，社会上之表见身份隶属关系，政治上之星罗棋布的大小单位，意识上之不免宗教迷信等，大抵皆与此要点天然相联带者。解脱于封建，就是解除这些，而以解除其要点(强制剥削)为主。②

梁氏不赞成“地租剥削构成封建制”的论断，以为其说混淆了封建制与建立在地主制基础上的专制帝制，他引述米诺贾托夫《英国中世纪的领地》一书中的话说，“封建”的要领在于政治上的分裂和经济上的强制(由于存在人身依附关系)，这两点在东西方封建时代都是存在的。基于对“封建”古义和西义的贯通认识，梁氏指出：

> 束缚经济进步的土地封建制度，像欧洲直存在到十七八世纪的，在中国则西历纪元前二百多年已见破坏了……③

梁氏的历史分期，着眼于经济制度(特别是土地制度)的辨析。

---

① 梁漱溟：《中国文化要义》，正中书局1949年版，第39页。

② 梁漱溟：《中国文化要义》，正中书局1949年版，第175页。

③ 梁漱溟：《中国民族自救运动之最后觉悟》，村治月刊社1932年版，第47页。

他对中国封建社会终止期的判定，与严复所论(封建“讫于周”，秦以后为“霸朝”)十分相似，而大异于泛化封建论(将封建社会延及近代)。

(二)实证考察

梁氏议“封建”，并未止于文献材料的引述，就概念论概念，他还依据对邹平、定县等华北农村的社会调查，以实证材料揭示，现代中国北方多数农民有地，也未受到超经济的强制性剥削。

> 北方情形，就是大多数人都有土地。虽然北平附近各县(旧顺天府属)有不少“旗地”(八旗贵族所有)，但他们佃农却有永佃权。例不准增租夺佃，好像平分了地主的所有权(类如南方地面权地底权)。我所曾从事乡村工作之河南山东两省地方，大地主虽亦恒有，但从全局大势论之，未见集中垄断之象。特别在我留居甚久之邹平，无地之人极少。①

梁氏还引用社会学家李景汉的《定县社会概况调查》为证，揭示定县的土地状况：

> 一、百分之九十以上人家都有地。
>
> 二、无地者(包括不以耕种为业者)占百分之十以内。
>
> 三、有地一百亩以上者占百分之二；三百亩以上者占千分之一二。
>
> 四、有地而不自种者占百分之一二。②

梁氏还以河北省谚语“一地千年百易主，十年高下一般同”，表明土地权的变更迅速，贫富转换甚快，从而对上述调查材料加以佐证。

---

① 梁漱溟：《中国文化要义》，正中书局1949年版，第151页。

② 梁漱溟：《中国文化要义》，正中书局1949年版，第151页。

基于社会调查材料，梁氏对中国“农业社会”作出两点概括：

> 第一，土地自由买卖，人人得而有之。
>
> 第二，土地集中垄断之情形不著；一般估计，有土地底人颇占多数。①

> 如我们在邹平、定县各处之所见，其土地是封建解放后的土地，其人是封建解放后的人，明白无疑。……封建之世耕作者随附于土地而不得去之情形，后来中国并未见有。②

梁氏的结论是，中国早已于两千年前从封建制之中解脱，形成地主一自耕农经济，地产不再是政治特权，而仅为一种财富的拥有，买卖转让悉听尊便，封赐土地人民、领主经济的封建制度已成为过去。

至于晚周以后政治上的“非封建性”，梁氏以为更加显著：

> 中国社会在政治上之得解放于封建，较之在经济上尤为显明。中国之封建贵族，唯于周代见之……战国而后，自中央到地方，一切当政临民者都是官吏。官吏之所大不同于贵族者，即他不再是为他自己而行统治了。他诚然享有统治之权位，但既非世袭，亦非终身，只不过居于一短时之代理人地位。③

综合经济上、社会上、政治上、意识上的情形，梁氏认定，秦汉以下的中国“封建已得解放”，并特举流行谚语“耕读传家”，“朝为田舍郎，暮登天子堂；将相本无种，男儿当自强”以佐证，“试问世上焉得有此封建社会？”④并论述中西封建解体的差异：“西洋在封建社

① 梁漱溟：《中国文化要义》，正中书局1949年版，第150页。
② 梁漱溟：《中国文化要义》，正中书局1949年版，第176页。
③ 梁漱溟：《中国文化要义》，正中书局1949年版，第156页。
④ 梁漱溟：《中国文化要义》，正中书局1949年版，第177页。

会后资本社会前，那一过渡期间，政治上曾表现王权集中。但旋即转入限制王权(宪政)，故其为期甚短。恰相反的，此在西洋极短暂者，在中国却极绵长。中国封建削除，同一表现王权集中；乃不料此一集中，竟无了局。它一直拖长二千余年。"①中国的封建解体，并未像西欧中世纪末期那样向资本主义过渡，而是另有路径：

> 一、中国社会史自秦汉后，已入于盘旋往复之中(不是进步慢)；
>
> 二、中国封建之解体，别有其路线，不同于西方。②

结论是："秦汉以来之谜，恰藏在中国封建解体之特殊中，由此入手，即不难阐明一切。"③此正切中了中国中古、近古乃至近代历史研究的症结所在。

十二、齐思和、胡厚宣的思考

中国社会史论战是在唯物史观的语境内展开的，故清理此一论战遗产的前提之一，是复归唯物史观的相关原论，本书第四章第一节勉力于此。而论战的议题是中国社会史，任何外国史(西洋史、日本史等)只能作为参照系，复归中国历史的真实过程，才是清理此一论战遗产的又一前提。

(一)致力"封建"本义与西义相涵化的齐思和

20世纪三四十年代，在古义与西义相通约的基点上论封建社会的历史学者多有人在，前述瞿同祖、张荫麟、雷海宗、费孝通等皆有较深厚的西学背景，然而他们都用心于对中国历史的解剖，外国史只是引作对比，而并未拿来套用。这是他们探讨封建等国史议题有成的原因，前已评述，此不赘述。这里再以博通中西的史学家齐思和为例

---

① 梁漱溟：《中国文化要义》，正中书局1949年版，第174页。
② 梁漱溟：《中国文化要义》，正中书局1949年版，第177页。
③ 梁漱溟：《中国文化要义》，正中书局1949年版，第177页。

加以说明。

博通中西的齐思和认定周代为封建社会，将周秦之际视为封建社会向专制一统社会转化的关口。1935 年在哈佛大学撰写的博士论文《春秋时期中国的封建制度》，从封土制、贵族政治、领主经济诸层面探讨中国的封建制度，较成功地实现了“封建”古义与西义的涵化。

1937 年底，齐氏在《燕京学报》第二十二期发表长篇论文《封建制度与儒家思想》，系统阐发其封建社会论。齐氏首先论列“封建”之古义（“皆指封国而言”）与今义（“乃指社会进化之一阶段”），进而从政治、经济、社会三方面概述西洋及中国封建社会之特征：“在政治方面，封建社会最重要之特色为中央政权之微弱，地方政府之专权，与夫公法与私法之混合。”经济特点在“一切地权皆由受封而来”，土地不得买卖。封建社会之基础是“农业经济”。社会特点在“分贵族与庶人两大阶级”。

齐氏指出，这三方面特点密不可分，共同组成封建社会。中西封建制度虽有出入，但大要“相差无几”。中国封建制度之萌芽，“虽或起源甚早，至殷时已具雏形，然大规模而有系统之封建制度，则至周初始经成立”。春秋战国，封建制渐趋解体，孔子及其儒家的“复周”“复礼”诉求，便是对理论化的西周封建制的向往，而法家则是为专制一统社会作政治规划。齐氏关于中国封建社会的终结，作如下判断：

> 在中国此种制度当春秋末年即呈溃坏之象，至战国时期近代国家已起，而此制度大体废弃，乃至六国既亡，天下一统，则此制完全废除。此后虽封国之制，相沿不废，而封建制度之实质已亡，不得复以封建社会目之矣。

在泛化封建观开始流行于中国学界的 20 世纪 30 年代后期，齐思和坚持准确的“封建”界说，明确指出：自秦开端的中国社会，就主体而言，“封建制度之实质已亡，不得复以封建社会目之”。齐氏以此一判断为中轴，作出富于独立思考的中国历史分期，以此为基础，研讨儒家、墨家、法家的社会属性，破解中国思想史的若干关键问题，颇有创获。

齐思和的古史研究，熟练运用中西历史比较法，观照中西封建制的同与异，既将中西历史彼此参较，获得一种世界史的通识，又绝不以西史框架硬套中国历史。在1947年所著的《周代锡命考》中，齐氏以两周的封建制与西欧中世纪制度作比较，认为西欧封建社会的臣服礼、宣誓效忠礼等，均可在两周政制中找到相似之例。① 齐氏进而指出中西封建制的差异：中国没有西欧那样强有力的宗教势力(如基督教会)，且中国所存在的宗教也对封建并不构成制约，政治统治与祭祀之职，统一于王、公、卿大夫一身。中国的宗法制度既是一个祖先祭祀制，也是再分封制。② 齐氏探讨中西封建制的异同，立足于中西"封建"概念涵化的坚实地基之上，着眼于中国古史实际，展现了概念辨析的学术规范。

(二)服从客观史料，因而真正坚持马克思主义的胡厚宣

因为泛化封建观一向是在"马克思主义史学"名义下展开的，并在大半个世纪间被中国多数人所"认同"，故为澄清此一论题，需要略为探讨：怎样的学术态度才是马克思主义的。这里举一位信从马克思历史学说的史家胡厚宣之例加以说明。

甲骨学及商史专家胡厚宣抗日战争时期著《殷代封建制度考》③，确认殷高宗武丁之际已行封建制度，这显然与当时被奉为马克思主义史学权威的郭沫若的"殷周奴隶制度说"不同，与"五种社会形态说"相违——根据"五种社会形态说"，原始社会解体，步入文明门槛、建立国家的第一级社会，必然是奴隶社会，而胡厚宣则从古史史料中无法找到殷周奴隶制的证据。胡氏后来讲道：

---

① 齐思和：《周代锡命考》，《燕京学报》第三十二期，1947年。

② 见马克垚《齐思和先生的会通之学》，《光明日报》2007年6月8日史学版。

③ 胡厚宣：《殷代封建制度考》，成都：齐鲁大学国学研究专刊，1944年。

> 我当时方追求马克思主义，因此确信殷周为奴隶社会之说，但客观史料具在，又不容否认。因此对封建制度起源的理论和史实之矛盾将如何说通，亦尝留心。

在“理论”与“史实”发生矛盾时，胡氏坚持以具在的“客观史料”为出发点，没有服从与“客观史料”相违背的殷周奴隶社会这一“权威论说”（这种论说，当时被称之为“马克思主义的”），而提出殷周封建社会论。应当说，胡氏坚持的此一学术路线才真正符合马克思学说的精髓——不是从概念出发，也不是从流行的、“权威”的模式出发，而是从客观存在的事实出发。胡氏进而指出：

> 现在人们认为封建就是古代国家形成的标志，又依恩格斯之说，雅典、罗马、德意志三个国家的形成及其发展途径，并不一致，也没有必要完全一致。

胡厚宣当年不可能得见马克思晚年的《民族学笔记》中译本，然其关于人类诸民族通向文明史的多样化路径的认识，恰与《民族学笔记》观点相吻合。①

十三、小结

概言之，泛化封建观虽然自20世纪30年代渐居主导地位，但与此相辩难的言说也不绝如缕，以上所列仅为部分。这些论者约分三类：一为持中国传统史学观点的学者（如钱穆）；二为持欧美主流史学观点的学者（如瞿同祖）；三为马克思主义学者（如王亚南）。他们的封建观有近似之处，便是试图将“封建”的古汉语本义与西义相通

① 胡厚宣是先父挚友。两位老先生几十年前在笔者武昌家中切磋甲骨学的情景，至今鲜明如昨。20世纪80年代初去北京胡府拜访，胡先生还一再询问先父遗著整理出版事宜及先父收藏甲骨片的去向。今书此目，以志对胡先生的纪念。

约，从世界历史多元进展的视角，观察中国古史，展开古史分期。虽然其深浅精粗均在可议之列，却是一份值得重新发掘与研讨的遗产，以之与泛化封建观相比照，有助于人们认识中国近现代史学多彩多姿的全貌。

泛化封建观是20世纪30年代以来的主流观点，但全面考察中国史学实际即可发现，非泛化的封建观也有着富于学理的阐发，并产生一定程度的社会影响，本节所述，即可略窥其貌。故论及“封建”语用第四期(20世纪20年代末至30年代)与“封建”语用第五期(1939年至今)，应当将本节评介的虽非主流却不可忽略的部分纳入其内，如此，“封建”语用的状态才能得以全面昭显。今天重新界定“封建”“封建制度”“封建社会”“封建时代”，也才拥有历史资源的广阔度和较为坚实的前进基地。

近现代中国史学术语“封建”语用五阶段

期别及代表学者	起讫时段	“封建”含义
第一期 严复 梁启超	清末民初	远衔古汉语义(封土建国)，兼合对译词 feudalism 之西义
第二期 陈独秀	五四新文化运动(1915—1921年)	“封建”相当于“前近代”“落后”“反动”。自三代讫于近代皆为“封建社会”。使用此用法者极少，然“反封建”命题流传广远
第三期 瞿秋白	大革命前后(1922—1928年)自共产国际引入	农业生产方式、自然经济、专制君主政治，称现实中国为“半封建” 泛化封建观影响有限，多数学者仍在古义与西义兼容的含义上使用“封建”

续表

期别及代表学者	起讫时段	"封建"含义
第四期 郭沫若	中国社会史论战(1929—1934年)及以后	生产者是被解放的农工，土地可以买卖，中央集权的专制君主制 战国以下为"封建社会"，直至清末，清末至民国为"半封建社会" 泛化封建观为众说中的一家。仍有不少学者在古义与西义相兼容的前提下使用"封建"
第五期 主流史家	《中国革命与中国共产党》(1939年12月)发表、《联共(布)党史简明教程》1949年至50年代中期作为干部读物以来	在"五种社会形态说"的框架内，泛化封建观逐渐成为主流以至普被国中部分学者仍坚持在古义与西义兼容的前提下使用"封建"，并对泛化封建观展开批评 与泛化封建观相辩诘的声音逐渐壮大

第五章　制名指实

第一节　中国历史分期与秦至清社会形态探略

我以为国家之成，实经三时代：(一)部落时代；(二)封建时代；(三)郡县时代。

——吕思勉：《中国制度史》

历史学是一门时间科学。对漫长的人类历史作时间向度的阶段划分，是历史学的一项基本使命。鉴于中国历史悠久而复杂，又具有许多异于外邦的特色，故对其作合理的分期，绝非易事。第四章所列诸学者的论说各有华彩，然而又并未提供全解，所留下需进一步探索的问题尚多。本节着重讨论：中国历史分期诸段落应当如何命名，特别是曾经冠以“封建社会”的秦至清这两千多年的社会形态应当如何命名？

一、中国历史分期说鸟瞰

中国历史分期的讨论，进行了大半个世纪之久，至今仍聚讼纷纭，也使有些学人对这一论题渐生厌倦。然而，历史分期是一个普涉性极强的课目，一切史学乃至全体人文社会科学的研究均无法回避。诚如日本研究中国历史的学者谷川道雄所说：“历史分期是从总体上把握历史体系的有效方法。”①若不能对历史作出科学的分期，历史体系的总体把握便无法实现，各种具体的研究也将失去坐标系，如坠五里云雾，茫无头绪，也无法向大众(尤其是青少年)提供清晰的历史脉络。

(一)中国传统的历史分期观

中国史学在西方史学(包括其术语)传入中国之前，主要以王朝断代。注重王者世系、统纪。战国时法家从历史进化的眼光划分历史阶段，商鞅学派有“上世—中世—近世”三段说，所谓“上世亲亲而爱私，中世上贤而说仁，下世贵贵而尊官”②，描述了“血亲政治—贤人政治—贵族政治”的进化过程；韩非子有“上古之世—中古之世—近古之世—当今之世”说③，并认为历史是进化、发展的，每一阶段都面临某种主要矛盾，解决矛盾的办法也因时而异：“上古竞于道德，中世逐于智谋，当今争于气力。”④这种进化历史观，为近代史家夏曾佑、梁启超等借用并加以发挥，以之与从西方引进的线性进化史观相对接，一度普遍使用。

另一种历史分期观，见于西汉今文家治《春秋》，他们将两百余年的春秋史分作“有见、有闻、有传闻”三世⑤，东汉何休在《春秋公羊解诂》中将“三世说”解释为“据乱世、升平世、太平世”，此为治乱观的三分法，含有历史进化论意味，为盛行王朝分期法时代的历史分期之异类，后世今文家沿用，亦被近代史家所假借，如康有为将“公羊三世说”与《礼记·礼运》的“大同”“小康”说相结合表述历史进程。⑥ 梁启超在《变法通议》中便以春秋三世说表述世界之进化过程。

① 《日本学者研究中国史论著选译》第 2 卷，中华书局 1993 年版，第 326 页。

② 《商君书·开塞》。

③ 见《韩非子·五蠹》。

④ 《韩非子·五蠹》。

⑤ 见董仲舒《春秋繁露》卷一。

⑥ 参见《春秋董氏学》卷二，《康有为全集》第 2 辑，上海古籍出版社 1990 年版，第 671 页。

赴日本以后，梁氏的《自由书·文野三界之别》，以“据乱世、升平世、太平世”对应泰西的“蛮野—半开—文明”历史三段式。

（二）西方历史分期法及其引入中国

西方有关世界历史分期法形成于近代。文艺复兴时期出现“中世纪”一词，与“黑暗时代”相并用。人文主义者彼得拉克将历史分为：罗马、黑暗时代、复兴时期。至18世纪初，凯勒尔出版《古代、中世纪和新时期世界通史》一书，开始了“三部史”的世界史分期法。① 意大利哲学家贝奈戴托·克罗齐说：“我们近代欧洲人把历史分成古代、中世纪、近代。”这种分期虽然“遭受了某些人的大量精确的批判”，“但是，它支持下来了”。② 清末民初之际，西方线性进化史观传入中国，“三部史”历史分期也被近代中国学者所参酌，引作相应的中国历史分期。

王韬参考欧洲“原始民主—君主专制—君主立宪”的政治史进程，将中国史分作三阶段：三代以上“君与民近”；秦以下“废封建而为郡县”，尊君卑臣；近代“君主于上，民主于下”③，明确地把“三代”之治（封建）与厉行专制的秦以下（郡县）分作两个不同段落。

郑观应参酌西洋社会史的说法，将历史分作三段：由“弋猎”变“耕牧”再变“格致”，此为“世运之迁移，而天地自然之理也”④。这明显是从生产方式上划分历史阶段（渔猎经济—农耕畜牧经济—工业经济）。

梁启超1901年出版的《中国史叙论》拟仿西洋人把世界史划分为“上世史、中世史、近世史”，而将中国历史也分作“上世史、中世史、近世史”，并对应为“中国之中国、亚洲之中国、世界之中国”三个阶段。他的表述如下：

---

① 参见张广智《全球通史·中译本导言》，《全球通史1500年以前的世界》，上海社会科学院出版社1988年版，第12~13页。

② ［意］贝奈戴托·克罗齐：《历史学的理论和实际》（中文版），商务印书馆1982年版，第86页。

③ 王韬：《弢园文录外编》卷一《重民下》。

④ 《郑观应集》下册，上海人民出版社1982年版，第340页。

> 第一　上世史。自黄帝以讫秦之一统，是为中国之中国，即中国民族自发达、自竞争、自团结之时代也。其最主要者，在战胜土著之蛮族，而有力者及其功臣子弟分据各要地，由酋长而变为封建。复次第兼并，力征无已时。卒乃由夏禹涂山之万国，变为周初孟津之八百诸侯，又变而为春秋初年之五十余国，又变而为战国时代之七雄，卒至于一统，此实汉族自经营其内部之事……
>
> 第二　中世史。自秦一统后至清代乾隆之末年，是为亚洲之中国，即中国民族与亚洲各民族交涉繁赜，竞争最烈之时代也。又中央集权之制度日就完整，君主专制政体全盛之时代也，其内部之主要者，由豪族之帝政，变为崛起之帝政……
>
> 第三　近世史。自乾隆末年以至于今日，是为世界之中国，即中国民族合同全亚洲民族，与西人交涉竞争之时代也。又君主专制政体渐就湮灭，而数千年未经发达之国民立宪政体，将嬗代兴起之时代也……①

这一分期符合中国与外域文化关系发展历程的实际，也指明了中国史自身各阶段政治、文化特征，然而尚未论及经济形态，故作为各阶段属性的总体概括，还有所缺略。

夏曾佑 1902 年撰成的《最新中学中国历史教科书》(后改名为《中国古代史》再版)②，突破传统史体，首用章节体编写，并据历史演化序列，分中国历史为上古、中古、近代三期。

梁启超、夏曾佑划分历史的方法为清末民初学界所接受，并渐成惯例。如曾列为大学丛书的章嵚的《中华通史》即按“政治与文化之起落”，将中国历史分为上古(黄帝至战国末)、中古(秦至唐末)、近古(五代至明末)、近世(清至民初)。该书把“周初之立邦及灭殷后之封

① 《梁启超全集》第一册，北京出版社 1999 年版，第 453~454 页。

② 夏曾佑：《中国古代史》，生活·读书·新知三联书店 1955 年版。

建”视作中国古史的一大转折，又称春秋战国为“封建解纽之一大时期”，并概括秦统一天下的五大举措：其一，推帝制中夏之心；其二，推罢斥封建之心；其三，推画一国制之心；其四，推贱视氓庶之心；其五，推自身乐利之心。①

熊十力在抗日战争期间完成的《中国历史纲要》中称：

> 自夏、商讫于周为封建诸侯之世，虽戴有天子为共主，而实则诸侯有国，大夫有家，各有其土地，各以其所抚之人民为农奴而已，所谓封建社会是也。
>
> 春秋讫于战国，渐去封建之习……秦废封建，改郡县，是为一大变。②

熊十力显然对当时已经流行的泛化封建说不予认同，而继续沿用“封建”的原意。在1949年完成的《韩非子评论》、1951年完成的《论六经》等著作中，熊氏论析三代封建社会及其意识形态与秦汉以下君主专制社会及其意识形态的重大差异，指出：

> 秦以后儒者，以帝制思想释经，全失孔子之旨……得假君权以宰制中夏。③

熊氏指出秦后儒者被帝制思想控制，释经已脱离封建时代原始儒学的本旨，这一精辟的思想史论，立足于对中国历史分期的准确把握。

钱穆在1948年完成的《中国文化史导论》中，把“中国古代史上

① 见章嵚主编《中华通史》上，商务印书馆1933年版，第92、293、390~394页。

② 萧萐父主编、郭齐勇副主编：《熊十力全集》第二卷，湖北教育出版社2001年版，第751页。

③ 《熊十力全集》第五卷，湖北教育出版社2001年版，第302页。

的‘民族融和’与‘国家凝成’两大功业，共分为五个阶段而完成”：“禅让制度”的“唐、虞时代”；“王朝传统制度”的“夏、商时代”；“封建制度”的“西周时代”；“联盟制度”的“春秋时代”；“郡县制度”的战国末期以降。① 这是从中国历史实态归纳出的政治制度分期，颇有参考价值。

（三）社会形态说指导下的历史分期观

唯物史观的社会形态学说传入中国，使中国学界有关历史分期的讨论获得强劲的理论支持，学界不再仅以王朝更迭、政制变迁作分期标准，而从经济、政治、社会、文化统合而成的总体格局考析历史分期，这无疑是史学的一大进展。但初习社会形态学说的中国学者又受到“西方中心论”影响，以从欧洲史概括出的历史进程（原始社会—奴隶社会—封建社会—资本主义社会）套用中国史分期，将既往的中国历史序列为：原始社会—奴隶社会—封建社会—半殖民地半封建社会。如前所述，此种分期法虽有颇强的概括力和宜于传播的优势，但由于它的某些环节是“泛化封建观”的产物，存在名实不符之弊。

未入文明门槛之前的阶段称“原始社会”，是不成问题的，若以生产工具为标志，则又可分为旧石器时代和新石器时代；若以社会组织标志，则分原始群时代和氏族公社时代。原始群时代以百万年计，氏族公社时代延传亦相当久远，是原始社会后期。

人类跨入文明门槛（以发明并使用金属工具及文字，出现城市为标志）以后，情形渐趋复杂。在中国，夏代考古多有城址及金属器具出土，却因未发现成熟文字，史家多不深论。而商代则有“原始共同体”（郭沫若《中国古代社会研究》持此说）及“奴隶社会”（吕振羽《殷周时代的中国社会》持此说，后来郭沫若也将自己的观点修正为此）两说。西周有“奴隶社会说”②“初期封建社会说”③。此外，郭沫若

① 钱穆：《中国文化史导论》（修订本），商务印书馆1994年版，第38页。

② 参见郭沫若《中国古代社会研究》，上海联合书店1930年版。

③ 参见吕振羽《殷周时代的中国社会》，生活·读书·新知三联书店1962年版。

从生产工具特点出发，将商周称为“青铜时代”(然而考古发现证明，商之前的夏已进入“青铜时代”)。

商周千余年间，虽多有赐奴、贩奴、用奴、蓄奴、杀奴及以奴殉葬现象，然社会生产者的主体是奴隶还是身份自由的农人，两说未定，从《诗经》等可信之商周文献中，难以得见普遍性的奴隶制生产和生活状况，故商周能否归入“奴隶社会”，尚存疑，而此间“宗法”“封建”二制渐趋成熟，覆盖社会、经济、政治及观念诸方面，毋庸置疑，故以“宗法封建社会”称商周两代的中国社会，与史实庶几相合。至于秦汉至明清的中国社会，因时间跨度长达两千余年，其间制度多有变迁，宜分段命名，若需要冠以总名，如前所述，以“封建社会”名之，实为不妥，然重新命名则颇费斟酌。

笔者以为，如果将人类历史长河大略分为三段，其首尾两段的共性突出(也存在种种个别性，不可笼统论之)，中间阶段个性鲜明、差异显著：

原始社会(包括其后期氏族制社会)，由于生产力低下，物质文化、制度文化、观念文化相对简单，各个地域文化，其样式差别较小，试比较西亚、东亚、南亚、西欧、中南美的原始文化，共同之处甚多，这并非由文化传播造成，而是物质条件的近似性和人类思维趋同性导致的结果。①

近代工业文明兴起，资本主义促成世界统一市场逐步建立，使诸国各地的生产和消费渐成世界性的，在愈益强劲的文化传播影响下，一切国家不仅物质生产的一体性增强，精神生产的共性亦随之大增，诚如马克思与恩格斯在《共产党宣言》中所说，资本主义导致“世界的文学”(可理解为“世界的文化”)形成。当然，现代文化绝非单由西方文化来普被，文化的丰富性并不会在全球化进程中消失，而由于异彩纷呈的多元文化要素的彼此涵化，当下及未来的世界文化，是多与一

① 见[法]拉法格《关于婚姻的民间歌谣和礼俗》，《拉法格文学论文选》，人民文学出版社 1962 年版。

的统一。

至于在这两头之间的中古时期，各“文化圈”大体是在封闭、半封闭状态下独立发展的，各“文化圈”面对的自然环境、社会条件各异，承袭的历史文化传统又差别极大，故其社会形态、文化状貌往往沿着不同方向发展，呈现繁复多样的类型。如亚细亚形态不同于欧罗巴形态，亚细亚形态的中国、印度、日本又大相径庭，欧罗巴形态的斯拉夫、日耳曼、雅典也各展身姿。试图将这些性状多样的中古社会限于同一模型之内，是心劳日拙的。具体言之，把秦至清的中国社会与西欧中世纪社会、日本中世及近世社会纳入同一个“封建社会”模型之中，其牵强自见。只有按照各国各地历史自身的轨迹，概括其中古历史的社会形态，方为求得真解的正途。

二、中国学者关于秦至清社会形态命名尝试

在泛化封建观出现之前及之后，曾有很多的中国学人为秦至清这一历史阶段设定名目：

梁启超称之“统一时代”①“君主专制全盛之时代”②；严复称之“霸朝”，又用疑问句式称之“军国社会”，意为强权时代、专制社会③；周谷城称之“专制一尊”“统治于一尊的郡县制度”时期④；戴行轺将周初至秦称为“封建社会时代”，鸦片战争起称为“资本主义社会时代”，两者之间的秦至清鸦片之役止，称为“过渡社会时代”⑤；王礼锡称之“专制主义时期”⑥；胡秋原称之“先资本主义—专制主义

① 参见《论中国与欧洲国体异同》，《梁启超全集》第一册，北京出版社1999年版。

② 梁启超：《中国史叙论》，《梁启超全集》第一册，北京出版社1999年版。

③ 《译〈社会通诠〉自序》，《严复集》第一册，中华书局1986年版。

④ 周谷城：《中国社会之结构》，新生命书局1930年版。

⑤ 戴行轺：《中国官僚政治的没落》，1931年。

⑥ 王礼锡：《中国社会形态发展史中之谜的时代》，1932年。

社会”①；李季称之“前资本主义的生产方法时代”②；陈登原称之“中古”，其“文化史之大事”是“封建变而为郡县”“皇权之隆重”③；瞿同祖称之“中央集权的国家”时期④；张荫麟称之“统一的郡县的帝国”时期⑤；李剑农称之“个人土地自由制”时期⑥；陈啸江称之土地自由买卖、农地佃佣的“高级农业社会”时期⑦；萧公权称之“君权一统”时代⑧。萧氏分析先秦诸子的政治思想，有这样的判断：

> 儒墨拥护已经崩溃之封建天下，法家预想行将出现之君权一统，道家则否定历史上一切制度。⑨

这里的“封建天下”，指夏商周制度，墨家尊夏，儒家从周，都向往古昔封建；而“君权一统”，指秦以下的君主专制制度，战国法家已为之“预想”。这是颇精辟的论断，所透露的历史分期观，也相当明晰。

柳诒徵称之“郡县之制”时期，他说周秦之际“因灭国而特置县，因置县而特命官。封建之制逐渐变为郡县之制。此政治变迁之至大者也”⑩。柳氏说：“盖嬴政称皇帝之年，实前此二千数百年之结局，

---

① 胡秋原：《亚细亚生产方式与专制主义》，1932年。

② 李季：《中国社会史论战批判》三“中国经济时期的划分及其说明”，神州国光社1936年版。

③ 陈登原：《中国文化史》上，1935年。

④ 瞿同祖：《中国封建社会》，商务印书馆1937年版。

⑤ 参见张荫麟《中国史纲》(上古篇)，正中书局1948年版。

⑥ 参见李剑农《中国经济史讲稿》，新中国书局1943年版。

⑦ 参见陈啸江《当前经济的根本问题》，史学书局1944年版。

⑧ 萧公权：《中国政治思想史》，商务印书馆1946年版，民国丛书，第1编第22册。

⑨ 萧公权：《中国政治思想史》，商务印书馆1946年版，民国丛书，第1编第22册，第7页。

⑩ 柳诒徵：《中国文化史》，正中书局1947年版，第374页。

亦为后此二千数百年之起点，不可谓非历史一大关键。”①明确指出了秦代已终结封建时代，开始了非封建制的郡县制时代。同时，他又指出，封建制向郡县制转化，绝非在一个短时期内完成。在论及“秦灭五等而立郡县”之后柳氏说：

> 秦楚之际，六国之裔复起，卒归夷灭。汉又大封宗室，至景武之世，诸侯王始削弱焉。故封建之变为郡县，自春秋至汉，凡更五百四五十年（自秦武公初县冀，至吴楚七国乱后，约五百四十年），始蜕化而臻固定。②

柳氏还由此申发了关于历史分期的卓见：“论政俗之变迁，万不可囿于朝代。”③钱穆在《现代中国学术论衡》中称中国社会为“宗法社会、氏族社会，或四民社会”④。法学史家杨鸿烈20世纪30年代在商务印书馆出版的《中国法律思想史》中，将周末视作制度的过渡时代：从“王”到“霸”，从“礼”到“法”，从“贵族政治”到“君主独裁政治”。这已接近于将秦汉以后的社会视为与“贵族政治”（封建制的另一提法）相对应的“君主专制制度”。

上述命名多从政制着眼，但也有学人超越此点，兼及社会、经济、政治、文化诸方面，例如：瞿同祖讲到周末封建制崩溃，提及“阶级的破坏，兼并的盛行，商业经济的兴起及土地制度的改革”⑤。李季则从生产方式辨析入手，将夏、殷称为“亚细亚的生产方法时代”，周代称为“封建的生产方法时代”，秦至清中叶为“前资本主义生产方法时代”，鸦片战争后为“资本主义生产方法时代”⑥。李剑农

① 柳诒徵：《中国文化史》，正中书局1947年版，第375页。
② 柳诒徵：《中国文化史》，正中书局1947年版，第375页。
③ 柳诒徵：《中国文化史》，正中书局1947年版，第375页。
④ 钱穆：《现代中国学术论衡》，岳麓书社1986年版，第211页。
⑤ 瞿同祖：《中国封建社会》，商务印书馆1937年版，第357页。
⑥ 参见李季《中国社会史论战批判》三“中国经济时期的划分及其说明”，神州国光社1936年版，第17、18页。

由经济制度观照历史，称秦代“经济上亦遂由封建的领域经济，渐进入国民经济时期”①。秦汉“就经济上之形态言之，第一，土地已由封建领主之手，转为个人的私有，然犹存食户之封君”②。“第二，生产劳动形态。农业生产，已由农奴式转为佃耕及雇佣式，而奴隶之使用者仍不少；工业生产，仍保持封建时代，自给自足之家庭工作形态”③。这是以社会形态学说为理论与方法，去具体考析中国历史分期的可贵尝试。

综观上述学者的提法，其意向多不赞同以“封建社会”命名秦至清的中国两千余年历史，但也没有找到表达此一漫长时段的、概括力较强的统一术语。

杨宽治先秦史有年，关于古史分期独具自见，在《西周史》的“前言”中，杨氏说：

> 中国从古以来历史发展有其独特的规律，根本不同于欧洲的历史，既没有经历像古代希腊、罗马那样的典型奴隶制，更没有经历过像欧洲中世纪那样的领主封建制，而是从井田制的生产方式发展为小农经济以及地主经济的生产方式。④

其说虽未对周秦以下的社会形态给定名目，然所概括的“小农经济以及地主经济的生产方式”，抓住了秦至清社会形态的核心内容，并指明其不同于“欧洲中世纪那样的领主封建制”。

三、周秦之际是古代中国社会形态的转折点

把握秦至清两千余年社会形态，其枢机在于确认周秦之际政治—经济变革的性质。因为这一关键时段的变革所指示的方向，确立了秦

① 《中国经济史讲稿》第三编“两汉”，新中国书局1943年版，第1张。
② 《中国经济史讲稿》第三编“两汉”，新中国书局1943年版，第1张背面。
③ 《中国经济史讲稿》第三编“两汉”，新中国书局1943年版，第1张背面。
④ 杨宽：《西周史》，上海人民出版社1999年版，第4页。

以下两千余年社会的基本走势，即所谓“汉承秦制”“唐承汉制”“宋承唐制”“明承宋制”“清承明制”，等等。关于周秦之际的社会变革，杨宽有一简要概述：

> 春秋、战国之交确是“古今一大变革之会”，从此废去了自古以来贵族统治用的礼制，开始了走向秦汉以后“大一统”的历史进程。①

春秋以前中国实行的是贵族统治下的古称“井田制”的土地制度及其生产方式，战国以后变革为小农经济的生产方式，从此小农经济成为立国的基础，君主专制政权就是建立在这个基础之上的，并且由此开创了秦汉以后中央集权的政治体制。战国时代的重大变革，正是体现了中国历史特有的发展路径。战国时代发展起来的小农经济、中央集权政治体制的形成、繁荣的文化学术、九流十家的争鸣，对于后世有着深远的影响，以致可以说余绪直到如今。②

以笔者之见，自晚周开启端绪，中国的社会制度发生了多方面转折，其要者有二：第一，封建世袭、权力分割的贵族政治（“世卿世禄”）转化为君主集权的官僚政治。贵族在古汉语之中又称“贵胄”，贵，指受封赐拥有爵位、特权者；胄，指后代。贵族拥有君主赐予的政治、法律特权而且世袭，从而决定了贵族政治的割据属性。官僚则是朝廷任命的“流官”，执行朝廷政令，又可随时任免、调动，无世袭特权。官僚政治的基本属性是：吏员从私臣转变为公职，消解了贵族政治的割据性，保证了中央集权的君主专制。第二，土地不可让渡的封建领主经济转化为土地可以买卖的、以小农生产为基础的、直接向朝廷纳税的地主经济。③ 领主经济是封建贵族政治的基础，而地主

① 杨宽：《战国史》（增订本），上海人民出版社 1998 年版，第 4 页。

② 参见杨宽《战国史》（增订本），上海人民出版社 1998 年版，第 733~734 页。

③ 参见陈守实《中国古代土地关系史稿》，上海人民出版社 1984 年版。该书辟专节讨论春秋战国间“领主向地主的过渡”。

经济则是君主专制的官僚政治的基础。前者向后者的嬗递，在晚周几百年间初步展开，秦汉以后又在跌宕起伏间得以完成。

上列两大转变(本章第三节详论)，使周秦之际以下的中国社会，其主潮已是“非封建”的，与封建性的西欧中世纪社会、日本中世及近世的公—武二元体制大不相同。泛化封建论把秦以下两千余年的中国称为“封建时代”，其不合理处，正在于忽略这两大转变导致的社会形态变更。梁漱溟说：

> 中国社会构造当战国之际演着划时代的变化，至秦并天下而开一新纪元。正所谓“今天下车同轨、书同文、行同伦”，而无复多关阻、异政令，种种隔阂不通的情形。像封建之世，自上至下分若干等级，而星罗棋布于地面上之许多大小单位，已经削除，而全国统一于一王。王权集中，实行专制。同时，分封锡土之土地制度，亦变为土地自由买卖，任民所耕不限多少。这一变化，是什么变化呢？……那应该就是从封建下得其解放了。①

他还指出：“中国近两千年社会，单从经济上看，无疑是介于封建社会资本社会之间的。”梁氏针对秦汉以下两千年“总过渡不过来”的事实，对“封建社会”后必然紧随“资本主义社会”的模式提出质疑：

> 不肯在封建资本之外建立第三方式者，不能解答这问题而受窘，即建立第三方式者(如李季建立“前资本主义生产方法”之说)，依然窘于解答。这都是把盘旋不进误认为进步慢，昧特殊为常态。于唯物史观不能善为理会，而固执之，以自陷于不通。②

① 梁漱溟：《中国文化要义》，正中书局1949年版，第178页。

② 《中国现代学术经典·梁漱溟卷》，河北教育出版社1996年版，第504页。

对泛化封建观给以“于唯物史观不能善为理会，而固执之，以自陷于不通”的批评，颇切要害，也显示出梁氏对唯物史观的理解与认同。他明确提出，从中国历史的实际出发，在封建社会(西周)与资本主义社会(近代)之间，存在另一种社会形态，其特点是“王权集中，实行专制。同时，分封锡土之土地制度，亦变为土地自由买卖，任民所耕不限多少”①。梁氏没有为其命名，但一再说明，既非“封建社会”，也非“资本社会”，而为“权力一元化”“权力统于一尊”的社会。② 此种论述与马克思关于东方国家前近代社会的判断，正相暗合。

第二节　历史分期命名标准刍议

> 子墨子言曰：必立仪。言而毋仪，譬犹运钧之上而立朝夕者，是非利害之辨不可得而明知也。故言必有三表。何谓三表？子墨子言曰：有本之者，有原之者，有用之者。
>
> ——《墨子・非命上》

在中国思想史，墨子较早提出拟定名相的法则问题，这便是所谓“立仪”：“凡出言谈，则必可而不先立仪而言。”③从“立仪”的需要出发，墨子引出“三表法”：“有本之者，有原之者，有用之者。”④中国历史分期讨论长期聚讼不决，原因之一，便是在“封建”等核心论题

① 《中国现代学术经典・梁漱溟卷》，河北教育出版社 1996 年版，第 398 页。

② 《中国现代学术经典・梁漱溟卷》，河北教育出版社 1996 年版，第 405~406 页。

③ 《墨子・非命下》。

④ 《墨子・非命上》。

上未能做到“先立仪而言”。流行的“泛化封建说”，在概念厘定上忽略了“本之”(推究来历)、“原之”(详察历史实际)、“用之”(考验社会实用)的古训，因为未能“明其故”，所以无法“察其类”，终于导致“语乱天下”。

一、名辩之学不可轻慢

如前所述，有关中国历史分期的命名是颇费斟酌的，却又切关紧要，绝非如陶希圣所说“名词之争”“很无意义”。历史分期的命名，直接牵涉历史叙事时空维度的把握，牵涉史学概念古今转换、中外对接的合理性问题。中国社会史论战的某些论者关于中国史分期的言论，之所以前后矛盾，原因之一，就在于轻视“名词之争”，忽略概念辨析。陶希圣在论史时，“封建”等关键词一再出现概念混乱，以致遍读陶著，却难以把握陶氏及其一派的中国史分期说，也无法确认其所论“封建社会”究竟为何物。当然，对命名问题采取轻慢、随意态度的，并非只有中国社会史论战的某些参加者，大而言之，这是形式逻辑不发达的中国的一种积习的表现，故需要从历史源流上略加追溯。

(一)名辩之学及其沉寂

中国先秦时代本来有着相当丰富的关于名相问题的思想学说，儒、墨、道、法诸家也都热衷于讨论名实关系。

老子将“无名—有名”作为对子加以论述：“无名天地之始，有名万物之母。”①意谓在天地判分前的元始混沌期，是“无名”的；万事万物出现分野，方为“有名”。故老子认定“无名”是本原的，所谓“道隐无名”②；老子又肯定“有名”是天地万物被区分的基础。老子意在破除名相的遮蔽，直追本体；又将“名”赋予本体，以便识别。孔子倡“正名”，所谓“名不正，则言不顺；言不顺，则事不成”③。视厘

① 《老子》第一章。
② 《老子》第四十二章。
③ 《论语·子路》。

定名分为发言、成事的前提，正名是确立社会规范、政治秩序的必需。墨子主张“取实予名”，提倡名实之“辩”，“夫辩者，将以明是非之分，审治乱之纪，明同异之处，察名实之理，处利害，决嫌疑……以名举实，以辞抒意，以说出故”①。商鞅学派论“名”，重在“定名分”，通过“正名定分”确立等级秩序，认为“故夫名分定，势治之道也；名分不定，势乱之道也”②。

战国中期以降，因社会之“实”变更剧烈，这种变化必然在“名”的转换上有所反映，不免出现“奇辞起，名实乱，是非之形不明”③的情形，于是“名辩之学”大盛。除儒、墨、道、法诸家巨子探讨此题外，惠施、尹文、公孙龙等人更专研此道。惠子“合同异”（强调同一性），公孙龙子“离坚白”（强调差异性），形成以“坚白同异之辩”为务的“名家者流”，又称之“辩者”“察士”“形名家”。晚周确乎是一个多“辩”的时代（“百家争鸣”即此之谓），“明同异”“察名实”的名辩之学在这个多“辩”的时代得以发展。

儒家出于规范社会秩序的目的，注重“正名”“定名分”，认定“为政”须以“正名”为先。子路问孔子：如果卫君让您出掌国政，首先做什么？孔子答曰：“必也正名乎！”④荀子将其发展，主张“制名以指实，上以明贵贱，下以辨同异”⑤，而其“制名之枢要”，在“循名责实”“名闻而实喻”⑥。

名家为一另类，它把儒家为“正政”服务的正名说，引向研讨名与物关系的纯逻辑学层面，这是执着于经验理性的儒家所不能容忍的。于是，不法先王、不遵礼制而专事概念辨析的思辨派——名家，便成为儒家排斥、攻击的对象。如荀子深责名家“不法先王，不是礼义，而好治怪说，玩琦辞，甚察而不惠，辩而无用，多事而寡功，不

① 《墨子·小取》。
② 《商君书·定分》。
③ 《荀子·正名》。
④ 《论语·子路》。
⑤ 《荀子·正名》。
⑥ 《荀子·正名》。

可以为治纲纪，然而其持之有故，其言之成理，足以欺惑愚众”①，批评可谓尖锐。至两汉，不仅经学家拒绝名家，司马谈、班固两位大史笔，虽肯定名家的正面价值，如《论六家之要指》称名家“控名责实，参伍不失，此不可不察也”，但揭名家之短同样毫不留情，或曰“苛察缴绕”②，或曰“苟钩𫐄析乱而已”③，批评名家烦琐。此后，酷评名家成为时尚，名家遂退隐而出。

（二）近代名学复兴

自汉儒冷落先秦名家以来，在经验理性轨道上运行的中国学术主流，往往把名相的追索、探究，视作“无用之辩”，讥为“屠龙之技”。这种蔑视名辩的文化氛围则养成学者们以思维模糊性为高明的传统观念，关键词内涵游移、外延随意伸缩，并不被认作是讨论问题时在偷换概念，反而美其名曰“纵横八极”“游刃有余”。这种诗化的、不太注重形式逻辑的思维方式，长期流衍。

晚清墨学复兴，“墨辩”被重新申发，孙诒让的《墨子间诂》为代表作，这是近人纠正上述偏弊的一种努力。而严复、章士钊等译介西方逻辑学，则是纠正上述偏弊的又一种努力。严复 1902 年将英人穆勒（J. S. Mill）的《逻辑体系》（原作六卷）译出（仅译全书之半），以《穆勒名学》之名出版，重点介绍归纳法，并取用先秦名家的核心术语“名”题写书名，把西方逻辑学意译为“名学”，颇为传神。严复称名学为“一切法之法，一切学之学”④。这种对名学的倡导，意在提升国人对名辩之学的认识水平。

与严复意向相似，刘师培有感于“中邦名学，历久失传，亦可慨矣”⑤，特重申先秦的正名之道，从孔子“首倡正名”，讲到荀子“有循乎旧名，有造乎新名”，又博引《左传》的“名以制义”，《庄子・道

① 《荀子・正名》。

② 《史记・太史公自序》。

③ 《汉书・艺文志》。

④ ［英］穆勒著：《穆勒名学》，严复译。

⑤ 《论理学史序 即名学》，《刘师培辛亥前文选》，香港三联书店 1998 年版，第 219 页。

遥游》的"名者，实之宾也"，《尹文子·大道上》的"形以定名，名以定事，事以验名"。刘氏还注意到"近世泰西巨儒倡明名学"，介绍其归纳派和演绎派，又以荀子思想与之比较，认为"演绎者，即荀子所谓大别也"①。刘氏发现西学重视"界说"(下定义)，特别指出"西儒以界说为解析名义之词，所以标一名所涵之义也"。刘氏主张在解字析词的小学的基础上，吸纳西方名学，"若小学不明，骤治西儒之名学，吾未见其可也"②。刘师培试图会通中西名学，以提高中国人名相之辩的水平。其论虽流传不广，却指出了中国学术补偏救弊的一条正道。

今日重温严复、刘师培肯认名辩之学，重视"解析名义"的言论，有助于人们提高对于命名重要性的认识。具体到有关中国历史分期问题，严、章、刘之论也颇具启发意义。

中国历史分期的论争，已断断续续进行了大半个世纪，纷然聚讼，其故何在？撇开政治性原因不论，之所以莫衷一是，乃由于学界未能将核心术语(如"封建")的"名义"解析清楚，各家各派自持"封建观"，以致某些人的"封建观"变幻无常。这样的论战，名为辩论，实为自说自话。1931 年王亚南在《封建制度论》中指出："中国竟有许多历史学家社会学家在采取这种方法，所以论来论去，总没有抓住要领。"③

二、试拟中国历史分期命名四标准

近八十年间，有关中国史分期讨论时起时伏，却不绝如缕，各种辩议层出不穷，各家各派使用的分期名目歧异极大，似"任意梳妆打扮的小姑娘"。个中因由，在于前文论及的学界忽视名辩的偏弊，在于将"名词之争"视作"很无意义"的认识惯性。以笔者有限的阅览所

① 《刘师培辛亥前文选》，香港三联书店 1998 年版，第 218 页。

② 《刘师培辛亥前文选》，香港三联书店 1998 年版，第 219 页。

③ 《读书杂志》第一卷第四、五期合刊《中国社会史的论战专号》，《封建制度论》，第 35 页。

及，在各种中国社会史论战中，人们并未就核心概念（如“封建”）的厘定展开过认真的辨析；后来的多次中国历史分期讨论，学者们也没有正式开展关键词（如“封建”）内涵及外延的考究，参论者各说各话，以致论争难以深入。鉴于此种情形，我们现在再议历史分期，有必要预先确定历史分期的命名标准。如果学界能在命名标准上取得基本共识，历史分期的探讨方可走上正轨，而不至于“论来论去，总没有抓住要领”。

（一）命名标准刍议

关于中国历史分期诸阶段的命名，笔者试拟如下几条标准：制名以指实、循旧以创新、中外义通约、形与义切合。

其一，命名需准确反映该时段社会形态的实际，概括该时段社会、经济、政治、文化的本质属性，达成“名”与“实”的统一、“概念”与“指称”的统一，此谓之“制名以指实”。这是命名的基本准则。

其二，新名若借用旧名，必有引申，以达成与旧名的间隔，如此方能形成区别于旧名的新术语。然而，新术语的引申义与旧名本义虽然发生跳跃，但又必须遵循旧名本义指示的方向，全然背离本义及其所指方向，便应放弃沿用旧的词形，另行制造新词。既然采用旧词形，便应沿着原有词义的方向引申，此谓之“循旧以创新”，“新义”对“旧义”既有创新，又保持内在联系和方向的一致性。这是名词引申的合理路向。

其三，命名需观照相对应的国际通用术语，其内涵、外延均应与之吻合或接近，以与国际接轨，不可闭门造车而成互不搭界之势，此谓之“中外义通约”。如果与相对译的外来词的含义不相关联，则不应宣称此汉字词为某外来词的译词。侯外庐尖锐批评“封建”译词“语乱天下”，其意旨正在于此。

其四，汉字是表意形声文字，所拟名目应能从字形推索其义，而不可形义错置，此谓之“形与义切合”（音译词不在此列）。“封建”与其本义“封土建国”（贵族政治、领主经济为其题中之义）保持了“形义切合”；而“封建”与其泛化义（“中央集权的君主专制”“土地可以买卖的地主经济”)，形与义全然背离，从汉语的词义学角度考察，不通之甚。

“制名以指实”是制定名目的基本准则，所谓“制礼定名，合从事实，使名实相副”①，故以历史分期之“名”反映历史之“实”，概括历史阶段的本质属性，这是应予遵循的第一条命名标准，第四章第二节引述的在泛化“封建论”已然广布，胡厚宣不附会“权威论说”，而由具在的“客观史料”出发，将殷周定名为“封建社会”，正是坚持“制名以指实”铁律的显例。此外，命名还需“循旧以创新”“形与义切合”“中外义通约”，弃此三条，前述“制名以指实”也将落空。

以上所言无甚高论，却并非主观的先验设定，而是从有关中国历史分期命名的经验教训中试加提炼而来。所拟四条，未必精当、周到，仅供参考，亟望贤达教正。

(二)旧名衍新名：间距化与因袭性的统一

坚持泛化封建观的论者称，他们使用的“封建”是新词，与古汉语之“封建”并无干系。这便涉及同一词形下新旧义的因革关系问题，故有必要专门讨论“循旧以创新”这一制名标准。

汉字往往一义多字、一字多义，甚或一字多音多义。日本德川时代古学家荻生徂徕在论及华、和(日)语文的异同时，谈到汉字“有一训被多字者焉，有一字兼多训者焉”②。正因为汉字具有多义性，汉字词便有可能发生含义的延展乃至跳跃，导致“间距化”，使得同一词形下的“新名”与“旧名”内涵及外延均发生明显变化。不过，这种造成“间距化”的引申，应当以原词的本义为起点，依其指示的方向推演。如此，旧辞赋新义方具备语文逻辑的合理性，人们才可以在理解中使用，或在使用中理解。

常见的旧词生新义的方法是，从原词的本义出发，令其含义缩小、扩大或转化。如“教授”，原为动词，意谓传授知识；宋代以降，衍为偏正结构名词，宋代府州设教授，负责教诲生员；明清府学设教

① 《旧唐书·礼仪志一》。

② [日]荻生徂徕:《译文筌蹄·题言十则》。

授，训导生员，“教授”成了掌管学校课试的学官名称。“教授”的今义是在翻译 professor 时获得的，特指大学教师中的最高职称，与“教授”本义有别，形成“间距”，但此一新含义显然是沿着旧名本义(传授知识)指示的方向作出的合理引申。又如“物理”，古义泛指事物之理，明末方以智的《物理小识》所用“物理”已演化为“学术之理”，主要指自然科学之理。“物理”的今义是在翻译 physics 时获得的，收缩为自然科学中的一个门类，研究物质和能量的变化规律，此种新含义也是沿着旧名本义指示的方向作出的合理引申。再如“组织”，古义是纺织，有排列组合成序列的意思，今义是在翻译 soshiki 时获得的，转化为机体中构成器官的单位，进而引申为社会中按某种任务和系统结合成的集体(organization)，此种新含义仍然与旧名本义保有联系，是旧名本义的合理引申。

三例新名，含义均发生变化，形成与旧名的间距，方衍变为负荷别种意蕴的新术语，而原有词形所包含的信息大为拓展或精密化。多数旧名向新名演绎时保持了承袭性，相互之间有语义发展的内在逻辑可循。上述汉字新名与旧名的含义虽然有泛与专、宽与窄的区别，甚或所指发生了更改，但其意蕴却存在着意义的关联，新旧词义间保持着承袭与变异的张力，因而使用者稍运神思，便可发现二者间的演变轨迹，对词义的古今推演、中西对接，有所会心，易于受用。

本书讨论的“封建”一词当然是一个动态概念，前面章节已经论列：无论在中国还是在西方，“封建”都有复杂的演化过程，都有狭义“封建”与广义“封建”的历时态或共时态呈现，这是词义演化的合理进展。但与任何概念一样，“封建”含义的演化并不能在“动态”的名义下，天马行空、驰骋任意；而应当遵循理则，这理则之一，便是“循旧以创新”，即在本义所示方向上扩缩、引申，而不应把“反封建”的含义塞入“封建”这一词形之中，以致出现内涵、外延的紊乱。近大半个世纪流行的泛化“封建”，恰恰出现了这样的问题，造成概念合理性的丧失。

(三)意译新名应能从词形推及词义

汉字词义演化另有一法，便是“借形变义”。此法的要领在于，保持该词词形，抛弃原有词义，通过变换构词法，演化出新义。如“现象”一词，本为汉文有关佛教的术语，指佛或菩萨现出形象。近代日本哲学家西周在《人生三宝说》中借此词翻译 phenomenon，指经验所提供的并借助于感觉领悟的事物，是感性直觉的对象，与“本质”相对应（“现象—本质”共同组成辩证法的一对范畴）。“现象”在中西词语对译时发生的演变，是“借形变义”的显例，而负荷新义的“现象”一词，因其符合汉语的基本语法，从词形可以推演出新词义来，故可以理解。又如“民主”，旧名原为偏正结构名词，本义“民之主”，相当于“君主”，近代来华美国基督教新教传教士丁韪良以其意译 democracy（音译德谟克拉西），改为主谓结构，变义为“民自主”“民作主”。当人们对“民主”一词的构词法的辨识，由偏正式变为主谓式时，含义的变更亦不难理解。

上述皆为汉语旧名向新名的合理转化之例，它们都在改变构词法以后，达成新的“形与义切合”。然而，如果将旧有汉字词转变为新术语时，新术语既与古汉语义毫不搭界，也不切合对译词的西义，又无法从汉字词的词形推导出新的词义来（改变构词法也不能演化出与词形对应的新义来），即新词义不仅与旧词义全然脱钩，也与词形毫无关涉，其新义全然是外在强加的，便是一种“误植词”。泛化“封建”即为误植词。

（四）在文化学术日益国际化的现代尤须注意译词的中外义通约

新拟术语概念误植带来的不良后果，常会超越语言学范围而直达思想文化层面，这是中外对接的译词特别容易出现的问题。美国汉学家费正清编《剑桥中华民国史》一书指出，某些西方概念汉译后，往往发生变异，如 individualism 一词，是欧洲启蒙运动后表述人权和尊重个性的褒义词，译成汉语“个人主义”，则演化为“利己”“自私”的同义语，基本上成了贬义词。此外，如“自由主义”“权利”等译词，也有从英语原来的褒义或中性义转变为汉语词贬义的情形，这表明异文化的通约并非易事。若术语不能实现“中外义通约”，则可能形成“聋子间的对谈”，各说各话，异文化的互动便会陷入困境。正因为如此，更有必要重视术语概念的厘清，把握新拟术语在古今中外语文坐标系上的确切位置，若有脱轨现象发生，应当引起相关学科学者的注意与疗救。

三、称秦以下两千年为“封建时代”有违命名理则

(一)将秦至清命名“封建社会”不符合四标准

如果上述有关中国历史分期的命名标准大体可以成立，再以之衡量早已“日用而不辨”的泛化“封建”及以其为词干组建的“封建制度”“封建社会”等词组，就会发现以“封建”命名秦至清两千余年的中国社会形态，多有名实错位之处：

其一，以“封建社会”表述秦至清社会形态，不能反映此两千余年间中国社会的基本属性，此“名”无法与“田土可鬻”和“专制帝制”等历史之“实”相切合，故有悖于“制名以指实”。其二，称秦至清两千余年为“封建”，此“封建”泛义(地主经济、官僚政治)与“封建”本义(领主经济、贵族政治)指示的方向截然逆反，故有悖于“循旧以创新”。其三，“封建”泛义与对译的英文术语 feudalism 的含义(封土封臣、领主采邑制)两不相靠，故有悖于“中外义通约”。其四，无法从“封建”词形索引出秦汉以降的“土地可以买卖的地主制”“中央集权的专制帝制”诸义(从“封建”词形只能引出与之相反的“封土建国”义，以及“分权”“裂土”等义)，故有悖于“形与义切合”。

总之，比照墨子的“三表法”，流行的泛化“封建”可谓无本、无原、碍用，实属无根之游谈。

(二)笔者的反思过程

由所受教育使然，笔者本人也曾长期信从泛化“封建”观，不仅教学中宣讲秦始皇为“封建专制第一帝”，而且在 1988 年以前刊发的文章中，无不指称秦至清为“封建社会”。不过，笔者素有“概念癖”，喜欢对名称问个“为什么”，近二十年来在对照中国史学元典、国外史籍与中国当下史书的过程中，发现“封建”一名的语用差异甚大，遂对流行的泛化封建观产生怀疑，自 1989 年起，曾将秦至清的中国社会形态初拟为“宗法—专制社会”，以避免把非主流

的社会形态封建制冠在秦以后两千余载的中国。① 这当然只是一种粗略的修正方案，并不令人满意，“取实予名”“循名而责实”的思考仍在继续进行。

概念厘定的首要工作是确认所指事象的实际情态。秦汉以降的中国社会的“实态”究竟如何呢？简言之，秦至清的两千余年社会颇不同于殷商西周（变化从晚周已开启端绪），显著特征之一是土地可以买卖、转让，地主—自耕农经济占据主导；显著特征之二是中央集权的君主政制覆盖全社会。这种经济—政治结构与古称“封建”的殷周领主经济和封邦政治大相径庭；与西欧中世纪庄园采邑制经济，封土封臣、主权分裂的贵族政制差异亦很巨大；同日本中世及近世的藩国林立的公—武二元体制也明显有别。故无论从“封建”的本义论之，还是参考西义，秦至清两千余年的中国社会都不应以“封建社会”相称。

那么，非封建的秦以下两千余年何以名之呢？

笔者曾草拟“宗法—专制社会”一名，这较之“封建社会”，庶几切近秦汉以下历史之“实”，却又并不周全，因为该名仅指出秦至清的中国社会—政治结构特征，尚未揭示此一历史阶段的经济制度特征，而经济形态是社会形态的基石，“每一历史时代的经济生产以及必然由此产生的社会结构，是该时代政治的和精神的历史的基础”②。经济形态不得在概括社会形态时缺位。秦汉以下两千余载的中国，土地私有的“地主—自耕农制”（简称“地主制”，与“封建领主制”相对应）是一种渐趋强势的存在，它与中央集权的“专制帝制”（与“封土建藩”相对应）互为表里，又同宗法制紧密结合。宗法制、地主制、专制帝制三者形成一个整体，决定了秦至清两千余年的中国社会的形态。它既不同于“古”（如殷周封建制），又不同于“外”（如欧洲中世

① 参见拙著《中华文化史》上篇第四章之“中国‘封建制度’辨析”，又见该章第三节“宗法—专制社会结构下的伦理—政治型文化范式”，上海人民出版社1990年版，第226~230、231~262页。

② 《马克思恩格斯选集》第1卷，人民出版社1995年版，第252页。

纪、日本中世及近世)。

经过反复探究、勘比，笔者的学习心得为：

“封爵建藩”之制(即封建制)在秦以下的列朝并未消弭，仍为“偏师”，而秦至清的制度主体，是贯穿性三要素——宗法制、地主制和专制帝制，故而秦汉至明清的中国社会形态，只能通过对此三者的综合，求得一体表述，方能达成“制名以指实”这一命名的基本目标。

第三节 当代学人批评泛化封建观

> “中央集权文官制”是在历史上取代“封建制”，而比“封建制”更高一级的政治形式。
>
> “封建制”是一种从“部落主义”(Tribalism)演化出来的职责不分、组织分散、以封君个人为中心的一种原始性的部落制度。而“中央集权文官制”则是具有严密组织、职责分明、效率卓越、法则灿然的高级文明中的政治制度。……郭沫若先生把这两个制度混为一谈是错误的。
>
> ——唐德刚：《史学与红学》

泛化封建观普被国中，是半个多世纪以来的不争事实。然而坚持学理的海内外学人对泛化封建观的批评也一直没有停止。

一、侯外庐、顾准、林志纯抨击“封建”误译

(一)侯外庐：“封建”误译导致“语乱天下”

20 世纪中叶以来，中国内地已有学人注目于“封建”概念的辨析，如思想史家侯外庐在《中国思想通史》中指出古代中国的“封建”是指古代城市国家，西欧的 feudalism 则是立足自然经济、以农村为出发点的所有制形式，故以“封建”译 feudalism，二者相混，是

“语乱天下”①。以后，侯氏在《论中国封建制的形式及其法典化》一文中，再次论及古汉语词“封建”与今用“封建”的大相径庭：

> 秦废封建的“封建”二字，为中国古代史的另一个术语，其内容指的是“宗子维城”的古代城市国家；这里我们所举出的封建制社会，“封建”这两个字则是立基于自然经济、以农村为出发点的封建所有制形式，译自外文 feudalism，有人也译作封建主义。中外词汇相混，语乱天下，为时已久了……②

侯氏持“两汉封建说”，以“自然经济、农村为出发点”的所有制形式作为“封建制社会”的基本标准。侯氏认为，以“封建”对译 feudalism 大不妥，指出“封建”所含概念在古今转换、中西对接过程中发生了误植，将其尖锐地批评为“中外词汇相混，语乱天下”，措辞可谓严厉。此处“语乱天下”，一是指将殷周封建制与秦汉以后的社会制度相混淆；二是指将中国的“封建”与西欧中世纪的 feudalism 相混淆。这两种混淆导致了所叙历史的大混乱。不过，侯氏因“封建”误译为时已久，已经约定俗成、难以扭转而深觉无奈，以为不必“改易译法”。③

关于“封建”概念误植，已经约定俗成，是否应当重新“正名定分，改易译法”的问题，有人言：

> 这种所谓“约定俗成”，对老一辈学者自然不必苛求，相信许多现今正在从事史学研究的学者们也容易理解，但是对于刚刚或者即将迈进史学领域的青年学子，我们怎样向他们解释“封建”定义的内涵，怎样要求他们继续使用这样的概念呢？也许

① 侯外庐：《中国思想通史》第 2 卷上册，生活 · 读书 · 新知三联书店 1950 年版，第 374 页。

② 《侯外庐史学论文选集》上，人民出版社 1987 年版，第 202~203 页。

③ 《侯外庐史学论文选集》上，人民出版社 1987 年版，第 202~203 页。

> “约定俗成”四个字，未来不足以回答新生学人的质疑。①

王子今此议可以看作是对侯外庐“不必改易说”的一种回应。

(二)顾准：区分封建与专制

20世纪70年代初中期，具有独立思考精神的顾准在生命的最后两年间，与其弟陈敏之通信，写下若干笔记式文字，其中一篇是对林恩·怀德的《马镫和封建主义——技术造就历史吗?》作的点评，其在《评注7》中说：

> 封建关系，并不限于“授土”和“效忠”两者，也就是说，并不限于骑士有权利和义务这两个方面。这种权利和义务，还成为关系两方面都必须信守的契约，这不仅仅是受封者对授封者因其授土而负有义务。
>
> ……王侯超额索取，骑士可以反抗。这就是英国大宪章(MagnaCharta)的来历，也是英、法等国议会的实际起源。
>
> 倘若上面对下面的权力是绝对的，不可反抗的，那就是绝对君权，就是专制主义，就不是封建制度了。②

顾氏将“专制主义”与“封建制度”作为两种不同的社会形态，特别加以辨析，是在救正将二者混为一谈的泛化封建观。

其《评注9》论及日本史的一个特点：日本的“封建化也始于兵农分离”。当时中国史学界的主流持泛化封建观，并由此将日本的大化改新视作封建制确立期，而顾准称那时的日本“建立起来了中国式的中央集权的专制主义国家”，顾氏特意引用日本史学家井上清将其称为“古代国家”的论述，并加以解说：

---

① 王子今：《林甘泉教授著〈中国古代政治文化论稿〉》，瞿林东主编：《史学理论与史学史学刊》(2004—2005年卷)，社会科学文献出版社2005年版。

② 《顾准文集》，贵州人民出版社1994年版，第305页。

> 这显然是为了和其后的逐渐发展起来的政制相对照。那种政制是：天皇无实权，幕府成为封建诸藩的领袖，执掌全国政权，全国相当彻底的封建化，而这个封建制度的底层，也是和农民分离的、其身份为世袭的、带刀的、由农民养活的武士。而且“武士道”，即使在明治维新以后，还在实际上支配日本政治直到1945年。①

顾氏明确区分“中国式的中央集权的专制主义国家”与日本中世及近世的“封建制度”。这在“封建”与“专制”并联使用，盛行“封建专制”之说的年代，是十分难得的概念辨别。

顾氏还指出，封建制与专制君主制的差异，并不是单由生产力发展水平所决定的，“相同的生产力，因为兵制不同，而有西欧的封建制和中国的专制主义”②，再次将“封建制”与“专制主义”加以分梳，这种论析思路对考察中西制度之别是有启示意义的。

顾准认为，以欧洲模式套用各国颇为不当，因西欧历史只是特例，埃及、中国、印度、波斯、俄罗斯等才是通例：古希腊城邦民主制独此一家别无分店，其他文明的“东方专制主义”才是普遍现象；中世纪西欧的封建制也是特例，东方国家只有日本与其相似，印度、波斯、中国的中古、近古形态并非“封建”。美籍华裔历史学家张光直有类似见解。顾、张二位是“不约而同”。

（三）林志纯：质疑“feudalism 百年误译”

20世纪八九十年代之交，何兆武提出中国封建社会长期停滞问题是“伪问题”的尖锐意见③，亦触及“封建”概念辨析。

有学者更系统地进行“封建”概念的中外比较。这里尤应重视林

---

① 《顾准文集》，贵州人民出版社1994年版，第307页。

② 《顾准文集》，贵州人民出版社1994年版，第306页。

③ 见何兆武《历史研究中的一个假问题——从所谓中国封建社会的长期停滞论说起》，《百科知识》1989年第5期。该文收入何兆武《历史理性批判散论》，湖南教育出版社1994年版。

志纯对于以“封建”翻译 feudalism 的质疑。

1991 年林氏在《世界历史》杂志上发表《“封建主义”问题》(署名“日知”)一文，提出“feudalism 百年来的误译”问题。他对 20 世纪初年以“封建”对译 feudalism 提出异议，认为东西方的这两个词语内涵不同，无从类比。

> 欧洲中世纪的 feudalism，译为“封建主义”、“封建制度”，是中国古典“封建”的误译，已有一个世纪了。古典中国的“封建”和不少“封”，是说殖民建邦、封邦建国，今后应复其原说，不让西欧中世之 feudalism 说强加于古典中国的“封建”。①

林氏还说：“因为我们误用此译语已有百年，传统的语言思想只好用此当初误会的译名来表达。”②林氏虽然表示对已经“约定俗成”的“误用译语”奈何不得，但对此种“误译”的批评显示了对古义与西义深入探求的精神和绝不人云亦云的见识。

1998 年，林氏以“日知”笔名撰《论中西古典学之现阶段》③，回顾自 1988 年起由周谷城、吴于廑、张政烺、胡厚宣、周一良、任继愈、张忠培、刘家和、林志纯九人发起的编印“世界古典文明丛书”一事。此丛书至 1990 年已出版多种，当时林氏在《孔子的政治学——论语》中，发现“封建”一词的误译。文章指出，《论语》本无“封建”，英译本在注释里采用“封建”(fief，feudal)的中式译法，如“邑”作 fief，“诸侯”作 feudal princes，等等。林氏认为，这都是“严重的误译”。

① 日知：《“封建主义”问题——论 feudalism 百年来的误译》，《世界历史》1991 年第 6 期。

② 日知：《“封建主义”问题——论 feudalism 百年来的误译》，《世界历史》1991 年第 6 期。

③ 日知：《论中西古典学之现阶段》，《传统文化与现代化》1998 年第 3 期。

> 古籍上的“封建亲戚”，“封建兄弟”，都是殖民建邦……不应也不可能译成中世 feudalism 的“封建”。“封建制度”、“封建主义”、“封建时代”、“封建社会”……之类的“封建”，都是翻译误解造成而无法补救的恶果！什么时候能追根去查出这种错误的起源，是一个艰苦而应当做的工作！这对中国人说来是“历史学”的中毒！始作俑者在哪里？不知道！①

该文指出，以“封建”误译 feudalism，不仅是中国译者所为，也与西方人用英文翻译汉籍时的失准相关。文章特举 19 世纪中叶定居香港三十余年的英国汉学家李雅各（James Legge）之例。李雅各在将《诗经》《左传》中的“封建”译成英文时，曾谨慎地从“殖民建邦”义上对译，避免使用 fief（领地、采邑），而用 city（城市），可见李雅各意识到东西方历史的差异。但在将《周易》译为英文时，李雅各将屯卦、比卦、豫卦中的“建侯”，全都译作 feudalprince，或 feudal ruler，意为“封建的诸侯”②，把中国的殷周政制与欧洲中世纪政制混为一谈。林氏认为，这是“将欧洲中世之‘Feudal’，作为中国古典之‘封建’强加于中国经典文献的实例”③。

侯外庐、林志纯不指名地批评严复用“封建”翻译 feudalism，以为两者大相径庭，不能对译。侯、林考辨中西历史的差异，竭力防止不确切对译，这种努力令人钦佩。当然，严译自有其合理之处，本书第二章第五节已有论列。

二、港台及海外华裔学者坚持“封建”古义与西义融通的理路

当代中国港台地区及海外华裔学者的文史论著，凡涉及中国历史分期、中国社会形态者，几乎都不认同泛化封建观，而多在汉语原义与西义的融通上使用“封建”一名。20 世纪后半期治学于中国港台地

---

① 日知：《论中西古典学之现阶段》，《传统文化与现代化》1998 年第 3 期。
② 日知：《论中西古典学之现阶段》，《传统文化与现代化》1998 年第 3 期。
③ 日知：《论中西古典学之现阶段》，《传统文化与现代化》1998 年第 3 期。

区的钱穆、徐复观，治学于美国的黄仁宇、唐德刚、许倬云为其代表。钱穆所论前已作评介，此不赘述，这里先述徐复观的“封建观”。

（一）徐复观：周代是“中国本土型封建社会”

徐复观早年从政，后在中国港、台地区从事学术研究三十余年，所著《两汉思想史》认为，周代是“中国本土型的封建社会”，从秦至清末的中国政治，是大一统的一人专制政体，此种政体的确立，“为我国而后历史演变的重大关键”。徐氏认为，要揭开秦至清中国社会的真实面貌，不能照搬外来的历史框架，必须从中国历史实际出发，从周代建立“中国本土封建社会”及这种社会在春秋战国解体入手。①正是在这一意义上，徐氏反对郭沫若把秦至清中国定性为“封建社会”，认为此种分期带来整个中国历史述事的混乱。②

（二）黄仁宇：中西封建制都“以世袭贵族掌握地方政府”

美籍华裔史学家黄仁宇在《放宽历史的视界》中指出，包括中国之封建制度与西欧中世纪制度在内，“封建制度”有三种特点：一为威权粉碎，即最高皇室在事实上无能力统治所辖范围。西周时出于技术上的难度，周天子不可能统治全中国；而中世纪欧洲则出于多方原因，共主能力甚弱。二为公共事宜变为私人产业。多级分封，类似今人所谓“多级委托管理”。周天子辖诸侯，诸侯辖大夫，大夫辖家臣；到战国时，反而倒了过来，类似吾人所谓“规制俘获”。西人情况亦复如此。三为武士传统，这从周的士与欧洲的骑士可以看出。

根据上述标准，黄仁宇引述一位汉学家的说法作结：

> 中国的封建制度只有古代商周间的一段。一到魏晋南北朝，虽表现若干封建因素，已不成为一种制度。③

---

① 参见徐复观《两汉思想史》卷一，台湾学生书局 1985 年版。

② 参见徐复观《两汉思想史》卷一，台湾学生书局 1985 年版。

③ 黄仁宇：《放宽历史的视界》，台北允晨文化实业股份有限公司 1988 年版，第 180 页。

黄仁宇在另一著作《中国大历史》的第二章“亚圣与始皇”前言中说：“武王伐纣，建立周朝，以封建方式制定了一种合乎当时农业扩张的统治形态，又以宗法制度使封建统治更加稳固。”①“周朝的制度，向称‘封建’，英文总是译为 feudal，其实封建制度与欧洲的 feudalism(封建制度)只有某些方面相似，而且其相似处在精神方面，而不一定在实质。大致说来两方都是以世袭贵族掌握地方政府。”②

黄氏从中西比照角度论“封建”，故其“封建时代”是一个世界史的通用概念，包括中国的西周政制、西欧中世纪政制、日本中世及近世政制，与泛化封建观判然有别。然黄氏所论，主要从政制出发，还未能观照经济制度。

(三)唐德刚：战国以后两千余年实行“中央集权文官制”，与此前的“封建制”是历史上的两个阶段

另一美籍华裔史学家唐德刚对泛化封建观作过清理。唐氏 1987 年在西安宣读的一篇论文指出，中古欧洲式的封建制，“政治属从的关系只是皇帝与诸侯、诸侯与附庸的关系，政府与人民之间无直接关系；农民只是附属于土地，而土地则是附庸、诸侯或(直属)皇帝的私产”。欧洲史家十七八世纪把这种管辖制度称之 feudalism。“近代中国知识分子读欧洲历史，忽发现中国古代亦有类似的制度，这个制度并且有个古老的名字叫作‘封建’。封建者，封君建国也。”③唐氏指出，20 世纪二三十年代里，“‘封建’一词便逐渐变质了，最后它竟变成了所有古老而落伍的一切坏的风俗习惯的总代名词。时至今日，在中国马克思史学派的词汇中，所谓‘封建’显然既非中古欧洲的 feudalism，也不是中国古代封君建国的封建了，它变成中国马克思

---

① 黄仁宇：《中国大历史》，生活·读书·新知三联书店 1997 年版，第 9 页。

② 黄仁宇：《中国大历史》，生活·读书·新知三联书店 1997 年版，第 9 页。

③ 唐德刚：《史学与红学》，广西师范大学出版社 2006 年版，第 64 页。

主义微受苏联影响而特创的一个新名词”①。唐氏的此一评论基本符合实际，惟须纠正的是，泛化的封建观并非“马克思史学”，本书第四章第一节已有详述：泛化封建观与马克思封建社会原论相悖。准确的概括应当是：泛化封建观是在苏俄及共产国际影响下、中国初学唯物史观的学者形成的一种史学判断。

唐氏认为，自战国以后直至“解放前夕”(1949 年)两千数百年中国所行制度是“中央集权文官制”，并比较两制的时代性差异：

> “文官制”(或官僚制)与“封建制”之别，则是文官是中央政府定期任免的公务员，而封君则是“世袭罔替”的一种私有土地财产的所有者。这些封君在不同的方式下受封之后，他们对上级主子要尽各种义务，如进贡、防边、筹饷、力役……但是主子们对他们则不能随意任免或干涉他们内部的管理事务。②

> “中央集权文官制”与“封建制”在历史上是两个阶段，在政治作用上也是风马牛不相及的。“中央集权文官制”是在历史上取代“封建制”，而比“封建制”更高一级的政治形式。
>
> “封建制”是一种从“部落主义”(tribalism)演化出来的职责不分、组织分散、以封君个人为中心的一种原始性的部落制度。而“中央集权文官制”则是具有严密组织、职责分明、效率卓越、法则灿然的高级文明中的政治制度。……郭沫若先生把这两个制度混为一谈是错误的。③

笔者曾与唐氏 1988 年在夏威夷东西方中心、1999 年在北京大学畅谈，多涉“封建”议题。谈话中，唐氏把西周时代称为“高级封建制”，而中国的社会制度经过春秋战国的变革，秦的“废封建，立郡

① 唐德刚：《史学与红学》，广西师范大学出版社 2006 年版，第 65 页。
② 唐德刚：《史学与红学》，广西师范大学出版社 2006 年版，第 66 页。
③ 唐德刚：《史学与红学》，广西师范大学出版社 2006 年版，第 66~67 页。

县”，汉初的落实，终于定型为“由帝王专政的郡县文官制”，此制“其后一行两千年”①。

唐氏“由帝王专政的郡县文官制”这一概括，从政制而言，是相当明晰、周全的。唐氏也注意观照经济制度，他在 1987 年演讲中论及中国与西欧“封建制”终结后的不同走势，前者出现专制一统的“秦制度”，后者产生“资本主义”。唐氏认为东西方此种差异的根源在于“重商主义”的有无。西欧“由重商主义又导引出个‘资本主义来’”，“在中国却产生了一个‘轻商主义’，轻商主义吓阻了滋长中的城市中产阶级。没有城市中产阶级，资本主义也就无从产生了”②。

(四)许倬云：战国以后“封建社会转变为编户齐民的天下国家”

黄仁宇、唐德刚所议，大体反映了兼通“封建”古汉语义与西义的旅居国外的当代华裔学者的普遍意见。对先秦史有较透彻研究的旅美史学家许倬云在其《西周史》中，以周代为“封建社会”，认为西周“委质为臣”的主从关系与西欧封建制有类似处，不过也有本身的特点，“一方面有个人的承诺与约定，另一方面又有血族姻亲关系加强其固定性”，中国的“封建”与“宗法”是共生的关系，有着“宗法封建制”特色。许氏在《历史的分光镜》中，探讨“封建”与“宗法”的离合关系：在西周，国家与社会是封建与宗法重叠。春秋以下，国家与社会分道扬镳，在国家层面，皇帝与贵胄继承仍以宗法为准则，但官僚制度与宗法脱钩；在社会层面，宗族组织构成基本的“社会形式”。“灭族”被视为最严酷的处罚。

> 经过春秋战国的蜕变，古代的封建社会转变为编户齐民的天下国家，在同一个统治机制下，一般平民百姓虽有贫富之分，人的地位也有高有低，却没有永久的贵族与大量永远不能翻身的奴隶。……在历史上，中国的编户齐民制可能是延续最

① 唐氏与笔者对话见《五四新文化运动再评价》，[日]爱知大学现代中国学会编《中国 21》1999 年卷，中国社会科学出版社 2001 年版，第 537~538 页。

② 唐德刚：《史学与红学》，广西师范大学出版社 2006 年版，第 67 页。

长久的例子。①

许倬云把实行贵族政治的“封建社会”与实行“编户齐民制”的天下国家加以区分，从而同泛化封建观划清了界限（许氏2003年访问武汉大学时，曾就此类论题与笔者有深入交谈）。

三、欧、美、日本学者的前近代中国“非封建说”

（一）欧、美学者的“东方专制社会论”

关于秦至清中国社会形态的名目，欧、美学者亦说法不一，然而极少有称之“封建社会”的。他们或者将其命名为“亚细亚社会”；或者命名为“东方专制社会”，如魏特夫以“东方专制主义”作为论著题目②；又有称“专制政治社会”“官僚主义社会”“绅士社会”的，常见还有名之“传统社会”的。

德国社会学家马克斯·韦伯（Max Weber）对中国史分期有较完整的概括，称先秦为“封建社会”，认为其制度及人文状态与西方相似：

> 我们愈往上追溯历史，就愈能发现中国人及其文化与西方人及其文化有种种相似之处。古代的民间信仰，古代的隐士，诗经中最古老的诗歌，古代的战斗君主，哲学派别的对立，封建制度，还有战国时期的资本主义发展的萌芽。所有这些儒教中国特有的素质，都与我们西方的现象非常相近。③

韦伯认为战国以后的中国历史走上了与西欧大不相同的路径，秦代实行郡县制、官僚俸禄制，封建制度全面废除，至清是“官僚·公

① 许倬云：《历史大脉络》，广西师范大学出版社2009年版，第31页。

② ［德］魏特夫著：《东方专制主义》（中文版），徐式谷等译，中国社会科学出版社1989年版。

③ ［德］马克斯·韦伯著：《儒教与道教》，洪天富译，江苏人民出版社1993年版，第266页。

型制”或“家产官僚制”，即世袭君主下的官僚制社会，其制度及人文状态与西方中世纪相歧异。① 韦伯说：“秦王当了皇帝以后……建立了一个真正的专制制度，取代了古代的神权封建秩序。”②他还特别强调秦汉以下的这种制度是与封建制相对立的。

> 为了防止封建等级制的复辟，亦即防止官吏从中央集权中独立出去，采取了一套举世闻名、成效卓著的办法：实行科举，以教育资格而不是出身或世袭的等级来授与官职，这对中国的行政和文化都具有决定性的重要意义。③

美国哲学家杜威(John Dewey)基于对“封建”的中国古义和西义的贯通理解，把中国的“封建主义”定位于先秦。在1921年出版的《中国、日本与美国》一书中，杜威论及中国历史时说：“封建主义是过去的事情，它两千年前就消失了，自从中国拥有一个运转着的集权政府，它从未存在过。过去两千年中，专制帝国兴起来，又衰落了。”④显然，杜威把秦以后的中国视为“专制帝国时代”，而并非“封建时代”。

关注中国文明的英国哲学家伯特兰·罗素(Bertrand Russell)也强调中国历史的独特性，认为不应以欧洲模式套用中国，他说：

> 中国在丝毫未受欧洲影响的情况下，完全独立地发展了自己的传统文化，因而具有与西方截然不同的优点和缺点。试图寻求

---

① 参见[德]马克斯·韦伯著：《儒教与道教》，洪天富译，江苏人民出版社1993年版，第54~55页。

② 参见[德]马克斯·韦伯著：《儒教与道教》，洪天富译，江苏人民出版社1993年版，第54页。

③ 参见[德]马克斯·韦伯著：《儒教与道教》，洪天富译，江苏人民出版社1993年版，第55页。

④ 《中国印象——世界名人论中国文化》下册，广西师范大学出版社2001年版，第196页。

某种平衡是徒劳的……①

现代美国的汉学家也持类似看法。费正清认为，封建主义的一个基本特点，依其在中古时代的欧洲和日本的表现而言，是“土地不能转售。中古的农奴被束缚于土地，不能离开或处理土地，但中国的农民在法律上和事实上可以自由出售土地，并且如果他有钱的话，得自由购置土地”。进而指出，中国与西方的中古社会大不相同，公元前221年以后(即秦以后)，“中国社会并没有组成任何可以称之为封建制度的体制”②。

巴林顿·摩尔在《民主与专制的社会起源》中提出，关于前近代中国社会的表述，“使用‘封建主义’并没有使用‘官僚主义’来得更贴切。在帝国制度下的中国，并不存在一套分封系统。唯一赐给军事部门的土地也是有限的”③。

一个有趣的现象是，长期研究中国科技史、抗日战争时期居留中国的英国学者李约瑟(Joseph Needham)因受中国学界泛化封建观影响，曾把秦至清的中国社会称之“封建”，但20世纪70年代以后改变这种命名。据美籍华裔历史学家黄仁宇《放宽历史的视界》一书披露，黄氏1972年与李约瑟面谈，“李老博士”讲到，之所以曾把秦至清称“封建社会”，是因为在华时接受了中国一般学者的用法，后来他意识到此一用法不妥，遂决定在《中国科技发展史》第七卷不再称秦至清为“封建社会”，而另创新词。黄仁宇则以为，将秦至清称为“官僚主义”社会，“更为确凿，已无可置疑”。

(二)日本学者谷川道雄：“‘非封建’的中国中世说”·沟口雄三：将前近代中国称为封建社会是“偷换概念”

如前所述，日本的中国史学界大多在古汉语义与西义的通约上使用“封建制”一词，极少把秦以后的中国社会称“封建制”。第二次世

① ［英］罗素：《中国问题》(中文版)，学林出版社1996年版，第2页。
② ［美］费正清：《美国与中国》，商务印书馆1987年版，第33页。
③ ［美］巴林顿·摩尔：《民主与专制的社会起源》，华夏出版社1989年版。

界大战前，加藤繁论及日本与中国的历史差异时说，像日本那样长期的封建制，在中国只是早在周代存在过，从那以后基本上实行的是“官僚制的文官政治”①。这在日本学界是具有代表性的一种观点。

谷川道雄为《战后日本的中国史论争》所写的“总论”②，对第二次世界大战结束后，日本的中国史学界一度受到泛化封建观影响有所评介。

日本史学界第二次世界大战后曾因中国历史分期展开论战，由前田直典及东京的历史学研究会对内藤湖南、宫崎市定、宇都宫清吉等“京都学派”的中国历史分期展开批判，西岛定生、增渊龙夫等也都发表议论，论战涉及“封建制度”问题。东京的历史学研究会的相关学者将农奴制视作封建制的主要标志，又认为中国秦汉至明清以至民国时期，广泛存在农奴制，故从经济本质言之，可称为“封建社会”。而“京都学派”则认为，以农奴制作为封建制的主要标志并不恰当，秦汉至明清，中国已确立为官僚制的、郡县制的统一帝国，以“封建制”冠名颇为牵强。京都学派学者在论著中将自己的中国历史分期观具体展开——

宫崎市定《中国史》上部的“总论 二、时代区分论”指出，西洋史的中世就是封建时代，其领主、贵族具有鲜明的封建性，而中国史情形不一样，中国中世的贵族在皇权的统治之下，封建性大为削弱，故称西洋中世为封建时代名副其实，称中国中世为封建时代则为不妥。中国的封建制存在于古代的周王朝，日本的封建制自镰仓时代始，江户时代完成。宫崎还就中国的中世是否以农奴制为主，提出如下问题：宋以后的佃户是否为农奴？部曲是否为农奴？均田制是否等同于封建庄园制？足见宫崎氏对“中国中世即农奴制也是封建制”的泛化封建论公式深表怀疑。③

---

① 《支那与武士阶级》，《史学杂志》50—1，转见谷川道雄《中国中世社会与共同体》，中华书局 2002 年版，第 4 页。

② 《日本学者研究中国史论著选译》第 2 卷，中华书局 1993 年版。

③ 参见［日］宫崎市定《中国史》上部，岩波书店 1977 年版。

东京大学教授西岛定生在评论当下中国盛行的泛化封建观时，指出秦以后(包括近代中国)并不“封建”，他说：

> 不能不承认在(中国)各地并不存在割据的封建领主或武士阶级。即使考察清朝灭亡以前的(中国)历史，将长达两千年的中央集权专制君主统治下的官僚政治的持续存在作为封建社会的特征，这样的封建社会与西欧的封建社会也是很不相同的。①

西岛氏虽未直接否定泛化封建说，实则表露了很大的保留，而他所说秦以后两千年“中央集权专制君主统治下的官僚政治的持续存在”，正是对这一大时段中国社会特征的概括。

宫崎市定的弟子谷川道雄将中国秦汉以下排除在“封建社会”之外，而称之“专制政治社会”②。谷川氏认为，春秋战国以前的中国属古代社会，其后直至最近属中世社会，而中世社会又分前后两段：中唐以前是古代社会残存的中世社会，其间的农民，有较多君主农奴性质；中唐以后已少有古代社会残存，其间的农民，有较多君主隶农性质。

基于上述“中世”观，谷川氏提出“‘非封建’的中国中世说”，他的《中国的中世》一文提出一个有价值的论题：“欧洲社会藉封建化而达成古代世界的克服”，而“中国以某些中国式的独自方法超越其古代史”③。谷川氏认为，“中国式的独自方法”得以展开，一个关键期便是春秋战国时代。春秋战国至秦汉统一帝国的确立，走上了“非封建”道路：“封建制已转变为中央集权制，贵族制……已转变为官僚制。”④明确地把“封建制”与“中央集权制”作为两个对应术语使用，

---

① 《日本学者研究中国史论著选译》第2卷，中华书局1993年版，第2页。

② 参见[日]谷川道雄《中国中世社会与共同体》(中文版)，中华书局2002年版。

③ 《日本学者研究中国史论著选译》第2卷，中华书局1993年版，第104页。

④ 《日本学者研究中国史论著选译》第2卷，中华书局1993年版，第107页。

前指殷周政制，后指秦汉以下政制。他还强调：

> 秦汉时代与殷周时代区别的标帜之一，便是在于前者之官僚制的发达。若把周代的支配身份暂时以所谓“士”的措辞来概括的话，则士系出自支配氏族，特别是以祭祀和军事为职掌的身份。春秋战国的变革，便是破除这种身份制度，并由官僚集团取而代之。①

谷川氏这一论述，揭示了周秦之际以降中国社会的“非封建”走向。谷川 2004 年 12 月在京都他的研究室与笔者恳谈时，再次申述了这一观点。谷川 2004 年 11 月在京都与笔者及牟发松、聂长顺相晤，进一步畅述其说，指出：秦至清的中国社会，土地可以转让，上有统辖军政的专制帝王，下有编户齐民，中间是经朝廷考选任命、可以流动的官僚，这与实行领主经济和世袭贵族政治的封建制大相径庭。②

日本汉学家沟口雄三在追溯“封建”的中国古汉语义、西方义、马克思义后，认为“在中国，众所周知，自秦汉帝国以来，一直采取以皇帝为中心的中央集权制”，因此“至少在政治体制上，不能将近代以前的中国称为封建时代”③。后来，沟口氏对泛化封建观有更尖锐的批评，他指出，中国社会史论战期间某些中国社会学者及历史学者“把鸦片战争以前看作是长期的封建时代”是在偷换概念：

> 在这其中，实际上存在着一个概念的偷换。也即，欧洲的所谓封建时代是一个针对着封建领主制时代的，以此为出发点的时代观念，而在中国，近代之前存在着的不是封建领主制，而是长

① 《日本学者研究中国史论著选译》第 2 卷，中华书局 1993 年版，第 114～115 页。

② 见聂长顺《谷川道雄与冯天瑜对话》，《中国“封建”社会再认识》，中国社会科学出版社 2009 年，又见《史学月刊》2010 年第 1 期。

③ ［日］沟口雄三著：《中国的思想》，赵士林译，中国社会科学出版社 1995 年版，第 112～113 页。

期持续着的皇帝中央集权制。两者之间的差异明明白白，可还是要偷换着将这个中央集权制的时代强行地当作“封建”时代。①

汉学家加加美光行也多次批评西方的汉学界将“非西欧世界虚无化”，认为这是“西欧近代的悖论”，并在此基础上，构建新的“中国学”②。

总之，不赞成将秦以下两千余年的中国以“封建社会”相称，是许多中外学者的看法，但是，他们未能确定一个内涵精准、获得普遍认同的名目取代滥用的“封建”。可见，给这一漫长而复杂的历史时段(王礼锡称之“谜的时代”)命名，是相当困难的。

四、李慎之评议“封建”滥用，王元化重估五四“反封建”命题

如果说，侯外庐、顾准、林志纯是从中西术语对译角度揭示当下通用“封建”一词存在的问题，那么，时至世纪之交还有些中国学人从思想文化史角度审视泛化封建观，揭示其含义紊乱，导致历史宏大述事混淆不清，这方面的评议者以李慎之、王元化为代表。

(一)李慎之：“封建”不可滥用

李慎之1993年10月撰《“封建”二字不可滥用》一文，从保持中国史的“中国性”的角度，论述“封建”概念问题。

时下所说的“封建”以及由此而派生的“封建迷信”、“封建落后”、“封建反动”、“封建顽固”……并不合乎中国历史上“封建”的本义，不合乎从feudal，feudalism这样的西方文字翻译过来的“封建主义”的本义，也不合乎马克思、恩格斯所说的“封建主义”的本义，它完全是中国近代政治中为宣传方便而无限扩大

① 沟口雄三论文，收入《现代中国学方法论及其文化视角国际学术讨论会会议论文集》，2005年12月2日—4日，中国·天津。

② 见[日]加加美光行《构建新的“中国学”》，[日]爱知大学现代中国学会编《中国21》1998年卷，中国社会科学出版社1999年版，第195~228页。

使用的一个政治术语。①

李氏说，“这个错误是我代人所犯下的”，显示了前辈学人的历史担当精神。李氏接着指出：

> 循名责实，正本清源，是所望于后生。所幸的是青年一代史学家已经有人注意到了这个问题。两年多前，我收到湖北大学冯天瑜教授寄给我的《中华文化史》，书中即已专列《中国“封建制度”辨析》一节，可说已经开始了这一工程。②

这里提到的旧事，始末略为：1988 年中国社会科学院组团赴夏威夷参加国际学术会议，中国社会科学院内有庞朴等参加，院外有中国人民大学郑杭生与笔者参加，李慎之时为中国社会科学院分管外事工作的副院长，自始至终负责这次组团访问事宜，笔者由此与之结识。1989 年秋，李氏卸下中国社会科学院副院长之职，次年值笔者与何晓明、周积明合著之《中华文化史》出版，曾寄赠李氏。从上文得知，李氏当即敏锐地注意到书中的“中国‘封建制度’辨析”一节，肯定笔者所做的有关“封建”概念“循名责实”“正本清源”工作。1994 年笔者调到武汉大学工作以后，虽曾两次在学术会议上与李先生见面，却未能就“封建”问题当面交换意见。近来笔者方从网上读到李氏十余年前(1993 年)写的这些文字，而斯人已于 2003 年作古，读斯文、念斯人，不胜追思，亦感奋难已。

李氏在 1993 年的《发现另一个中国》的文章中提及“封建”被滥用的问题，指出：“把中国自秦始皇起的社会制度称为封建主义实在是近几十年才大行其道(在此以前的名家，如陈寅恪、冯友兰都是压根

① 李慎之：《“封建”二字不可滥用》，《中国经济史论坛》2004 年 4 月 16 日发布。

② 李慎之：《“封建”二字不可滥用》，《中国经济史论坛》2004 年 4 月 16 日发布。

儿不用这个名词的，西方研究中国历史的学者也不用这个词儿）。然而究其实际，则与中国原来所说的封建与日本、西洋的封建（feudalism）大不相同，当然也与马克思所说的封建不同（他心目中封建主义本来就是西方通用的封建主义概念），因此，名实不符，只能乱人视听。"①李氏深感将秦至清称"封建社会"不妥，于是提出关于秦汉以后两千年中国社会形态命名的设想，他说：

> 我虽然也曾几次写过短文，力言其非，但是远不足以改变人们的观念。十多年前我曾与一个美国研究中国历史的学者谈起这个问题，他倒很同意我的看法，但是又感到没有一个可替代的词。后来，我忽然说，就以最突出的标志命名，叫皇权主义如何，英文就叫 emperorism，以与世界上现在已经用熟了的帝国主义 imperialism 相区别。他倒觉得这个词儿可以考虑。事隔多年，今日重提。质之高明，以为如何？②

李氏后来另文论及，"五种社会形态说""不能包括一切"，秦以后中国便不是封建社会。他说：

> 封建制度废除以后的中国的中古社会就是相当独特的一种，是不能硬归入欧洲中古的封建社会一类的。到底它是什么样的社会形态，有待认真深入细致的研究。但作为数量占人类四分之一到三分之一、时间长达两千年的一种模式，完全可以而且应当自立名目。③

① 李慎之：《发现另一个中国——〈游民文化与中国社会〉序》，《传统文化与现代化》1998 年第 5 期。

② 李慎之：《发现另一个中国——〈游民文化与中国社会〉序》，《传统文化与现代化》1998 年第 5 期。

③ 李慎之：《中国文化传统与现代化——兼论中国的专制主义》，《战略与管理》2000 年第 4 期。

李氏认为，以“封建主义”指称秦以后的中国社会不妥，并设想以“帝国主义”取代，但由于它易与现代世界通称的帝国主义相混淆，于是又设想出“皇权主义”或“绝对皇权主义”（emperorism），“以代替名实相乖的封建主义（feudalism）”①。在“封建”辨析上，李氏可谓视通古今，兼及中西，有破有立。当然，他所拟秦代以后社会诸名，是从政制角度立论，未能观照经济制度。

（二）王元化：再估价五四“反封建”命题

王元化是关注“封建”概念辨析的又一位前辈学人。他曾在《关于五四再答客问》中说：“我们头脑中有很多既定观念，日积月累，成为习惯力量。再估价（指对五四——引者）就是重新认识这些既定观念。”又说：“对五四的再认识，首先就要打破既定观念。17、18世纪的启蒙先驱者，将任何问题，不管是宗教的、自然的、道德的，都摆在理性的法庭上重新认识。如果不重新估价那些已被接受的既定观念，那就根本谈不上启蒙。”②其中王元化把“五四”时期的“泛封建”命题列为应予重估的“既定观念”之一。

1999年5月，在北京大学举行的“五四运动与20世纪中国国际学术会议”上，日本爱知大学的绪形康教授与笔者（当时任教于爱知大学）作为日本的现代中国学会刊物《中国21》的编者方，邀请王元化（中国）、周策纵（美国）、唐德刚（美国）、王赓武（新加坡）、陈万雄（中国香港）诸先生，就“五四新文化运动再评价”问题举行座谈。在座谈会上，王元化再次就“五四”的“反封建”口号作出评议，指出：

> “反封建”这一提法，有人不赞成。中国封建社会是从什么时候开始的？大陆的研究者曾有几种说法。不管这些说法如何，有一点应该肯定，秦始皇统一中国后，就已经不再是封建制了。比较准确的说法是君主专制中央集权的大一统政体。这跟西方说

① 李慎之：《中国文化传统与现代化——兼论中国的专制主义》，《战略与管理》2000年第4期。

② 王元化：《九十年代反思录》，上海古籍出版社2000年版，第130页。

的“封建制度”完全两样。①

绪形康接着提到笔者曾经发表的文章说：

冯天瑜先生发表过《厘清概念——以“封建”和“形而上学”为例》，与王元化先生刚才谈到的观点相近。看来我们对五四新文化运动的再认识，有一个重新厘定概念的任务。②

王氏接着再次肯认厘清概念的必要性。

对于李慎之等学者提出反思“封建”之议，近些年应和的言论时常披露于报刊及网络，如罗建《糊涂的“封建”》③，符号《中国封建么？中国落后么？》，知原《中国的“封建社会”辨析》，霜雪寒《“封建”——最严重的语词误用》等，虽多属随感性质，但不乏灼见。

（三）世纪之交的“封建”名实考辨

时至世纪之交，探讨“封建”概念的学术论著迭出，略举其要：

马克垚的《关于封建社会的一些新认识》，载《历史研究》1997年第1期。晁福林的《论封建》，载《社会科学战线》2000年第2期。黄敏兰的《近年来学术界对“封建”及“封建社会”问题的反思》，载《史学月刊》2002年第2期。赵利栋的《近代中国的封建与封建主义》，载《浙江社会科学》2000年第2期。李根蟠的《中国“封建”概念的演变和“封建地主制”理论的形成》，载《历史研究》2005年第3期，论证“封建地主制”一说的合理性。冯天瑜的《史学术语“封建”误植考辨》，载《学术月刊》2005年第3期，揭示泛化封建观的历史成因，认为以“封建社会”指称周秦以降的中国社会，违背了“封建”本义指示

① 《五四新文化运动再评价》，[日]爱知大学现代中国学会编《中国21》1999年卷，中国社会科学出版社2001年版，第531页。又见王元化《九十年代反思录》，上海古籍出版社2000年版，第130页。

② [日]爱知大学现代中国学会编：《中国21》1999年卷，中国社会科学出版社2001年版，第531页。

③ 《书屋》2001年第5期。

的方向，也无法与对译词 feudalism 的含义对应。何怀宏的《世袭社会及其解体——中国历史上的春秋时代》一书，以两章篇幅(第一章中国古代的封建；第二章“封建社会”的概念)梳理“封建”的古今演绎和中西对接。该书指出：“今天我们所习惯使用的‘封建社会’的概念却和古代的‘封建’概念迥然有别”，并试图回答下列问题：“这种迥异是如何发生的？流行的‘中国封建社会’的概念是如何在本世纪提出和论定的？这一概念和西方‘封建社会’，的概念又有何差别？”①

世界史专家、武汉大学教授吴于廑在 20 世纪 80 年代指出：

> 亚欧大陆各农耕中心进入阶级社会，在世界历史上划分奴隶制阶段和封建制阶段，这是一个十分复杂的问题。……前资本主义的两种阶级社会……都很难以某一地区的历史实例作为典型；……而且，古代社会中处于依附地位的劳动者与中古时代封建制度下的依附农，往往不易分清界线。②

此外，荣剑的文章《论中国“封建主义”问题》也有较深入的见解。③

(四)当代历史编纂逐渐摆脱泛化封建观的束缚

时至当代，泛化封建观在中国大陆虽然仍维系着主流话语地位，但对其持保留态度者与日俱增，在历史编纂上的一种表现是，一批重要史著淡化乃至弃用“五种社会形态说”及其派生的泛化封建表述。

一如白寿彝主编的多卷本(二十二卷)《中国通史》回避“五种社会形态说”，而取“上古时代”“中古时代”这样的时序式表述。主编白寿彝对此种处理解说道：“从历史发展顺序上看，这约略相当于一般历

① 何怀宏：《世袭社会及其解体——中国历史上的春秋时代》，生活·读书·新知三联书店 1996 年版，第 1 页。

② 吴于廑：《中国大百科全书·外国历史卷》，中国大百科全书出版社 1990 年版，第 8 页。

③ 荣剑论文发表于《中国社会科学内刊》2008 年第 2 期。

史著述中所说的奴隶制时代。但在这个时代，奴隶制并不是唯一的社会形态。我们用‘上古时代’的提法，可能更妥当些。”“所谓中古时代，是指以封建制生产方式占支配地位，同时还有别种生产方式存在的时代。”①

二如中国大百科全书出版社1992年版的《中国大百科全书》的《中国历史》卷，由田余庆、戴逸、彭明撰写的列于卷首的概述性的条目“中国历史”也没有采用“五种社会形态”历史分期框架，而是将中国历史按时序划分为：

> 原始人群和氏族制社会——从远古到公元前21世纪；
>
> 国家的形成，统一的君主专制国家的逐步出现——夏至秦的统一（公元前21世纪至前3世纪的221年）；
>
> 统一、分裂的交替和民族融合——秦至南北朝（公元前221年至公元589年）；
>
> 经济文化的繁荣和域外交往的扩大——隋至元（公元581年至1368年）；
>
> 专制统治的延续、衰落和资本主义列强的入侵——明清（公元1368年至1911年）；
>
> 资产阶级共和国的创建、变质和演化——中华民国（公元1912年至1949年）。②

该条中论及“春秋战国之际是社会变化的关键时期”，而“对于变化性质史学界迄无定论”③。言及秦以后历史，表述为：“公元前221年，中国第一次出现大一统局面，从此以后，又经历了两千余年的王

① 白寿彝主编：《中国通史》第3卷，上海人民出版社1994年版；《中国通史》第5卷，上海人民出版社1995年版。

② 《中国大百科全书·中国历史Ⅰ》，中国大百科全书出版社1992年版，第1~27页。

③ 《中国大百科全书·中国历史Ⅰ》，中国大百科全书出版社1992年版，第3页。

朝统治。”①可见，深入研究中国史及世界史的前辈学者，在其“晚年定论”中，往往对“五种社会形态说”及泛化封建观持谨慎、保留的态度，而主张从各国、各地的历史实际出发作历史分期，并重新拟定历史分期名目(多按时序命名)。

类似情形，还见之于多种近年编纂的大型通史、经济史、思想文化史论著。以下依时序略举几例。

(1)20世纪90年代中期，商传、曹大为、王和、赵世瑜等学者酝酿撰写《中国大通史》。在《编写手册》中他们提出，“不再套用‘五种社会形态’的模式”，“避免使用涵义不清的‘封建制度’概念”。该手册认为：“长期以来学术界流行的‘封建制度’一词，并非中国古代‘封土建国’的原义(西方使用的‘封建制’概念与此相类)，而是从‘五种社会形态’角度确定其含义，这实际上是译介、创新语汇时遗留下来的问题，极易造成混乱和争议。本书将直接使用具体的所有制、生产方式的概念(如均田制、授田制、地主土地所有制、租佃经济)，而不再笼统使用封建制的概念。”②

(2)十卷本《中国经济通史》(湖南人民出版社2002年版)的主编赵德馨在该书前言中表示，不以五种社会形态说套用中国经济史分期，不把秦至清称之为封建社会。

(3)2007年初朱绍侯主持编写高等学校教材《中国古代史》，也主张避用五种社会形态直线递进说，而以时序式表述作历史分期。

(4)耿云志主编，中国社会科学院近代史所等单位多位学者撰写的《中国文化的近代转型研究》(九卷本，四川出版集团 四川人民出版社2008年版)，扬弃五种社会形态单线直进说，不再将中国前近代称“封建社会”，把中国近代转型所要超克的旧传统归结为二——宗

---

① 《中国大百科全书·中国历史Ⅰ》，中国大百科全书出版社1992年版，第1页。

② 除《编写手册》外，曹大为撰《关于新编〈中国大通史〉的几点理论思考》(载《史学理论研究》1998年第3期)明确指出：“不再套用斯大林提出的“五种社会形态”单线演变模式作为裁断中国历史分期的标准。”

法礼教、君主专制。

综论之，对于20世纪80年代以来关于“封建”名实之辩以及由此导引出的中国历史分期的讨论，似可作这样的估量——

问题已经提出，歧见已经陈列，对大半个世纪以来流行的某些不科学的陈说提出异议、保持距离的学人渐多；历史编纂实践则逐渐超越“五种社会形态”单线直进框架、扬弃泛化封建观，呈现出健康的走势。然而，所涉及中外古今大量的史学问题，专题的及综合的探究尚显不足，学术辨析的渐次深入亦有待展开。

第四节　“皇权时代”

一名之立，旬月踟蹰。

——严复：《天演论译例言》

秦至清的两千余年间，中国社会的基本面并非以已成偏师的“封建制”，而是由宗法制、地主制、专制帝制综合而成的社会形态。故总论秦至清社会（即中国的中古、近古社会），先需分述贯穿性的三种制度，进而考究三者的合成关系。

一、“宗法制”流变

东亚大陆在跨入文明门槛（以文字及金属器的发明与使用为标志）之前，曾有一个长时期的原始社会阶段，其间形成级次渐递的共同体：原始群、氏族、部落、部落联盟。跨入文明门槛、形成国家以后，由于长期运行于农业自然经济之中，聚族而居的生活方式延绵不辍，氏族共同体的制度及观念得以传续，自三代以下，中经秦汉、唐宋，以讫明清，不断改朝换代，政治体制也多有迁衍，而底层的以家族为基础的村社结构却万变不离其宗。不同于西洋家庭以夫妇为主轴，中国的乡土社会，家庭的主轴在父子之间，是纵的，不是横的，夫妇成了配轴。① 这种以纵向绵延为使命的社群—家族，其运作准则便是被称为“宗法”的一套制度与观念、习俗。

(一)宗·宗法·宗法制

宗法制之“宗”，乃会意字，甲骨文作(《殷虚文字乙编》七六六)，金文作(何尊)，字形表示：屋宇内置祖先神主牌位，可会意成祭祖之处，引申为尊崇祖宗。《说文解字》释“宗”为“尊祖庙也。从宀，从示”。于省吾谓“示”像神主，“宗”当是屋中立神主之形，意谓“同在一庙祭祀祖先”。

“宗”与法度、法式之“法”连用成词较晚，东汉《白虎通义》有“宗法”联用；北宋理学家张载《经学理窟·宗法》，为此词合用之有名之例——

> 宗法不立，则人不知统系来处……宗子之法不立，则朝廷无世臣，且如公卿，一日崛起于贫贱之中，以至公相，宗法不立，既死，遂族散，其家不传……如此则家且不传，又安能保国家。②

这里的“宗法”是“宗子之法”的省称。所谓“宗子”，指宗族的嫡长子，因被认作宗族始祖的嫡系继承人，为族内兄弟所共宗(尊)，故称“宗子”或“宗主”，即世袭族长。宗子之法(宗法)讲的是族长的确立、继承、权力的行使等，其要领在于规范嫡庶系统，实行嫡长子继承制，以定亲疏、别统绪。在张载看来，此制不仅可以维持家室、宗族(特别是世家大族)，而且与朝廷政治的延绵、国家的安固大有干系。

作为宗族组织法的宗法制，由父系氏族制演化而来，《尔雅·释亲》谓“父之党为宗族”。此制初奠于殷商，成型于西周，与封建制、等级制互为表里，共同构成那一时代的王室及贵族世袭制度。王国

① 参见费孝通《乡土中国》，上海人民出版社2006年版，第31~35页。

② 《张载集》，中华书局1978年版，第259页。

维说：

> 周人制度之大异于商者，一曰立子立嫡之制，由是而生宗法及丧服之制，并由是而有封建子弟之制，君天子臣诸侯之制。①

对于嫡庶制是否发端于周，学界虽说法不一(甲骨文材料显示殷人已行嫡庶制)，但王氏关于嫡庶制是宗法制核心，又由此产生封建制之说，是可以成立的。周朝通过分封，将宗法制扩展至四方，形成以周天子(姬姓嫡长子)为大宗，各诸侯(余子，或称别子)为小宗的宗法统治网络。诸侯在本国又为大宗，嫡长子继承国权，余子再分封为卿大夫。卿大夫在其领地也依此法，宗法网络逐次展开。《礼记·大传》曰："别子为祖，继别为宗，继祢者为小宗，有百世不迁之宗，有五世则迁之宗。"这里讲的是：某诸侯有数子，嫡长子袭为诸侯，其余儿子谓"别子"，各自开宗为祖，后继者谓之宗。宗有大小，大宗(长嫡)累世承袭，为百世不迁之宗；小宗(别子)历五代则迁，所谓"君子之泽，五世而斩"。这样，诸侯为一国群宗所共宗；天子又为群侯及群侯国内各宗所宗。②

如此构造的"宗法"，不仅是"君统"之法(周天子与诸侯的继统法)，也是"宗统"之法(各级贵族乃至平民的血亲关系法)，宗法制由君统而宗统，放大到全社会。王国维说：

> 周人嫡庶之制，本为天子诸侯继统法而设，复以此制通之大夫以下，则不为君统而为宗统，于是宗法生焉。③

王国维认为宗法制在西周方形成，而新近研究表明，殷商已实行

① 王国维：《殷周制度论》，《观堂集林》第二册，中华书局 1959 年影印本，第 453 页。

② 参见李剑农《中国经济史讲稿》第三章"一、封建与宗法之意义"。

③ 王国维：《观堂集林》第二册，中华书局 1959 年影印本，第 458 页。

宗法制，西周使之完备化。

(二)晚周以降宗法制的变态

“宗法”与“封建”本是互为表里的、二而一的两种制度，封建藉宗法维系，宗法藉封建张大。在西周珠联璧合的“宗法”与“封建”，至东周以后，逐渐发生复杂的离合变迁，总趋势是，“封建”走向衰微；“宗法”则从政制向社会组织转移，并由与“封建”结合改变为与“君主专制”结合。

春秋战国，郡县制逐渐取代封建制，命官、流官制取代世卿世禄制，加之嫡、庶的紊乱(不少公卿将妾提升为正妻，庶子得以继承爵位)，导致“嫡长子继承”这一宗法制核心内容的破坏，这都促成宗法制呈解体之势，所谓“封建废，而宗法格不行”①。这是两者“一损共损”的情形。战国时法家以“尊尊”代“亲亲”，以“法治”代“礼治”，即反映了这种趋向。以“兴灭国，继绝世”为要务的儒家则维护宗法礼治，高倡“复礼”“归仁”。管仲学派综合儒、法，主张兼行礼、法，试图将宗法制与君主专制统一起来。汉代新儒家则集此论之大成。两汉以降“封建”衰微，中国社会在国家层面大体是“宗法”与专制政制结合的方式，在乡村则是“宗法”与村社乡党的结合。

秦汉以下的社会实态是，封建制被郡县制取代，社会结构的基本单位由“宗族”变为“家族”，而宗法制却并未随风逝去，社会基层多为半宗法、半地域性的组织形式，这并非某些学派鼓吹的结果，乃是由社会经济格局所铸就：在自然经济条件下，聚族而居的生活方式长期维系，根据血统远近区分亲疏的继承规则及相应礼制得以沿袭，尤其是宗族精神(即宗法观念)长期延传。而汉儒、宋儒以“亲亲”为本，推及“尊尊”的伦理——政治观，与长期延续的宗法制度、宗法思想相互匹配，构成社会意识主流。

秦汉以下的宗法制，已不是西周那种严格的、规范化的宗法制，而是一种较宽泛意义上的宗法制，或曰变态宗法制。这种“变态”的一大表现，是“忠君”压倒“孝亲”，从而大异于先秦以孝为先的宗法

① 许三礼：《补定大宗议》。

意识。郭店楚简《六德》，作为儒家早期文本，保存了周代宗法思想的要领，简文曰：

> 仁，内也；义，外也；礼乐，共也。内立父、子、夫也，外立君、臣、妇也。……为父绝君，不为君绝父；为昆弟绝妻，不为妻绝昆弟；为宗族杀朋友，不为朋友杀宗族。人有六德，三亲不断。①

这里的“绝”“杀”皆丧服用语，意谓守丧时丧服级别的减杀。当服父丧与服君丧发生矛盾时，可减省服君丧的丧服，而不能相反。这是强调以宗法血亲为上，父子关系高于君臣关系。然而，进入皇权时代，孝道虽被继续强调（汉代号称“以孝治天下”），忠孝视作互动关系（所谓“求忠臣于孝子之门”），但当两者必取其一时，“忠君”便压倒“孝亲”，此谓之“忠孝不两全”。这是皇权至上的皇权时代不同于宗法封建时代的所在。

皇权时代虽然宗法观念发生变态，但改造过的宗法精神笼罩秦以下两千年社会，表现在以下几个方面：其一，父系单系原则广泛实行；其二，大体沿用宗法结构的家族制长盛不衰；其三，家国同构，宗法制与专制君主制合一，宗法与皇权相互为用。

宗法式的礼制是秦至清列朝皇统及贵胄继承的必遵之制，如皇帝及王侯的继承，宗法的“近支”原则是理当遵守的，违背此一原则，即被视作“乱制”“违礼”，不少朝代为此引发过激烈政争，明代嘉靖间的“大礼议”、清代光绪初年的同治帝身后继嗣继统之争，均为显例，论争双方都以宗法礼制为据。又如小说《红楼梦》所描写的荣国府贵族大家族，荣公死后，由长子贾代善袭爵，代善有二子：长子贾赦、次子贾政。代善死后，平庸的贾赦承爵，较富才识的贾政只能通

---

① 转引自武汉大学中国文化研究中心编《郭店楚简国际学术研讨会论文集》，湖北人民出版社 2000 年版，第 386 页。

过科考取得功名。① 这是严格遵循宗法制的“嫡长子继承”原则的例子。小说所表现的，正是明清贵胄社会的生活实态。

宗法礼制在民间也保有物质形态及规范方式(如祖庙、祠堂、宗谱、族田、族学、族规等)，并有自治化趋势，如张载说：“宗子法废，后世尚谱牒，犹有遗风。”②宗法制直至近代在中国社会中仍发挥着重要作用(如曾国藩创建“湘军”，宗法组织是一大依凭，宗法观念是重要精神支柱)。宗法观念(表现为崇祖、孝悌、移孝为忠、守节、同族一气，等等)既流衍民间，又加工提升为国家观念，如宋代皇帝诏曰“原人伦者，莫大于孝慈，正家道者，无先乎敦睦”③，即为典型表述。宗法伦理自庙堂之高，至江湖之远，莫不奉作圭臬。

试看另一部小说《水浒传》，那些揭竿而起的“好汉”，在某种程度上挣脱纲常名教，集结在号称“四海之内皆兄弟”的“义”旗之下，成为宗法—专制社会的体制外人群，打家劫舍，与官军对垒而暂时背离君臣之伦，然而，他们可以暂时反叛朝廷，与专制政体抗衡，却极少有违背宗法的记录。《水浒传》中“逼上梁山”的英雄们大都是孝子、仁弟，从宋江、林冲，以至于武松、李逵，无不服膺宗法伦理。小说对宋江“孝道”(有“孝义黑三郎”之称)与“由孝及忠”(导致受招安)的详尽铺陈；对武松“悌道”(对善良而懦弱的兄长极尽尊敬，并为之复仇)、李逵“孝母”的生动描绘，活现出一群造反者的浓烈宗法意识。而且，正是这种柔性、坚韧的宗法意识，使性格豪强的造反者也最终归附家国同构的宗法—专制体制，重作朝廷忠臣、顺民。专制帝制时代这些边缘化人物尚且如此，主流社会更不待言了。

(三)今之中国人犹“宗法之民”

近人严复在《译〈社会通诠〉自序》中论列中国宗法制延传数千年的情形，将人类社会的进程分为三大段落：“始于图腾，继以宗法，而成于国家。”将“宗法”视作氏族社会(“图腾”崇拜为其特征)与国家

① 见《红楼梦》第二回“贾夫人仙逝扬州城 冷子兴演说荣国府”。

② 张载：《经学理窟·宗法》。

③ 《宋会要辑稿》第一六五册《刑法二》。

出现后的社会之间的过渡形态。就中国言之，由于农耕自然经济的早成与长期延续，使宗法制特别绵长。把宗法制与定居农耕经济联系起来，确为严氏的卓识。严氏进而指出：

> 由唐虞以讫于周，中间二千余年，皆封建之时代。而所谓宗法亦于此时最备。其圣人，宗法社会之圣人也。其制度典籍，宗法社会之制度典籍也。①

秦废封建、立郡县以后，“又二千余岁矣，君此土者不一家，其中之一治一乱常自若”，而其间中国人的风俗习惯、言论与思维，皆不出宗法规范。“封建”取消后的中国社会(指秦至清)“宗法居其七，而军国居其三”。既然宗法占据主导，故严氏在《社会通诠》译序中称，直至近代的中国人“则犹然一宗法之民而已矣”。②

严氏总括道：“三代”的封建制行之两千年，“讫于周”，至秦朝则被郡县制取代，然而宗法制、宗法观念却自“三代”一直承传至近世，“存于此土者，盖四千数百载而有余也”。③

考之以中国社会，严复此说大体不差。以笔者的故乡湖北黄安(今名红安)为例，直至现代，宗族共同体的印迹仍随处可见。冯氏自明初从江西迁至黄安(明中叶析自麻城县而设黄安县)，于城关附近形成冯姓聚居的冯家畈，本着“同姓不婚”原则，本畈族人与相距百里的吴氏聚居的吴家大湾通婚，世代结成“亲家”。冯氏多务农，也有经商者(贩茶、卖牛等)，聚族而居已六百余载，未再迁徙，祠堂、族谱、族田乃至族规传至现代。先父家贫，因学业优秀，被族人共举升学，学费由族田供给。后来先父在外教书，资助族人多年，皆为回报当年族中助学之恩。这种聚族而居的宗法社会，其深层结构即使历经20世纪20—40年代的内战和抗日战争，以及50—70年代频

① 《译〈社会通诠〉自序》，《严复集》第一册，中华书局1986年版，第136页。
② 《译〈社会通诠〉自序》，《严复集》第一册，中华书局1986年版，第136页。
③ 《译〈社会通诠〉自序》，《严复集》第一册，中华书局1986年版，第136页。

繁的政治运动亦变化不大。直至 70 年代末的“改革开放”浪潮，尤其是 1990 年以后大批青壮年劳动力入城务工(据悉，只有六十万人口的红安县，现有十余万人外出打工)，方对聚族而居的生活方式产生较强劲的摇撼，百姓们有可能渐次脱出聚族而居的“宗法之民”故辙。

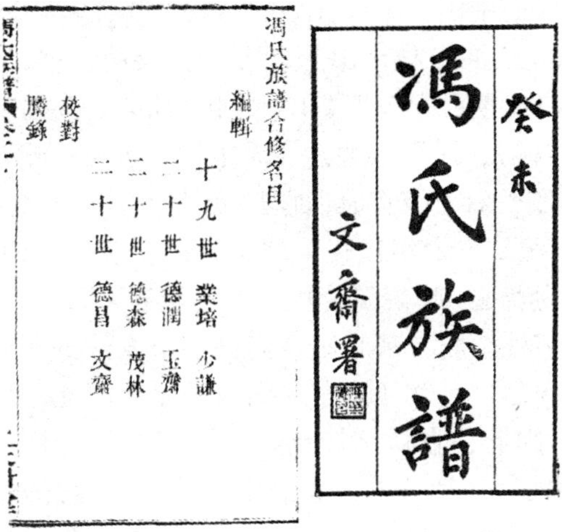

湖北红安冯家畈《冯氏族谱》书影

总之，论及秦汉以下两千余年的中国社会形态，宽泛意义上的宗法制是必涉要项。有学者认为，宗法制不可泛用，此制晚周解体，不能将秦以后的中国社会称为宗法社会。从狭义宗法制言之，此议有一定道理，但由“宗法”本义指向的延伸义言之，宗法制度与宗法观念在中国延绵久远。前引严复已论及此。这不仅是个命名的准确性问题，还关系到中国社会现代转型的主题确认问题。严复曾尖锐指出：“中国之不兴，宗法之旧为之梗也。”又说：“使中国必出以与天下争衡，将必脱其宗法之故而后可。”①严复是从直线进化史观出发，抨击宗法制度与宗法观念的，不免失之简单化。其实，宗法伦理同时包含

① 严复：《读新译甄克思〈社会通诠〉》，《严复集》第一册，中华书局 1986 年版，第 151 页。

着血亲温情与垂直独断两个侧面的内容，应当作分层辨析，而不应笼统论之并一概否定。区分双向互动的“五伦说”（“君义臣忠”“父慈子孝”“兄友弟恭”之类）与单向权威主义的“三纲说”（“君为臣纲，父为子纲，夫为妻纲”），方是对宗法观念作理性分梳、区别对待的做法。①

在广土众民的中国，基层社会的结构繁复，宗族组织并非遍及全国。20世纪末叶长沙走马楼出土九万余枚吴简，据已整理出的部分吴简昭示，孙吴时期已存在着“非宗族化”社会，多姓杂居一丘（村），一姓散居多丘（村），村无主姓，姓无主村。乡吏（如“劝农掾”“录事掾”）执官府之职，对上级官府（郡县）负责，不对乡土、宗族负责。②李景汉在20世纪二三十年代在河北定县的调查也表明，诸姓混居的现象在华北较为普遍。③综览全国，一姓聚居盛行于东南沿海，而华北、关中盛行多姓杂居。宗族制在商品经济发达的东南沿海较完备，次之江南，再次之是自然经济占主导的华北等内地，呈现一种“逆逻辑发展”现象。因此，肯认宗族制在中国基层社会广泛存在的同时，还必须观照“非宗族”社会的存在。中国传统社会是宗族性的血缘组织与非宗族性的地缘组织（如秦汉的乡、亭、里，北朝的邻、里、党，民国的保甲，中华人民共和国时期的派出所、居民委员会）并存，其实际作用力此消彼长，但始终没有一方能够全然取代另一方的。

二、“民得买卖”土地制度（地主制）的演绎

春秋战国以降，封建领主制开始向地主制转化，秦至清土地制度的主流与封建领主制渐行渐远。

（一）从“田里不鬻”到土地渐趋私有

地主制可以完整地表述为“田土私有的地主—自耕农制”，这是

① 参见拙文《“三纲”“五伦”分梳说》，收入《天光云影》，北京师范大学出版社2010年版。

② 参阅秦晖《传统十论》，复旦大学出版社2003年版，第6~17页。

③ 李景汉：《定县社会概况调查》。

战国以降，特别是秦至清间逐步形成的土地制度。在这两千余年间，土地国有(王有)与私有并存，总的趋势是土地所有权与政治权力渐相分离，封建领主制逐步淡出。

在农耕文明时代，土地是财富的根本，所谓“有人此有土，有土此有财，有财此有用”①，故土地制度是农耕文明时代经济及社会制度的基础。殷商西周实行土地不得买卖的分封采地制度，如《礼记·王制》所称“田里不粥(鬻)”(田地不得买卖)，《管子》所称“农之子恒为农”(农人不许转作他业)，《左传·昭公二十六年》所称“农不移”，《孟子·滕文公上》所说“死徙无出乡”(农人至死不得迁移出本乡)，都是对封建时代土地制度及农民身份状态的表述。这种情形至西周末开始发生变化。卫盉、五祀卫鼎等西周金文显示，周恭王时田土已可以论价交易，只是尚需经法定手续，订立契约，得到官方承认即可。②《史记·周本纪》载，西周晚期的宣王之时变革体制，王畿“不籍千亩”，废除籍田(公田)，田土分给直接生产者，“千耦其耘”③“十千为耦”，《诗·周颂·噫嘻》式的共同耕作逐渐转变为小集体耕作乃至个体耕作。至东周，已是公田、私田并存，领主(《诗经》中常出现的“曾孙”、“主”即此)对农人保持着宗法家长的权威与温情，《诗经》的《小雅》《周颂》中的农事诗(如《甫田》《大田》《楚茨》《信南山》《载芟》《良耜》等篇)里即有所表现。

土地转让始于西周中期，西周青铜器铭文有记载，据格伯簋铭文，周孝王时，贵族格伯以三十块田换取富人倗生四匹马，这是以物易田的记述；此前的卫盉铭文载，周恭王三年，贵族矩伯以田换“朋”(货币)，又用“朋”换取玉璋、虎皮等物，可看出早期的这种田物交易，已使用货币(朋)作为中介计价。田物交易广泛展开于春秋，有学者将此称为土地私有化，其标志是田土转让、交换。也有学者指出，实考春秋史迹，其间“有土地运动，却无土地市场”。春秋“土地

① 《礼记·大学》。

② 参见杨宽《西周史》，台湾商务印书馆1999年版，第205~209页。

③ 《诗·周颂·载芟》。

运动主要是在诸侯与诸侯、诸侯与卿大夫、卿大夫与卿大夫之间进行的”，其方式有封赏、迁徙土著以重分土地、索取、以土地作政治性交换、对土地作政令性调整等。① 记载春秋时期土地买卖(“贾”)的材料仅在《左传》上发现一条：“戎狄荐居，贵货易土，土可贾焉。”②而且，这里所说的是戎狄的牧场可以“贾”，也并不是指作为耕地的“田”可以买卖。至于韩非子说，春秋末年“中牟之人，弃其田耘，卖宅圃”③，此语常被引作田土买卖的例证，似不一定可靠，因为该文本只是说出卖宅圃(住房及其周边的菜园)与抛弃农田，并未言及出卖农田。总之，春秋时农田买卖的原始材料尚称薄弱。

《汉书》载战国中期秦“用商鞅之法，改帝王之制，除井田，民得买卖，富者田连阡陌，贫者无立锥之地”④，这是东汉史家班固对西汉董仲舒评论数百年前的“商鞅变法”的追记，强调的是土地“民得买卖”必然导致土地兼并。而董仲舒的“民得买卖”之说，是以汉代土地制度比附战国时秦国的情状，不一定能视作战国的原始状态。事实上，“战国七雄”时代，各国仍然土地国有，实行国家授田制，诸侯国拥有土地，按制授田予民。以秦国为例，商鞅变法并无“民得买卖”田土的明文规定，只是认可“名田”，即确认赏赐所得田宅以个人名义占有，并可传给子孙，故“民得买卖”是名田制的实际后果。《史记》载赵括的母亲上疏赵王，称赵括不宜为将领，原因之一，是赵括把赵王赏赐的金帛“归藏于家，而日视便利田宅可买者买之”⑤。这讲的是实在的土地买卖，然已是战国末年的事情。总之，称战国田土“可买者买之”，大体能够成立，但材料并不丰富。战国已普遍出现拥有小片土地的编户农人，他们还受到国家的“超经济”掠夺，有一定程度的人身依附。至于在秦朝，实行的仍是国家授地制，而罕见土

① 参见刘泽华《中国的王权主义》，上海人民出版社 2000 年版，第 21~22 页。

② 《左传·襄公四年》。

③ 《韩非子·外储说左上》。

④ 见《汉书·食货志》董仲舒语。

⑤ 《史记·廉颇蔺相如列传》。

地自由买卖。汉唐时期由朝廷分田给耕者，也一再发生(主要在两朝开国之初)。秦以下的国家授地制，是专制集权的国家将土地授给直接耕作者，大不同于封建制的上级领主将土地和人民封赐给下级领主。北魏至隋唐实行“均田”(国家将土地计口分配给耕作者)，由于土地可以自由买卖，加之豪强势力的超经济剥夺，土地兼并渐烈，于是，“兼并”与“抑兼并”成为列朝的一大政策之争。而“均田”与“抑兼并”，都是为维护大一统专制皇权对农民的直接掌控，与皇权直达庶众的官僚政治是一脉相通的。

如果说土地“民得买卖”在先秦罕见载籍，那么土地私有制行于春秋则多有证据。《诗经》的《小雅·大田》“雨我公田，遂及我私”(好雨落到公田里，同时也落入私田)便是著名的文本记述。① 其时出现向国家缴税后垦殖者可以自耕、自获的“私田”，春秋晚期鲁国收取现物地租的“初税亩”②，齐国最先实行的由“同养公田”的“助法”变为“履亩而税”的“彻法”③，以及“郑子产作丘赋”④，均为记载私田纳税的例子，这表明当时在封建领主制的“公田”之外，已别开“私田”局面。而春秋时晋国实行爰田(易田、换田)，则昭示着田土的私有化与可转让性。战国时，鼓励垦殖私田是列国变法的题中之义，如发生在公元前4世纪的魏文侯时的李悝变法，即主张“尽地力之教”；楚悼王时的吴起变法、齐威王时的邹忌改革、韩昭侯时的申不害改革，都有此类题旨。而秦孝公时的商鞅变法，更使土地私有制得以普及。商鞅一派论者所作《商君书·徕民篇》，记述秦国招徕三晋之民开发秦国荒地，使私田大增，“任其所耕，不限多寡”。地主—自耕农经济长足发展，令秦“国富兵强天下无敌”。而秦代“使黔

① 也有学者指出，此篇的“公田”指上级领主的田土，“私田”指下级领主的田土。此说不无道理，但《大田》言及田土的公私之分，显示的土地私有的走势，则是显而易见的。

② 《左传·宣公十五年》。

③ 《公羊传·宣公十五年》。

④ 《左传·昭公四年》。

首自实田”①，即命令有田庶众自报占有田地的实际数额，朝廷据此以征收赋税。这意味着在全国范围肯定土地私有，土地私有正式有了法律体现。

以秦代“使黔首自实田”为端绪，秦汉以下，战国时的国家授田制渐渐退出主流。汉初至西汉中叶，国家授田以“名田制”形态残存，但土地买卖逐渐风行，汉初重臣萧何“贱强买民田宅数千万”②为一显例。此后土地买卖屡见史书，土地私有长足发展。自汉哀帝以后，名田制废除，土地私人所有的地主制渐据优势。

需要说明的是，秦至清虽然土地私有渐渐普及，但土地为王、民所有的状况一直并存，如《明史·食货志一》所说：“明土田之制，凡二等：曰官田，曰民田。”而且，土地王有(官田)始终是名义上的最高制度理念，如唐人陆贽所言：

> 土地，王者之所有；耕稼，农人之所为。③

因此，秦至清的土地私有权是不完整、不完全自由的，其准确表述应当是：在土地王有(国有)制约下的土地私有制。

秦汉以下，中国的土地制度多有变化，东汉、魏晋南北朝，与门阀贵族制相伴生的领主庄园制抬头，自由农民向依附民转化，社会的封建性复振，故有中外史家将魏晋南北朝称为“准封建社会”“变相封建社会”，此议不无道理。中唐以后，地主制恢复并发展，土地私有的地主—自耕农经济形成大势，自耕农即编户农民(中央政府登录入籍的农民)是农业劳动者主体，也是朝廷赋役的基本来源。这种农民不像欧洲中世纪的农奴那样有着严格的人身依附，但地权甚不稳定，破产者或成为地主的佃农，或成为贵胄的佃户。列朝初期，朝廷于战乱后掌控土地，用授田、均田等方式招募农人耕作或分田给农民自

---

① 《史记·秦始皇本纪·集解》引徐广说。

② 《史记·萧相国世家》。

③ 《陆宣公集》卷二。

种，自耕农比例上升，以后土地兼并渐烈，还发生贵胄以至皇帝的“超经济”土地兼并。以明代为例，太祖赐勋臣公侯丞相以下庄田多者万亩，亲王田十万亩，群臣力争，乃减其半。① 孝宗、熹宗赐勋戚庄田达数百万亩，神宗更广占民田为“皇庄”，并欲封赐爱子福王四百万亩。② 但就总体而言，上列情形并未扭转土地私有的地主—自耕农制基本格局。对于这种大势，马端临有一总括性论述：“三代”时“天下之田悉属于官。民仰给于官者也，故受田于官，食其力而输其赋”，秦方“以宇内自私”，“故秦、汉以来，官不复可授田，遂为庶人之私有，亦其势然也。虽其间如元魏之泰和，李唐之贞观，稍欲复三代之规，然不久而其制遂隳者，盖以不封建而井田不可复行故也”③。“三代以上，田产非庶人所得私也，秦废井田而始捐田产以予百姓矣。”④

马端临强调秦汉以下土地制度的非封建性，并进而指出田产私有的走势。

（二）区分“领主制”与“地主制”

讨论中国古代社会形态，区分“领主制”与“地主制”两种不同的土地占有方式至关紧要，两者既有共时性交叉，还有历时性的前后递进。

在汉语的“领主”一词中，“领”有治理、统率、管领之意。“领主”指受封在某个区域里掌握政治权力和土地所有权的世袭统治者，可称之“封建领主”。英文 hlaford 一般译作“领主”，又可译作“养主”，本义为给面包的人，引申为庇护贫弱并给予衣食的主人。中西语境中的“领主”，其土地（称“封地”“采邑”）得自帝王或上级领主的封赐。领主占有土地是一种政治特权的表示，因而不得转让与买卖。他们在领地享有行政权、司法权，所辖庶众对领主有着法定的人身依

① 见《明史·食货志一》。原文土地面积单位为顷，一顷相当于一百亩。

② 见《明史·食货志一》。

③ 《文献通考·自序》。

④ 《文献通考·自序》。

附关系。领主制为封建制度的构成要素，“封建领主制”是其完整的命名。

“地主”则不然，其田土并非由封赐所得，与领主占有土地是一种自上而下封赐所得的世袭政治特权相异，是自经营、自买卖的私产。广义的地主，指一切拥有私田者(包括自耕农)；狭义的地主，指拥有较多私田者，他们将一部分或全部田土租佃给农民进行经营，或雇佣无地者耕种。租佃者或被雇佣者向地主交租(劳役地租、实物地租、货币地租)，无强硬的法定人身依附，却保有一定程度的宗法性依存关系。秦汉至明清，土地国有(王有)与地主、自耕农占有土地并存，后者是一种实际运作的形态，但土地国有(王有)作为一种上位观念(所谓“溥天之下，莫非王土”)始终具备控制意义(理论上的，有时也是实际的)。秦汉以后的两千余年的土地制度及农民身份状况虽多有变化，但就总体言之，土地可以买卖，农民有一定程度的身份自由。由于土地自由买卖及王权与庶众直接对接，土地拥有权与人身占有权分离，因而农民虽然亦受剥削压迫，但一般并未背负法定的人身依附枷锁，改事他业、迁徙住地在法律上不成问题，这与欧洲中世纪的没有人身自由的农奴(俄国作家屠格涅夫的《猎人笔记》《木木》等作品作过生动描述)颇有差异。

费正清将中世纪的欧洲与日本归作一类，将中国归作另一类，其分水岭即在于——土地可否自由买卖，农业劳动者是否束缚在土地上。这种分类标准，应当说抓住了要领。费正清指出：

> 封建主义这个词就其用于中世纪的欧洲和日本来说，所包含的主要特点是同土地密不可分。中世纪的农奴是束缚在土地上的，他自己既不能离开也不能出卖土地，而中国农民则无论在法律上和事实上都可自由出卖或购进土地(如果他有钱的话)。①

① ［美］费正清：《美国与中国》，张理京译，商务印书馆1987年版，第26页。

中国乡村土地买卖有多种方式，据黄宗智对华北三个村庄的调查，明清以降土地买卖的方式有“典卖”（以典当转让土地）、“绝卖”（彻底出卖）、租佃（以出租方式转让土地）等形态。围绕这种交易而引起的纠纷和诉讼不少，清代和民国的地方法庭对此类案例多有受理。围绕土地买卖这样的一次性交易，常有中介人居间调解，而这些中介人并非职业性经纪人，而是由自有他业的村民临时担任。① 这都是土地自由买卖成为惯例的表现。

应当指出的是，战国以降的土地买卖是有限度的，专制国家干预土地所有权，试图直接掌控土地的努力始终没有放弃，即使在宋代，虽然国有土地可以买卖，但朝廷通过职役收夺，又在实际上把部分土地权收归国有；明代还广设“皇庄”，帝王直接占有大量田土。但是，秦至清土地可以转让买卖，毕竟成为大势，与封建领主制之下土地不得转让买卖的情形颇有差异。

大体言之，中国古代以土地制度为核心的经济形态经历了两个阶段：

（1）封建领主制阶段，西周至春秋；

（2）地主制阶段，战国至清，其间以中唐为界，又分为前期的贵族（领主）制—地主制交混时期，后期的租佃契约制的地主经济时期。

中国古史分期应当充分考虑这一经济形态的阶段性差异。

（三）地主制与宗法制、君主专制的互为表里关系

周秦之际以后的地主制社会，始终与宗法制、君主专制相为表里。下面以中唐以后为例加以说明。

中唐以降，土地私有制进一步普遍化，土地买卖频繁，所有权转移迅速，加之诸子平均析产，使财富一二代后即行散离。北宋张载在《经学理窟·宗法》中描述这种情状：“今骤得富贵者，止能为三四十年之计，造宅一区，及其所有，既死则众子分裂，未几荡尽，则家遂不存，如此则家且不能保，又安能保国家！”鉴于此，张载力倡“收宗

① 参见［美］黄宗智《民事审判与民间调解：清代的表达与实践》，中国社会科学出版社 1998 年版，第 32~47、56~57 页。

族，厚风俗，使人不忘本，须是明谱系世族与立宗子法”①。程颐认为士大夫均应立家庙、四时祭祖②；南宋朱熹也主张“明谱系，收世族，立宗子法”③，意旨都在严格宗法制度。这些构想，除政治、伦理层面的考虑外，防范因土地私有、诸子析产导致家族财富流散，也是重要目的。可见，地主制需要借助宗法制的力量加以维系，这是巩固农耕经济及其社会秩序的一种内在要求。

小农业与家庭手工业相结合的自然经济，是地主—自耕农制的基础，它是高度分散的、封闭的，需要一种综合机制，统筹社会资源，实现某些大目标(如兴修水利、开辟道路交通、抵御异族入侵、维持社会秩序等)，于是，君临一切的、强势的专制国家在分散的小农经济的广阔地基上巍然矗立。而专制君主政治则多把地主视作可靠的依凭阶层，甚至有的朝代明令商人不得为官，无资产者不能择补为吏④，如汉景帝所谓“有市籍不得官，无赀又不得官”⑤。那么，何人既有资产又非市籍经商者呢？当然只有地主(景帝的诏书称之“廉士”)。地主成为专制帝王选拔官吏的基本群体。隋唐以下实行科举制，虽无身份限制的明文规定，但能长期接受儒学教育，又孜孜不倦地追逐仕途的，主要也是那些有产而无市籍的地主—自耕农子弟，“耕读传家”成为许多地主—自耕农家庭的自诩之语。当然，唐宋以后商人子弟渐入科举行列，读书晋仕者也时有出现。

三、君主专制及其官僚政治趋于完备

(一)大一统君主专制及其官僚政治

与西欧、日本相比较，中国历史具有两大特色：一是封建制早成(以“西周封建”而言，即比西欧、日本封建制形成早了一千余年)；

---

① 《张载集》，中华书局1978年版，第259页。
② 《二程集》第二册，中华书局1981年版，第352页。
③ 《近思录》卷九《制度》。
④ 见《史记·淮阴侯列传》：“始为布衣时，贫无行，不得推择为吏。”
⑤ 《汉书·景帝纪》。

二是大一统的专制君主制下的官僚政治早成与长期延续(以“秦一统天下”而言，即比西欧、日本确立专制王权早了一千余年。周秦之际以降，专制主义君主集权政制成为定势，强势的专制王权在中国延续两千余年，在西欧、日本专制王权只是中世纪末期一个较短暂的过渡阶段)。

在保有若干原始民主遗风的中国西周宗法封建社会，其君主制是一种有限君主制(等级君主制)，周天子与诸侯、诸侯与卿大夫间保持宗法等级的依存关系。至春秋、战国，随着宗法封建制的式微与解体，原始民主遗风也渐次消弭，一方面是周天子大权旁落，尸位素餐；另一方面是各诸侯国内的专制主义不断增强。中央集权的专制王权，早在公元前四五世纪的战国即已初兴，齐、魏、赵、韩、秦、楚、燕“七雄”相继建立君主统摄大政的郡县制国家。法家对中央集权的专制王权的要旨进行了及时总结，商鞅学派认为，“权者，君之所独制也”，“权制独断于君，则威”①，“君子操权一正以立术”②。法家集大成者韩非子更将君权加以“圣化”，“事在四方，要在中央，圣人执要，四方来效”③。视“君”为“道”的人格化，君的使命是“体道”。这都是对专制君主集权制度的合理性、必要性所作的论证。而秦朝一扫六合，使这种“独制”“独断”的“要在中央”的无限君主制(专制君主制)在全国范围得以实现。秦王政二十六年(前 221 年)，丞相王绾、廷尉李斯等上尊号议，集“三皇”“五帝”之名，取“煌煌上帝”之意，组合成至高无上的“皇帝”称号④，以此名目，秦王嬴政站在了权力巅峰，“海内为郡县，法令由一统”⑤，“圣人执要”的专制帝制，至此实至而名归。

以公元前 221 年嬴政称制“始皇帝”为端绪，至 1912 年清朝末代

---

① 《商君书·修权》。

② 《商君书·算地》。

③ 《韩非子·外储说右上》。

④ 参见《史记·秦始皇本纪》。

⑤ 《史记·秦始皇本纪》。

皇帝溥仪逊位止，专制帝制历时二千一百三十二年，共有近五百个皇帝登极。此间政制跌宕起伏，而大势是中央集权于涨落间愈趋强化。以选官制度为例，汉行察举制，由丞相、列侯、刺史等推举，经科目（孝廉、贤良文学、秀才等）考核，任以官职，中央集权的官僚制度得以奠定。魏晋行九品中正制，特权世族把持政柄，出现“上品无寒门，下品无士族”的门阀政治格局。隋代废止乡官，剥夺贵族在出生地拥有的政治权力，又废止九品官人法，代之科举制，庶族士子得以登仕，中央集权官制复振。唐承隋制，分科取士之制趋于完备，吏部成为铨选官员的机构，取仕时辅以体貌、言谈，凸显贵族式选官标准，世族入官仍有便利。① 至宋代，科举制方摆脱贵族主义旧迹，士子全凭封闭式答卷考试入选，帝王得以直接选拔庶族士子，中央集权的官制更落到实处。科举制完成了“儒的官吏化”与“官吏的儒化”两个过程，它们共同增强了专制皇权对社会及思想文化的控制，呈现出与封建贵族政治多元化不同的走势。故秦以下政制虽多有更张，但总的趋势是君主专制之下的官僚政治走向完备，“大一统”从一种理念演变为活生生的现实。

泛化封建观的一大误处，就是把分别以“贵族政治”与“官僚政治”为主、前后递进的两种政治体制混为一谈。而中国历史的实态是，中央集权的官僚政治是通过对贵族分权的“封建政治”加以抑制，方得以确立的。因此，“封建官僚政治”是一个二元抵牾、难以成立的短语。

（二）释“大一统”

“大一统”之说，首见于战国口传、汉初成书的《春秋公羊传》，该书开宗明义曰：“何言乎王正月？大一统也。”后儒对此进行了种种诠释。《汉书·王阳传》载王阳说：“《春秋》所以大一统者，六合同风，九州共贯也。”颜师古有类似解说：“一统者，万物之统皆归于一也。”董仲舒更把“大一统”称之“天地之常经，古今之通谊”。

① 《新唐书·选举志下》言及唐代取士标准：“一曰身，体貌丰伟；二曰言，言辞辩正；三曰书，楷法遒美；四曰制，文理优长。”

“大一统”是周秦之际及此后历朝历代人们追求国家统一的理论概括，并把“大一统”视作“治世”的首要条件。“大一统”不仅是一种文化企望(“六合同风”“书同文”“行同伦”)，而且是一种政治诉求(国家统一、权力集中)。此种理念奠定了中央集权的专制帝制的思想基础，成为专制帝制得以建立和运作的理论资源。“大一统”理念是对分权的“封建”的反拨，“大一统”得以实行之日，即“封建制”式微之时。

(三)释“专制”

与“大一统”相勾连的，是专制制度。“专制”一词有独享、独占、独断专行之意。《韩非子·亡徵》：“婴儿为君，大臣专制。”《史记·穰侯列传》：“范雎言宣太后专制，穰侯擅权于诸侯……于是秦昭王悟，乃免相国。”《淮南子·氾论训》说：“周公事文王也，行无专制，事无由己。”高诱注：“专，独；制，断。”苏轼《策略第一》：“权臣专制，擅作威福，是诛之而已也。”上述诸古典，所用“专制”多指在君幼、君弱的情形下，贵戚、大臣独断专行，所谓专固君宠而擅权(如《申子·大体》说“一臣专君，群臣皆蔽”)。纵观古代典籍，很少谈帝王专制的用例，这大约因为认定帝王本应专权，所谓“天下事无大小，皆决于上”①，故无须议论帝王(即“上”)的专制。至近代，受西欧及日本概念的影响，“专制”的含义才扩大为一种政体的名称。梁启超将作为政治制度的“专制”定义为：

> 专制者，一国中有制者，有被制者，制者全立于被制者之外，而专断以规定国家机关之行动者也。②

近代日本人用汉语原有的词“专制”对译英语 absolutism，井上哲次郎等编译的《哲学字汇》，在 absolutism 条目下，对应的汉字词为

① 《史记·秦始皇本纪》。

② 梁启超：《开明专制论》第二章“释专制”，《梁启超全集》第3册，北京出版社 1999 年版，第 1454 页。

"专制主义"。① 而在西方，absolutism("专制主义"或"专制制度")是法国18世纪启蒙思想家孟德斯鸠(Montesquieu)在《论法的精神》中提出的一种政制形式。他在古希腊思想家亚里士多德(Aristotle)的三政体说(君主政体、贵族政体、民主政体)基础上，提出"共和政体、君主政体、专制政体"，其中的君主政体、专制政体都由一人主政，然而君主政体的君主遵循成文法治国，专制政体则不然："专制政体是既无法律又无规章，由单独一个人按照一己的意志与反复无常的性情领导一切。"②孟德斯鸠还把"主权者以胁吓为主义"的政体称为"专制制度"，以与"主权者以温和为主义"的政制相区别。

严复在翻译孟德斯鸠《论法的精神》时将书名译作《法意》，其三种国家的政体的名称分别译为：公治国、君主国、专主国。严复所撰《孟德斯鸠列传》陈列《法意》的三政制："曰民主，曰君主，曰专制。其说盖原于雅理斯多德。"

关于政治体制，近代日本的分类为：君主专制、君主立宪、贵族专制、民主制。③

(四)关于中国传统社会"专制性"的讨论

人们通常认为，专制制度多与君主政体相共生，也可以依存于贵族政体、共和政体，其特点是最高统治者独揽国家大权，实行专断统治。自孟德斯鸠以来，一些西方学者将中国视作专制制度的典型，并认为中国的专制制度与君主政体结合在一起，合称"专制君主政制"。

欧洲自古希腊以来，多将亚洲国家的制度归为"东方专制主义"，至18世纪启蒙运动时代，由于百余年中耶稣会士陆续带回的材料，欧洲人才对中国政制有了较积极的评价，伏尔泰、魁奈等启蒙大师称中国政制为"开明君主制"。之后，欧洲人的中国观又发生改变，"东方专制主义说"占主流，马克思大体沿用此说，称东方诸国是以部落

① [日]井上哲次郎等编：《哲学字汇》改正增补，东洋馆明治十六年版。
② [法]孟德斯鸠：《论法的精神》上，商务印书馆1978年版，第8页。
③ 参见[日]福泽谕吉《文明论概略》，商务印书馆1992年版，第34页。

的或公社的财产作为基础的“东方专制制度”①。当然，西方学界仍有承袭启蒙派观点的，如现代法国汉学家谢和耐在《中国国家权力的基础和局限》中指出，中国帝王受到礼制和官僚体制的限约，其专制程度不及西欧中世纪晚期的某些君主，如宣称“朕即国家”的法王路易十四，其专制性便在与之同一时代的中国清朝康熙皇帝之上。

关于中国的帝制与专制相共生，学术界有一定程度的共识，但也有认为中国的帝制不一定专制的意见。

孙中山《民权主义六讲》第二讲提到，中国帝王的专制程度不及欧洲中世纪晚期的专制君主。钱穆的《国史大纲》引论更详述中国帝王并不特别专制，认为秦汉以降，“王室与政府逐步分离，民众与政府则逐步接近”②。钱穆批评“谈者好以专制政体为中国政治诟病”，“妄疑中国历来政制，惟有专制黑暗，不悟政制后面，别自有一种理性精神为之指导也”③。费孝通认为不宜给中国传统政制简单地以“专制”一言以蔽之。他说：“中央集权的行政制度在中国已有极长的历史。自从秦始皇废封建、置郡县以后，地方官吏在原则上都是由中央遣放的。”④“中国以往的专制政治中有着两道防线，使可能成为暴君的皇帝不致成为暴君。第一道防线是政治哲学里的无为主义。”⑤“第二道防线……那是把集权的中央悬空起来，不使它进入人民日常有关的地方公益范围之中。中央所派遣的官员到知县为止，不再下去了。自上向下的单轨只筑到县衙门就停了，并不到每家人家大门前或大门之内的。”⑥费氏把中国传统政制概括为“中央集权和地方自治两层”，“中央所做的事是极有限的，地方上的公益不受中央的干涉，由自治团体管理”⑦，而地方自治团体大体所指是由本节前述的“宗

---

① 参见[德]马克思《1857—1858年经济学手稿》。
② 钱穆：《国史大纲》，商务印书馆1948年版，第12页。
③ 钱穆：《国史大纲》，商务印书馆1948年版，第12~13页。
④ 费孝通：《乡土中国》，上海人民出版社2006年版，第146页。
⑤ 费孝通：《乡土中国》，上海人民出版社2006年版，第147页。
⑥ 费孝通：《乡土中国》，上海人民出版社2006年版，第148页。
⑦ 费孝通：《乡土中国》，上海人民出版社2006年版，第149~150页。

法”组织承担，乡绅(或称“绅士”)在其间起主导作用。费孝通相关论点，见第四章第二节所述，此不详引。

以上所论都是中国历史实态的一部分，中国传统政制不乏开明、理性的成分，历来称之“仁政”，但不足以否定中国皇权政制的专制性。而这种专制性，与中国文化久远深厚的“大一统”传统直接相关。

由于受到礼制、礼俗、法律与官僚体制及贵族与地方绅权的制约，中国专制帝王的权力(皇权)不能说是无限的，但这些限定缺乏法制规范，贵族特权常被限制甚至剥夺，通常情形下，制约皇权的功能微弱；而礼制与官僚体制及地方绅权又臣服于帝王的威权，“命为制，令为诏”的帝王随时可以变制、罢官，因而掌控“六柄”(生、杀、富、贫、贵、贱)的中国皇权，其专制性是毋庸置疑的。自秦以后的中国历史，皇权至尊、至大，是一个基本的事实。

中国的专制等级制固然与宗法制相为表里，但专制等级制往往更加强势。小说《红楼梦》第十七、十八回描写贾元春省亲荣国府，祖母(贾母)、父亲(贾政)、母亲(王夫人)见了贵为帝妃的孙女(或女儿)元春，要么“路旁跪下”，要么“帘外问安”，所谓“未叙家人之情，先行君臣之礼”，这正是专制皇权至尊、至上的表现。行过君臣大礼之后，接下来才是孙女(或女儿)元春“一手搀贾母，一手搀王夫人”，以行孝敬，祖孙三代洒泪话别。

汉、唐、宋的专制帝制，大约只将权力伸及郡、县，而近古以至近代的保甲制度，则把“第二道防线”即“在专制和集权名义所容忍着的高度地方自治”冲溃。费孝通说：“保甲制度是把自上而下的政治轨道筑到每家的门前，最近要实行的警管制更把这轨道延长到了门内。”①故在近古、近代，中国的专制集权政治有增无减，真正达于登峰造极的程度。

(五)中、西、日前近代政制比较

西欧中世纪的君主制多为有限君主制(等级君主制)，中世纪末期专制王权日益壮大，向无限君主制(专制君主制)转化，但王权仍

---

① 费孝通：《乡土中国》，上海人民出版社2006年版，第150页。

然受到基督教教会、贵族领主、市民的制衡。而早在两千多年前的秦代，中国即已实行无限君主制，专制皇帝总领政治、军事、财经、文教大权，除冥冥上苍(天)、圣人的教言、祖宗传下的礼制以外，难有约束的实际力量。以丞相为首的官僚系统在秦代及汉初相当强势，曾是制约皇权的力量，以后渐趋式微：汉武帝以“中朝”削弱相权，汉光武帝以“尚书台”取代三公，相权消减，唐宋等而下之，明清更取消丞相，而皇权则与日俱增。当然，作为专制帝制产物的农民战争，可以推翻旧王朝，另建新王朝(谓之“易姓革命”，经过这种“革命”建立的新王朝，其专制性绝不稍逊于前朝)，此为帝王的一大隐忧，故施行“仁德”以抚慰庶众、强化镇压机制以摄制庶众，成为专制皇权“霸王道杂之”①的因由。故而被视作柔性的“德治”与被视作刚性的“专制”貌似对立，实则相通，“德治主义，其实与专制主义具有表里的关系”，“最为有德的君主同时也是最具专制的君主”②。

值得一提的是，中国的专制君主既掌政权，又兼控神权，“皇帝”的称号便意味着地上君主与上天主宰(上帝)的合一或同一，这与欧洲中世纪神权与王权分离的情形大不相同。欧洲帝王需要执掌神权的基督教教会为之加冕，连蔑视教会的拿破仑一世(Napoleon I)在称帝时也不得不举行加冕仪式。③ 在欧洲列国，帝王得到神权的认可与护佑，是王权取得合法性并得以运行的必要条件。而中国则不然，皇权高居教权之上，以致有皇帝册封宗教领袖的事例(如清朝雍正帝、乾隆帝向藏传佛教领袖达赖喇嘛和班禅额尔德尼颁赐金册)，皇帝又往往被尊为至上神(如宋徽宗称“道君”、慈禧太后称“老佛爷”之类)。

中国实行的政权、神权一元化的君主专制制度，也与日本天皇掌

---

① 《汉书·元帝纪》。

② [日]西岛定生：《中国古代帝国形成史论》，《日本学者研究中国史论著选译》(第2卷)，中华书局1993年版，第60、61页。

③ 法国巴黎的卢浮宫博物馆悬挂着描绘此一场面的巨幅油画，笔者参观时，在此画前盘桓良久。拿破仑那种既轻视教会，又要利用教会的神态，在其脸部表情和身体姿势中隐约可见。

神权而多不理庶政的情形颇相径庭。在日本中世和近世，有“禁里”(天皇)与“公仪”(幕府)两个权力中心，存在“二重组织”“祭政二重主权”，所谓“天界信仰的支配者”与“地界信仰的支配者”是分离的，由此形成“天皇不亲政传统”①。日本天皇的皇宫称“云居”，皇室称“云上人”，也包含不理世俗政务之意。当然，日本“天皇不亲政”也不能一概而论，奈良时代和平安时代的天皇有亲政之例，明治、昭和等近代天皇更秉执大权，曾“独自垄断精神权威和政治权威”②。此外，德川将军曾试图把持神权，设“东照宫”，令国人祭拜，德川家康自称“东照大权现”，但执掌政权的德川将军始终未能如愿取得天皇独享的至上神权。就总体言之，日本存在“祭政二重结构”，不同于中国合神权、政权为一体的专制帝制。

福泽谕吉曾这样比较中日两国政制：“中国是一个把专制神权政府传之于万世的国家，日本则是在神权政府的基础上配合以武力的国家。中国是一个因素，日本则包括两个因素。”③所谓“中国是一个因素”，指“至尊”而又“至强”的专制君主统治一切；“日本则包括两个因素”，指“至尊”而并不掌握政权的天皇与“至强”而无精神最高权威的幕府将军并列统治，这便是所谓“公—武”二重结构。“公”即公家，指皇室及公卿；“武”即武家，指幕府与大名。中、日两国前近代的政体差异，便是专制君主制的一元结构与封建制的公—武二元结构的对照。正如美国史学家斯塔夫里阿诺斯所说，同样面对西方入侵的前近代中国与日本，“存在着根本差别：日本并不像中国，没有形成极强大的、坚如磐石的帝国结构”④。法国史学家布洛赫也指出：“在欧洲以外遥远的日本，恰巧也存在着一套非常类似于西欧封建主义的人身和领地依附制度，这套制度是在损害君权的过程中逐渐形成的，

---

① ［日］洞富雄：《天皇不亲政的传统》，新树社昭和五十九年版，第9~16页。

② ［日］远山茂树：《明治维新时期的天皇及天皇制——对天皇不亲政理论的批判》，《日本学》第6辑，北京大学出版社1996年版，第51页。

③ ［日］福泽谕吉：《文明论概略》，商务印书馆1992年版，第18页。

④ ［美］斯塔夫里阿诺斯：《全球通史 1500年以前的世界》，上海社会科学院出版社1988年版，第450页。

日本的君权就像西欧的王权一样，比封建主义古老得多。……在这个“太阳升起”的国家里，天皇——像欧洲的国王一样是个被神圣化的人物，但更接近于神——在法律上仍是全体人民的君主。天皇之下是各级附庸，附庸的最高首领则是幕府将军。其结果是，在漫长的数世纪中，将军垄断了所有的实权。”①这种封建式的二元结构和政权分散到诸领主贵族（日本称之“大名”）的社会制度，正是日本步入近代化进程的历史前提，与前近代中国的社会制度存在明显差异。而专制帝制的中国与封建的日本在近代转型期间的不同表现，内在缘由正植根于此。

贵族政治一直是西欧制约王权的强劲力量，这种贵族政治因谋求裁抑君主、分割王权，往往成为平民政治潜滋暗长的媒介，这是西欧近代民权勃兴的远因之一。反之，中国自晚周以下，大趋势是贵族政治日渐衰减，专制皇权及为之效力的官僚政治则愈益张大，无孔不入，民权难有生发空间。

秦汉以下，中国的王朝频繁更迭，但君主制却传承不辍，所谓“汉兴以来，承用秦法以至今日者多矣”②；“二千年来之政，秦政也”③，又所谓“百代都行秦政制”④。这种“秦政”式的君主政制，在君民关系上，务在“弱民”，本在“制民”⑤；在君臣关系上，力行“君尊臣卑”。此种绝对君权，两千余年间有一起伏跌宕的演变过程。秦汉尚有“掌丞天子，助理万机”⑥的丞相，所谓“一人之下，万人之上”，然西汉朝廷及其他朝代一直在寻求控制相权的办法，如西汉中期建内朝以削减外朝，后为通例。东汉、魏、晋、隋、唐，“高门大族”享有政治特权，州牧、方镇则各领封疆，实权在握，构成中央皇权之外的势力中心。至宋代，贵族制消弭，立国之初武人交权（所谓

---

① ［法］布洛赫：《封建社会》（中文版），商务印书馆2004年版，第616页。

② 顾炎武：《日知录·秦纪会稽山刻石》。

③ 谭嗣同：《仁学》卷二。

④ 毛泽东：《七律·读〈封建论〉呈郭老》。

⑤ 参见《商君书·弱民》。

⑥ 《汉书·百官公卿表》。

“杯酒释兵权”)，地方权力被朝廷分割、直辖，权力集于朝廷。延及明清，更集权于帝王个人，自明太祖废除丞相制，并相权入君权，六部直接受制于皇帝，号称“无宰相之名，有宰相之实”的内阁大学士，也只有“票拟”(建议)权，而无“批红”(决策)权，在多数情形下不过是帝王的秘书，且“批红”由皇帝亲掌，或由司礼秉笔太监代掌。明清君主集权达于极致。马克斯·韦伯称中国的政制为“家产官僚主义”，政府是皇室的扩大，官员是君主的家奴。学者何兹全把中国古代政制的演变分为五阶段：第一阶段，先秦时代——君权、贵族权、平民权三权鼎立；第二阶段，秦汉时代——君权渐强，贵族、平民权衰减而力图挣扎；第三阶段，魏晋南北朝时代——君权、贵族权保持平衡；第四阶段，隋唐宋时代——君权恢复、贵族权削弱；第五阶段，明清时代——专制主义时代。这是一种从政制角度提出的颇有概括力的中国历史阶段论。

中国的君主专制时代有各种监察机构，有学者以此例质疑中国古代政治的专制性。但只要对此类监察机构的实际效用加以考察，即可发现，它们的功能只是对各级官僚加以监督，但并不构成对皇权的制衡，在大多数情形下，是对专制皇权的强化。孙中山指出：

> 中国从古以来，本有御史台主持风宪，然亦不过君主的奴仆，没有中用的道理。①

由此他提出包括立法权、裁判权、行政权、考选权、纠察权独立的“五权分立说”，这是更革君主专制集权的一种方案。②

探讨中国文化近代转型的学者耿云志指出，从戊戌变法开始，中国社会及文化的演变，进入以解决政治制度为中心的时期。无论维新派还是革命派，其诉求的根本焦点都在于以某种形式的近代民主制

---

① 《孙中山全集》第一卷，中华书局1981年版，第331页。

② 《在东京〈民报〉创刊周年庆祝大会的演说》(1906年12月)，《孙中山全集》第一卷，中华书局1981年版，第329~331页。

(君主立宪或民主共和)取代原有的君主专制制度。① 由于种种原因，中国政治制度的近代转型以革命形态实现。而孙中山领导的辛亥革命，其意义不仅在于推翻清王朝，更在于结束了沿袭两千余年的专制帝制，成为中国历史划时代的界标。如果说，战国终结了“宗法封建制”，代之以大一统的“宗法皇权专制”(王夫之的《读通鉴论》称为“古今一大变革之会”)，那么，辛亥革命则终结了“宗法皇权专制”，代之以“民主共和制”，故可称为再度的“古今一大变革之会”。当然，皇权专制的惯性力量绝非一场革命所能荡涤，故孙中山有遗言：“革命尚未成功，同志尚须努力。”

四、“宗法地主专制社会”·“皇权时代”

(一)两千余年“宗法制”“地主制”“皇权专制”形成共存并行的统一体

秦至清的两千余年间，社会制度层面虽多有变化，但“宗法制”“地主制”与“皇权专制”三项要素大体贯穿始终，并构成彼此契合的系统。

宗法制是列朝皇统及贵族继承所遵之制，此制在民间也保有自治、自律形态，所谓家有庙、祠有产、宗有谱、族有规，这是一个宗法制的物化网络。建立其上的宗法观念，则被加工为官方哲学和普世伦常，由“忠、孝、节、义”诸德目构成的宗法伦理，为朝野所共认同遵。宗法制被地主制、专制帝制倚为社会根基和精神源泉。

地主制是秦至清间中国小农社会的常态性制度，也是庶族士子登仕参政的物质基础，选举、科举制取代世卿世禄制，官僚政治取代贵族政治，均深植于地主—自耕农经济的土壤。秦以下两千余年社会的非封建性质，盖由土地私有的地主租佃经济所决定，此制奠定了专制帝制的宽阔深厚的物质基石。

皇权专制自秦汉传承不辍，虽经改朝换代，法有更张而神髓不

① 参见耿云志《近代中国文化转型研究导论》，四川人民出版社 2008 年版，第 127~331 页。

变，所谓“汉承秦制、宋承唐制、清承明制”，显示了专制帝制及其官僚制度的强劲生命力。帝王“以制命为职”（朱熹语），反映帝王意志的“诏令”通过垂直的官僚系统布达四方，经由郡县制、流官制，实现中央对广土众民的掌控。朝廷又经由选举、科举以及君主与庶民的对接，从而扩大了专制政治的社会基础，具有流动性而又臣服于朝廷的士大夫阶层成为整合高度分散的农业社会的力量。

“宗法制”“土地私有制”与“皇权专制”三者并非独立运行，而是互为表里、彼此补充的，它们相与共生、浑然一体。男耕女织、土地私有、城乡一元的自然经济，是宗法制与专制帝制存在的经济基础，又被其反哺并受其保护。集权而又流动的官僚政治与自在自律的宗族组织形成二重结构：在行政管理上是中央集权的郡县制，而在民间社会又有宗法编织而成的广大而富于韧性的网络，形成国家“专制权力”与“社会基层权力”的彼此分工，“国法”与“人情”的相互契合。① 严复说：“凡专制治体，未有不沿宗法之旧者。故张横渠曰：‘大君者，吾父母宗子。’”②这种“宗法—专制”二重社会结构与地主—自耕农制的经济形态相互维系。官学私学并存互动、学仕一体的“文教—选官”体制，儒、释、道三教共弘的信仰格局，都在上述社会结构、经济形态内繁衍，并为之培养人才、提供观念支撑。

以上诸层面融会成的中国社会的自足性机体，具有顽强的延传能力。直至近代，在工业文明焕发的内外因素作用下，宗法专制帝制才逐渐解体。戊戌变法以降，中国文化近代转型的中心题旨是突破“纲常名教”（其基本内容有二：君主专制与宗法伦理）。作为秦至清两千余年一贯政制退出历史舞台的标志，1912 年 2 月 12 日发布的清帝退位诏书说：

① 参见黄宗智《民事审判与民间调解：清代的表达与实践》，中国社会科学出版社 1998 年版，第 213～219 页。

② 严复：《读新译甄克思〈社会通诠〉》，《严复集》第一册，中华书局 1986 年版，第 148 页。

今全国人民心理多倾向共和，南中各省既倡议于前，北方诸将亦主张于后，人心所向，天命可知。予亦何忍因一姓之尊荣，拂兆民之好恶。是用外观大势，内审政情，特率皇帝将统治权公诸全国，定为共和立宪国体，近慰海内厌乱望治之心，远协古圣天下为公之义。①

宗法地主专制社会这一历史的册页终于翻过，皇权时代被共和时代取而代之，当然，延传两千余年的皇权主义的神髓未灭，影响久远，而“共和精神”尚处开端之际，“盖共和无止境，非一行共和政体，即共和政治完全告成者。惟其民适于共和者之数加多，则政治上所行共和之量亦自加广耳”②。

(二)非封建的“宗法地主专制社会”与“皇权时代”

综论之，秦汉以降两千余年间，在中国长期延续的，不是渐居次要的“封建制”，而是由宗法制、地主制、专制帝制综合而成的社会形态。在西欧、日本有典型表现的封建化的三特征——农民农奴化、土地庄园化、政权多元化，在中国秦至清两千余年间，其大势与之背反，领主制渐为地主制取代，贵族政治渐为官僚政治取代，政权分割演化为中央集权，农民逐渐拥有基本的人身自由。故秦至清冠以“封建社会”，显然名实不符，而称之为“宗法地主专制社会”，似可昭示这两千余年间社会组织、经济结构、政治体制诸层面的基本特征。

然而，上述名称不够简洁明快，若能在三要素之上拟一总名，方称全解。在综观秦至清社会的贯穿性三要素(宗法制、地主制、君主专制)后，便会发现其上高扬着一面统辖万象的大纛，上书“皇权”二字。这种以宗法关系(较之西周原生态的宗法制已发生改变)为社会结构，以地主—自耕农土地制度为经济基础，以官僚政治为运行机器的“皇权”，是一个特定历史阶段的标志，它在“宗法封建时代”的商周尚未出现，在“共和时代”的清以后基本终结，虽然余韵流风并未

① 《辛亥革命资料丛刊》第八册，上海人民出版社1981年版，第183页。

② 陈独秀：《四答常乃悳》，《新青年》第3卷第2号。

止息。秦至清两千余年间，“皇权”大行其道，并且愈演愈烈，故将这一历史阶段称为“皇权时代”，既名实切合，也较为传神。①

秦至清的两千余年间，各种典制、习俗、思想多有阶段性迁衍变化，略言之，以中唐为界，分作前、后两期：秦至中唐为“皇权时代前期”，其地主经济、官僚政治粗具规模，却又保留领主经济、贵族政治的若干遗存，在某些时段(如两晋南北朝)这种遗存有张大之势；中唐至清末为“皇权时代后期”，领主经济、贵族政治淡出社会舞台，地主经济、官僚政治日趋成熟，专制君主集权迈向极峰。以辛亥革命推翻专制帝制为端绪，中国迈入“共和时代”。孙中山 1911 年 11 月布告天下：“倘以一中国君主而易去满洲君主，与近世文明进化相背，决非人民所欲，故惟有共和联邦政体最为美备，舍此别无他法也。”②此语指示了“共和时代”的来临。

五、皇帝梦：皇权时代的一种社会心理

自秦始皇称制“皇帝”，进入“皇权时代”以后，中国社会便在“皇权”之下运行，中国人便处于“皇权”光焰的强烈照耀之下。各色人等做起白日“皇帝梦”，构成秦至清两千余年间相当普遍的一种社会心理。这种“梦”，不可能产生在商周封建时代，它只属于秦以下的皇权时代，因而诠释“皇帝梦”，解析围绕“皇权”的社会心理，有助于认识皇权时代的特征，认识皇权时代与封建时代的差异性。

皇帝的无限威权，使许多人自认“顺民”“忠臣”，希冀“好皇帝”君临天下，致使国泰民安，这可以称之皇帝梦的一种——“明君梦”。即使一些皇帝并不英明，国不泰、民不安，但人们往往把责任归之于某一级次官吏的腐败与枉法，认定皇帝本是好的，只是受了蒙蔽，故

---

① 以“皇权时代”命名秦至清两千余年，参酌学界朋友意见。2006 年 10 月中旬，在武汉大学举行的“封建社会再认识研讨会”上，张国刚、郑大华、张绪山、方维规诸君与笔者切磋，取得此一共识。前辈学者刘绪贻在《读〈“封建”考论〉》(载《读书》2008 年第 12 期)一文中则有“君主专制宗法社会”的命名提议。

② 《孙中山全集》第一卷，中华书局 1981 年版，第 562 页。此可称为共和时代的宣言书。

深怀冤屈的人，常把平反昭雪、解救危厄的期望寄托在皇恩浩荡之上（实施者称之为“清官”），故而“告御状”成为中国传统戏曲、小说的一个不朽题材。这种“明君—清官梦”，是一种依恋皇权的梦，可以称之为间接的“皇帝梦”。它不可能发生在商周封建时代，因为那时的民众受辖制于某一层级的贵族领主，而与天子并不相干，期望之“梦”做不到天子那里去。反之，皇权时代多层次的封建领主被裁抑，皇帝通过朝廷命官征收赋役、执行诏令，使君权直逼老百姓的物质生活及精神生活种种层面，于是，淳朴而良善的人们只有企望“明君”降世，纷纷做起了“恋皇梦”。

此外，还有一种直接的“皇帝梦”，这是一些雄心勃勃的人物试图取代现存皇朝的梦想。这种民间梦想，也只能产生在专制帝制社会，因为此前的封建社会，权力来源于宗法世袭与封赐，身处下层等级者无法企望，故商周千余年间没有发生过农夫起义，只有贵族革命（所谓顺天应人的“汤武革命”）和诸侯兼并战争（所谓“杀人盈野”的争城夺地之战），偶尔发生“国人暴动”，驱逐君王，但取代者仍然是宗法贵胄。至战国初，宗法制松弛，卿大夫取代、瓜分公室屡屡发生，震撼力最大的是三家分晋（前 403 年）和田氏代齐（前 386 年）。顺应此种时势，“禅让”古制被请出来作说辞。20 世纪末叶出土的郭店楚简《唐虞之道》（学者考证，可能作于分晋代齐之际）盛赞“禅让”，其文曰：“唐虞之道，禅而不专”；“禅而不专，圣之盛也。”这大约是将战国初年三家分晋、田氏代齐归于禅让，从而肯认权力转让的合法性，所谓“爱亲故孝，尊贤故禅”，“禅，义之至也”①。稍后，燕国禅让失败，引起兵血之灾，质疑“禅让”的议论随之而起。《孟子·万章》载，孟子否定尧舜“禅让”的实存性；《荀子·正论》载，荀子称尧舜“禅让”“是虚言也，是浅者之传，陋者之说也”。后之论者，更有直指禅让的虚构性，认为往古有的只是权力的武装争夺。

笔者以为，氏族制时代存在着原始民主，首领推举与强力争夺并

① 转引武汉大学中国文化研究中心编《郭店楚简国际学术研讨会论文集》，湖北人民出版社 2000 年版，第 262~265 页。

存(现代人类学家在原始部落的调查证明可为佐证)，《尚书》所载“禅让制”，是一种理想化表述，透露出某种“史影”，不能视作全然虚构。至于后人对禅让制的品评与取舍，则取决于评论者的时代诉求。总的说来，宗法封建时代权力的分封与禅让，都披挂着神圣、神秘的外衣，而进入皇权时代，权力虽然继续被神圣化、神秘化，但权力世俗化是无可遮掩的历史走势。皇权时代呈现的实态是：权力，包括最高权力——皇权，都来自武力争夺，不仅贵族、官僚，如东汉末的袁绍、袁术、孙坚、曹操，隋末的李渊，周末的赵匡胤，纷纷参与夺权，有的终于“黄袍加身”，连丧失传宗接代功能的宦官，如明英宗时的太监曹吉祥也觊觎皇位。更有最底层者，如农夫陈涉、流氓刘邦、没落贵族项羽、私盐贩黄巢、托钵僧朱元璋、渔家陈友谅、驿卒李自成、边兵张献忠、落第秀才洪秀全等，也借助某种际会风云，揭竿而起，成为皇权的有力追逐者，都曾称王称帝。“中原逐鹿”这一则成语道破了个中奥妙。《史记》载齐人蒯通的名论：

> 秦失其鹿，天下共逐之，于是高材疾足者先得焉。①

这里的“鹿”，比喻政权、皇位，并非一定由世袭贵胄去争夺，那些才能高、动作快的下层人士也有机会得到它。仅就秦末言之，这种逐鹿的“高材疾足者”绝非个别。

《史记》又载，贱为农夫的陈涉在一次劳动间隙，有感于自己的贫贱和统治者的富贵之间的巨大悬殊，向一起耕作的同伴发慨叹：“苟富贵，无相忘。”听者认为是妄想，大不以为然，陈涉太息曰：“嗟乎，燕雀安知鸿鹄之志哉!”这里所谓的“鸿鹄之志”，即富贵之志，而“富贵”的极峰便是当皇帝。陈涉起事以后，争做王侯的意念更趋明确，他在动员造反者时高唤：

> 壮士不死即已，死即举大名耳，王侯将相宁有种乎!②

① 《史记·淮阴侯列传》。

② 《史记·陈涉世家》。

陈涉毫不含糊地向权力世袭的贵族政治提出挑战，起事后自立为将军，随即称王，号“张楚”(意谓张大楚国)。这在实行贵族政治的封建时代是不可想象的，在整个商周千余年间，从来没有发生过此类庶众起而称王的事件，西周末期的国人暴动，是无法忍受厉王虐政的国人驱逐暴君，国人并无取代之意，接替王位的仍是周王室中人；至于晚周的“犯上作乱”，不过是贵族的逾级僭越，如鲁国大夫季氏的“八佾舞于庭”之类，最严重的事态是下级贵族瓜分公室，如“三家分晋”“田氏代齐”，然政权仍是在贵胄间重新分配。而在皇权时代，却屡屡发生农夫造反、平民称王，最高统治权被天下人竞相争夺。秦末陈涉首次以平民身份争夺王侯以后，夺取王侯之位被认为是世人的共同嗜好，甚至被释为“圣人”的念头。《金史》称：

王侯将相，世所共嗜者，圣人有以得之亦不避。①

这里的“圣人”，只能视作皇权时代的“圣人”，此前处于封建时代末期的中国思想家孔“圣人”、孟“亚圣”从未流露过称王做侯的打算，他们把自己定位在王者之师。而到了皇权时代，民间已经相当普遍地做起“皇帝梦”，小说《西游记》中的孙行者说得更直白：“皇帝轮流做，明年到我家。”

陈涉攫取王侯之位的想法并非特例，与其共时代的同志，清清楚楚载之正史的便有刘邦、项羽两位，而且这两位当皇帝的愿望更为明确。

《史记》对早年身处底层的刘邦的思想活动有所载记：

高祖常繇成阳，纵观，观秦皇帝，喟然太息曰：“嗟夫，大丈夫当如此也！”②

① 《金史·辛愿传》。

② 《史记·高祖本纪》。

《史记》生动记述，身为楚国旧贵族之后的少年项羽(又名项籍)与叔父项梁看到出巡的秦始皇的盛大车队，钦羡其威风，顿生取代之念。

> 秦始皇帝游会稽，渡浙江。梁与籍俱观，籍曰："彼可取而代也！"梁掩其口曰："毋妄言，族矣！"梁以此奇籍。①

项梁为侄儿项羽"取而代之"的狂语万分惊惧，因其有可能引来灭族之祸，但内心却称奇赞叹。太史公的神来之笔，将皇权时代庶众的皇帝梦昭显得颇有层次，极为真实可信。

元人俞德邻称：

> 始皇南巡会稽，高帝时年二十有七，项籍才十二三耳，已有取而代之之意。②

刘邦、项羽因倾慕皇帝的尊贵而产生"彼可取而代也"的梦想，是许多改朝换代之际的勇敢者的共同野心。此类心理的生成机制，除皇帝无上尊荣所产生的诱惑外，更与皇权时代权位获得与更替的原动力有关：统治权并非如封建时代那样仰赖宗法遗传，而是当社会矛盾白热化之际，由某一强力集团的代表人物凭借暴力争夺得来。

秦以降的专制帝王虽然也尽力给自己的得位涂抹上神学色彩("真龙天子""奉天承运"之类)，但铤而走险的叛逆者并不信服此种说辞，他们不相信现任皇帝一定是"真龙天子"，却从历史真实中归纳出"彼可取而代之""强者为王"的法则。小说《水浒传》中的李逵口口声声唤着"杀去东京，夺了鸟位"，晁盖哥哥当"大宋皇帝"，宋江哥哥当"小宋皇帝"，心存接受招安之念的宋江虽一再制止黑旋风，

① 《史记·项羽本纪》。
② 《佩韦斋辑闻》卷一。

但在众多梁山好汉看来，李逵这番话也颇为中听，这大约是那个“皇帝轮流做，明年到我家”的梦想在众头领灵魂深处起着作用。

专制帝王试图用宗法制度和宗法观念抬举一姓之尊，提升皇族的神圣性，但此法只能行之于一个朝代之内，如刘氏之尊，可行之于两汉，为宗室刘秀的中兴汉室、刘备的建立蜀汉发挥重要作用，但延及魏、晋，曹氏、司马氏相继而起，刘氏则顿失号召力，“正统”也随之转变。李唐、赵宋、朱明等皆同此例。

总之，在皇权时代，中国的皇帝固然赢得某种神学光环和宗法论证，是至高无上的尊崇对象，但大体而言皇位又是一种世俗的、可以争夺的目标。民众并不无条件地崇拜皇帝，在某些时刻完全可以弃之如敝屣，直至取而代之。这与日本的天皇制颇不相同，天皇被日本人普遍视为天照大神的嫡子，是不可直视的神，更不可想象去夺取其位。在千余年间，日本的天皇是一系承传的，唯独发生过一次平将门自称天皇的事件，很快便被讨平。而且，平将门也是天皇后裔，自认有得位的天神身份。与日本形成比照的是，在缺乏宗教情怀、宗法制又已产生形变的中国皇权时代，皇位在本质上是世俗的，是权力斗争的产物，是强横者彼此夺占的第一把交椅。富于冒险精神的人们，在某些特定时段(多半是一个朝代发生统治危机的关口)不惜以命拼争皇位，结果无非是“胜者王侯，败者寇”，王侯与寇贼的区别仅在成功与失败。

如前所述，皇权时代还有另一种间接的“皇帝梦”，即期盼好皇帝给社会带来统一、平和、繁荣，给个人提供升迁发达的光明前景。这是皇权时代常态下许多人的梦想，“梁山好汉”中史进、林冲、武松等武艺高强的人物，也曾企求“边庭上一刀一枪，博得个封妻荫子”，后来终于被黑暗政治(“贪官”之类)“逼上梁山”，并对现行皇帝失却希望，拒绝招安。而“梁山好汉”的主事者宋江、卢俊义等人，则始终对现行皇帝心存幻想，孜孜以求于朝廷的招抚，走着“若要官，杀人放火受招安”的路子。一部《水浒传》状写的造反者，主流确乎是“只反贪官，不反皇帝”。金圣叹点评曰，《水浒传》起首，“不写一百八人，先写高俅，则是乱自上作也”，而宋江们所“反”的，仅仅是“自上作乱”的“高俅们”，对重用高俅的徽宗皇帝却寄予无限期待。与项羽、李逵们“彼可取而代之”的“皇帝梦”相较，宋江、卢俊义们的“招安梦”，豪气大失，而奴气十足，故人们往往欣赏项羽、李逵式的富于英雄主义色彩的“皇帝梦”，而鄙弃宋江、卢俊义们的接受皇帝招安的梦想。从审美角度论之，这一好一恶似有道理，但从历史价值判断之，两种梦想实出一辙，都遮蔽在“皇权”的大纛之下。皇权时代的人群，绝大多数都是皇权主义者，区别只是人们做着两种类型的梦：一种是在现行皇帝之下的梦，企图从现行皇权那里分得一杯羹；另一种是取而代之，自做皇帝的梦。两种都是“皇帝梦”，全都脱不出皇权主义的轨迹。

在商周封建时代人们找不到这两类做梦者，却在秦汉及之后列朝处处遇见这样的做梦者，这种梦想演绎了两千多年，直至近代，由于出现了新的社会土壤，“皇帝梦”才渐渐幻灭，不过其影响不可低估。孙中山多次警告革命者，不得有皇帝思想；他还一再举太平天国洪、杨内讧之例，指出“那种失败，完全是由于大家想做皇帝”。直到革命掀起民主共和风涛，孙中山呼唤：“敢有帝制自为者，天下共击之。”发表在1906年的这一宏论，昭示着共和时代的来临；而1912年清帝逊位，标志着皇权时代的历史册页从总体上已经翻过，当然，“皇帝梦”的感应力还远未荡尽。

六、从士人效忠对象的变化，看封建时代与皇权时代的差异

封建时代是领主经济、贵族政治占优势的时代，附庸对贵族领主的人身依附是封建社会的一个显在特色；皇权时代是地主经济、官僚政治占优势的时代，人身依附已大为松动。这两个时代都活跃着一批掌握着知识艺能的士人，他们的社会地位往往处在贵族、官僚与平民的交界处，“无恒产”却“有恒心”，即尚未掌握财富与权力，却有才干与抱负，是一批思想诉求比较明确而执着的人物。略考封建时代与皇权时代士人效忠对象的变化，以昭显其人身依附性的强劲或松弛，有助于认识这两个时代的社会性质之异动。

在封建时代，贵族(领主)掌控土地和人民，包括士人在内的人

民对贵族有着人身依附关系。以西欧中世纪为例，封建贵族拥有土地所有权和附庸领主权，骑士对上级贵族领主竭诚尽忠，法国作家大仲马的《三个火枪手》等小说，生动描写17世纪上半叶法国路易十三时代骑士依附上级贵族领主，为其驰骋疆场、复仇效命的情形。日本江户时期的武士也与大名领主保有深重的依附关系，不惜以命报主。18世纪初元禄年间发生的“赤穗四十七义士”为主君报仇后全体切腹自杀(所谓“全死节”)，正是日本封建时代武士效忠领主贵族的典型表现。日本有大量文艺作品(如歌舞伎剧目《忠臣藏》等)采用此一题材，以赞颂武士道效命主君的精神。

早于中世纪西欧、中世及近世日本将近两千年，中国封建时代士人的效忠对象，也是有恩于士人的领主贵族，司马迁《史记》的《刺客列传》刻画曹沫、专诸、豫让、聂政、荆轲五位春秋战国间以忠节敢死著称的武士，其行迹的共通之处是：被某一领主贵族厚待、器重(鲁庄公之于曹沫、吴公子光之于专诸、智伯之于豫让、严仲子之于聂政、燕太子丹之于荆轲)，武士则为之效力、复仇，不惜残身以至献出生命，其信条是“士为知己者死”。以豫让为例，他先效力于晋卿范氏、中行氏，两氏以常规态度接纳豫让，范氏、中行氏灭亡，豫让投奔晋国六卿之一的智伯，智伯对豫让“甚尊宠之”。后来智伯被赵襄子灭杀，豫让发誓为智伯复仇：“今智伯知我，我必为报仇而死，以报智伯。”①为了谋刺智伯的仇家赵襄子，豫让不惜以漆涂身，装患癞病，又吞炭致哑，“使形状不可知”，但在行刺中仍被捕获，赵襄子责问豫让：你曾事奉的范氏、中行氏被智伯所灭，你为何不替范氏、中行氏复仇，反而委身智伯。现在智伯已死，你却不惜一切为智伯复仇，这是何故呢？豫让答曰：“臣事范氏、中行氏，范氏、中行氏皆众人遇我，我故众人报之。至于智伯，国士遇我，我故国士报之。”②这番答辞颇能代表封建时代士人的心态：“士为知己者死，女为悦己者容。”士人与效忠对象领主贵族之间达成一种“恩赐—报答”的人身依附关系。这种人身依附关系正是封建时代人际关系的范例，被士子所追慕与信守，也被封建贵族所肯认与赞扬，故险遭豫让刺杀的赵襄子一再称赏豫让为“义人”“贤人”，并打算开释豫让，而豫让却决心为智伯尽忠到底，以博取忠臣的“死名之义”，请求赵襄子脱下衣裳，豫让对衣裳“拔剑三跃而击之”，象征性地替智伯复仇，然后“伏剑自杀”。“死之日，赵国志士皆为涕泣。”③这篇刺客传，完整地表述了三种人(刺客、被刺贵族、被刺国士人)共通的忠节观。这种士子以身事奉封建主的忠节观，正是封建时代流行的一种与人身依附密切相连的价值观。

上述诸刺客效忠封建主，是一种武士行为，往往以“死节之忠”为最高形态，而以治国平天下为已任的文士有着更复杂的表现。在郭店楚简《鲁穆公问子思》中，载有鲁穆公与子思的一段对话：

> 鲁穆公问于子思曰：“何如而可谓忠臣?”子思曰：“恒称其君之恶者，可谓忠臣矣!”……成孙弋曰：“……恒称其君之恶者，远禄爵者也。为义而远禄爵，非子思，吾恶闻之矣!”①

这里肯认的“忠臣”，不以自身的禄爵为目标，而以领主(君)家国的安危作矢的，故经常批评君主的缺点过失。先秦时期的武士与文士都以“取义”为人生高标，而这里的“义”，多体现为对封建领主的效忠。

时至专制一统的皇权时代，士人大体从对某一贵胄的人身依附中解放出来，具有自由身份，其效忠对象由封建贵族领主，放大为代表国家的帝王及其朝廷(以及为帝王、朝廷服务的官僚)。皇权时代士人的理想是“学得文武艺，卖与帝王家”。“竭忠尽智，以事其君”②，成为士人的生活目标。秦汉及以后的专制皇权时代涌现大批为君国鞠躬尽瘁的士人，从汉代苏武、三国诸葛亮、宋代岳飞，到宋元之际文天祥、明清之际史可法等，莫不是精忠报国的典型，其忠节的外在形态与豫让、荆轲有某些相近之处，其内涵却发生变化：效忠对象由个

① 《鲁穆公问子思》，转引自武汉大学中国文化研究中心编《郭店楚简国际学术研讨会论文集》，湖北人民出版社2000年版，第265页。

② 司马迁：《史记·屈原列传》。

别封建贵族转变为代表专制一统国家的皇帝、朝廷，如梁山第二号人物玉麒麟卢俊义所说：“生为大宋人，死为大宋鬼。”

如果将《水浒传》与《史记·刺客列传》作比较，即可发现，同为豪强仗义的侠士，皇权时代与封建时代的效忠对象发生了大变化。司马迁笔下的乱世刺客不惜残身献命于有恩于己的贵族领主，而施耐庵小说描绘的宋代好汉，外在张扬的是为朋友两肋插刀的“义气”，内在追求的则是效忠朝廷君王，正如元杂剧对宋江绰号“呼保义”的诠释：“安邦立国称保义。”以往常把《水浒传》称为“农民起义的史诗”，其实，这部小说状写的梁山好汉，极少农民出身者(“菜园子张青”似乎有种地经历，但小说中他已经与母夜叉孙二娘在十字坡开夫妻黑店)，而多为因贪官逼使落魄的吏胥、军官、富豪、僧道以及流民；小说也完全没有接触农民问题的核心——土地问题，故较确切的说法为：《水浒传》是一部造反者之歌，状写宗法专制社会如何逼使各色人等逸出体制，走上“造反”的不归路，而这些造反者的灵魂人物(如宋江)又执着于“忠君”“报国”之念，力图重返体制内而不得，终于演出一场大悲剧。就揭示宗法专制的皇权时代造反者的心路历程而言，《水浒传》是深刻的，它对庙堂与草莽(朝廷与水浒)两方面都未加粉饰，直显其本真面目。而“逼上梁山”与“归附朝廷”这一组矛盾的交错运行，构成跌宕起伏情节的主线。对于造反者而言，归附朝廷君王的途径便是接受“招安”。一部《水浒传》，宋江当然是头号“招安迷”，但《水浒传》最先言说“招安”的，却是小说中最富英雄气概的武松。《水浒传》写道：武松血溅鸳鸯楼，杀了张都监等一干贪官、犯下弥天大罪之后，与宋江相逢，宋江邀武松同去清风寨，投奔朝廷军官小李广花荣，武松不愿连累花荣，决计追随鲁智深、杨志，去二龙山落草。武松在与宋江惜别时有一番对话：

> “天可怜见，异日不死，受了招安，那时却来寻记哥哥未迟。”宋江道：“兄弟既有此心归顺朝廷，皇天必佑。……”①

① 施耐庵：《水浒传》第三十二回。

武松、宋江最后作别时，宋江再次叮嘱武松戒酒、保重，其言谈的落脚处是——

> 如得朝廷招安，你便可撺掇鲁智深、杨志投降了，日后但是去边上，一枪一刀，博得个封妻荫子，久后青史上留得一个好名，也不枉了为人一世。①

这番对话，典型地反映了皇权时代的主流人生观、价值观，那些已被“宗法—专制”社会边缘化的体制外人物，也未能脱离此种人生观、价值观的轨范。而人们的效忠对象从封建领主向帝王朝廷的转换，是社会经济生活、政治生活变迁的反映，昭示了皇权时代与此前封建时代社会形态的差异。

七、中国历史分期试拟

考论“封建”之后，必然引出拟定中国历史分期问题，然此非本书展开部分，只能沿着本书的演绎逻辑，略述中国历史分期名目，供时贤参考：

> 原始时代；/封建时代；/皇权时代；/共和时代。

考虑到中国历史的长期性、繁复性，还可稍作细分：

> 原始群时代；/氏族共同体时代，或称万邦时代(先夏及夏代)；/宗法封建时代(商代及西周)；/宗法封建解体时代(春秋、战国)；/皇权时代前期(秦至中唐)；/皇权时代后期(中唐至清)；/共和时代(民国、人民共和国)。

① 施耐庵：《水浒传》第三十二回。

由氏族共同体过渡到宗法封建社会，伴随着文字的发明与使用、金属工具的制作和国家建立，意味着跨入文明门槛，开始了文明史的历程，古代典籍对此早有自然记述，《礼记·礼运》著名的“大同—小康”转换说即为显例。《左传·僖公二十四年》的一段文字更有生动描写：周襄王拟以狄人攻打郑国，周大夫富辰以为“不可”，进而谏曰：“臣闻之，太上以德抚民，其次亲亲以相及也。昔周公吊二叔之不咸，故封建亲戚以蕃屏周。”这里的“太上以德抚民”，指的是上古氏族民主制时期；以下的“亲亲以相及”，则是指宗法封建时期，处于这一历史阶段的周、郑之间，既是封建亲戚，便不应攻伐，而应“亲亲”和睦。富辰的谏言透露出从氏族制向宗法封建制转化的走向。周人采用“封建”方式来处置“大邑商”遗留下来的社会组织、政治制度和经济结构，完成了中国文明史的第一次转型，而“封建”便是此时(殷周)可以选择的国家结构。

中国文明史的第二次转型，发生在周秦之际，宗法封建制走向宗法专制帝制，古代典籍对此一转变有更详尽的记述，所谓“履至尊而制六合”(贾谊语)，所谓“摄制四海，运于掌握之内”(柳宗元语)，本书第一章第一节已进行讨论，此不赘述。这次转型，决定了中国社会的前近代形态——不是如同西欧、日本那样由领主经济、贵族政治构成的“封建制度”，而是由地主经济、官僚政治构成的“君主专制制度”。

中国文明史的第三次转型——近代化进程(农业文明向工业文明转化，宗法专制政体向民主共和转化)面对的历史前提即是此种由地主经济、官僚政治构成的“君主专制制度”，而并非“封建制度”，中国社会及文化的近代转换所要完成的历史任务都由此生发。在这一意义上，对中国文明史第二次转型的社会形态属性的把握至关紧要。

徐复观在《有关思想史的若干问题》中指出：“概念一经成立，则概念之本身必有其合理性、自律性。合理性、自律性之大小，乃横断一家思想的重要准绳。”此言甚当。

上述关于中国前近代社会的命名以及历史分期的界定，是否具有合理性、自律性，笔者不敢自是，诚请高明评断。

结　　语

形以定名，名以定事，事以检名。

——《尹文子·大道上》

围绕"封建"名实问题的隐性分歧和显性论争，自20世纪初叶以来已进行了将近百年，迄今尚无定论。对于这种分歧及论争的原因与性质，似可作如下估量。

一、这是近代新文化的组成部分——新史学内部的歧见，昭显了新史学诸派对于中西历史统一性与多样性辩证关系的不同认识

在汉语传统语境，"封建"与"井田""学校"相并列，是古老而长青的议题，对"封建"的社会功能，历来褒贬扬抑，莫衷一是，然"封建"的含义却从未偏离本义（封土建国）指示的方向，故从先秦到清末，只有关于"封建"的价值评判之争，而没有关于"封建"的概念分歧之辩。在传统中国乃至包括日本在内的整个汉字文化圈，"封建"的内蕴虽有引申、变迁，其基旨却是稳定的。这便是本书所论之"封建本义"的基本情状。时至19世纪末，情形发生了变化：接受西学东渐洗礼的"新史学"以古汉语词"封建"翻译表示西欧中世纪制度的术语feudalism，"封建"超越以分封为基本内容的政治制度的范域，演变为一个反映世界性历史阶段和社会形态的史学关键词，这是史学现代化、全球化的表现。然而，"封建"概念的拓新也包藏着风险——由于中国与西欧、日本的历史实态存在重大差异，封建制在上述各地的表现形态、经历时段、上下承接的社会类型皆大相

径庭，如果忽略这些区别，将世界各地中古及近古历史一概囊括在“封建”名目之下，势必导致名实错置，引发历史叙事的紊乱，侯外庐以“语乱天下”、钱穆以“削足适履”批评此类现象，语虽严厉，却实不过分。

以郭沫若为代表的20世纪上中叶的新锐学者，执着于历史普遍道路的探寻，这本是很可宝贵的追求，但他们在强调历史发展的“统一性”之际，排斥历史发展的“多样性”存在(郭氏的《中国古代社会研究·自序》明确宣示此一主旨)，为求得“历史共同道路”的表述，不惜改变“封建”的基本内涵，将东西方的中古形态一律纳入“封建社会”，从而把制度主体“去封建远”的秦至清称为“封建时代”，以与西欧中世纪相比配，这样，秦汉以下土地自由买卖的地主—自耕农经济、君主专制下的官僚政治等“非封建”乃至“反封建”的历史要素统统编入“封建”的总名之下。这便是本书所评述的“泛化封建观”的大致路数。

清华国学研究院第一届毕业生摄影(笔者先父冯永轩保存)。前排右起第七梁启超、第六王国维、第五赵元任，站立者为研究院第一届研究生，王国维身后立者是先父冯永轩(右六)。清华国学研究院导师梁启超、王国维、陈寅恪及研究生徐中舒、高亨、刘盼遂等均对中国封建制度研究作出重要贡献。他们多在古义与西义相通约的原则下讨论“封建社会”。

与上述理路另成一格，注意东西方历史差异性，并用心于概念辨析的学人，如清末民初的严复、梁启超、王国维，晚近的钱穆、李剑农、瞿同祖、张荫麟、梁漱溟、费孝通、李慎之、王元化，以及海外华裔学者黄仁宇、唐德刚、许倬云等，致力于“封建”本义与西义的通约，把握封建制的基本属性(领主经济、贵族政治)，将中国封建制定位于“三代”，西周为其典型，至于主要实行地主经济、官僚政治的秦至清决不应该被称为“封建社会”，应当另立名目(如“专制社会”“大一统皇权社会”等)。

以上述两种封建观为中轴，形成“新史学”内部旨趣大异的历史叙事系统(比较郭沫若主编的《中国史稿》与钱穆著的《国史大纲》，即可见两者的差别)。本书试图辨析这两种封建观及历史叙事系统的优劣长短，以探求较健全的史学发展路向。

二、这是新史学因理解与运用唯物史观的差异引发的分歧

五四新文化运动至大革命前后，唯物史观在中国社会科学界传播渐广，后来更成为主流史观。一个有趣的现象是，1930 年前后的中国社会史论战间，国民党与共产党双方及“第三种人”的参论者，竞相以唯物史观信奉者自命(故论战组织者之一的王礼锡称之是“唯物的内部的争斗”)，彼此都声称以唯物学说诠释中国历史(包括封建社会)，但各派论点大相径庭，除各自的政治诉求有别之外，一个重要原因是对唯物史观的理解各不相同。

马克思创立的唯物史观主旨在于，物质生产是人类文明发展的基石，是一切历史活动的基本条件，物质生活的生产方式制约着整个社会生活、政治生活和精神生活的过程，而政治、观念等上层建筑一经形成，又以巨大的反作用力影响经济基础，推动或阻挠文明进程。社会史论战诸派努力运用此一理论与方法解析中国历史，其间的一大分歧是：在近似的生产力水平上，是否一定产生同样的社会形态。斯大林肯认此点，郭沫若一派中国学者服膺其说，认定“自然经济、农业生产方式”既然普遍存在于东西方中古时代，故东西方中古的社会形态必然属于封建制这同一范式。郭沫若将历来确认为非封建的秦至清

称“封建社会”，原因正在于此。而反论者以为，在近似的生产力水平上，由于存在社会、政治、文化等方面的制度性差异，世界各地形成大相异趣的社会形态，如中国的中古社会明显区别于西欧、日本，处在东欧平原及北亚的俄罗斯又自成一格，凡此种种，皆不应归于同一社会形态类别。

泛化封建观成形于唯物史观的语境之中，每每被中外人士认作唯物史观的产物，本书重温唯物史观创始人的相关原论，以为那样的判定十分可疑。

第一，通览马克思、恩格斯全部论著可以发现，他们从来不曾把中国、印度等绝大多数东方国家的前近代社会以“封建”相称，与后来流行的泛化封建观并不相同。对于经典文本的这一现象，应当深思长想。

第二，马克思早年提出“亚细亚生产方式”一说(普列汉诺夫等着力加以发挥)，兼具时间视域和空间视域，后之论者诠释此说常常各执一端。然平心而论，马克思此说意在对西欧历史与非欧历史作出区分，以走出僵化的单线直进历史模式，此一精义有助于解构泛化封建观。

第三，马克思1877年拒绝俄国民粹派米海洛夫斯基对其所著《资本论》的谬赞，声明《资本论》从西欧历史概括出的封建社会通往资本主义社会的发展路径，不能套用于俄国等非西欧地区，因为那里的前近代社会历史并不“封建”。马克思1881年在致函俄国女革命家查苏利奇时再次重申了这一点。马克思晚年明确地否定滥用西欧模式的做法。半个世纪后，苏俄领导人斯大林将从西欧历史概括出的“五种生产方式单线递进说”抬举为放之四海皆准的“历史方程式”(其实多数西方学者并不认同这一公式)，恰恰重新陷入马克思严厉批评过的米海洛夫斯基泥淖。而泛化封建观正是从“五种生产方式单线直进说”派生出来的。

第四，马克思从摘录与评论了俄国人类学家柯瓦列夫斯基的论著，解剖11世纪至17世纪的印度社会，指出此间的印度在穆斯林统治下，土地可以让渡、中央集权的官僚政治确立，故不是封建社会，从而完整、系统地展现了马克思自己概念明晰的封建观，这对于人们认识前近代中国的社会形态，有着直接的、特别真切的启示：如果说，前近代印度并非封建社会，那么，土地可以让渡、中央集权的官僚政治发展得更加充分的秦至清的中国社会，就更不能归属封建社会了。

综论之，马克思前期在建立唯物史观基本架构时，主要揭示历史普遍规律，后期注意到人们对唯物史观的简单化处理，于是更着力于掘发世界历史进程的多样性，从而在更高的层级、更深广的背景上展现历史发展的规律。中国“新史学”的一些学人由于只注意马克思的前期论点，而对其后期论点多少有些忽略，在唯物史观初传中国的20世纪上中叶，这是可以理解与谅解的，因为马克思阐发历史多样性的论述有的在当时尚未为研究者所知（如人类学、社会学笔记），有些零星论述也并未引起重视，故不应苛责前贤。但时至今日，如果继续忽略历史的多样性发展，坚持单线直进史观，则实在无法自圆其说了。

三、提出重视概念辨析的历史任务

名学在先秦曾一度繁荣，儒、墨、道、法、名诸家都有关于考析名相生成演变的睿哲之论。思想家荀况说：

> 名定而实辨，道行而志通。
> 制名以指实，上以明贵贱，下以辨同异。①

这些充满哲理的语言指出了厘清概念、正定名称的重要性。然而，先秦的名学传统在专制一统时代并未能得到承续，秦汉以下，名学渐被人们视作“无用之辨”，甚至以“屠龙术”相讥，忽视概念辨析渐成中国文人习俗，这导致思维欠严密，甚至逻辑混乱。延至近代，虽有章士钊、刘师培等倡导“名学”（逻辑学），翻译家严复为译创汉

① 《荀子·正名》。

字新名呕心沥血，“一名之立，旬月踟蹰”①，然而就总体言之，在概念古今演绎、中外对接的近现代，名相之辨仍被忽略，仍被认为是“很无意义”的，“滥用名词”的现象必然蔓延。发生在中国社会史论战诸派随意使用“封建”即为显例。1935 年，陶希圣对胡适在新文化运动间的“反封建”勋绩加以盛赞，当事人胡适立即拒斥此种褒扬，声明他不承认当下中国仍然封建，他所反对的并非“封建”。胡适把陶氏一类的滥用概念评之为“今日思想界的一大弊病”，指出“在思想上，它造成懒惰笼统的思想习惯；在文字上，它造成铿锵空洞的八股文章”②。

诸如“封建”这样发生概念误植的事例不少，这有其历史、社会及文化的原因，而究其根源，是一项相当浩繁而又兴味盎然的工作。其价值与意义至少有两项：第一，相当于发现人体疾患的病灶，有助于救正既成错讹，亡羊补牢；第二，对概念误植成因的具体考察，有助于发现汉字新术语健康的生成机制，从而为今后新语的创制指引正途，以防止新的不确切术语的出现与滥用。这在新名纷至沓来、目不暇接的今天（人称“知识爆炸、信息爆炸、词汇爆炸”时代），尤为重要。

诸如“封建”这样的“关键词”发生概念误植，并非仅仅是汉语语境内的现象，英国经济史家迈克尔·波斯坦 1961 年在为马克·布洛赫的《封建社会》作序时，曾论及拟定“概括性词语”的危险性：

> 在某些情况下，赋予一些完整的时代以一种概括性名词的做法甚至是危险的。它可能会诱使使用者陷入唯名论的极可怕的泥潭中，而且也许会鼓励他们把真实的存在强加于自己的词语之上，从这个用来描述现实的词语的语源中推论出一个时代的特

① 严复：《天演论译例言》，《严复集》第五册，中华书局 1985 年版，第 1322 页。

② 胡适：《今日思想界的一大弊病》，《独立评论》1935 年 5 月 27 日，第一五三号。

征，或者仅仅以语义上的牵强附会来建立历史论证的大厦。①

然而，波斯坦指出这种“概括性词语”虽具“危险性”，却又是十分必要的：

> 所有概括性的词语都存在同样的危险性。如果有人坚持对概括性词语的这种异议，那么就有充分理由反对使用诸如战争、和平、国家、财产、等级、工业、农业这类老生常谈的概念。实际上，没有代表整个一组现象的概括性词语，不仅历史学无从谈起，而且一切知识领域的论说都无法进行。②

总之，表述大的历史时段的“概括性词语”的拟定，既富于挑战性和危险性，又是必不可少、无法回避的一件事情。

术语厘定是观念进步的集结点，每一领域内的现代化进程都是用该学科的术语加以界说的。史学术语(尤其是涵盖广大的史学术语)的厘定，直接关系着史学(并旁及诸多学科领域)的现代化进程，参与者应当为此尽心用力。诸如“封建”概念被滥用的驳正，首先需要学理层面的论析，揭示不可靠术语构成的旧范式的误处及产生根源，重建新范式，然后通过教科书、工具书等普及读物与其他传媒，使新范式逐步成为大众的语用实践(这里有一个从学术探讨转化为公共知识的过程)。

有些人认为，泛化“封建”固然不妥，但由于广为使用，已经“约定俗成”，难以变更，只能将就。笔者也曾持此种看法③，随着研习的深入，进而认识到，惯性力量固然顽强，但约定俗成又并非不可撼

① ［法］布洛赫：《封建社会》(中文版)，商务印书馆2004年版，第23~24页。

② ［法］布洛赫：《封建社会》(中文版)，商务印书馆2004年版，第24页。

③ 见拙文《中国前资本主义研究中的三个问题》，《天津社会科学》1990年第4期。

动，如果所“定”所“成”偏误严重，已经并继续干扰中国历史述事的古今承袭和中外对接，我们便应当循名责实，用力将其纠正过来。而且，纵览中国古今史典即可发现：“封建”的古义（封土建国及各种分权举措）自《左传》等书确立下来，直至清末民初，沿用两千余年，虽然内涵、外延有所引申，但语义方向未变，这应当说是历时更加久远的“约定俗成”，我们应予必要的尊重，不能随意抛弃；而且，自19世纪中叶以降，中日两国学者以“封建”一词对译feudalism，“封建”在西周、福泽谕吉等日本学者，严复、梁启超等中国启蒙思想家那里，兼容古义与西义，其内涵（领主经济、贵族政治）与外延（中国三代、西欧中世纪、日本三个幕府时期）较为准确、合理，这种订定“封建”的努力，时间已逾百余年，也是弥足珍贵的“约定俗成”，可以作为前进基点；而“封建”一词在中国学界被泛化、滥用，自“五四”以来不过六七十年，成为主流话语也只稍逾半个世纪。故从历史长时段观之，对泛化“封建”的“约定俗成”性不必估计过高。以汉字文化的丰富与精密，以今人的智慧和能力，将滥用的“封建”厘正过来，以增进历史叙事的合理性，并不存在无法逾越的障碍。

对于泛化封建观得到救正、历史发展普遍性与多样性相统一的认识得到普及的前景，笔者持谨慎乐观的态度。

2009年2月19日

书于武汉大学人民医院心血管内科病室

主要参考文献

《十三经注疏》，中华书局1979年影印版。

《百子全书》，浙江人民出版社1984年版。

《二十五史》，上海古籍出版社、上海书店1986年版。

《二十五史补编》，中华书局1955年版。

《白虎通疏证》，中华书局1994年版。

《全上古三代秦汉三国六朝文》，中华书局1991年版。

《全唐文》，中华书局1987年版。

《太平御览》，中华书局1960年版。

《资治通鉴》，中华书局1956年版。

《文献通考》，《景印文渊阁四库全书》，台湾商务印书馆出版。

《续文献通考》，《景印文渊阁四库全书》，台湾商务印书馆出版。

《钦定续文献通考》，《景印文渊阁四库全书》，台湾商务印书馆出版。

《皇朝文献通考》，《景印文渊阁四库全书》，台湾商务印书馆出版。

《皇朝续文献通考》，《续修四库全书》，上海古籍出版社2004年版。

《张载集》，中华书局1978年版。

《二程集》，中华书局1981年版。

《苏东坡全集》，中华书局1986年版。

《胡宏集》，中华书局1987年版。

《朱子语类》，中华书局1988年版。

《黄宗羲全集》，浙江古籍出版社1985年版。

王夫之：《读通鉴论》，中华书局 1975 年版。

顾炎武：《日知录》，岳麓书社 1994 年版。

胡适：《中国哲学史大纲》，商务印书馆 1926 年版。

陶希圣：《中国社会之史的分析》，新生命书局 1929 年版。

陶希圣：《中国社会与中国革命》，新生命书局 1929 年版。

陶希圣：《中国封建社会史》，新生命书局 1929 年版。

周谷城：《中国社会之结构》，新生命书局 1930 年版。

李季：《中国社会史论战批判》，神州国光社民国二十三年初版。

瞿同祖：《中国封建社会》，商务印书馆 1937 年版。

李剑农：《中国经济史讲稿》，新中国书局 1943 年版。

柳诒徵：《中国文化史》，正中书局 1947 年版。

张荫麟：《中国史纲》(上古篇)，正中书局 1948 年版。

钱穆：《国史大纲》，商务印书馆 1948 年版。

梁漱溟：《中国文化要义》，正中书局 1949 年版。

夏曾佑：《中国古代史》，生活·读书·新知三联书店 1955 年版。

王国维：《观堂集林》，中华书局 1959 年影印本。

严耕望：《中国地方行政制度史》，台湾商务印书馆 1961 年版。

《云五社会科学大辞典》，台湾商务印书馆 1972 年版。

周一良、吴于廑主编：《世界通史》，人民出版社 1974 年版。

《章太炎政论选集》，中华书局 1977 年版。

张楠、王忍之编：《辛亥革命前十年间时论选集》，生活·读书·新知三联书店 1977 年版。

胡如雷：《中国封建社会形态研究》，生活·读书·新知三联书店 1979 年版。

陈寅恪：《金明馆丛稿》初编、二编，上海古籍出版社 1980 年版。

赵光贤：《周代社会辨析》，人民出版社 1980 年版。

《吕振羽史论选集》，上海人民出版社 1981 年版。

王亚南：《中国官僚政治研究》，中国社会科学出版社 1981

年版。

钟叔河辑注校点：《日本杂事诗广注》，湖南人民出版社 1981 年版。

《辛亥革命资料丛刊》第八册，上海人民出版社 1981 年版。

谭其骧主编：《中国历史地图集》，地图出版社 1982 年版。

《郑观应集》，上海人民出版社 1982 年版。

童书业：《春秋左传研究》，上海人民出版社 1983 年版。

许倬云：《西周史》，台北联经出版事业公司 1984 年版。

吕振羽：《中国历史讲稿》，人民出版社 1984 年版。

《陈独秀论文选编》，生活·读书·新知三联书店 1984 年版。

冯友兰：《三松堂文集》，北京大学出版社 1984 年版。

高军编：《中国社会性质问题论战》(资料选辑)，人民出版社 1984 年版。

中国日本史学会编：《日本史论文集》，辽宁人民出版社 1985 年版。

李达：《经济学大纲》，武汉大学出版社 1985 年版。

《吴虞集》，四川人民出版社 1985 年版。

侯外庐：《韧的追求》，生活·读书·新知三联书店 1985 年版。

吕思勉：《中国制度史》，上海教育出版社 1985 年版。

徐复观：《两汉思想史》，台湾学生书局 1985 年版。

《五四前后东西文化问题论战文选》，中国社会科学出版社 1985 年版。

《严复集》，中华书局 1985 年版、1986 年版。

《沈兼士学术论文集》，中华书局 1986 年版。

钱穆：《现代中国学术论衡》，岳麓书社 1986 年版。

《侯外庐史学论文选集》，人民出版社 1987 年版。

《顾颉刚古史论文集》，中华书局 1988 年版。

《瞿秋白文集》，人民出版社 1988 年版。

宋公文：《楚史新探》，河南大学出版社 1988 年版。

《饮冰室合集》，中华书局 1989 年版。

《康有为全集》，上海古籍出版社1990年版。

冯天瑜、何晓明、周积明：《中华文化史》，上海人民出版社1990年版。

刘小枫编：《中国文化特质》，生活·读书·新知三联书店1990年版。

傅筑夫：《中国经济史资料·先秦编》，中国社会科学出版社1990年版。

徐中舒：《先秦史论集》，巴蜀书社1992年版。

唐长孺：《魏晋南北朝隋唐史三论》，武汉大学出版社1992年版。

《周谷城学术论著自选集》，北京师范学院出版社1992年版。

《中国古代史》(高级中学教材)，人民教育出版社1992年版。

《陈独秀著作选》，上海人民出版社1993年版。

冯永轩：《史记楚世家会注考证校补》，湖北教育出版社1993年版。

吴廷璆主编：《日本史》，南开大学出版社1994年版。

何兆武：《历史理性批判》，湖南教育出版社1994年版。

《顾准文集》，贵州人民出版社1994年版。

钱穆：《中国文化史导论》(修订本)，商务印书馆1994年版。

何怀宏：《世袭社会及其解体——中国历史上的春秋时代》，生活·读书·新知三联书店1996年版。

晁福林：《夏商西周的社会变迁》，北京师范大学出版社1996年版。

马克垚主编：《中西封建社会比较研究》，学林出版社1997年版。

《孙中山文集》，团结出版社1997年版。

张艳国：《唯物史观与史学理论》，华中理工大学出版社1997年版。

《刘师培辛亥前文选》，香港三联书店1998年版。

杨宽：《战国史》，上海人民出版社1998年版。

张光明：《马克思传》，中共中央党校出版社 1998 年版。

《梁启超全集》，北京出版社 1999 年版。

《李大钊全集》，河北教育出版社 1999 年版。

杨宽：《西周史》，上海人民出版社 1999 年版。

张凌云：《马克思的社会形态理论与当代社会主义》，武汉出版社 1999 年版。

刘泽华：《中国的王权主义》，上海人民出版社 2000 年版。

袁林：《两周土地制度新论》，东北师范大学出版社 2000 年版。

姜义华：《理性缺位的启蒙》，上海三联书店 2000 年版。

章士钊：《柳文指要》，文汇出版社 2000 年版。

武汉大学中国文化研究院编：《郭店楚简国际学术研讨会论文集》，湖北人民出版社 2000 年版。

黄遵宪：《日本国志》，上海古籍出版社 2001 年版。

萧萐父主编、郭齐勇副主编：《熊十力全集》，湖北教育出版社 2001 年版。

刘炜主编：《中华文明传真》，上海辞书出版社、香港商务印书馆有限公司 2001 年版。

《南开史学家论丛·雷海宗卷》，中华书局 2002 年版。

赵德馨主编：《中国经济通史》，湖南人民出版社 2002 年版。

曹维安：《俄国史新论》，中国社会科学出版社 2002 年版。

《南京大学百年学术精品》，南京大学出版社 2002 年版。

秦晖：《传统十论》，复旦大学出版社 2003 年版。

葛志毅：《周代分封制度研究》(修订本)，黑龙江人民出版社 2004 年版。

马克垚：《英国封建社会研究》，北京大学出版社 2005 年版。

顾海良：《马克思经济思想的当代视界》，经济科学出版社 2005 年版。

叶文宪：《重新解读中国》，中国文史出版社 2005 年版。

费孝通：《乡土中国》，上海人民出版社 2006 年版。

耿云志：《近代中国文化转型研究导论》，四川出版集团四川人民出版社 2008 年版。

缪凤林：《中国通史要略》，东方出版社 2008 年版。

《汉语古文字字形表》，四川人民出版社 1981 年版。

《辞海》(缩印本)，上海辞书出版社 1989 年版。

黄金贵：《古代文化词义集类辨考》，上海教育出版社 1995 年版。

曹炜：《现代汉语词义学》，学林出版社 2001 年版。

何金松：《汉字文化解读》，湖北人民出版社 2004 年版。

冯天瑜：《新语探源——中西日文化互动与近代汉字术语生成》，中华书局 2004 年版。

王宪明：《语言、翻译与政治——严复译〈社会通诠〉研究》，北京大学出版社 2005 年版。

《新青年》。

《新青年季刊》。

《读书杂志》，神州国光社。

[德]马克思、恩格斯著：《共产党宣言》，陈望道译，《社会主义研究》1920 年版。

《马克思恩格斯全集》，人民出版社 1995 年版。

《马克思恩格斯选集》，人民出版社 1995 年版。

《马克思古代社会史笔记》，人民出版社 1996 年版。

《列宁全集》，人民出版社 1988 年版。

《列宁选集》，人民出版社 1995 年版。

《毛泽东选集》，人民出版社 1991 年版。

《毛泽东文集》，人民出版社 1993 年版。

[日]竹内实编选：《毛泽东集》，日本北望社 1972 年版。

中共中央书记处编：《六大以来：党的秘密文件》，人民出版社 1981 年版。

《周恩来选集》，人民出版社 1980 年版。

《现时之社会主义》，日本东京民友社 1893 年版。

[日]福田德三：《日本经济史论》，东京宝文馆 1907 年版。

[日]野吕荣太郎、岩田义道等主编：《日本资本主义发展史讲座》，岩波书店 1932—1933 年版。

[日]维新史料编委会编：《维新史》，明治书院 1942 年版。

[日]小竹文夫：《近世支那经济史研究》，弘文堂 1942 年版。

[日]伊藤恒夫：《封建的て民主的》，松山商科大学消费生活协同组合出版部 1952 年版。

[日]大久保利谦：《近代史史料》，吉川弘文馆 1956 年版。

[日]早稻田大学社会科学研究所编：《大隈文书》，早稻田大学社会科学研究所 1958 年版。

[日]《西周全集》，宗高书房昭和三十五年版。

[日]木村毅：《日本文学交流史の研究》，讲谈社昭和三十五年版。

[英]欧卢柯库(阿礼国)著：《大君の都》，[日]山口光朔译，岩波书店 1962 年版。

[日]室鸠巢：《献可录》，《日本经济大典》卷 6，明治文献 1966 年版。

[日]《明治启蒙思想集》，筑摩书房昭和四十二年版。

[日]永原庆二：《日本中世史》，岩波书店 1968 年版。

[日]牧健二：《日本封建制度成立史》，清水弘文堂书房昭和四十四年版。

[日]坂根义久校注：《青木周藏自传》，平凡社 1970 年版。

[日]《荻生徂徕全集》，河出书房新社 1973 年版。

[日]《日本思想大系》，岩波书店 1973 年版。

[日]永原庆二：《日本封建社会论》，东京大学出版会 1974 年第 2 版。

[日]宫崎市定：《中国史》，岩波书店 1977 年版。

[日]《明治文化史》，原书房昭和五十五年版。

[日]家永三郎：《日本文化史》，岩波书店 1982 年第 2 版。

[日]丰田武：《日本の封建制》，吉川弘文馆昭和五十八年版。

[日]洞富雄：《天皇不亲政の传统》，新树社昭和五十九年版。

[日]大久保利谦：《明治维新の政治过程》，吉川弘文馆昭和六十一年版。

[日]松尾正人：《废藩置县の研究》，吉川弘文馆 2001 年版。

[日]永原庆二：《日本封建社会论》，东京大学出版会 2001 年新装版。

[法]孟德斯鸠：《论法的精神》(中文版)，商务印书馆 1978 年版。

[美]赖肖尔：《日本人》(中文版)，上海译文出版社 1980 年版。

[英]甄克思(E. Jenks)著：《社会通诠》(中文版)，严复译，商务印书馆 1981 年版。

[意]贝奈戴托·克罗齐：《历史学的理论和实际》(中文版)，商务印书馆 1982 年版。

[美]R. 柯尔本：《历史上的封建主义》，普林斯顿 1956 年版。

[法]《拉法格文学论文选》(中文版)，人民文学出版社 1962 年版。

[美]费正清编：《剑桥中国晚清史》(中文版)，中国社会科学院出版社 1985 年版。

《简明不列颠百科全书》(中文版)，中国大百科全书出版社 1985—1986 年版。

[美]费正清著：《美国与中国》(中文版)，张理京译，商务印书馆 1987 年版。

[美]斯塔夫里阿诺斯：《全球通史 1500 年以前的世界》(中文版)，上海社会科学院出版社 1988 年版。

[美]塞缪尔·亨廷顿：《变化社会中的政治秩序》(中文版)，生活·读书·新知三联书店 1989 年版。

[德]魏特夫著：《东方专制主义》(中文版)，徐式谷等译，中国社会科学出版社 1989 年版。

[日]安藤彦太郎著：《中国语与近代日本》(中文版)，卞立强译，北京大学出版社 1991 年版。

[日]永田广志：《日本哲学思想史》(中文版)，商务印书馆 1992

年版。

［日］福泽谕吉：《文明论概略》（中文版），商务印书馆 1992 年版。

［日］坂本太郎：《日本史概说》（中文版），商务印书馆 1992 年版。

《日本学者研究中国史论著选译》第 1、2 卷，中华书局 1992、1993 年版。

［日］中江兆民：《三醉人经纶问答》（中文版），商务印书馆 1992 年版。

［日］中村哲著：《奴隶制与农奴制的理论——马克思恩格斯历史理论的重构》（中文版），冻国栋、覃启勋译，武汉大学出版社 1994 年版。

［法］布罗代尔：《15 至 18 世纪的物质文明、经济和资本主义》（中文版），生活·读书·新知三联书店 1993 年版。

［德］马克斯·韦伯著：《儒教与道教》（中文版），洪天富译，江苏人民出版社 1993 年版。

［法］佩雷菲特：《停滞的帝国——两个世界的撞击》（中文版），生活·读书·新知三联书店 1993 年版。

［美］许倬云：《西周史》，生活·读书·新知三联书店 1995 年版。

［日］沟口雄三著：《中国的思想》（中文版），赵士林译，中国社会科学出版社 1995 年版。

［日］福泽谕吉：《福泽谕吉自传》（中文版），商务印书馆 1995 年版。

［英］罗素：《中国问题》（中文版），学林出版社 1996 年版。

［美］黄宗智：《民事审判与民间调解：清代的表达与实践》，中国社会科学出版社 1998 年版。

［美］许倬云：《历史分光镜》，上海文艺出版社 1998 年版。

［俄］巴甫洛夫-西利万斯基：《俄国封建主义》（中文版），商务印书馆 1998 年版。

[英]佩里·安德森著：《绝对主义国家的系谱》(中文版)，刘北城、龚晓庄译，上海人民出版社2001年版。

[日]爱知大学现代中国学会编：《中国21》1999年卷，中国社会科学出版社2001年版。

[日]谷川道雄著：《中国中世社会与共同体》(中文版)，马彪译，中华书局2002年版。

[德]李博：《汉语中的马克思主义术语的起源与作用》(中文版)，中国社会科学出版社2003年版。

[法]马克·布洛赫著：《封建社会》(中文版)，张绪山等译，商务印书馆2004年版。

附　　录

读《“封建”考论》①

刘绪贻

承天瑜同志不弃，让我在这里来对他的大作《“封建”考论》发表一点意见，我对这个问题虽然有兴趣，但没有研究；而且近来很忙，只在这两三天抽时间读了一遍，理解不深，谈不出什么有分量的意见，只能谈点肤浅的学习心得。

具体我是什么时候起关注这个问题的呢？现在已记不起了。若干年前，本校历史学院离休教授薛国中送一篇文章给我看，题为《秦汉社会性质再思考》。该文认为，秦汉以后中国社会，虽然在西汉初、西晋初时期，周代的封建制度曾经回光返照，但都只是昙花一现，而且与周代封建制不尽相同。秦汉以后中国社会是君主专制社会，不能称为封建社会。该文建议称为“专制主义社会”。我当时读了这篇文章后，尽管觉得它的论点与我们几十年来读到的、而且相信的中国自秦至清社会是封建社会的论点完全不同，但认为有说服力，很有创见。后来，《武汉大学学报》虽然发表了这篇文章，但可惜未引起什么影响。再以后，我读到李慎之先生 1993 年发表的《“封建”二字不可滥用》一文，其中提到“湖北大学冯天瑜教授”已经开始了“中国封建制度辨析的工程”，而且完全同意天瑜同志反对将秦至清中国社会称为封建社会的意见。慎之同志是我很尊重的、我认为极有思想的朋

① 本文原载于《读书》，2008 年第 12 期。

友，他的这些话使我产生了阅读天瑜同志有关著作的意愿。天瑜同志调来武汉大学以后，我们成为同事，有机会了解到他撰写《“封建”考论》的计划，就一直想拜读他的大作。现在有幸读到了。虽然读得不够仔细，今后还要读，但大意是了解的，我有以下几点想法。

首先，我认为这是一本认真做学问的人下了很大功夫的、可称为科学的著作。它不同于时下有些“著书只为稻粱谋”的人所写的书，容易让人发现不足、缺点甚至硬伤。我读过一遍，尚未发现问题，甚至疑问。当然，这也可能是因为我水平有限，阅读又不仔细的缘故，但它确实对所研究的问题的方方面面考虑得很全面、很周到，而且搜集的材料非常丰富，论证不厌其烦，反反复复，既有条理，又很确切。可以说，它把自秦至清中国社会不应称为封建社会的道理讲得很透彻。

其次，《“封建”考论》对纠正我国社会科学界、理论界的一个重大误识作出了重大贡献。它运用充分的材料证明，马克思关于人类社会发展规律的研究，始终坚持历史演进统一性与多样性相结合的原则，反对将欧洲史的发展轨迹泛化为普世性规则，并多次谴责那些随意将个别推及一般的论者。他认为中国社会发展过程有别于欧洲，从来没有说自秦至清中国社会是封建社会。将新中国成立以前的中国社会说成是封建社会的，首先是列宁。后来，斯大林歪曲马克思主义思想，提出了错误的社会形态共性论和历史单线进化论，通过《联共(布)党史简明教程》，影响甚至控制了一个时期的中国理论界，造成了中国社会科学界、理论界的误识。本书揭露并纠正了这种误识，有力地证明了中国封建社会出现于周代，而且封建社会在周末崩溃后，接踵而兴的并非资本主义社会，而是一种君主专制社会：这种社会是封建社会的否定，当然不能称为封建社会。在本书出版前，也有中国学者做过纠正这种误识的工作，但据我所知，这本书的论证最有说服力。

再次，《“封建”考论》再一次有力地证明：抱着政治的目的谈学问，在政治面前胆怯做学问，都是难以接近真理而容易陷入荒谬的：本书引李慎之先生的一段话证明：中国人之所以误认自秦至清社会是封建社会，乃是抱着政治目的。这段话是："时下所说的'封建'以及由此而派生的'封建迷信'、'封建落后'、'封建反动'、'封建顽固'等等，并不合乎中国历史上'封建'的本义，不合乎 feudal，feudalism 这样的西方文字翻译过来的'封建主义'的本义，也不合乎马克思、恩格斯所说的'封建主义'的本义，它完全是中国近代政治中为宣传方便而无限扩大使用的一个政治术语。"本书还举出不少事例证明，有些严肃而渊博的学者其所以改变自己对封建社会本义的正确看法，是由于他们顶不住当时政治大气候对他们的无理要求。从这一角度看，本书作者的学术勇气也是值得称道的。

最后，我想提出两个问题和作者商榷。第一个问题：对于违反中国历史上本义，违反马、恩所称封建社会本义，将自秦至清中国社会称为封建社会的这种"语乱天下"的滥用，冯天瑜同志是坚决主张予以纠正的。对此，我同意并且支持，因为这有利于扫除中国历史科学发展的障碍，有利于历史唯物主义的发展。但是，我记得李慎之先生在某一篇文章中曾提到，资深革命学者李锐认为，这种滥用已经约定俗成。改正起来非常不容易，只好将错就错。的确，近两三年来我写文章，为了纠正这种滥用，往往觉得很费笔墨，扩大篇幅还不容易说得圆满。因此我想到能否有一种调和办法。这次读《"封建"考论》，有两段文字触动了我。一段是引自毛泽东《中国革命与中国共产党》一文的"如果说周是诸侯割据称雄的封建国家，那么自秦始皇统一中国以后，就建立了专制主义的中央集权的封建国家……"另一段是引自东京大学西岛定生教授的"将长达二千年的中央集权专制君主统治下的官僚政治的持续存在作为封建社会的特征，这样的封建社会与西欧的封建社会也是很不相同的"。这两段文字提醒我从另一个角度看问题，即人们既有权将中国周代社会和西欧中世纪社会称为封建社会，也有权将自秦至清中国社会称为封建社会，就像著名作家和一般市民都有权叫"池莉"一样。但是，为避免"语乱天下"起见，应有所区别，可以将自秦至清中国社会称为"新封建社会"或"后封建社会"。当然，这种历史分期命名法，与冯天瑜同志在其书中提出的历史分期命名标准的第二条“循旧以造新”不符，但这种做法在中外历史上是不少见的。比如，王安石将他实行的“新政”说成是“法先王之政”；又比如，美国的里根总统将他实行的有悖于罗斯福“新政”的保守的内政政策，称为是学习罗斯福的“新政”。总之，这是我的一种初步想法，是否可行，尚待探讨。

第二个问题：《“封建”考论》正式提出“宜以”宗法地主专制社会取代“封建社会”来命名自秦至清的中国社会，并提出了如此更改的理由。对此，我有一个初步的想法。我认为，在自秦至清的中国社会里，君主的影响和作用实在太大、太突出、太根深蒂固，对这段历史命名如果不提君主，似乎不大适宜。因此我认为“君主专制宗法社会”似乎比“宗法地主专制社会”好一些，因为君主是最大的地主，甚至是地主的地主，君主专制也就是地主专制。当然，这只是我个人的初步想法，提出来仅供参考。

[刘绪贻(1913—2018)，武汉大学历史系教授，世界史家、社会学家。]

《“封建”考论》：破解一则现代寓言①

张广智

不知为什么，在读到冯天瑜教授的新著《“封建”考论》时，第一感觉便联想到了古希腊神话中的英雄海格力斯的故事：海格力斯来到世上，命运注定要让他经历人间种种磨难。他长大后，练就十八般武艺，负剑下山，闯荡江湖，路过德尔斐的阿波罗神庙时，神谕要他为迈锡尼国王服役 12 年，以完成 12 件苦差事(亦称大功)，然后才能修成正果。最后，海格力斯成功了，从此就住在奥林匹斯山上，成

① 本文原载于《中国青年报》，2006 年 6 月 5 日。

为神。

在这里，笔者无意把作者比作海格力斯，但是，当我读罢全书，掩卷而思，不由感叹：二十多年来，作者沉潜于浩瀚的学海中，既要推翻旧说，又要创制新名，在文献中查找证据，在诸论中考辨，可以这样说，对“封建”的考论，其“劳动强度”一点也不亚于海格力斯业已完成的任何一件“苦差事”。

《“封建”考论》一书不只是感动了我，对我国学术界也将产生重要的影响。这是因为：《“封建”考论》的贡献在于破解了一则现代寓言。在现代中国，上至政界要员，下至平民百姓，有谁不知封建就是反动落后的代名词。在学界，称秦至清两千余年为封建社会的“泛化封建观”，在20世纪30年代定型以来，已经发展为一种“主流话语”以致人们沿用而不辨。在它面前，天瑜以他的胆识与才气，力排异议。不过，在我看来，是否把两千余年的中国社会（秦至清）以天瑜创制的新名“宗法地主专制社会”（简称“地主社会”）取代习称的“封建社会”，还需汇聚各方贤达之见，从长计议。然新名创制定型有日，在这之前，至少应当听到这样的声音：流行与沿用已久的“封建论”应当受到质疑，由此而生成的这则“现代寓言”必须破解，还其本义，这就是《“封建”考论》一书所要告诉我们的。

《“封建”考论》的贡献还在于对历史学研究，尤其是对中西古代历史比较研究的推动。从史学史的观点看，作为一名历史学家，天瑜以一种高度的自觉性，对“封建”诸论进行了回顾反思，不管是中国古代先贤的“封建论”、近代以降政学两界的“封建论”，在这种考论的背后体现出来的分明是作者的批判精神，显现的则是一本关于“封建论”的史学史，独到而又别开生面，后继者是不可能绕开它的。因为回顾是为了一次全新的开始；反思，是为了更好地创新。

［张广智，复旦大学历史系教授，世界史家。］

请为"封建社会理论研究"松绑①

刘志琴

一

封建社会理论研究，是改革开放以来史学理论中最带有全局性的问题。众所周知，在当代中国的史学研究中有五大理论热点，即中国古代史分期、土地制度、农民战争、资本主义萌芽和汉民族的形成问题。这号称为史学界的"五朵金花"，每个问题都有学术见解的不同，又无一例外地将不同意见归结为唯物和唯心两家，几乎都笼罩着马克思主义与反马克思主义两条路线斗争的阴影，很难展开自由讨论。自改革开放以来，对此类问题的既定结论就不断引起反思。早在20世纪70年代末，农民战争研讨会首先在上海华东师范大学召开，对"农民战争是推动历史唯一动力"的结论已有松动；20世纪80年代初在广州中山大学召开的"中国封建社会经济结构"讨论会，对资本主义萌芽问题有新的思考；天津南开大学的学术讨论会提出对亚细亚生产方式的质疑；有关土地制度等问题，在史学界也多有新的论证。1986年《读书》杂志第11期发表何新《中国古代社会史的重新认识》一文直接叫板"封建"基本概念问题，认为以分封诸侯建立王国为特征的封建制度早在秦汉时代就已废除，从实行郡县制后，继续沿用"封建"概念认识秦汉以降的社会性质，积非成是，是"荒唐"现象。20世纪90年代又有日知和李慎之等学者再次提出用欧洲中世纪的封建经济制度套用于中国古代，并不合乎中国历史上"封建"的本义。"五朵金花"面临新的检验，这是思想解放运动深入到学术界的重要成果之一。

这些问题的提出或重新思考，对读者是耳目一新，甚或有振聋发聩的作用，但由于缺少重量级的著作，并不足以产生全局性的影响，

① 本文原载于《读书》，2009年第6期。

因为要改变一个习已成规的思维定式，不可能一蹴而就，需要深入的研究和翔实的论证，这就需要时间来积累成果，难得的是，2006 年冯天瑜先生出版 40 万字的《“封建”考论》，对中外古今“封建”概念的由来和发展进行了系统的考察，认为汉语的“封土建国”与西方的“封土封臣”虽有通约性，但将秦汉以后的两千年，称之为封建时代，违背了汉词的本义。由于史学研究关键语的失准，使数千年中国历史的宏大叙事失却构制的纽结，有必要正本清源，建立新的范式，主张以“宗法地主专制社会”代替“封建社会”一说，2007 年又扩充到 52 万字再版。这一重头著作一问世，立即引起强烈的反响，2006 年 10 月武汉大学召开“封建社会再认识”的讨论会；2007 年 10 月北京史学界召开“封建名实问题与马列主义封建观”论坛；2008 年 12 月苏州科技学院人文学院召开“封建与封建社会问题”讨论，人们对这一问题的关注和兴趣正是方兴未艾。

一本著作连续三年分别在中国的南部、北部和中部地区的文化中心地带引起连锁讨论，在史学界是少有的现象，这事实本身就说明其影响力非同一般。这可能还是开端，由此可能引发一系列的反思，所以封建社会理论问题的重新讨论，其影响力甚于各路“金花”，必将推动“金花”的灿烂开放。

二

对“封建”概念的发难，不可避免地要触动长期以来困扰中国学者的问题，即学术与政治关系问题，因为这一理论本身就有浓厚的政治色彩，早在 20 世纪初叶的中国文化论战，就已摆开两军对垒的阵势，西学的传入，在思想界引起轩然大波。新学与旧学，中学与西学之争，层峰叠起，仅五四运动前后《新青年》和《东方杂志》两种期刊刊发的文章近千篇，作者多达数百人。从五四运动到抗日战争前夕的二十多年间，有关文化论战的主题不断变换，如中西文化之争、社会主义与资本主义之争、古史辨论争、科学与人生观论争、唯物辩证法的论辩、社会史论战、文艺自由的辩论、现代化问题的讨论、全盘西化与中国本位的论争、国防文学与民族革命大众文学的争论，等等，内容广及社会性质、人生观、东西文化关系、文化遗产继承，以及历史、文学、经济、道德风尚等一系列问题，像这样的论战20多年达10次以上，而且周期愈来愈短，以1932年为例，唯物辩证法的论辩兴犹未尽，社会史论战趋向高潮，文艺自由的论争又相应而起，这是中国学术界从未有过的纷繁错综的现象。

社会史论战从1927年启动至1937年抗日战争爆发，持续10年之久，在各种思想交峰中，这是历时最长、调子最高、影响最大的一次论战，当今关于“封建社会理论问题”的复出，是这一论战在沉默80年以后的异军突起，令人倾耳注目。

20世纪二三十年代，老一代史学家从苏联引进马克思列宁主义社会发展观，认为人类社会按照原始社会、奴隶社会、封建社会、资本主义社会、共产主义社会(社会主义为初级阶段)的五种社会形态发展，从而建立五种社会形态的历史观。马列主义的信奉者，认为中国毋庸置疑地遵循这一普遍规律，按五个阶段循序推进；而论战的另一方则强调中国社会发展的特殊性，认为中国不存在奴隶社会的独立阶段，封建社会也早已瓦解，中国的商业资本主义已有几千年的历史，五种社会形态不适合中国国情。这本是对中国古代社会性质的见解，但论题一出立即上升到对现代中国革命的认识问题，根据有两点：其一，如果不承认古代中国是封建社会，那就否定了近代中国半封建半殖民地的社会性质，因为近代中国本是古代中国的发展，有封建社会才有半封建半殖民一说，这是新民主主义革命学说的前提，否定古代封建，就是否定新民主主义革命的必然性；其二，如果中国不存在五种社会发展形态，那就否认人类社会发展的普遍规律，无异是否认马列主义对中国革命的指导作用。按照这三段论式，这就成为中国革命的出路与中国命运的大问题，因此，学术争论一变而为政治态度问题。

在这场论战中，新思潮派、新生命派、读书杂志派、食货派等各种学派纷纷登场，国共两党的文化精英，学术界的名流全部上阵，论战多集中在中国古代社会是什么性质问题，有主张春秋战国封建论；有认为古代中国属前期资本社会；有说是自然经济、商品经济和金融资本杂然并存，等等，尽管讨论的双方或持以普遍规律论或强调特殊论，都宣称以唯物辩证法作指导，都以运用历史唯物论的成果参与论战，然而相互指责，势同水火，差异又在哪里？托派代表人物李季自认为是纯正的马克思主义者，信仰马克思主义的胡秋原自述，他的马克思主义来自普列汉诺夫而不是列宁，他主张的是“自由主义的马克思主义”。在共产国际主导下的中共，以苏为师，宗法列宁主义，视马克思列宁主义为正统，自与托派的纯正马克思主义、普列汉诺夫的自由马克思主义有区别，按理说，即使有这区别，也是国际共产主义运动内部的不同派别，何至于势不两立？所以决定问题性质的不是问题本身，而是政治态度，是在1927年国共分裂后，一部分人转向国民党，引起共产党人的极大反感，是国际背景和个人立场决定了问题的性质而非学术本身。

大革命失败后，国民党成为唯一的执政党。共产党处于劣势，亟须在理论上重塑信心，火药味愈来愈浓，1931年中共领导张闻天化名刘梦云发表《中国经济之性质问题的研究：评任曙君的“中国经济研究”》指责对方“充当了帝国主义的辩护士”，正当帝国主义对中国虎视眈眈之时，这一上纲使问题的性质一变而为大是大非问题，然而对此定性的并不是学者而是政治家，共产党的领袖。沿着这一思路凡有不同意见者，几乎都成为反马克思主义的敌我问题。论战的双方原本具有浓厚的政治意识，讨论的一方如郭沫若、吕振羽既是学问家，又是共产党的革命家，其政治情结，自不待言，即使梁漱溟这样著名的党外人士也在《中国文化要义》中自述：“感受中国问题之刺激，切志中国问题之解放，从而追根到其历史，其文化。”怀抱救国救民的愿望从历史中找寻借鉴，是一代知识分子的政治理想，同为救国救民，道不同不相为谋，相互为敌是这一论战的重要特征。

作为马列主义的一方，郭沫若的《中国古代社会研究》一书对这场争论有过举足轻重的影响，但他们都是革命运动的活动家或领导者，繁忙的工作使他们来不及对其中的一系列问题作出周详的学术考察，留下许多疑难未决的问题。更重要的是革命形势的迅速发展，共产党取得全国全面的胜利，以无可置辩的现实宣告了马克思列宁主义的胜利。新中国成立后，马列主义学者都擢升为主管文化学术部门的各级领导，继续进行路线斗争，特殊论者从此一蹶不振，再无还手之力，普遍规律论者终于以压倒的优势平息了这一论战。这哪是学术问题？明明是政治绑架了学术！在这一情势下，根本没有封建社会理论讨论的余地。

三

随着改革开放的到来，文化研究的深入，有的在当初激辩的主题如国防文学和民族革命大众文学之争已成为历史的陈迹；有些如科学人生观、现代化等课题在当今的复出，业已消散了当初的火药味，成为相互切磋的学术讨论。但是，有关中国古代社会性质问题，却一如既往，从20世纪20年代末到21世纪初叶，历经80年，岁月的磨砺没有降低它的锋芒，如今又重现20世纪30年代论战中的那种情绪和冲动，甚至认为这是否定马克思主义、否定中国革命的一种表现。80年的风雨苍黄，依然不改初衷，不得不令人思索社会史论战中贻祸后人的流弊。

20世纪二三十年代被认为反马克思主义一方的共同点，是强调中国古代社会不同于欧洲模式的特殊国情，如中国封建社会早已瓦解，商业资本已有几千年的历史、中国文化早熟，社会发展停滞，社会结构具有弹性机制，以及家族伦理，等等。应该说，这些方面都为认识中国国情作了有益的探索，但某些见解也有失妥当，其中也不乏有某些错误的论调，如认为中国人“阶级意识不强，种族意识不强，国家意识不强”，“中国不是一国家，而实为一大文化社会”。这些虽然经不起史实的检验，在论战中已败下阵来，或已得到修正，但对这类问题的否定，并不等于否认中国社会有别于欧洲的特殊性。马列主义史学家恰恰在这一点上由于过分强调普遍性而无视中国历史发展的特殊性，留下许多矛盾和薄弱环节。郭沫若在1930年出版《中国古代社会研究》一书的自序中说：“外国学者已经替我们把路径开辟了，我们接手过来，正好是事半功倍。本书的性质可以说就是恩格斯的《家庭、私有制和国家的起源》的续编。研究的方法便是以他为向导，而于他所知道了的美洲的印第安人、欧洲的古代希腊、罗马之外，提供出来了他未曾提及一字的中国古代。”这本书以汇通文献典籍、甲骨文、金文和考古资料见长，在学术上有重要价值。然而这最具有中国特征的研究却是为了证实恩格斯的某一结论，而恩格斯对中国古代却只字未提。这是以论带史，不是论从史出，违背了史学研究最基本的要求。社会发展不是没有普遍规律，但凡是规律性的通则，都是经过高度抽象化，舍弃了丰富复杂的内容而抽出来的框架，这才有“理论是灰色的，生活是常青树”一说，中国与西方无论是自然生态、社会制度、文化传统、生活方式和民族心理，都是千差万别，岂能以一个简约的条条所能约束，假如恩格斯在世，会不会承认郭沫若的成果可能还是问题！既然恩格斯对中国只字未提，说明他并没有把中国作为研究对象，对中国更没有轻易下断语，这是严谨而科学的态度，也为后人留下研究的余地，而标榜自己的著作是恩格斯《家庭、私有制和国家的起源》续编的郭沫若，在学术上表现的轻狂和浮躁，溢于言表。更重要的是，以笼统的、不分国别的通则，认识历史悠久、传统深厚的中国古代社会，难道不会发生误导？

应该承认的是，强调中国社会特殊性的，对中国文化传统的研究确实下了工夫，对国情的认识抓到一些实质性的问题，虽然作者长期处于被批判的地位，但是并不等于他们揭示的某些特点就不存在。马列主义学者因为强调普遍性反对特殊性，以至对他们提出的某些特质性问题视而不见，学术与政治不分的倾向，几乎使某些问题成为人们不敢涉足的禁地。

改革开放以来，局面有所改观。当初在社会史论战中，被认为是反马克思主义的论点，在当代史学著作中已有广泛的吸收和发展，如梁漱溟论证的以伦理为本位的中国文化特质，如今几乎成为文化史研究的共识；有关封建社会具有弹性机制问题，在如今已少有异议，而最早提出“弹性”概念的是食货派傅以凌；当下对中国古代商业资本的估计虽与陶希圣有所区别，但却吸收了他们的观点。傅筑夫在1982年出版的《中国封建社会经济史》中认为，中国的资本主义不仅在宋明时代萌芽，从秦汉以来就已屡屡发生而不能成长，你不能说主张明末有资本主义萌芽的是马克思主义，而主张秦汉隋唐就有萌芽的就是反马克思主义！何况什么是资本主义萌芽也有争议。不论哪种见解，重要的是为什么在中国社会土壤中新的生产关系不能成长？这是至今也没有解决的难题。其他如中国文化的早熟性、理性早启、社会构成、宗族性、协调机制，等等，当初被反方提出的问题，很多都得到当代学者的认同。功在后世本身就说明学术价值的存在，如今，研究者们在广泛吸收他们研究成果之时，又挥舞出往日置他们于死地的大棒，这是最大的不公，而导致这一不公的依然是政治断语而不是学术研究。

"封建"在不同的国情和语境中含义不同，中国史学对"封建"概念存在误读，是毋庸置疑的，在明知误读以后，执意不改，并不足取。按西方"封建"概念的使用实际上是将中国历史纳入西方的发展模式，按欧洲逻辑进行演绎，这对历史悠久，文化积累深厚的中国，实际上是浅近、懒惰的行为。既然在当代中国话语中，大家都认为此"封建"并非彼"封建"，这模棱两可的状态能永远不变吗？要知道概念含混，是科学研究的大忌，因而不断有人提出有必要对"封建"概念进行正本清源，这是合理的要求，也是科学发展的趋势。

反对者有两种情况，一是认为这是社会史论战中反马克思主义观点的复辟，这是一顶吓人的大帽子。殊不知改革开放以来建设现代化，强调的就是中国特色的社会主义以与传统社会主义相区别，其要旨在中国特色，为什么在现实中强调中国的特色，而在古代史研究中却讳言中国特色，再次以普遍性打压特殊性，沿用 80 年前的思路，看待当今之讨论，岂不是老调重弹，重陷学术与政治不分的窠臼？再一种意见是认为，"封建"概念在运用中已发生变化，沿用已久，约定俗成。确实，要改变业已习惯的用语，不是易事，这是不得已而为之的意见，具有合理性。但学术研究不同于群众话语，首先要有概念的科学性，这是准确判断问题性质的前提，既然西方的"封建"不同于中国古代的"封建"，又何必继续沿用这似中似西，非中非西的概念来解释秦汉以来的古代社会。人们要求对古代社会性质重新加以概括，提出新概念，本是科学研究应有之义，这对深入研究中国国情有莫大的好处，改变沿用已久的误读，可能要经过几代人的努力。万事开头难，不从我们这一代起步，将错就错，贻误后人，岂不是我辈之失职？关键的是要以科学通俗的新概念，来取代人们耳熟能详的旧概念，不能操之过急，这需要学术界的共同携手，通力合作，逐步推行，先从专业研究者做起，并不为过。对不同意见的宽容和理解是最起码的要求。

学术研究本应是集思广益的探索活动，论战的双方只要平等相待，结果必然是你中有我，我中有你，互有补益和纠误，是双赢而不该是双输。80年前社会史论战中的风风雨雨早该烟消云散，一度奉行的阶级斗争为纲，使正常的学术讨论异化为打棍子的政治运动，给学术研究留下累累伤痕，记忆尚未远去，不应该再有新创。学术研究必须跨越政治，突破已经凝固的框架，才能获得长足的发展。

请为“封建社会理论研究”松绑！

[刘志琴(1935—2020)中国社会科学院近代史所研究员，中国近代经济史、文化史家。]

第一版跋

笔者关注“封建”概念辨析，已久历岁时，而起因是一次国际学术会议的论辩。

1987年夏天，在美国加州圣迭戈举行第五届国际中国哲学大会，笔者在会上发表关于明清实学方面的论文(当日发表会的主持人是中国人民大学的方立天教授和一位美国教授)。发言毕，美籍华裔学者程先生对文中涉及的“封建”概念问题提出质疑，并似乎有向全体来自中国内地学人问难的意思。于仓促间，笔者就“封建”的古义、西义以及中国内地今日常用义作了贯通解释。当晚，美籍华裔哲学史家傅伟勋专程来到李德永(武汉大学教授)与笔者的住处，对白天笔者的答辩深表赞赏。然而笔者颇觉惶愧，因为当时关于“封建”论题自己的疑问远多于真知。

大洋彼岸的这一经历，使笔者体悟到概念辨析在学术研究中的重要性，尤其真切地发现，“封建”古今义转换、中西义对接间引发的一系列切关宏旨的问题，若不能得到较通透的解决，不仅中国历史的宏大述事陷入混乱，异文化间的交流对话也很困难，故一切文史工作者皆无以回避。自此，笔者便用心于“封建”概念演绎史的考析。在以后的年月，笔者的多种习作，如《中国前资本主义社会研究中的三个问题》(《天津社会科学》1990年第4期)、《中华文化史》(上海人民出版社1990年版)、《月华集》(中国社会科学出版社2000年版)、《新语探源》(中华书局2004年版)，等等，续有议论此一题目的文字，皆发自上述心结。然而，这些文字均属粗略陈述，言未尽意，而文不周详的原因，还是自己的探求尚未登堂入室。

2004年秋至2005年秋，笔者应聘赴日，在地处京都西郊的国际日本文化研究中心从事专题研究工作。此间笔者作为“研究代表”，与来自中、日、韩诸国学者组成研讨班，优游于百鸟汇集的茂林修竹之间，共同考察东亚诸概念的生成史。此间又有缘向熟识多年的京都学派前辈学者谷川道雄就近请益。谷川氏阅览笔者考析“封建”的文稿，颇表称赏，以蝇头小楷书写数页意见书，并相与畅谈竟日。一年间，又与国内学者在网上就概念史诸题相与切磋，正所谓“嘤其鸣矣，求其友声”。这“友声”比古人所能“求”得的，可能更为广远。汲纳友道，如饮甘泉，如沐春风，笔者得以将思索多年的课题“‘封建’辨析”徐徐展开。

2005 年 8 月 26 日至 29 日，于京都研究结束前夕，在国际日本文化研究中心举行近代东亚诸概念的成立国际学术会议，来自中国大陆和台湾地区、日本、韩国、美国、德国的学者就包括“封建”在内的近现代汉字术语的生成诸问题展开热烈讨论，卓见迭出，对笔者颇有启示，

2005 年 9 月返国后，笔者继续修撰文稿。本书结稿之际，宋公文兄就先秦及秦汉“封建—郡县”诸论题赐教良多，陈勇兄就西方“封建制”问题提出建设性意见，笔者均受益匪浅。此一课题成书，得到武汉大学出版社及陈庆辉社长的热情支持与帮助。

对于所有关爱者，笔者五内铭感，一并深致谢忱。

2005 年 8 月 31 日
撰于(京都)国际日本文化研究中心

2005 年 12 月 25 日
改定于武汉大学历史学院

第二版后记

拙著初版三次印刷，已基本售罄，遂有再版必要。两年来，笔者汲纳各方指教，兼以自己的考证及思辨，对原本有所修改，篇幅由三十九万字增加到五十二万字。“封建”一题，涉及问题广远，拙著浅尝，经此次补订，仍只能以未定稿视之，笔者仍在研习之际，衷心期待方家赐教。王雅红编辑对第二版多有劳绩，特别致谢。

2007年9月8日

于武昌珞珈山麓

修订版说明

——兼议“封建”名实之辨的现代意义

《“封建”考论》2006年初由武汉大学出版社付梓，即受到学界关注，很快于2007年9月印行第二版。拙著面世以来，报刊续有评介，多收入两本评论集：《“封建”名实问题讨论文集》(江苏人民出版社2008年12月版)，《中国“封建”社会再认识》(中国社会科学出版社2009年10月版)。无论赞许的还是批判的意见，对我而言，皆为富于启示性的谠议，有益于探讨的深入。

“封建”名实考辨，并非仅仅是名词概念之争，它关涉到历史宏大叙事的准确性，正如一位中年学者所说：

> “封建主义”和“中央集权专制主义”作为两种不同的社会政治经济制度，是两种不同的政治权力的配置系统，是不同的社会构成方式，也必将经历不同的社会发展和向现代转型的变迁模式。①

中国社会的现代转型区别于欧美日本，与中国的前现代社会(“中央集权专制主义”)区别于欧美日本的前现代社会(“封建主义”)直接相关。泛化封建观的误处，便在于将“中央集权专制主义”与“封建主义”混为一谈，并嵌入同一模式中，这当然有碍于我们认识社会现代转型的世界多样性，尤其有碍于认识现代化进程的中国特色(优势与缺陷皆寓于特色之中)。

---

① 荣剑：《中国史学的前提性批判》。

日裔美籍政治学学者、美国霍普金斯大学教授弗朗西斯·福山在苏联与东欧变政、“冷战”结束之际，提出“历史终结论”①，将西方自由民主制度称为人类意识形态进化的终结点。此论一出，反响强烈，批评意见来自左右两翼，评论者不赞成将辩证发展的历史固定为某种“终结”，尤其不赞成将西方历史的某种形态认定为世界历史的“终结”。时过二十年，弗朗西斯·福山对原来的西方中心主义的历史观有所补正。2009年8月，在接受日本关西大学名誉博士学位时，福山作题为《日本要直面中国世纪》的演讲，肯定中国近三十年改革开放的成绩，并把中国的现代化进展与其历史传统联系起来看待，指出中国较早“发展了官僚行政制度，渐渐地放弃原先的那种中国历史上典型的世袭家臣制度，代之以由根据能力选拔出来的官僚主导的行政。这个过程最早的结果就是秦朝(中国最早的中央集权国家)”②。据访谈福山的编辑采访者会田弘继所写按语称，福山正在撰写的新著《政治发展》有一题旨：

> 把“中国的兴起”放在跟西欧现代政治思想不同的脉络中来展望人类社会的未来。③

显然，2009年的福山与1989年写《历史的终结》一文、1992年写《历史的终结和最后的人》一书时其观点有所改变，他没有继续将欧美现代化发展模式说成是唯一模式，而是同时肯认东亚模式的存在合理性，并追溯其前史，把秦以下的中国作为“非封建”的典型，以与作为“封建”典型的西欧相比照、相区别——(一)中央集权国家，国家机器由中央政府掌握，而不是像西欧中世纪那样由封建领主和基

---

① 见[美]弗朗西斯·福山《历史的终结和最后的人》，黄胜强、许铭原译，中国社会科学出版社2003年版。

② 《中央公论》2009年9月号，《日本要直面中国世纪——弗朗西斯·福山接受关西大学名誉博士学位时的演讲》，原为日文，所引中文采自王前译本(转见刘擎《“历史终结论”面对中国模式》)，下同。

③ 《中央公论》2009年9月号。

督教教会控制；(二)完备的官僚体制，官员通过考选录用，而不是像西欧中世纪那样由世袭贵族充任。福山认为，承袭中华文明传统的东亚各国，其现代化成功是有历史根据的：

在权威主义体制下推进现代化并且成功的例子，事实上都集中在东亚。韩国、新加坡、越南……都在历史上受过中华文明的影响。

这里所谓的“中华文明的影响”，即指这种文明传统不仅导致东亚中古社会的统一、稳定与文明先进性，而且有助于现代化进程。

福山2009年的新论发表后，在中国获得广泛报道与喝彩，因为这位曾经力主西方自由民主是人类文明终极模式的学者似乎改弦更张，肯认中国道路。我以为，这种评论似有一厢情愿之偏，综观福山2009年的言论可以发现：他并没有放弃对西方自由民主的崇仰，而是在保持此种崇仰的同时，对东亚传统给予肯认，并对东亚文明传统作出既有赞许又有批评的双重评估，这当然是一种值得重视的变化，但并非方向性变化。福山说：

看到这些国家(指中国与“四小龙”及越南——引者注)和印度那样的民主国家的民主决策过程，很多人赞赏中国的那种权威主义所具备的比较迅速的决策能力。不过，那种权威主义的政体也有其自身的缺陷。因为没有法治，也没有选举进行监督，所以其问责，只是面向上面即共产党和中央。

中国给整个东亚创造了强大而有能力的现代性统治机构，这是支撑了第二次世界大战后的东亚经济奇迹的宝贵传统。不过真正的现代政治制度除了强大的有能力的国家机构外，还需要同时具备“法治”和“问责”。政治的发展并非停止在公元前221年。要建立起同时具备“法治”和“问责”的现代政治秩序有时会经历挫折，是很费时间的过程。不过为了建立起好的统治制度，需要放长眼光，这样的过程是必须的。

福山的“历史终结论”是可疑的，因为它陷入单线史观的独断主义，而福山2009年8月的演讲《日本要直面中国世纪》却在一定程度上走出西方中心论的故辙，从全球视角肯认东方文明的历史价值和现代意义，也指出东方文明需要改善的方向，展现东西方文明互补互动的前景，故此论不乏可取之处。

值得注意的是，福山在讨论东亚现代化的成就与不足时，保有一种历史的维度：将这种成就与不足与中华文明“非封建”的前近代形态联系起来考察，文中所说“中国给整个东亚创造了强大而有能力的现代性统治机构，这是支撑了第二次世界大战后的东亚经济奇迹的宝贵传统”。这里所说的“强大而有能力的现代性统治机构”，所承袭的历史传统，即秦至清两千年间非封建的集权体制。这种体制对于中国与东亚诸国的现代化进程发生重大影响（积极的与消极的），是一个不争的事实。这一事实提醒我们，区分东西方前近代社会的差异性，不仅是一个历史认识问题，而且关系着中国现代化进程的认识问题，因而“封建”名实之辨既是一个古史论题，也是一个现实性、前瞻性颇强的论题。

“封建”的名实之辨，涉及古今中外多层级论题，是一个需要细致用心、放宽眼界的学术课目，笔者近二十年来梳理群籍，请益师友，探究不辍，力求获得深解，故不敢止步，所谓“路漫漫其修远兮，吾将上下而求索”。

承蒙中国社会科学出版社盛意，尤其是赵剑英总编的推许，拙著得以修订，收入“当代中国学者代表作文库”再度出版。今次呈献给读者的新版本，在结构上作了归纳调整，内容上亦有所补正充实。修订本作为笔者继续研习的作业，敬请诸君批阅指导。

2009年12月15日

于武汉大学中国传统文化研究中心